江苏软件与信息服务业年鉴 2019卷

Yearbook of Jiangsu Software and Information Service Industry（2019）

江苏省工业和信息化厅
江苏省软件行业协会 编

南京大学出版社

图书在版编目(CIP)数据

江苏软件与信息服务业年鉴. 2019卷 / 江苏省工业和信息化厅，江苏省软件行业协会编. -- 南京 ：南京大学出版社，2019.10
ISBN 978-7-305-09197-1

Ⅰ. ①江… Ⅱ. ①江… ②江… Ⅲ. ①软件产业—江苏—2019—年鉴②信息服务业—江苏—2019—年鉴 Ⅳ. ①F426.67-54②F492-54

中国版本图书馆CIP数据核字(2019)第232289号

出版发行 南京大学出版社
社　　址 南京市汉口路22号　　邮　编 210093
出 版 人 金鑫荣

书　　名 江苏软件与信息服务业年鉴(2019卷)
编　　者 江苏省工业和信息化厅　江苏省软件行业协会
责任编辑 刘智勇　荣卫红　　编辑热线 025-83685720

照　　排 南京南琳图文制作有限公司
印　　刷 徐州绪权印刷有限公司
开　　本 889×1194　1/16　印张21.25　字数606千
版　　次 2019年10月第1版　2019年10月第1次印刷
ISBN 978-7-305-09197-1
定　　价 218.00元

网址：http://www.njupco.com
官方微博：http://weibo.com/njupco
官方微信号：njupress
销售咨询热线：(025)83594756

编辑人员

主　编　张　巍

副主编　张　兴　何满怀

成　员　陈　昆　杨秋福　钱梦骄　夏冰莹
郑琳丽　张增全　丁天龙　何锐玲
周同林　史樱煜　孙　勇　刘元元
唐　兰　陈家春　张　艳　柯　达
郝春毅　蔡　锋　杨　波　张　爽
邵志欣　朱　伟　罗文妍　刘　钊
董赟赟　施　琦　沈瀚敏

目 录

第一部分　产业综述篇

第二部分　地市产业篇

第三部分　园区产业篇

第四部分　产业要素篇

第五部分 产业政策篇

第六部分 2018年产业大事记

附　录

第一部分

产业综述篇

第一章　全国软件产业发展概述

一、2018年全国软件产业整体发展情况

(一) 全国宏观经济发展情况

1. 国内生产总值(GDP)稳步增长,第三产业保持领先势头

2019年2月28日,国家统计局发布2018年国家统计公报,全年国内生产总值900 309亿元,比上年增长6.6%。其中,第一产业增加值64 734亿元,增长3.5%;第二产业增加值366 000亿元,增长5.8%;第三产业增加值469 575亿元,增长7.6%。第一产业增加值占国内生产总值的比重为7.2%,第二产业增加值比重为40.7%,第三产业增加值比重为52.1%。全年最终消费支出对国内生产总值增长的贡献率为76.2%,资本形成总额的贡献率为32.4%,货物和服务净出口的贡献率为-8.6%。人均国内生产总值64 644元,比上年增长6.1%。国民总收入896 915亿元,比上年增长6.5%。

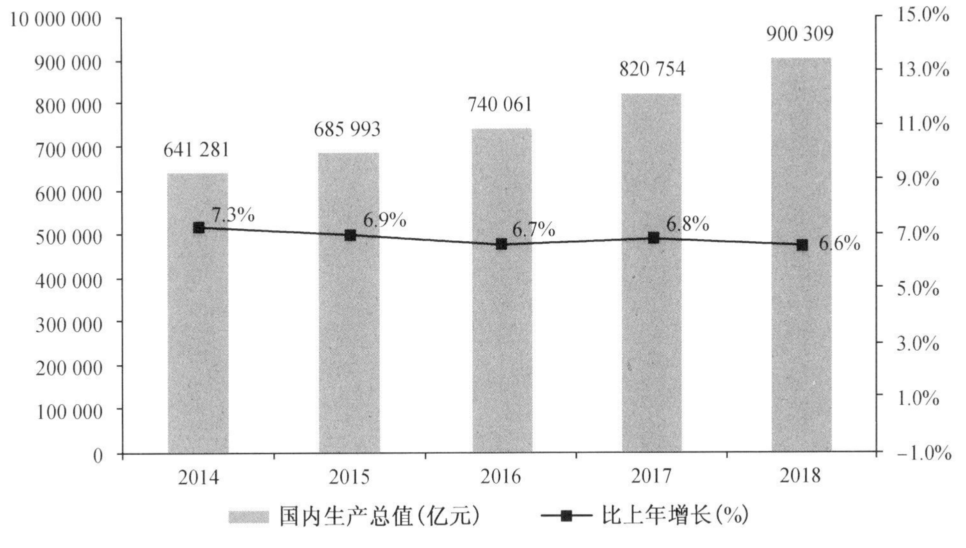

图1-1　2014—2018年国内生产总值及增长速度(单位:亿元)

数据来源:国家统计局

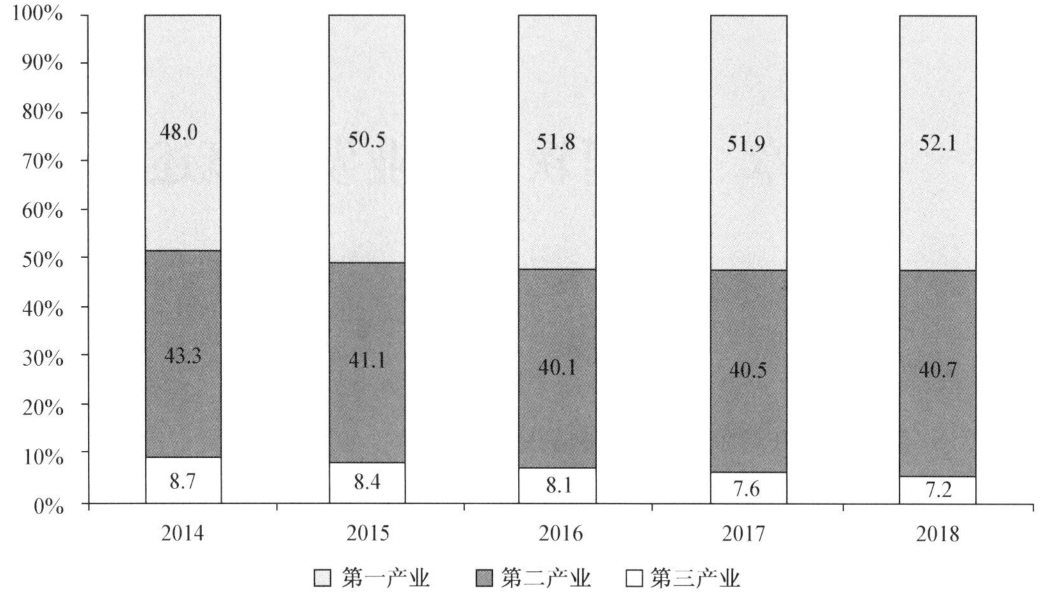

图1-2　2014—2018年三次产业增加值占国内生产总值比重(单位:亿元)

数据来源:国家统计局

2. 进出口总额强势反弹,“一带一路”国家贡献巨大

全年货物进出口总额305 050亿美元,比上年增长9.7%。其中,出口164 177亿元,增长7.1%;进口140 874亿元,增长12.9%。货物进出口顺差23 303亿元,比上年减少5 217亿元。对“一带一路”沿线国家进出口总额83 657亿元,比上年增长13.3%。其中,出口46 478亿元,增长7.9%;进口37 179亿元,增长20.9%。

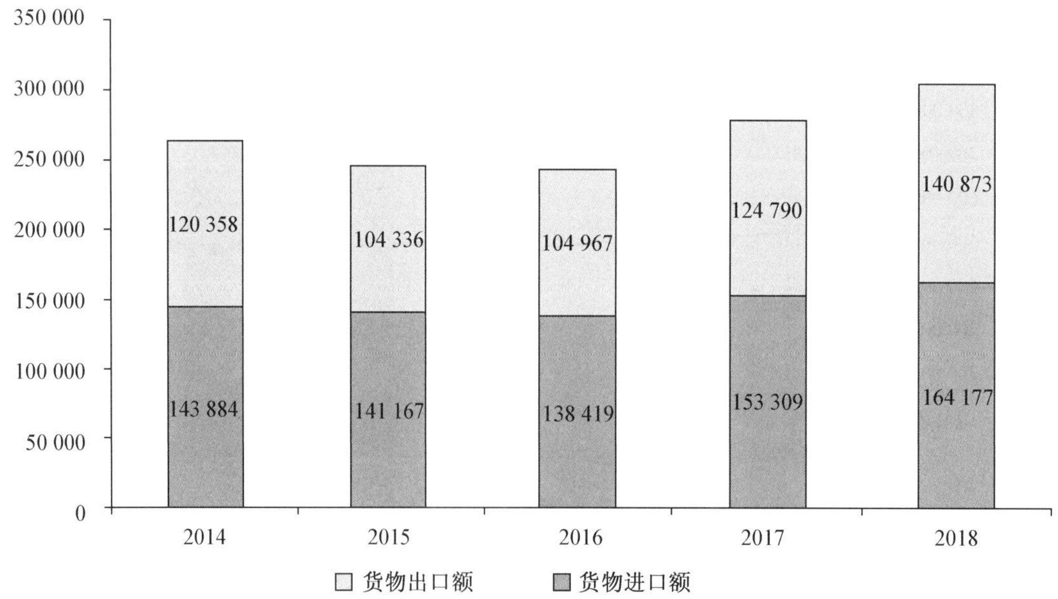

图1-3　2014—2018年全国进出口总额(单位:亿美元)

数据来源:国家统计局

全年服务进出口总额 52 402 亿元，比上年增长 11.5%。其中，服务出口 17 658 亿元，增长 14.6%；服务进口 34 744 亿元，增长 10.0%。服务进出口逆差 17 086 亿元。

3. 研发经费投入持续增加，专利数量稳步提升

全年研究与开发(R&D)经费支出 19 657 亿元，比上年增长 11.6%，与国内生产总值之比为 2.18%，其中基础研究经费 1 118 亿元。全年国家重点研发计划共安排 1 052 个项目，国家科技重大专项共安排 563 个课题，国家自然科学基金共资助 44 504 个项目。截至 2018 年年底，正在运行的国家重点实验室 501 个，累计建设国家工程研究中心 132 个，国家工程实验室 217 个，国家企业技术中心 1 480 家。国家科技成果转化引导基金累计设立 21 支子基金，资金总规模 313 亿元。全年境内外专利申请 432.3 万件，比上年增长 16.9%；授予专利权 244.7 万件，增长 33.3%；PCT 专利申请受理量为 5.5 万件。截至 2018 年年底，有效专利 838.1 万件，其中境内有效发明专利 160.2 万件，每万人口发明专利拥有量 11.5 件。全年共签订技术合同 41.2 万项，技术合同成交金额 17 697 亿元，比上年增长 31.8%。

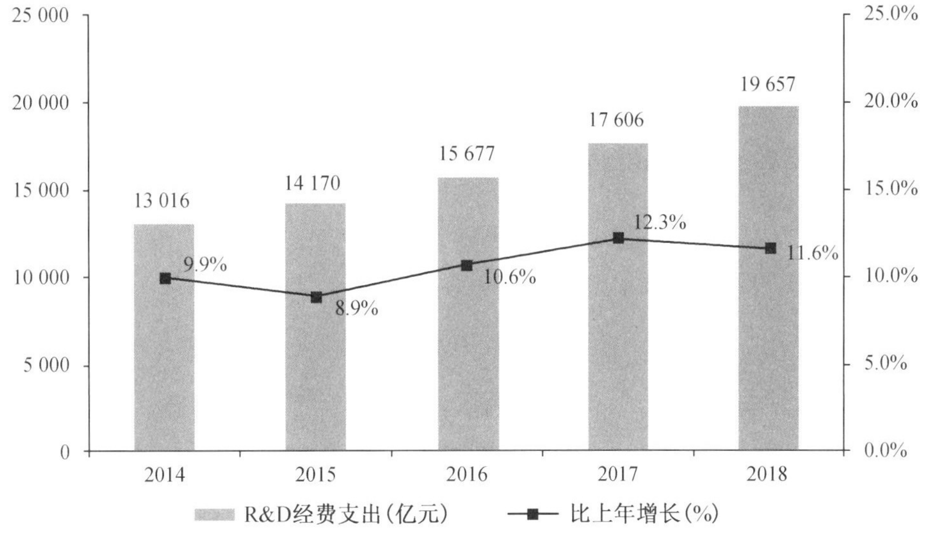

图 1-4 2014—2018 年研究与试验发展(R&D)经费支出及增长速度(单位:亿元)

数据来源:国家统计局

(二) 2018 年全国软件和信息技术服务发展概况

2018 年，我国软件和信息技术服务业总体保持平稳较快发展，产业规模进一步扩大，盈利能力稳步提升，行业就业形势保持稳定，产业服务化、平台化、融合发展态势更加明显，在为制造强国和网络强国建设提供基础支撑、为经济高质量发展提供新动能等方面作用进一步凸显。

1. 产业规模迈上新台阶，利润增速同比下降

2018 年，在我国经济发展进入新常态、加快向高质量发展阶段迈进的背景下，软件和信息技术服务业作为国家战略性新兴产业的重要组成部分，产业规模稳步增长，步入稳中向好发展阶段。2018 年，全国软件业务收入 6.3 万亿元(本章数据均为快报数据)，同比增长 14.2%，实现利润总额

8 079 亿元,同比增长 9.7%。据国家统计局数据显示,2018 年信息传输、软件和信息技术服务业增加值比上年同期增长 30.7%,增速居国民经济各行业之首,占 GDP 比重达 3.6%,已成为经济平稳较快增长的重要推动力量。

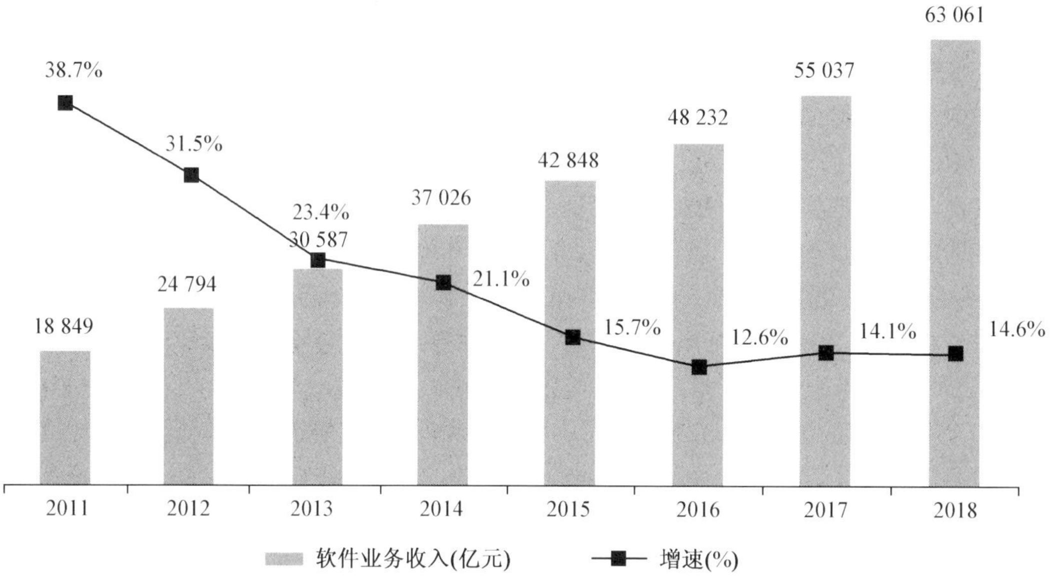

图 1-5　2011—2018 年中国软件和信息技术服务业规模增长(单位:亿元)

数据来源:工业和信息化部

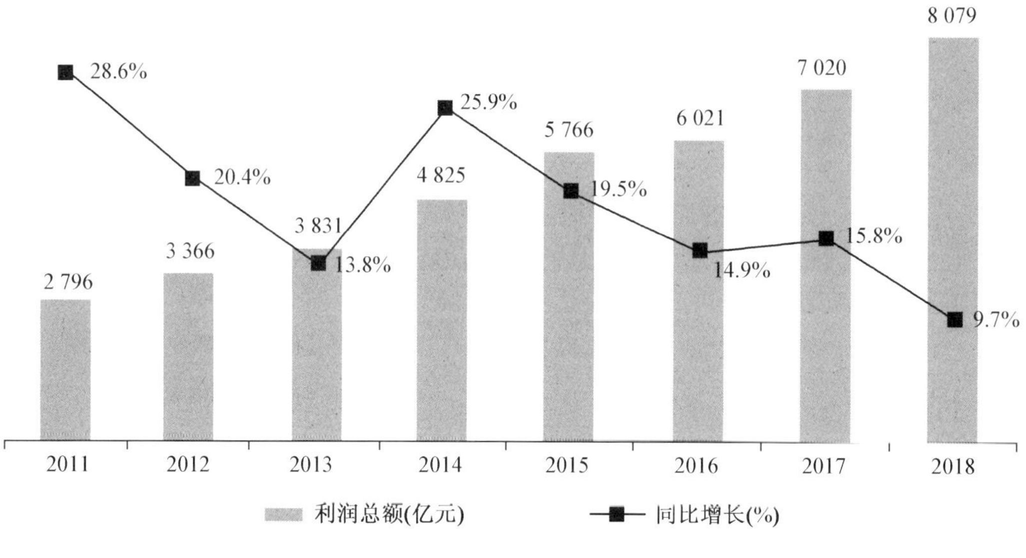

图 1-6　2011—2018 年中国软件和信息技术服务业利润增长(单位:亿元)

数据来源:工业和信息化部

2. 技术创新能力显著增强,研发强度持续提升

2018 年,我国软件著作权登记量突破 110 万件,同比增长超过 48.22%,继续呈现爆发式增长。

软件和信息技术服务业研发呈现“龙头领先、中小微跟进”的趋势。对重点龙头软件企业的监测显示，2018 年企业研发投入增长达 20.4%，高于其业务收入增速 13.3 个百分点，研发强度达 10.4%，虽然与 2017 年相比有所回落，但由于销售收入总量增加，研发投入总额依然呈上升趋势。

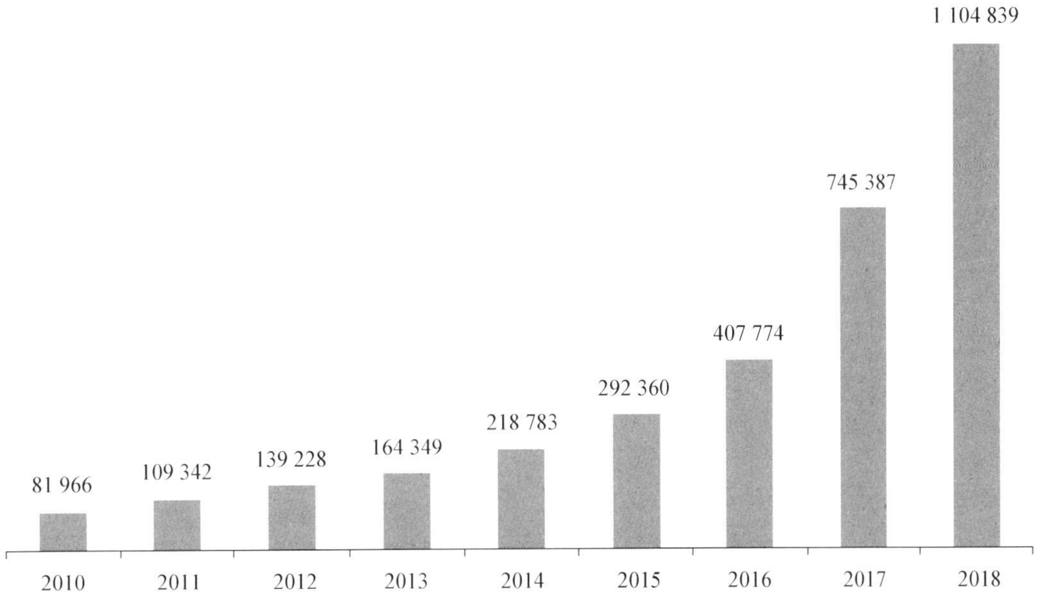

图 1－7　2010—2018 年中国软件著作权登记量(单位:件)

数据来源:中国版权保护中心

3. 软件从业人员稳步增长,盈利能力稳步提升

2018 年,全国软件和信息技术服务业从业人数 643 万人,比上年增加 25 万人,同比增长 4.2%。行业人均创造业务收入 98.06 万元,同比增长 9.6%,高质量发展成效初显。软件和信息技术服务业从业人员工资总额增长 13.4%,人均工资增长 8.8%。

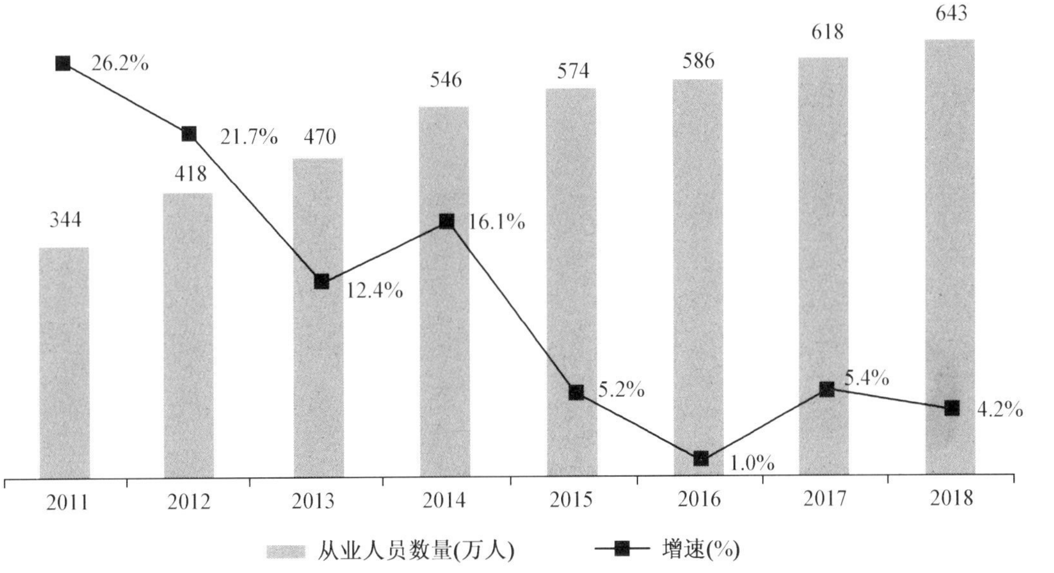

图 1－8　2011—2018 年软件业从业人员数量及增速(单位:万人)

数据来源:工业和信息化部

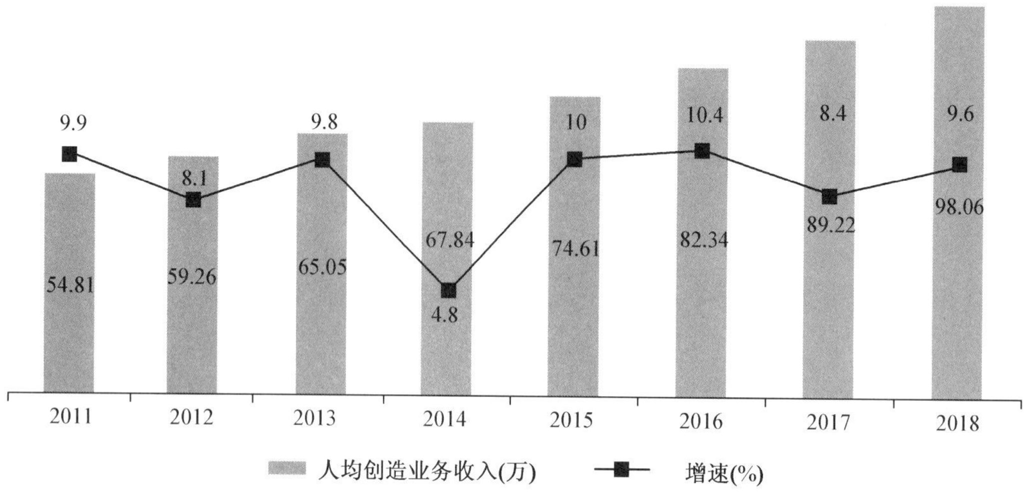

图 1－9　2011—2018 年软件业人均创收情况(单位:万元)

数据来源:工业和信息化部

4. 信息技术服务引领发展,软件产品增速平稳

软件产品收入实现较快增长。2018 年,全行业实现软件产品收入 19 353 亿元,同比增长 12.1%,占全行业比重为 30.7%。其中,信息安全和工业软件产品实现收入 1 698 亿元和 1 477 亿元,分别增长 14.8%和 14.2%,为支撑信息系统安全和工业领域的自主可控发展发挥重要作用。

信息技术服务加快云化发展。2018 年,全行业实现信息技术服务收入 34 756 亿元,同比增长 17.6%,增速高出全行业平均水平 3.4 个百分点,占全行业收入比重为 55.1%。其中,云计算相关的运营服务(包括在线软件运营服务、平台运营服务、基础设施运营服务等在内的信息技术服务)收入 10 419 亿元,同比增长 21.4%,占信息技术服务收入比重达 30.0%;电子商务平台技术服务收入 4 846 亿元,同比增长 21.9%。

嵌入式系统软件收入平稳增长。2018 年,全行业实现嵌入式系统软件收入 8 952 亿元,同比增长 6.8%,占全行业收入比重为 14.2%。嵌入式系统软件已成为产品和装备数字化改造、各领域智能化增值的关键性带动技术。

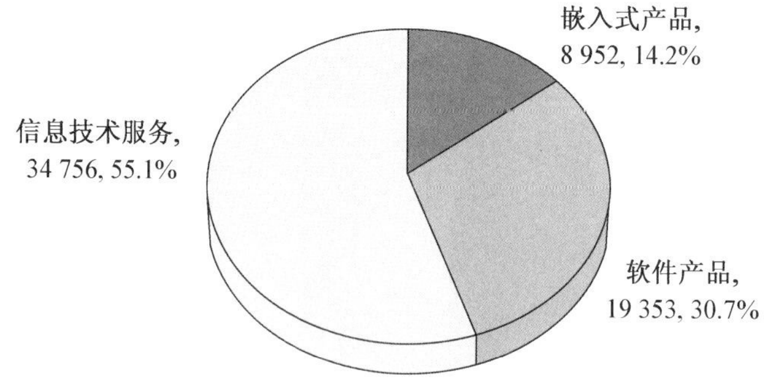

图 1－10　2018 年中国软件和信息技术服务业收入业务结构图(单位:亿元)

数据来源:工业和信息化部

5. 软件出口延续低增长,外包服务收入有所提升

2018 年,我国软件和信息技术服务业实现出口 554.5 亿美元,同比增长 0.8%,占全行业业务收入的 6%左右,其中软件外包服务出口增长 5.1%。

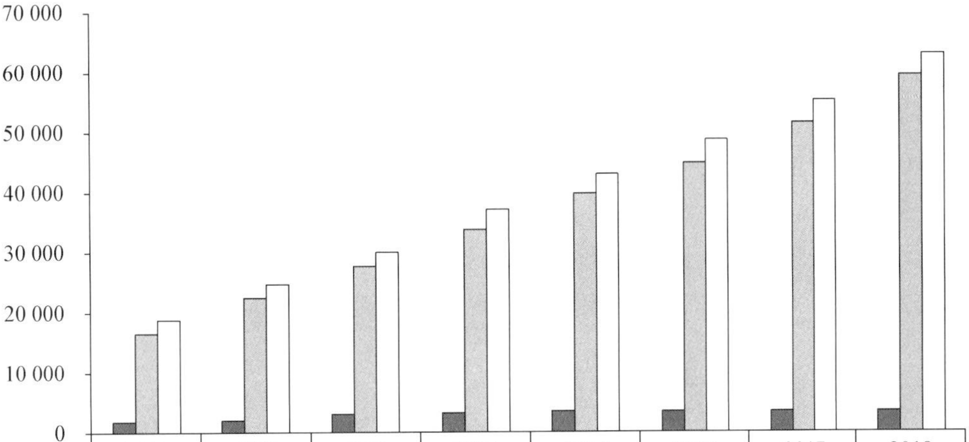

	2011	2012	2013	2014	2015	2016	2017	2018
■ 软件出口	1 915	2 285	3 040	3 346	3 542	3 529	3 658	3 669
▨ 国内市场	16 553	22 509	27 547	33 889	39 707	44 982	51 379	59 392
□ 产业总额	18 849	24 794	30 587	37 235	42 848	48 511	55 037	63 061

图 1-11 2011—2018 年软件和信息技术服务业国内与出口规模比较(亿元)

数据来源:工业和信息化部

6. 产业聚集态势继续凸显,中心城市继续引领发展

2018 年,东部地区完成软件业务收入 49 795 亿元,同比增长 14.2%,占全国软件业的比重为 79.0%。中部和西部地区完成软件业务收入为 3 163 亿元和 7 189 亿元,分别增长 19.2%和 16.2%,高于全国增速 5.0 和 2.0 个百分点;占全国软件业的比重为 5.0%和 11.4%,同比均提高 0.2 个百分点。东北地区完成软件业务收入 2 914 亿元,同比下降 0.4 个百分点,占全国软件业的比重为 4.6%。

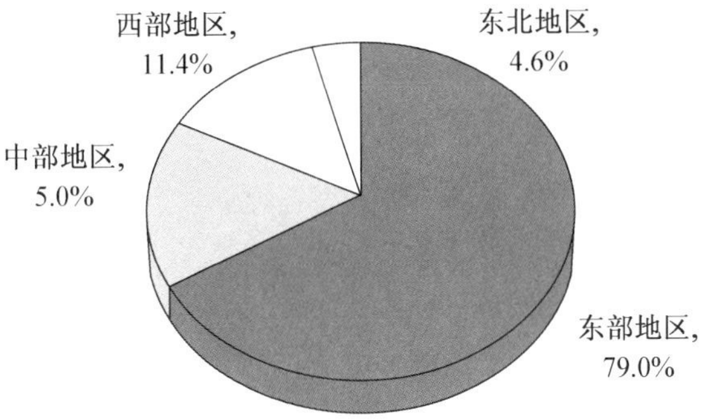

图 1-12 2018 年年软件和信息技术服务业收入区域分布

数据来源:工业和信息化部

2018 年,全国 4 个直辖市和 15 个副省级中心城市共实现软件业务收入 51 237 亿元,同比增长 14.2%,占全国软件业的比重达 81.2%。其中有 15 个城市软件业务收入超千亿元规模,北京、深圳、上海软件业务收入超过或接近 5 000 亿元规模。软件业务收入增速超过全国平均水平的中心城市和直辖市共 9 个,其中杭州、宁波市增速超过 20%。

2018 年,12 个中国软件名城的软件业务收入达到 4.5 万亿元,占全国的 72%,全国各类软件

园区数量超过200个,实现业务收入4.8万亿元,占全国软件收入比重达75.8%;聚集企业3万家,占全国软件企业数量比例超过75%。

7. 数字经济和实体经济融合发展,信息化和软件服务业工作成效显著

数字经济已成为世界各国推动经济发展质量变革、效率变革、动力变革的重要驱动力。2018年,我国数字经济总量再攀新高,达到31.3万亿元,名义增长20.9%,占GDP比重达到34.8%。

2018年我国信息消费规模约5万亿元,同比增长11%,信息服务消费占比提升至46.8%。全国开展网络化协同、服务型制造和个性化定制的企业比例分别达33.7%、24.7%和7.6%。工业企业数字化研发设计工具普及率、关键工序数控化率分别增至68.6%和48.5%。重点行业骨干企业"双创"平台普及率超过80%。形成了50余家具有一定行业、区域影响力的工业互联网平台,部分平台工业设备连接数量超过60万台套,涌现一批创新工业App并实现商业化应用。工控安全检查评估覆盖全国7 000余家工业企业超过5万台(套)的工控系统,同比分别增长38.1%和56.8%。

(三)2018年中国软件著作权登记情况

3月28日,在第11届(2019)CPCC中国版权服务年会开幕式上,中国版权保护中心发布了《2018年度中国软件著作权登记情况分析报告》,2018年我国共完成计算机软件著作权登记1 104 839件,同比增长48%,登记数量迈上百万量级台阶。

2018年,我国App软件、游戏软件、金融软件、教育软件、医疗软件、物联网软件、地理信息软件、云计算软件和信息安全软件等热点领域软件登记数量均较上一年度有不同程度增长。其中,App软件登记数量同比增长76%,约占我国软件登记总量的25%,较上一年度提升约4个百分点,是我国增长最快的热点领域软件类别之一。

从区域分布情况来看,2018年,我国东北部地区软件登记增速超过90%,远高于全国平均增

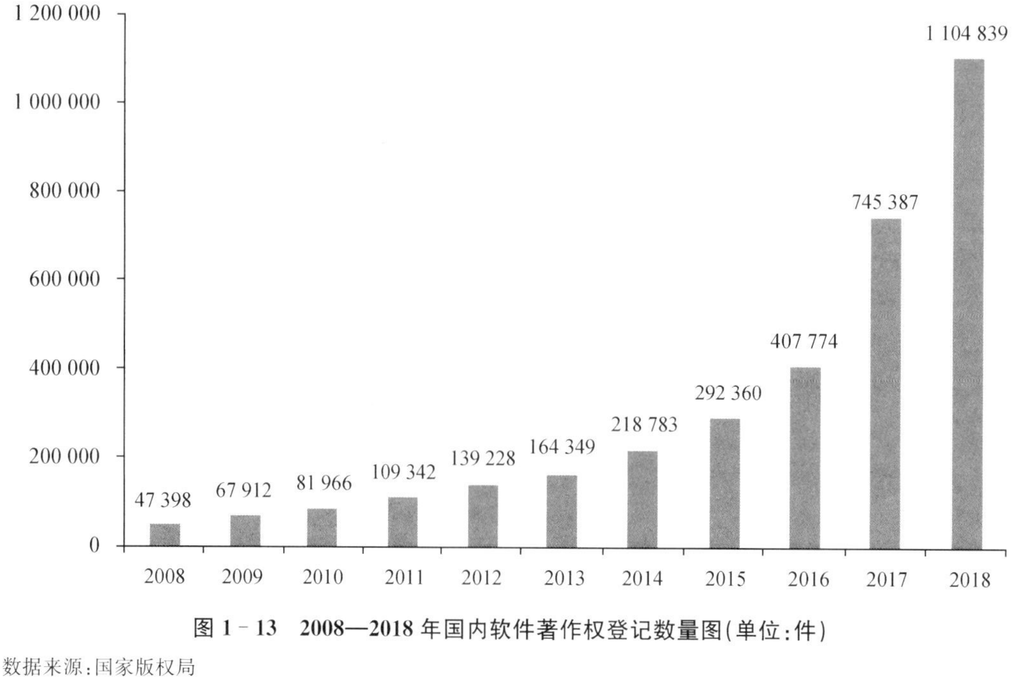

图1-13 2008—2018年国内软件著作权登记数量图(单位:件)

数据来源:国家版权局

速，呈现出快速增长的发展态势。但整体区域分布并未发生明显变化，东部地区登记软件著作权数量约占我国登记总量的73%，登记数量远高于中、西部和东北部地区。

从各省市软件登记量排名情况来看，2018年全国排名前10位的省市依次为：广东省、北京市、上海市、江苏省、浙江省、山东省、四川省、福建省、湖北省、河南省，上述地区登记软件总量超过85万件，约占我国登记总量的77%。其中，广东省登记软件近27万件，约占我国登记总量的24%，连续3年排名我国软件登记量榜首。

二、2018年中国服务外包产业发展情况

2018年，在国际国内形势复杂多变的情况下，服务外包产业继续平稳增长，保持高质量发展。2018年我国服务外包产业发展主要呈现以下特点：

（一）服务外包业务规模稳步增长

我国企业全年承接服务外包合同额13 233.4亿元人民币，执行额9 597.4亿元，同比分别增长8.6%和12.9%。其中，离岸服务外包合同额7 966亿元，执行额5 866.7亿元，同比分别增长6.3%和9.3%。

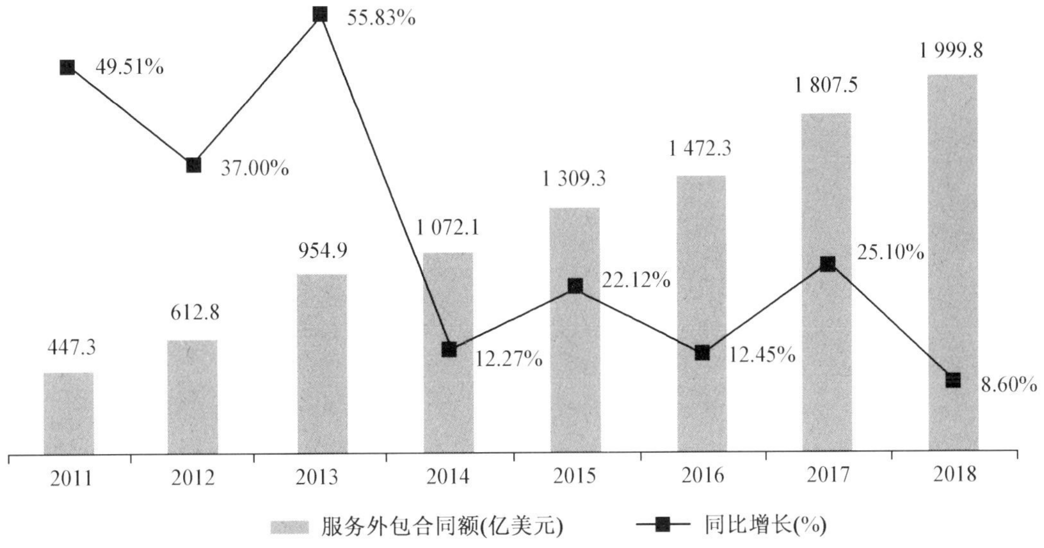

图1-14 2011—2018年全国服务外包合同额及增速

数据来源：商务部

（二）高端生产性服务外包业务增速加快

我国企业承接离岸信息技术外包（ITO）、业务流程外包（BPO）和知识流程外包（KPO）的执行额分别为2 655.6亿元、1 014.4亿元和2 196.6亿元，在离岸服务外包中的占比分别为45.3%、17.3%和37.4%，以软件研发和信息技术服务为代表的ITO仍占据主导地位，以研发服务、工程技术、检验检测等为代表的高端生产性服务外包业务快速增长，同比分别增长15.5%、27.1%和74.5%。

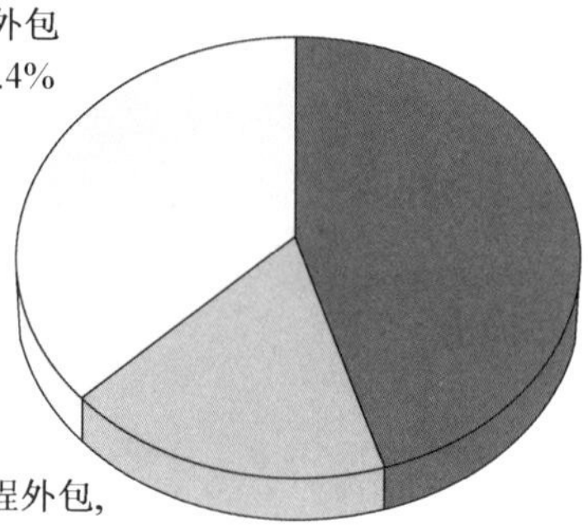

图 1-15　2018 年中国离岸服务外包业务结构

数据来源:商务部

(三)"一带一路"沿线市场增长迅速

我国企业承接美国的服务外包业务增速放缓,2018 年执行额为 1 202.1 亿元,同比增长 4.7%,比去年下降 7.2 个百分点。我国承接欧盟的服务外包执行额 929.6 亿元,同比增长 6.9%,比去年下降 5.8 个百分点。承接"一带一路"沿线国家服务外包执行额达到 1 117.1 亿元,在我离岸服务外包中占比达到 19.04%,其中承接东南亚国家服务外包 603 亿元,同比增长 13.5%。

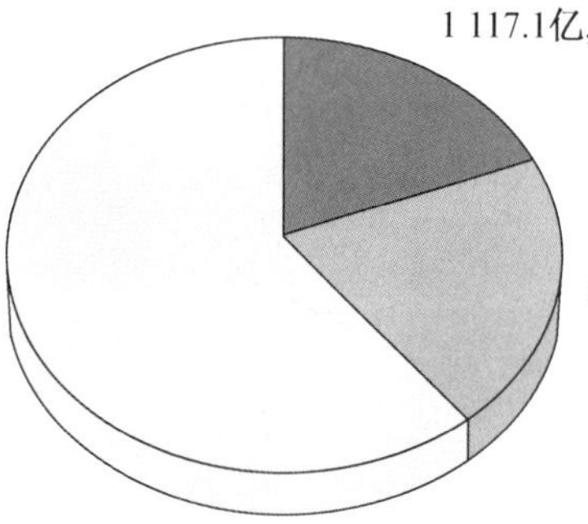

图 1-16　2018 年中国服务外包执行额结构分布

数据来源:商务部

(四)非示范城市和中西部地区异军突起

随着服务外包产业的支持政策向全国推广普惠,非示范城市地区发展服务外包产业的积极性显著提升,2018 年承接离岸服务外包执行额 714.3 亿元,同比增长 59%,在全国占比较 2017 年大幅提升 3.8 个百分点。东部地区离岸服务外包执行额 5 102.9 亿元,同比增长 9.5%,在全国占比为 87.2%;中西部地区离岸服务外包执行额 541.6 亿元,同比增长 21.3%。东部地区仍保持离岸服务外包主要承接地优势,中西部地区后发追赶态势明显,产业区域布局进一步优化。

（五）数字化人才成为主力军

服务外包产业吸纳大学生就业数量逐年增长，2018 年，我国服务外包产业新增从业人员 140 万人，其中大学（含大专）以上学历 94.9 万人，比 2017 年增加 21.5 万人。截至 2018 年年底，从业人员共 1 068.9 万人，其中大学（含大专）以上学历 689.5 万人，占从业人员总数的 64.5%。

三、2018 年度软件收入前 100 家企业发展概况

根据国家统计局批准、工业和信息化部统计的 2017 年全国软件和信息技术服务业年报数据，经各地工业和信息化主管部门初步审核、工业和信息化部最终核定，2018 年（第 17 届）中国软件业务收入前百家企业（以下简称本届软件百家企业）名单揭晓。华为技术有限公司连续 17 年蝉联软件百家企业之首，中兴通讯股份有限公司、海尔集团公司分别列第二名和第三名。本届软件前百家企业的发展表现出如下特点：

当前我国经济发展进入新常态，全社会加快形成对深化供给侧结构性改革、大力实施创新驱动战略、构建全面开放新格局的共识，进一步提升信息技术对产业发展和转型升级的引领、带动作用的认识，软件和信息技术服务业进入新的发展机遇期。软件百家企业抓住机遇，强化科技创新，加快转型升级，坚持开放发展，抓好新兴领域信息技术突破，深入推进大数据、人工智能技术在传统行业和领域的应用，实现了稳中向好的发展态势。

（一）业务收入实现快速增长，规模实力迈上新台阶

本届软件百家企业入围门槛为软件业务年收入 16.2 亿元，比上届提高 1.7 亿元，增长11.7%；2017 年共完成软件业务收入 7 712 亿元，比上届增长 16.5%，增速同比加快 6.3 个百分点，高于全

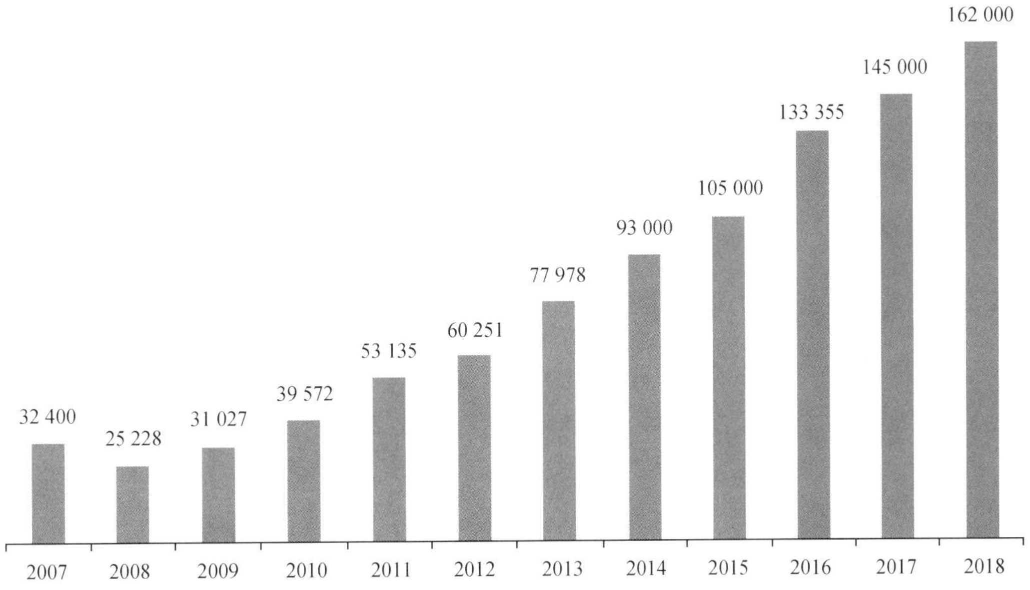

图 1－17　2007—2018 年软件收入前百家企业入围门槛（单位：万元）

数据来源：工业和信息化部

行业收入增速 2.3 个百分点，占全行业收入比重达到 14%。其中，软件业务收入过 100 亿元的企业达 13 家，比上届增加 4 家；软件业务收入过 40 亿元的企业已近半，达 47 家，比上届增加 9 家。较五年前软件百家企业的业务收入翻了一番，过百亿企业数增加了 11 家，过 40 亿元企业数增加了 28 家。

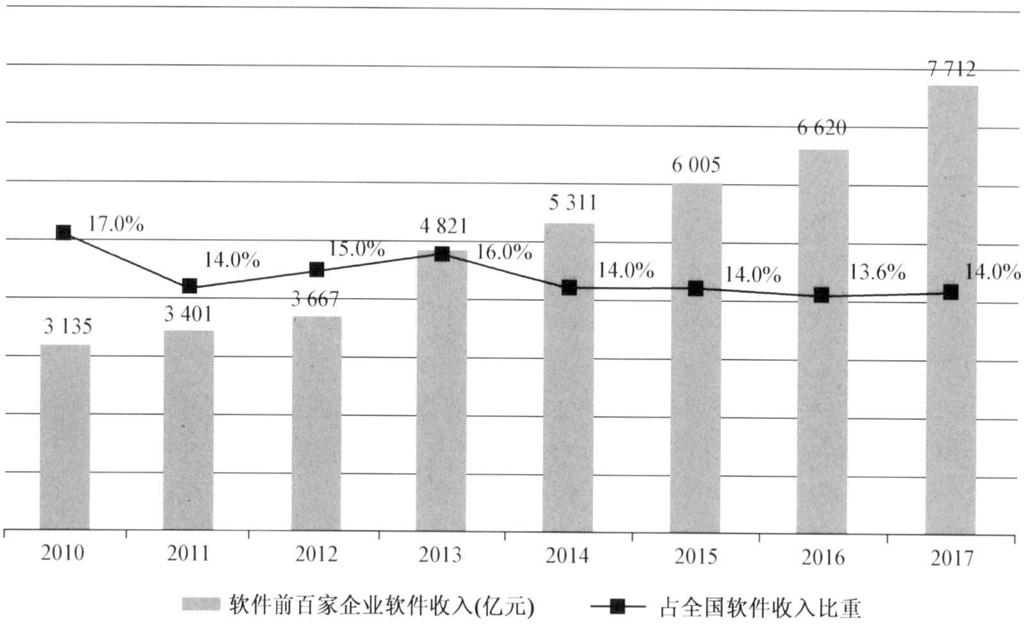

图 1－18　2010—2017 年软件收入前百家企业收入增长情况(单位：亿元)

数据来源：工业和信息化部

(二) 加快探索转型升级路径，部分企业实现领先发展

本届软件百家企业中，超过三成的企业收入增长率超过 20%；增速超过 50%的企业达到 9 家；两年持续在榜企业中，排名提升超过 10 位的企业达到 15 家。部分企业依靠积极转型和自主创新实现突破，部分企业深入研究和推进新兴技术的应用，部分企业推动专业领域的高端化发展和在新兴领域布局并重，部分企业在新兴领域积累独特核心技术，连续两年排名大幅提升。另有部分企业依托自有终端品牌优势，深耕产业链上下游，提供移动端解决方案，均实现 10 位以上排名提升。

(三) 企业持续发展能力增强，但盈利水平出现分化

本届软件百家企业更新率明显下降，两年都在榜企业 93 家，有 7 家企业首次或重新进入名单，企业持续增长能力增强。本届软件百家企业 2017 年实现利润总额 1 713 亿元，比上届增长 15.8%，占全行业利润的 19.6%；受竞争激烈、人工等成本上升较快影响，本届软件百家企业平均主营利润率为 10.7%，平均总资产利润率为 8.5%，分别低于上届 0.8 和 0.7 个百分点。其中主营利润率低于 5%的企业 24 家，比上届增加 6 家；但连续两年利润率超过 20%的企业达 11 家，比上届增加 2 家，持续盈利能力有所增强。

（四）企业研发投入保持增长，创新质量进一步提升

本届软件百家企业共投入研发经费 1 550 亿元，占全行业研发投入的 27.6%，远超收入和利润在全行业比重，是软件业研发投入的关键主体。企业平均研发强度为 9.7%（研发经费占主营业务收入比例），高于全行业平均水平 2.1 个百分点；研发强度超过 15%的企业有 15 家，其中有 12 家连续两年研发强度超过 15%；参与研发的人员数接近 46 万人，占软件百家企业总从业人员数的 46%，与上届相比增长 17.9%。本届软件百家企业的著作权登记量超过 3 万件，比上届增长近 40%。

（五）产业链体系不断延伸，新兴领域实现蓬勃发展

本届软件百家企业在软件产品、信息技术服务和嵌入式系统软件三个领域的收入占比分别为 30%、45%和 25%，与上届相比，信息技术服务领域收入占比明显上升。产业链的完整性不断提升，在传统软件开发领域，发展出“传统产品模式”和“软件服务化模式”，满足客户个性化需求；在信息技术服务领域，从单一的系统集成服务向产业链的前后端延伸扩展，基本形成信息技术咨询服务、设计与开发服务和信息系统集成及后期运维服务齐头并进的发展格局；在新兴产业领域，充分运用大数据、移动互联网、云计算等信息技术和手段，企业实现快速迭代，催生出更多的新兴服务业态，本届软件百家企业的云服务相关的运营服务收入增长超过 90%，数据处理服务收入增长一倍多。随着各项技术之间、技术与产业之间的融合加深，产业链中的分工也在进一步细化和延展，有的企业从“网”延伸到“云”，发展云数据中心、云操作系统以及拓展大数据、人工智能的应用，有的企业从“网”延伸到“端”，从现有的固定终端向云终端、从家庭终端向企业和个人终端、从通信终端向物联网终端，以及运行于各种终端的 App 方面发展，构建出软、硬、服务一体化的产业链体系。

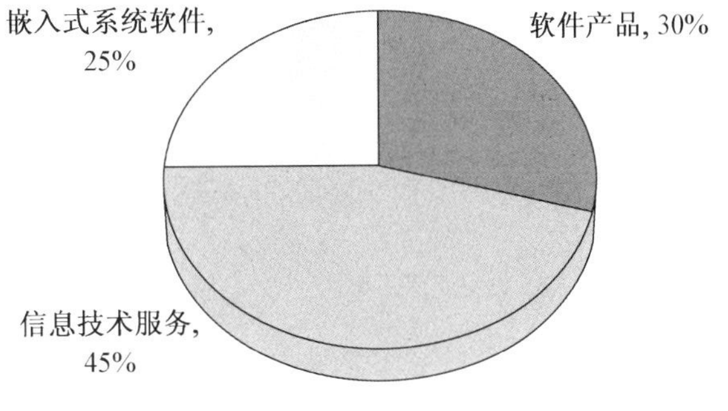

图 1－19　2017 年软件收入前百家企业收入结构

数据来源：工业和信息化部

（六）坚持开放发展，国际化经营稳步推进

本届软件百家企业坚持以业务国际化为增长新动能，积极拓展国际市场，强化与重要客户和战略伙伴的深入合作，谋求海外市场布局和本地化经营。本届软件百家企业 2017 年实现软件出口 257 亿美元，比上届增长 22.4%；出口主要市场由传统市场向新兴市场拓展，特别是随着“一带一路”基础设施的互联互通以及各类国际合作不断落地，对“一带一路”沿线国家和地区的软件出口明

显上升,虽整体规模不大,但增势突出,对东南亚等国软件出口扩大一倍,对非洲和印度的软件出口分别增长了50和30余倍;传统的主要出口和外包服务市场发展分化,对欧洲国家出口稳步上升,对美出口小幅增长,对日出口出现下滑。本届百家企业跨国经营活动深度和广度不断拓展,有四成以上企业持续开展跨国经营活动,有20家在境外设立了分公司或研发中心,有18家在境外设立分支机构,在海外的本地化经营稳步推进。

(七)贡献日益提升,发展尚需努力

本届软件百家企业2017年上缴了全行业30%的税金,吸纳从业人数99.4万人,占全行业从业人数的16%,比上届增加了17.4万人,有力地支撑了经济和社会的发展。与此同时,也要清醒地认识到,与国际大企业相比,百家企业整体偏小偏弱,技术创新能力和竞争力仍不强,核心技术自主性差,基础软件、系统软件仍掌握在欧美企业手中。除此之外,本届百家企业还出现一些值得注意的问题:一是成本和费用上升较快,盈利能力和研发投入有待提高;二是企业转型和跨界发展仍面临不少困难和障碍;三是高端顶层设计人才和跨界型核心人才缺乏,人才流失问题持续突出。

四、软件和信息技术服务业企业信用评价概况

软件企业信用评价是行业信用体系建设的一项重要工作,对推动行业自律、保障行业健康发展、维持正常有序的市场秩序、促进社会信用体系建设有重要作用。中国软件行业协会在国家整规办、国资委和商务部的领导下开展软件企业信用评价工作近20年,2017年作为国家发展和改革委员会确定的第二批重点行业协会(商会)信用体系建设示范协会之一,继续开展软件行业信用评价体系建设工作,为广大软件企业提供信用评价服务。2018年中国新评软件企业211家、126家企业换证和506家企业年审。

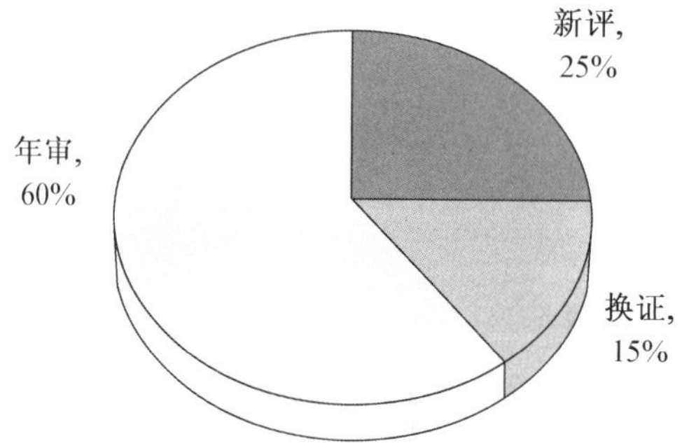

图1-20　2018年软件企业信用结构

数据来源:中国软件行业协会

五、两化融合发展概况

2018年,以融合发展为主线,以工业互联网平台建设及推广为突破口,政策体系、工作体系、产业体系不断完善。2018年全国两化融合发展指数预计将达到82,两化融合水平达到53.0,同比增

长 2.3%。网络化协同、个性化定制、服务化延伸等融合发展新模式新业态在重点行业形成快速普及态势，全年新增 703 家贯标试点企业，推动贯标企业、达标企业规模分别突破 13 000 家和 3 500 余家。截至 2018 年 12 月 31 日，全国已有 126 908 家企业开展两化融合自评估、自诊断、自对标。

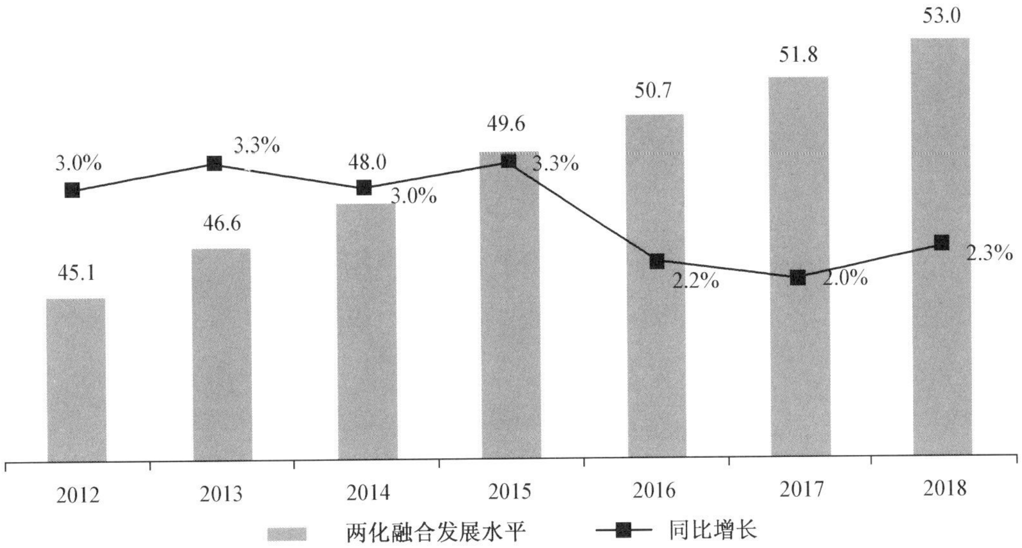

图 1－21　2012—2018 年两化融合发展水平及同比增长

数据来源：工业和信息化部

两化融合管理体系贯标试点和评定工作取得新进展，截至 2018 年 12 月 31 日，全国范围内共有 13 120 家企业开展两化融合管理体系贯标，其中 4 036 家通过评定，占贯标企业总数的 30.8%。

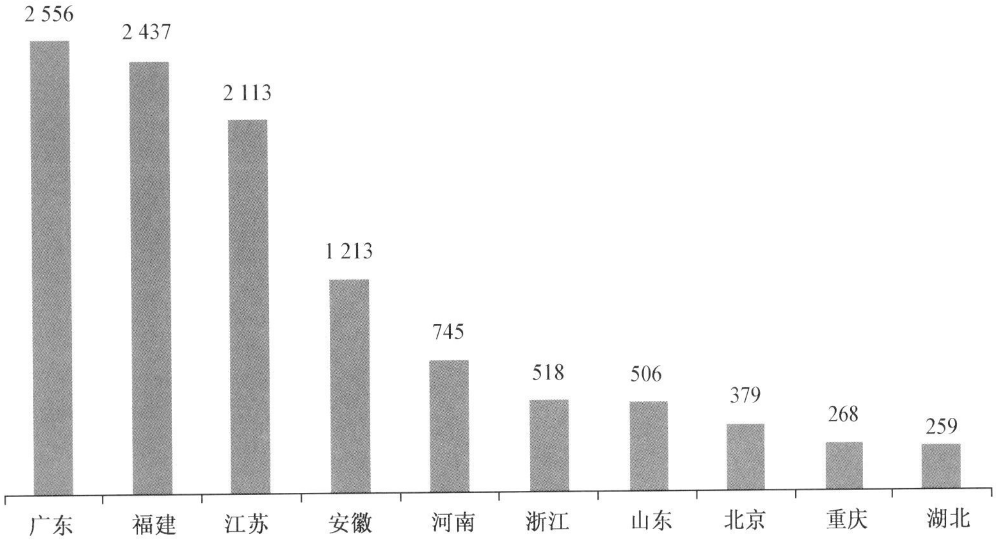

图 1－22　两化融合管理体系贯标企业数量前 10 位省市(单位:家)

数据来源：工业和信息化部

从区域分布来看，贯标企业和通过评定企业数量东部地区分别为 9 101 家和 2 993 家，中部地区为 2 562 家和 688 家，西部地区为 1 197 家和 289 家，东北地区为 260 家和 66 家。

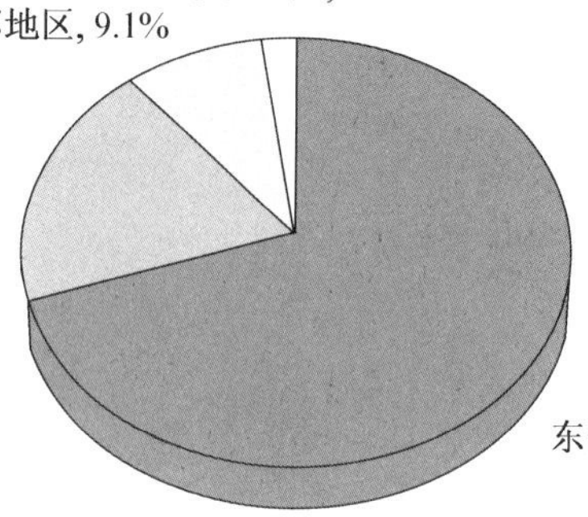

图 1－23　两化融合管理体系贯标企业数量按地区分布

数据来源：工业和信息化部

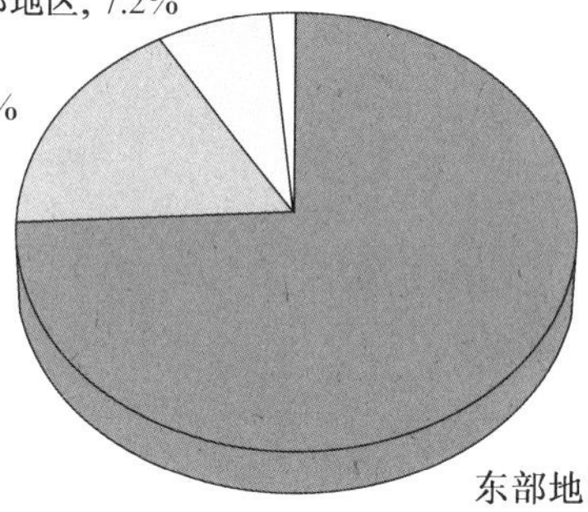

图 1－24　两化融合管理体系贯标通过评定企业数量按地区分布

数据来源：工业和信息化部

从行业分布来看，消费品、装备、原材料和电子信息行业贯标企业分布最为广泛，其中消费品、装备行业贯标企业占比分别为 32.6%和 25.8%。

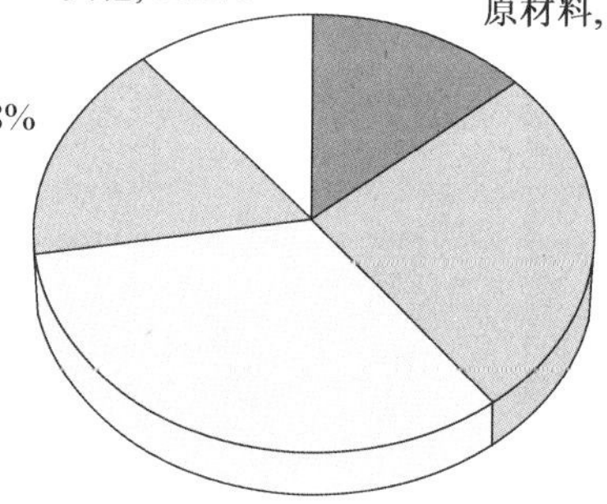

图 1－25　两化融合管理体系贯标企业数量按行业分布

数据来源：工业和信息化部

中央企业在两化融合管理体系工作中的示范带动作用日益凸显，已有 75 家央企积极推动下属

842 家企业开展贯标，其中 331 家通过评定，分别占贯标企业总数和通过评定企业总数的 6.4%和 8.2%。

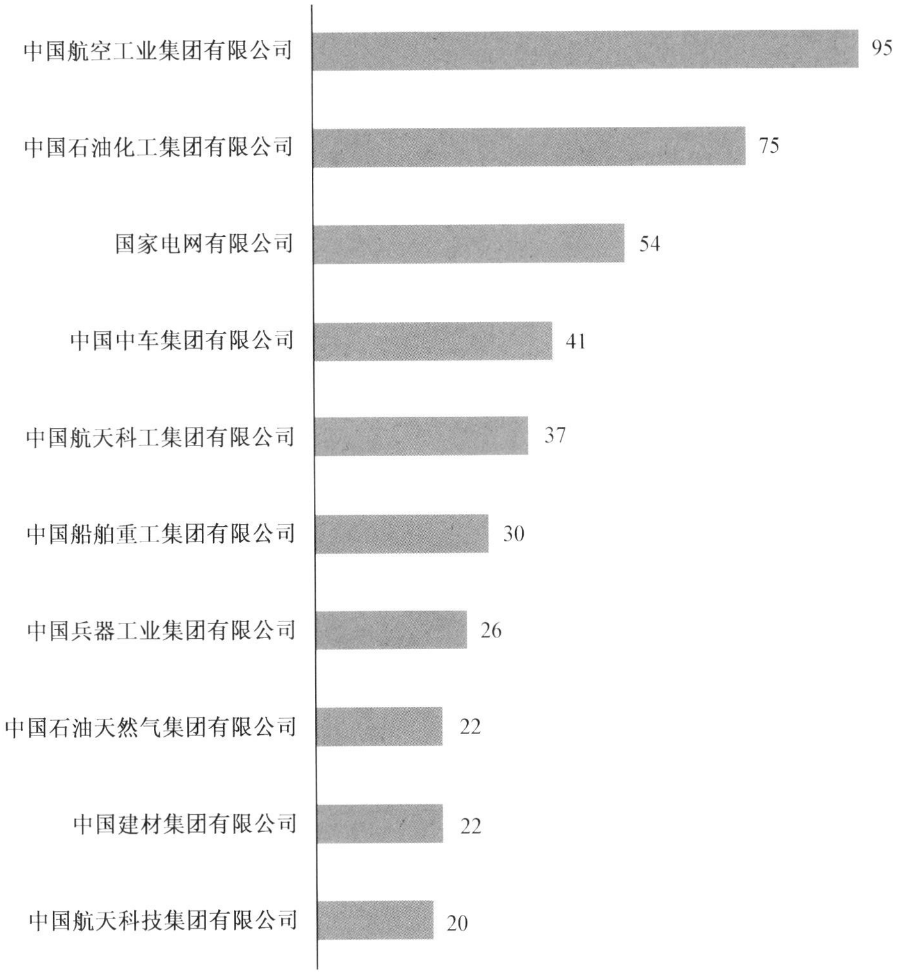

图 1－26　央企集团两化融合管理体系贯标企业数量前 10 位(单位:家)

数据来源:工业和信息化部

六、创新创业成效和“双创”示范基地建设情况

党中央、国务院高度重视创新创业工作。近年来，我国创新驱动战略深入实施，先后颁布实施了《关于深化体制机制改革加快实施创新驱动发展战略的若干意见》(中发〔2015〕8 号)、《关于大力推进大众创业万众创新若干政策措施的意见》(国发〔2015〕32 号)、《关于强化实施创新驱动发展战略进一步推进大众创业万众创新深入发展的意见》(国发〔2017〕37 号)和《国务院关于推动创新创业高质量发展打造“双创”升级版的意见》(国发〔2018〕32 号)等一系列政策措施。

我国创新创业生态环境日益优化，市场主体活力不断增强，创新创业成果大量涌现，创业带动就业活力不断显现，创新创业已经成为推动经济转型升级的重要力量和促进就业的重要支撑。世界银行《2019 年营商环境报告》显示，2018 年我国营商环境总体评价跃居至全球 46 位，比上年提升

32位。

创新创业更加突出科技导向，2018年全国科技型中小企业突破13万家，高技术产业和战略性新兴产业增加值同比增长11.7%和8.9%，分别高出规模以上工业5.5个百分点和2.7个百分点，科技进步贡献率预计超过58.5%，国家综合创新能力位列世界第十七位。

目前，全国共建有120家“双创”示范基地，众创空间数量超过6 900家，科技企业孵化器超过4 800家。截至2018年年底，创业投资机构管理资本量约为2.4万亿元，居世界第二位。截至今年4月底，国家新兴产业创业投资引导基金已决策参股356只创业投资基金，累计支持4 445家新兴产业领域的早中期、初创期创新型企业。（数据来源：科技部、国家发改委）

（本章摘自《2019中国软件和信息服务业发展报告》）

第二章 江苏省软件产业发展综述

第一节 2018 年江苏省软件产业发展基本情况及特征

2018 年,江苏省软件和信息技术服务业认真贯彻省委、省政府工作部署和重点任务要求,以强化大数据引领、推动融合发展为主线,以提升产业核心竞争力、培育发展新动能为重点,着力推动全省软件和互联网、大数据产业稳定增长,产业规模继续位居全国前列,结构明显优化。核心信息技术集群、工业 App 培育工程顺利推动,新动能培育加快。"数动未来"专项行动全面实施,融合发展初见成效。重大活动、服务支撑进一步优化创新,产业生态日趋完善。

一、中高速增长成新常态

工业和信息化部统计年报数据显示,2018 年,江苏省纳入软件产业年报统计的企业共计 5 957 家,较去年增加 1 054 家。2008—2018 年江苏省纳入工信部统计年报的软件企业数见图 1-27。需

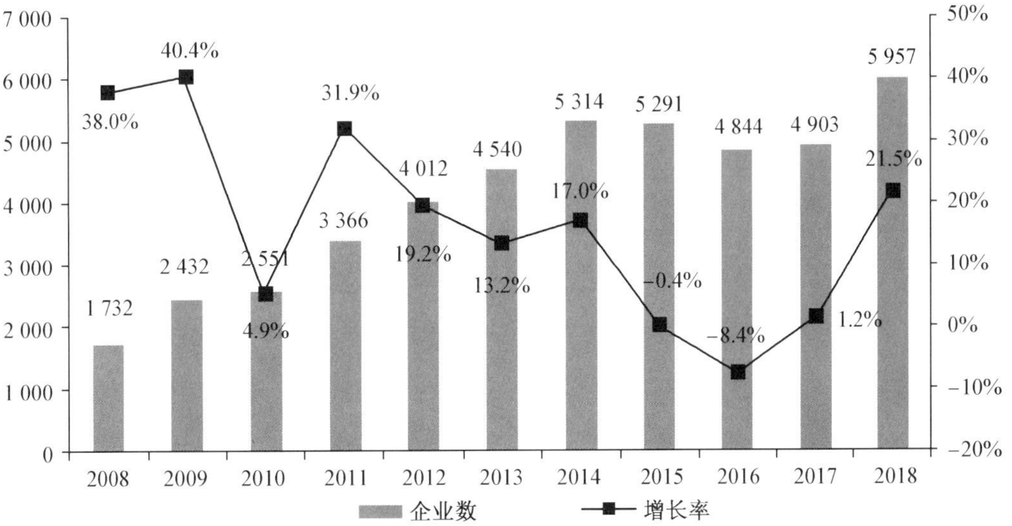

图 1-27 2008—2018 年江苏省纳入工信部统计年报的软件企业数及增长率

注意的是,由于工信部于2016年10月提高纳入统计的企业规模标准,2016年年报统计企业较2015年出现负增长(减少447家)。2018年,江苏省软件产业从业人员共计130.2万人,比上年增加19.4万人。

产业规模方面,2018年,江苏省软件和信息技术服务业业务收入(以下简称软件业务收入)达8 833.8亿元,同比下降1.1%,增速比去年同期下降10.5个百分点。需要说明的是,2018年工信部软件业务收入统计方法有所改变,是导致我省软件业务收入下降的原因之一。

江苏软件产业自1999年开始有不完整的统计数据,"十一五"后,软件业务收入根据工信部统一规定进行统计。"十一五"以来江苏省历年软件业务收入及增长速度见图1-28。近几年江苏软件企业数量及软件业务收入情况见表1-1。可以看出,国际金融危机之前,江苏软件业连续两年超高速增长,达到60%以上。2008年之后,由于受到国际金融危机和我国经济调整的影响,增速出现震荡,尤其是"十二五"以来,增速逐年放缓,到"十二五"最后一年2015年,江苏省软件业务收入为7 062.4亿元,同比增长14.4%,增速较2014年下降4.8个百分点。在"十三五"开局之年的2016年,江苏省软件业务收入达8 165.6亿元,同比增长15.6%,增速较2015年上升1.2个百分点。可以看出,江苏软件业的发展速度已从"十二五"初期及以前的高速增长逐步进入中高速增长阶段,并呈现平稳增长态势。

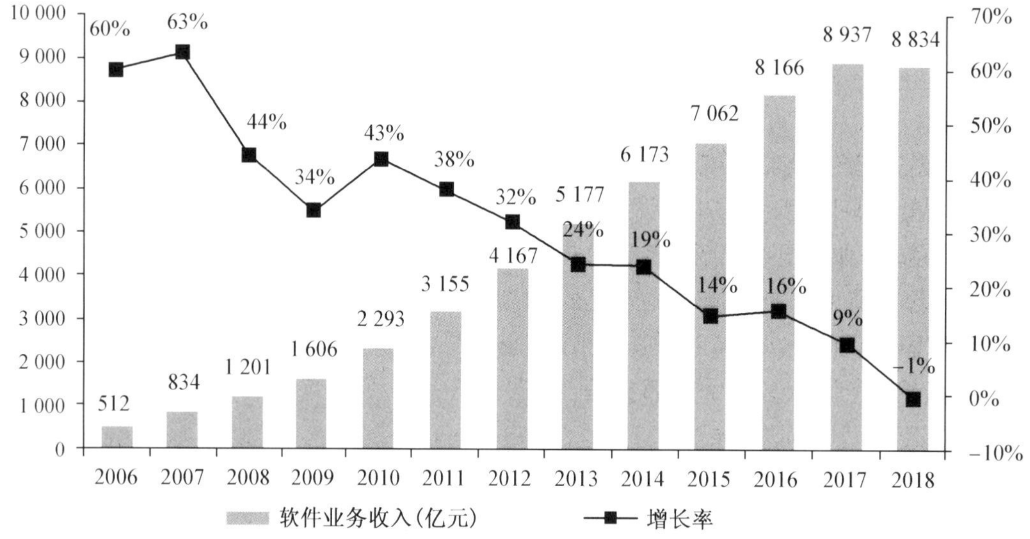

图1-28　2006—2018年江苏省软件业务收入增长情况

表1-1　2007—2018年江苏软件企业数量及软件业务收入情况

年份	企业数	企业数增幅(%)	软件业务收入(亿元)	软件业务收入增幅(%)
2007年	1 255	25.8	834	62.8
2008年	1 732	38.0	1 201	44.1
2009年	2 432	40.4	1 606	33.7
2010年	2 551	4.9	2 293	42.8

续 表

年份	企业数	企业数增幅（%）	软件业务收入（亿元）	软件业务收入增幅（%）
2011 年	3 366	31.9	3 155	37.6
2012 年	4 012	19.2	4 167	32.1
2013 年	4 540	13.2	5 177	24.2
2014 年	5 314	17.0	6 173	19.2
2015 年	5 291	−0.4	7 062	14.4
2016 年	4 844	−8.4	8 166	15.6
2017 年	4 903	1.2	8 937	9.4
2018 年	5 957	21.5	8 834	−1.1

注：2018 年工信部调整了软件业务收入中嵌入式软件的统计方式。

二、全国占比基本稳定

2006 年之前，江苏省占全国软件产业的比重在 10%以下，自 2006 年开始，占比整体呈稳定增长态势。2006—2018 年江苏省软件收入占全国总收入比重见表 1－2。可以看出，“十一五”以来，该项比重逐年提高，近 5 年基本稳定，接近 17%，到 2016 年为 16.9%，如图 1－29 所示。可以看出，“十二五”至“十三五”初期，江苏省占全国软件产业的比重趋势线基本接近平行，全国占比基本稳定。

表 1－2 2006—2018 年江苏省与全国软件收入情况

类别 \ 年份	2006	2007	2008	2009	2010	2011	2012	2013	2014	2015	2016	2017	2018
全国软件收入（亿元）	4 801	5 834	7 573	9 970	13 589	18 849	24 794	30 587	37 026	42 848	48 232	55 037	63 061
江苏软件收入（亿元）	512	834	1 201	1 606	2 293	3 155	4 167	5 177	6 173	7 062	8 166	8 937	8 834
江苏占全国比重（%）	10.7	14.3	15.9	16.1	16.9	16.7	16.8	16.9	16.7	16.5	16.9	16.2	14.0

注：全国软件收入为快报数据。

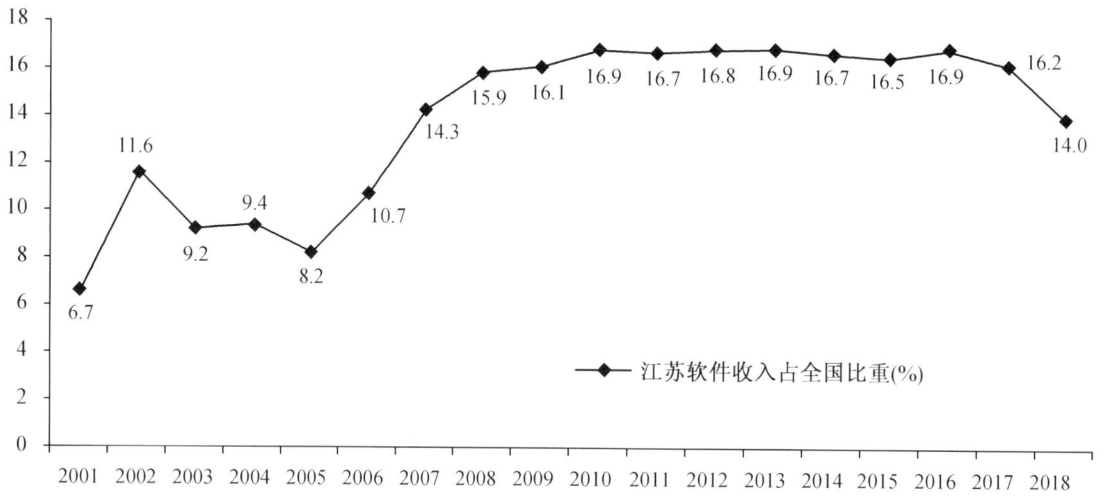

图 1-29　2001—2018 年江苏软件收入占全国比重情况

三、产业结构持续调整

从江苏省 2018 年软件业务收入构成来看，软件业务收入四大类型中，软件产品实现收入 2 173.9 亿元，占全业务比重 24.6%；信息技术服务实现收入 5 344.2 亿元，占全业务比重 60.5%；嵌入式系统软件实现收入 1 197.9 亿元，占全业务比重 13.6%，信息安全实现收入 117.8 亿元，占全业务比重 1.3%，如表 1-3 所示。

表 1-3　2018 年江苏省软件业务收入构成一览表

类别	业务收入(亿元)	占全业务比重(%)
软件产品	2 173.9	24.6
信息技术服务	5 344.2	60.5
信息安全	117.8	1.3
嵌入式系统软件	1 197.9	13.6
合计	8 833.8	100

从以上数据可以看出，2018 年我省软件产业四大业务收入中，信息技术服务收入占全业务的比重最高，这一方面表明全省软件产业服务化转型取得较好进展，另一方面表明，江苏软件产业整体进入以“联网应用”为特征的网络化阶段，“网构软件”成为新的形态，平台化服务成为新的趋势。

2013 年之前，江苏省软件产业结构是嵌入式系统软件收入占据半壁江山，软件产品开发和信息技术服务收入占比相对比较小。到 2013 年呈现软件产品收入、信息技术服务收入、嵌入式系统软件收入三驾马车齐头并进态势(31%、39%、30%)。2014 年，虽然三大类软件收入保持平稳增长，但增长速度差距较大，嵌入式系统软件收入增幅超过全行业增速一倍，而其他两大类业务收入增速较小。2015 年，江苏省软件产业呈现信息技术服务收入领跑态势；至 2016、2017 年，信息技术服务收入占比基本稳定，接近全省软件业务总收入的五成。需指出的是，2018 年，工信部调整软件业务收入构成类型，首次加入信息安全大类，自此软件业务由原先的三大类变更为四大类。

四、产业集聚效应明显

江苏软件产业的区域布局呈现高度集聚态势。工信部 2018 年统计年报数据显示，沿沪宁线分布的南京、苏州（含昆山，下同）、无锡、常州、镇江分列全省软件业务收入前 5 名，上述苏南五市 2018 年合计实现软件业务收入 8 417.1 亿元，占全省总收入的 95.3%。其中，南京、苏州、无锡的软件业务收入分别占全省业务总收入的 52.0%、19.0%、15.0%，合计占全省总收入的 86.0%，接近全省总收入的九成。

从纳入工信部统计年报的企业数来看，2018 年苏南 5 市共有软件企业 5 461 家，占全省总数的 91.7%；南京、无锡、苏州的软件企业数位居全省前三，3 市软企总数占全省的比例达 85.4%，其中，仅南京市在全省的占比就超过六成，达 63.4%。可以看出，江苏省已形成以南京、无锡、苏州为中心的软件产业集聚带，苏南地区对全省软件产业发展的整体带动作用日益凸显。这与上述城市着力塑造软件名城、紧抓产业载体建设密不可分。2016 年 8 月，南京市先后印发《南京市建设中国智能制造名城实施方案》及《南京市建设国际软件名城实施方案》，提出将南京打造为中国智能制造名城，进一步强化软件业对南京市经济社会的服务和支撑作用，凸显南京对江苏软件业的示范引领作用。2019 年 3 月 7 日，工信部正式授予苏州市“中国软件特色名城”称号。

2018 年全省各区域软件业务收入及增速见图 1－30。由图可见，2018 年，苏中、苏北地区软件业务收入增速分别达到 4.4%、－34.8%。江苏省各市 2013—2018 年软件企业数和软件业务收入见表 1－4。2018 年江苏省各市软件产业年报统计数据见表 1－5，2018 年全省各市软件产业发展情况见第二部分地市产业篇。

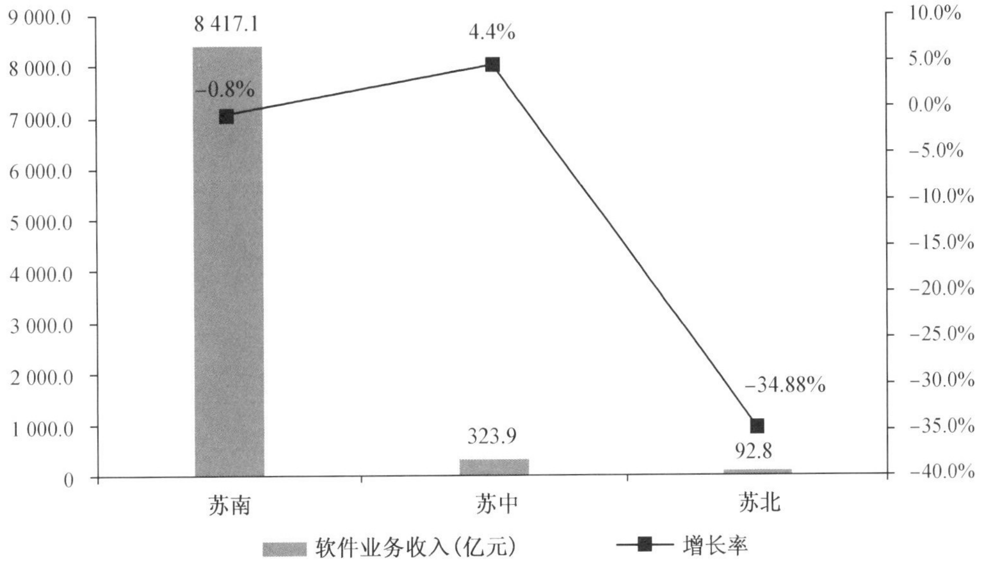

图 1－30　2018 年全省各区域软件业务收入及增速

表 1－4　2013—2018 年江苏省各市软件企业数和软件业务收入一览表

市别	软件企业数						软件业务收入(亿元)					
	2013 年	2014 年	2015 年	2016 年	2017 年	2018 年	2013 年	2014 年	2015 年	2016 年	2017 年	2018 年
南京	1 364	1 833	1 759	1 907	2 473	3 774	2 309. 1	2 741. 4	3 095. 9	3 483. 9	3 925. 8	4 592. 1
苏州	783	909	934	735	672	643	1 311. 9	1 517. 1	1 807. 8	2 033. 2	2 316. 9	1 682. 2
无锡	1 144	1 127	1 228	1 067	813	672	765. 1	882. 8	880. 7	992. 7	1 116. 7	1 326. 7
常州	228	406	460	263	225	228	305. 2	400. 3	499. 1	574. 9	498. 4	561. 5
镇江	175	168	201	245	205	144	309. 1	409. 8	524. 5	616. 8	625. 9	254. 6
南通	239	267	196	180	104	119	49. 3	83. 1	28. 9	189. 3	212. 3	183. 2
扬州	263	205	196	168	102	156	40. 1	56. 0	80. 1	86. 1	43. 4	72. 6
泰州	86	99	105	93	75	76	35. 2	42. 8	59. 6	68. 8	54. 5	68. 1
宿迁	133	161	46	31	28	18	5. 1	8. 6	4. 1	18. 2	11. 4	25. 8
徐州	56	48	70	64	112	53	30. 1	11. 4	52. 0	81. 0	92. 6	21. 8
淮安	22	36	39	13	10	30	5. 7	4. 3	6. 3	2. 6	13. 0	16. 0
盐城	32	42	39	67	48	28	5. 8	12. 7	15. 9	15. 2	20. 1	14. 7
连云港	15	13	18	11	36	16	5. 6	2. 3	7. 4	2. 9	5. 3	14. 6
合计	**4 540**	**5 314**	**5 291**	**4 844**	**4 903**	**5 957**	**5 177. 3**	**6 172. 6**	**7 062. 3**	**8 165. 6**	**8 936. 5**	**8 833. 8**

注:按各市 2018 年软件业务收入从高到低排序。

表 1－5　2018 年江苏省各市软件产业年报统计数据一览表

城市	企业数	从业人员年末数	软件业务收入(亿元)
南京	3 774	487 547	4 592. 1
苏州	643	345 144	1 682. 2
无锡	672	204 396	1 326. 7
常州	228	112 099	561. 5
镇江	144	56 217	254. 6
南通	119	46 651	183. 2
扬州	156	18 550	72. 6
泰州	76	13 279	68. 1
宿迁	18	2 926	25. 8
徐州	53	3 816	21. 8
淮安	30	5 299	16. 0
盐城	28	4 309	14. 7
连云港	16	1 648	14. 6
合计	**5 957**	**130 1881**	**8 833. 8**

注:按各市 2018 年软件业务收入从高到低排列。

五、软企转型压力依然存在

2018 年公布的第十七届中国软件业务收入前百家企业榜单中，江苏共有 8 家企业入围，与上届入围数持平，入围企业分别为南京南瑞集团公司（第 7 位）、熊猫电子集团有限公司（第 20 位）、江苏省通信服务有限公司（第 30 位）、国电南京自动化股份有限公司（第 37 位）、中兴软创科技股份有限公司（第 50 位）、江苏金智集团有限公司（第 62 位）、江苏润和科技投资集团有限公司（第 70 位）、南京联创科技集团股份有限公司（第 85 位），见表 1－6。

表 1－6　江苏企业入围 2018 年中国软件业务收入前百家企业名单

序号	企业名称	榜单排名
1	南京南瑞集团公司	7(↓1)
2	熊猫电子集团有限公司	20(↓7)
3	江苏省通信服务有限公司	30(↓3)
4	国电南京自动化股份有限公司	37(↓3)
5	中兴软创科技股份有限公司	50(↓5)
6	江苏金智集团有限公司	62(↑8)
7	江苏润和科技投资集团有限公司	70(↑20)
8	南京联创科技集团股份有限公司	85(↑13)

与上届相比，全省上榜企业在总榜的位次有所变动，除 5 家位次下降外，3 家企业位次上升。可见，江苏软件产业在稳定增长的同时，企业的转型压力依然存在。

六、持续强化产品研发

2017 年 4 月，江苏省工信厅批准认定了第五批 24 家省级软件企业技术中心。截至 2018 年年底，全省累计已认定省级软件企业技术中心 129 家，主要分布在云计算和大数据服务、网络信息服务、智能制造业、智能交通、智能电网、信息安全等领域，提高了企业技术突破的能力。

2018 年，企业注重软件研发，在产品研发上不断推陈出新，产品在云计算、大数据、互联网、互联网金融、游戏文化、电子商务等领域广泛分布。全年全省共受理 6 197 份软件产品评估申报材料，其中 6 172 个软件产品通过评估，通过率为 99.6%。从地域分布看，近半软件产品出自南京，其次为苏州、无锡；苏南 5 市通过评估的软件产品总数占全省比例接近九成，达 86.6%，苏中、苏北分别为 9.6%、3.8%，这表明苏南地区软件产业不仅在空间上呈现高度集聚态势，在技术研发和产品创新方面同样走在全省前列。

2018 年共评出第十六届江苏省优秀软件产品奖（金慧奖）20 项，加上之前的十五届，累计有 397 项产品获奖。上述获奖产品广泛分布于工业、政务、交通、医疗、企业管理等多个行业领域，集中体现了大数据、云计算等新一代信息技术的最新应用成果。第十六届江苏省优秀软件产品奖（金慧奖）获奖名单见表 1－7。

表 1-7 第十六届江苏省优秀软件产品奖(金慧奖)名单

编号	软件名称	申报单位
1	擎天区域重点企业碳排放直报系统软件 V1.0	南京擎天科技有限公司
2	云从龙数据交换采集系统软件 V1.0	南京华讯方舟通信设备有限公司
3	鸿信 12345 政府服务热线系统软件 V1.0	江苏鸿信系统集成有限公司
4	Sinovatio 互联网协议识别软件 V5.1	南京中新赛克科技有限责任公司
5	磐能 DMP3000 型变电站保护测控系统软件 V2.0	南京磐能电力科技股份有限公司
6	悦利轨道交通电力机车牵引、制动模块维修检测系统软件 V1.0	悦利电气(江苏)有限公司
7	新点政务服务管理平台软件 V1.0	江苏国泰新点软件有限公司
8	中博基于大数据分析平台的移动互联网行为轨迹智能分析系统软件 V1.0	中博信息技术研究院有限公司
9	易安联 Enlink CASBs SYSTEM 云安全连接应用发布系统软件 V1.0	南京易安联网络技术有限公司
10	巨龙数据采集软件 V1.0	无锡市陶都巨龙软件有限责任公司
11	万方全方位装卸车智能控制系统软件 V1.0	扬州万方电子技术有限责任公司
12	卓易政企通云服务平台软件 V1.0	江苏卓易信息科技股份有限公司
13	优倍 MES 管理系统软件 V1.0	南京优倍自动化系统有限公司
14	JSPTPD 智慧城市公共信息平台软件 V1.0	中通服咨询设计研究院有限公司
15	正融 SkyView 系列图文影像分析系统软件 V3.0	江苏正融科技有限公司
16	海斯凯尔超声诊断仪系统软件 V1.0	无锡海斯凯尔医学技术有限公司
17	国脉智慧停车管理系统软件 V1.0	扬州国脉通信发展有限责任公司
18	神探智能全网侦测分析软件 V2.0	无锡神探电子科技有限公司
19	亿友慧云大数据分析云平台软件 V1.0	江苏亿友慧云软件股份有限公司
20	泰普晟基于物联网的智慧轮胎系统软件 V1.0	南京泰普晟软件有限公司

七、资本关注度有所提升

2018年,资本寒冬席卷创投圈,在全国投融资事件数量及规模大幅下滑的背景下,江苏创投圈却意外呈现出逆市上扬姿态。全年全省共有12个项目获得超10亿元人民币融资,其中5个项目所属领域为软件与信息技术服务业。

2018年4月23日,满帮集团宣布获得迄今为止全球智慧物流领域最大单笔融资——19亿美元(约120亿元)融资,最新估值超过60亿美元(约400亿元),本轮融资由软银愿景基金(SVF)领投,光速中国、红杉资本等多家前期投资人及中网投、谷歌资本等10家新机构跟投,将助力满帮巩固在车货匹配领域的绝对优势,加速全球顶尖人才招募和人工智能战略的推进,并对南京互联网物流等相关产业起到积极拉动效应。

2018 年 4 月 17 日，阿里巴巴集团向五星控股旗下电商平台汇通达投资 45 亿元，双方将共同探索农村新零售样本，赋能更多农村商业组织，共建农村商业新生态。目前我国农村移动支付用户数达到 9 840 万，乡镇快递网点覆盖率达到 87%，这为新零售在农村的发展奠定了技术基础。汇通达自成立起就瞄准农村市场，先后完成 4 轮市场融资，总规模达到 18 亿元，估值超过 100 亿元，成为农村电商领域首家独角兽企业。

2018 年 6 月 4 日，华侨城集团宣布战略投资同程旅游集团，总投资额度超过 20 亿元。交易完成后，华侨城集团成为同程旅游的重要战略股东之一，双方将发挥线下资源与线上大数据的战略协同效应，展开更深层次合作。

2018 年 6 月 8 日，2013 年成立于无锡的云服务提供商华云数据集团宣布完成 IPO 前的最后一轮融资，金额为 10 亿元。本轮融资由东证资本再次跟投，同时引入广发证券、清华控股基金、源星资本、龙宇控股等多家战略投资。

2018 年 9 月 26 日，艾佳生活宣布获得天图资本 B 轮 10 亿元人民币融资，投后估值超 10 亿美金。作为提供一站式装修服务的 O2O 电商平台，艾佳生活由江苏一德集团和建业集团于 2015 年初共同投资组建，可提供包括硬装和软装的设计、施工、验收、维保的全流程装修服务。本轮融资资金将用于平台 IT 技术研发、高级人才招募和用户体验提升。

八、不断夯实人才基础

当前，新一代信息技术加速渗透融合已成为新一轮科技革命和产业变革的重要驱动力，对人才的需求提出了更高的要求。《新一代人工智能发展规划》《云计算发展三年行动计划》、“互联网+”、《中国制造 2025》、国家大数据战略等部署进一步掀起了加快发展新经济的浪潮，在积极运用互联网思维、促进经济转型升级、主动适应经济发展新常态的背景下，江苏产业人才培养、储备、引进面临巨大挑战。2018 年，省工信厅加强产业人才发展统筹规划，持续探索人才培养路径，创新人才培育模式，在人才服务方面打造品牌活动，为江苏软件产业发展夯实人才基础。

一是在江苏产业人才“育鹰计划”的基础上，升级实施“育鹰计划”2.0 版。2018 年全年共举办四期高研班，分别为：3 月 19 日—3 月 23 日第 9 期高研班（工业互联网），6 月 5 日—6 月 8 日第 10 期高研班（数字旅游），9 月 10 日—9 月 14 日第 11 期高研班（大数据创新战略），11 月 26 日—11 月 30 日第 12 期高研班（工业互联网），培训内容包含大数据技术前沿与产业发展、区块链、互联网金融与创新、智能制造、智慧旅游等方面，并新增政策解读与时政讲解，提升企业家政治素养和大局观，在业内取得良好口碑。2018 年共计培训全省各类企业家学员 200 余人，培训实效良好，得到了企业家学员的高度评价。

二是深化软件和信息服务公益学堂育才实效。以骨干人才培养为重点，紧扣企业发展需要和产业发展热点，新增云计算、大数据、区块链等有关新技术内容，通过线上线下相结合的方式，提供面向软件和信息服务企业的软件架构师、项目经理公益培训，面向人力资源管理的 HR 经理公益培训和互联网产品经理公益培训，打造江苏软件和信息服务业“公益学堂”。

三是继续面向全国重点院校设立“江苏软件奖学金”，面向基础紧缺人才开展 2018—2019“爱英之旅”校园招聘活动。于 2018 年在南京、徐州、镇江、无锡、扬州 5 市举办 5 场省内专场招聘会，在西北工业大学、西安电子科技大学、合肥工业大学、安徽大学、武汉理工大学举行 5 场省外校园招聘会,吸引省内100多家骨干软件企业、全国20多所重点高校的4 000多名软件相关专业的优秀应届生踊跃参与,共计收到求职简历2 067份,意向签约200余人,招聘整体满意度达92%。

四是积极承办由工信部、教育部、江苏省政府联合主办的第七届"中国软件杯"大学生软件设计大赛,大赛共吸引来自全国各大高校的4 127支队伍(含本科赛队3 124支、高职赛队1 003支)、近1.5万名师生报名参赛,参赛队伍数量再创新高。经过激烈比拼,100支赛队脱颖而出,在南京总决赛现场进行最终角逐。经过为期三天的比赛,共评出特等奖队伍1支、一等奖队伍15支、二等奖队伍82支、最佳表现奖队伍10支、最佳创新奖队伍10支;最佳指导老师16名、最佳学校组织奖58所、最佳地方组织奖15个、企业突出贡献奖11家、产教融合创新奖8名。大赛同期召开的"中国软件杯"大学生软件设计大赛优胜团队创业投融资对接会、招聘会、2018产教互动工作座谈会,在为软件学子创新、创业提供更加广阔的施展舞台的同时,也为企业投资、招聘优秀人才搭建桥梁,架起高校和企业之间深入互动、合作育人的新模式。

五是进一步打造名企名人。开展2018年度江苏省互联网领域十大新锐人物和创新力产品的评选工作,评出年度10位江苏互联网新锐人物和10大创新力产品,营造更有活力和吸引力的互联网产业发展环境。拍摄江苏优秀软件和互联网企业家"我们的故事"系列微视频,在"交汇点"等新闻网站进行推送宣传。网上累计点击观看量超20万次,对弘扬江苏软件和互联网文化起到了积极作用。

九、出口市场分布广泛

工信部年报统计数据显示,2018年江苏省软件业务出口涉及企业241家,占全部统计企业数的4.0%,较去年同期下降1.9个百分点;实现软件业务出口58.3亿美元,同比下降6.3%,连续5年负增长。近年软件业务出口额及增长率见表1-8。在全省软件业务出口中,嵌入式系统软件出口6.2亿美元,占全部出口的10.7%,软件外包服务出口7.5亿美元,占全部出口的12.9%。2018年江苏软件出口收入的行业结构见图1-31。

表1-8 江苏省近年软件业务出口情况

年份	2009年	2010年	2011年	2012年	2013年	2014年	2015年	2016年	2017年	2018年
出口额(亿美元)	35.5	50.6	75.1	86.2	86.7	79.0	77.1	67.0	62.2	58.3
增幅(%)	41.7	42.4	48.6	14.7	0.6	−8.9	−2.4	−13.0	−7.2	−6.3

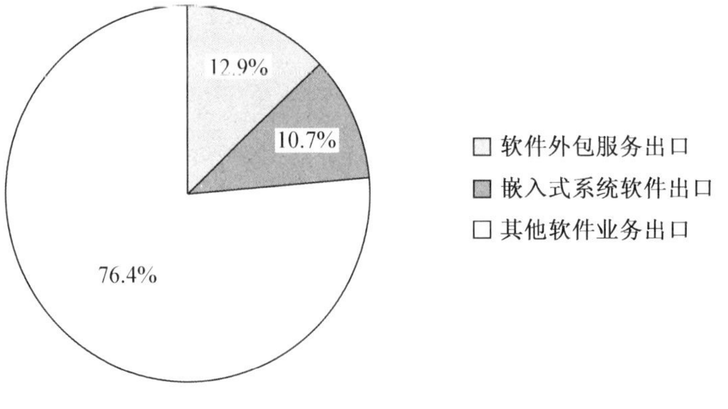

图1-31 2018年江苏省软件出口额行业构成情况

2018 年，江苏省共有 10 个市有软件出口业务，比上年减少 2 个市。省内有软件出口业务的企业主要集中于苏州、无锡、南通、镇江四市，其中又以苏州市最为突出，该市 2018 年软件业务出口额占全省的 66.1%，较上年下降 2.3%。2018 年江苏省各市软件出口业务收入占比见图 1－32。省内软件出口中涉及软件外包服务出口和嵌入式系统软件出口均为 8 个市，见表 1－9。

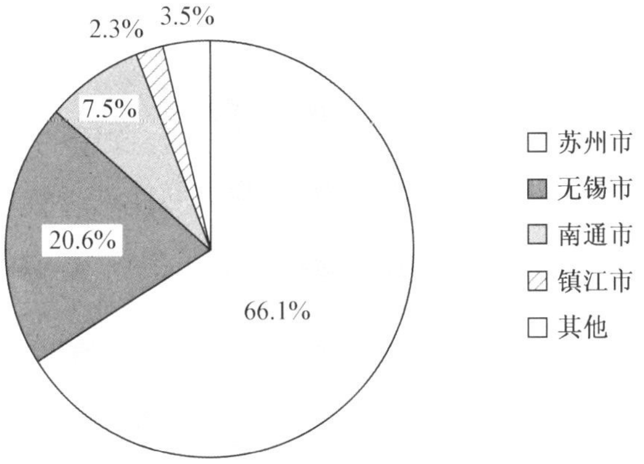

图 1－32　2018 年江苏省各市软件出口业务收入占比

表 1－9　2018 年江苏省各市软件出口业务分类情况

单位：万美元

城市	软件出口	其中	
		软件外包服务出口	嵌入式系统软件出口
苏州市	385 086.9	20 376.4	43 833.3
无锡市	119 943.3	23 139.1	1 491.3
南通市	43 946.1	29 899.4	2 592.8
镇江市	13 608.6	1 033.2	1 431.4
常州市	12 121.0	98.9	5 271.9
扬州市	7 307.5	0	7 076.1
南京市	642.3	319.8	322.5
徐州市	470.6	228.6	217.1
宿迁市	35.0	10.0	0
泰州市	10.0	0	0
连云港市	0	0	0
淮安市	0	0	0

注：按各市 2018 年软件出口额从高到低排列。

第二节 江苏省软件产业发展环境建设

江苏省软件产业的发展始终得到中央领导和省委、省政府的关心支持,各级领导多次深入江苏软件企业调研指导工作,鼓励企业自主创新,使企业深受鼓舞。2018年,江苏省各地和各级主管部门继续创新工作举措,营造优良发展环境,使江苏继续成为软件企业家乐于投资的热土、软件产业蓬勃发展的沃土。

一、着力出台政策措施

近年来,江苏省把信息化作为促进产业结构调整和经济发展方式转变的着力点,着力加强信息通信基础设施建设,加强规划引领和政策支持,发展新一代信息产业和信息消费,强化网络信息安全,大力推动信息化和工业化深度融合,积极推动互联网经济发展。2018年全省经济和信息化工作会议上,提出要重点抓好八个方面:一是坚持创新驱动发展,实施"中国制造2025"国家级示范区创建工程、制造业创新中心建设工程、重大技术攻关工程、先进制造业集群培育工程、工业强基工程和军民产业融合工程,打造先进制造业基地;二是深化供给侧结构性改革,发展壮大新兴产业,改造提升传统产业,化解无效低端过剩产能,提升质量品牌,推动产业结构升级;三是创新两化深度融合,实施智能制造工程,加快智慧江苏建设,发展工业互联网,培育工业互联网云平台,推动"企业上云",发展大数据产业,加快5G网络等基础设施建设,抢占产业竞争制高点;四是狠抓节能降耗,实施绿色制造工程,探索节能环保服务新模式,推动形成绿色发展方式;五是坚持分类培育,推动骨干企业做强做大、中小企业做精做专、"独角兽"企业快速成长,提升企业竞争实力;六是落实稳增长举措,做好产行业数据统计和运行分析,强化项目跟踪服务推进,提高专项资金使用效益,降低企业成本,加强要素保障和安全生产,促进工业平稳运行;七是不断深化改革优化服务,营造良好发展环境;八是落实全面从严治党要求,为制造强省建设提供坚强保障。

政府层面出台多项政策和措施,推动产业发展。先后出台《智慧江苏建设三年行动计划(2018—2020年)》《关于进一步加快智能制造发展的意见》《江苏省新一代人工智能产业发展实施意见》等政策,为软件和信息服务业的发展提供了新的发展环境和市场空间。

省工信部门积极贯彻落实省委、省政府出台的相关产业政策,加强规划引导,推进标准建设,深化载体服务。

省工信厅、省财政厅2018年通过省工业和信息产业转型升级专项引导资金,支持了19个"软件与互联网、大数据项目"、64个"软件产业新技术、新标准研发与产业化应用项目",从资金上帮助企业提升创新和产业化能力。

省工信厅联合省大数据发展办制定发布《江苏省强化大数据引领推动融合发展专项行动计划》("数动未来"专项行动),并组织省大数据发展办成员单位和全省经信系统及相关企业300余人,召开全省大数据和新一代软件产业发展推进会。积极开展"数动未来"百人专家服务团征集工作,并启动"数动未来"融合创新中心、工业大数据应用示范区以及大数据开放共享试验区等融合创新载体建设方案的研制工作。

启动软件企业转型升级计划。会同省大数据办各成员单位开展2018年江苏省软件企业转型升级计划评选工作，评选出“腾云驾数”优秀软件企业100家，优秀融合案例50个，优秀软件产品、平台、服务、解决方案125项。编印《“腾云驾数”优秀软件企业、优秀融合创新案例、优选产品（平台、服务及解决方案）汇编》，对入选各类典型加大宣传力度。举办“腾云驾数”转型升级计划企业线下宣传对接活动，为供需双方提供对接平台，助力软件企业拓展市场、发掘客户。强化省大数据发展办协同工作机制。组织召开省大数据办成员单位联络员会议征求意见，印发《2018年江苏省大数据重点工作》，并组织实施各相关工作。积极推动大数据产业园建设。根据工信部和省政府有关要求，以培育国家大数据产业集聚区为目标，开展大数据产业园认定工作，对申报园区进行专家评审、现场考察。根据工信部“组织开展2018年大数据产业发展试点示范项目申报工作”要求，推荐省内项目申报国家试点示范，中国电科28所的“空中交通大数据综合应用示范平台”、诚迈科技的“面向精准医疗的大数据随诊平台研发及应用”等11个项目入选。

江苏省2015年以来制定的与软件业相关的政策、法规、规划、意见见表1-10。

表1-10　江苏省2015年以来制定的软件产业政策、法规一览表

制定单位	日期	文号	名称
省人民政府	2015-04-08	苏政发〔2015〕40号	《关于加快互联网平台经济发展的指导意见》
中共江苏省委 江苏省人民政府	2015-04-024	苏发〔2015〕13号	《关于加快发展互联网经济的意见》
省人民政府	2015-06-12	苏政发〔2015〕71号	《关于加快全省集成电路产业发展的意见》
省人民政府	2015-12-04	苏政发〔2015〕166号	《关于大力发展电子商务加快培育经济新动力的实施意见》
省人民政府	2016-02-01	苏政发〔2016〕10号	《关于印发江苏省企业互联网化提升计划的通知》
省人民政府	2016-03-31	苏政发〔2016〕46号	《省政府关于加快推进“互联网＋”行动的实施意见》
省人民政府	2016-08-19	苏政发〔2016〕113号	《省政府关于印发江苏省大数据发展行动计划的通知》
省经信委、省人才工作领导小组办公室	2016-10-23	苏经信软件〔2016〕598号	《关于印发〈江苏省“十三五”互联网产业人才发展规划〉的通知》
省政府办公厅	2016-11-25	苏政办发〔2016〕138号	《关于印发江苏省“十三五”互联网经济发展规划的通知》
省政府办公厅	2016-12-30	苏政办发〔2016〕161号	《关于推进制造业与互联网融合发展的实施意见》
省政府办公厅	2017-03-21	苏政办发〔2017〕44号	《关于推进中国制造2025苏南城市群试点示范建设的实施意见》

续 表

制定单位	日期	文号	名称
省政府办公厅	2017-05-26	苏政办发〔2017〕83号	《关于印发江苏省"十三五"智能制造发展规划的通知》
省经信委	2017-12-23	苏经信企信〔2017〕923号	《关于印发〈加快推进"企业上云"三年行动计划〉的通知》
省经信委	2018-05-11	苏经信科技〔2018〕329号	《关于印发江苏省新一代人工智能产业发展实施意见的通知》
省信息化领导小组大数据发展办、省经信委	2018-06-22	苏经信软件〔2018〕498号	《关于印发〈江苏省强化大数据引领推动融合发展专项行动计划〉的通知》
省政府办公厅	2018-09-18	苏政办发〔2018〕70号	《智慧江苏建设三年行动计划(2018—2020年)》
省工信厅	2018-12-21	苏工信装备〔2018〕161号	《关于进一步加快智能制造发展的意见》

二、深入推进名城建设

建设和创建中国软件名城是江苏省软件产业发展的一项重要举措。目前,南京已成为全国首个中国软件名城,苏州获评中国软件特色名城,无锡正在加快创建中国特色软件名城。

为加快推进国际软件名城建设,营造良好的政策环境,南京市于2016年8月出台《南京市建设国际软件名城实施方案》,提出到2020年将南京"建成国际软件名城"的总目标,并围绕产业规模、产业集聚、技术水平、企业培育、人才建设、国际化程度六个方面提出了具体目标。2017年,名城建设工作深入向前推进。2017年4月20日,工业和信息化部印发《中国软件名城创建管理办法(试行)》,对软件名城创建管理工作进行了规范。《办法》将名城分为综合型和特色型两类,每两年动态评估调整一次。入选城市将获得所属省级政府的政策规划、项目资金等支持,以及工信部在规划布局、技术改造、资金安排等方面的支持。2017年第十三届中国(南京)软博会上,工信部信息化和软件服务业司、江苏省经信委与南京市人民政府签署合作备忘录,共同推动中国(南京)软件谷创建中国软件名城示范区。软件谷由此成为继上海市浦东新区之后,全国第二个由"司委市"共同推动创建的中国软件名城示范区。2017年江苏省软件和信息服务业收入为8 936.5亿元,位居全国前列,南京市的软件业务收入为3 925.9亿元,占全省比重达43.9%,位居全省第一,而软件谷又占了南京市软件业务收入的半壁江山。

苏州市自2012年7月申请创建中国软件名城以来,将大力发展软件产业、加快建设软件名城视为落实创新驱动发展战略、促进产业转型升级、推动经济高质量发展的重要抓手,紧紧围绕软件名城创建的总体部署,以工业大数据、云平台、物联网、智能制造等产业为重点,推进软件产业与先进制造业的深度融合发展,打造了产城融合、质效并重、特色鲜明、资源集聚的软件生态体系。全市各有关部门以创建中国软件名城为契机,全面落实各项创建任务,积极推动软件企业集聚,加大知识产权保护力度,优化软件产业发展环境,促进软件产业向网络化、服务化、智能化、平台化、融合化发展,不断推动苏州成为国内具有重要影响力的软件产业集聚区。2019年3月,苏州正式被工信部授予"中国软件特色名城"称号。

无锡市则积极落实国家战略性新兴产业发展规划，积极推进移动互联网、云计算、大数据、物联网、智慧城市等建设，深化制造业与互联网融合发展，通过具化政策、健全制度，优化服务、整合平台，细化标准、招商引才等措施，促转型、调结构，软件产业规模不断增长、名企名品不断涌现、服务水平不断提升、产业结构不断完善。

各市具体发展情况详见第二部分地市产业篇。

三、加快培育特色园区

经评定，目前我省共有7家国家级软件园（具体内容见第三部分园区产业篇）和25家省级软件园（名单见表1-11），软件产业的空间布局基本形成。近年来，为了加快软件园向特色化、平台化和服务化转型，省工业和信息化厅先后开展了确定特色产业园及共建互联网产业园与众创园工作。如今，全省各地以特色园区引领各地产业发展已进入新常态。截至目前，省工业和信息化厅共确定11个优先发展的特色产业园区，这些园区主要集中在大数据、云计算、电子商务、北斗信息服务、智能电网、医药信息服务和矿山信息服务等领域；并确定了7个培育发展的园区特色产业方向，主要集中于嵌入式软件、物联网技术研发应用及平台服务等领域。另外，为加快互联网领域的大众创业、万众创新，省工业和信息化厅还开展了共建江苏省互联网产业园与众创园工作，截至目前，已批准认定17家互联网产业园和28家互联网众创园（名单见表1-12），以推动互联网融合创新，促进互联网企业进一步集聚发展。

表1-11 江苏省软件和信息服务产业基地（省级软件园）名单

序号	单　位
1	南京徐庄软件产业基地
2	昆山软件园
3	南京新城科技园
4	扬州信息服务产业基地
5	江阴高新技术开发区服务外包产业园
6	淮安软件园
7	南京国际服务外包产业园
8	南通软件园
9	泰州数据产业园
10	镇江软件园
11	无锡山水城（江苏基础软件产业园）
12	苏州吴中经济开发区
13	宿迁软件园/宿迁软件和服务外包产业园
14	江苏海安软件科技园

续 表

序号	单 位
15	如皋软件园
16	沭阳软件产业园
17	盐城国际软件园
18	无锡太湖国际科技园(江苏软件外包产业园)
19	常熟国家大学科技园
20	常州信息产业园
21	徐州软件园
22	连云港开发区软件园
23	南通国际软件园
24	大丰国际软件园
25	无锡惠山软件外包园

表1-12 江苏省互联网产业园、众创园名单

类别	序号	单位名称
省级互联网产业园	1	扬州信息服务产业基地
	2	无锡(国家)软件园
	3	苏州工业园区苏州国际科技园
	4	南京白下高新技术产业园
	5	南京市栖霞区移动互联网产业基地
	6	常州市科教城
	7	江苏武进经济开发区西太湖电子商务产业园
	8	南通经济技术开发区
	9	镇江市京口区大禹山创意新社区
	10	宿迁电子商务产业园
	11	盐城大数据产业园
	12	中国(南京)软件谷管委会
	13	无锡惠山软件园
	14	徐州软件园发展有限公司
	15	昆山软件园发展有限公司
	16	淮安软件园管理发展有限公司
	17	盐城市电商快递产业园区管理委员会

续　表

类别	序号	单位名称
省级互联网众创园	1	东南大学
	2	南京邮电大学
	3	江南大学
	4	南京工业大学
	5	南京航空航天大学
	6	江苏启迪科技园发展有限公司
	7	徐州市大学生创业服务中心
	8	苏州火炬创新创业孵化管理有限公司
	9	南通市崇川科技创业服务中心有限公司
	10	南京信息职业技术学院
	11	常州信息职业技术学院
	12	淮安信息职业技术学院
	13	南京紫金(建邺)科技创业特区创业服务中心有限公司
	14	企运网(江苏零米信息科技有限公司)
	15	南京理工大学
	16	无锡恒生科技园有限公司
	17	宜兴众创空间科技发展有限公司
	18	中国矿业大学
	19	徐州工程学院大学科技园有限公司
	20	昆山启迪科技园发展有限公司
	21	南通大学
	22	淮海工学院大学科技园有限公司
	23	扬州创客空间投资发展有限公司
	24	镇江创业园有限公司
	25	江苏富达高新技术创业服务有限公司
	26	泰州市高新技术创业服务中心
	27	泗阳县电子商务产业园
	28	南京啡咖啡创客空间有限公司

四、完善产业服务体系

2018年,江苏省软件产业服务体系建设继续加强,对产业发展的支撑作用越来越强。一是多渠道提供产业动态信息服务。充分运用“江苏软件”微信公众号、各类QQ群组等信息化宣传通道进行实时信息发布,并且通过收集整理反馈信息及时调整工作细节,确保各项政策和服务工作流程公开透明,深受企业欢迎。二是做实公共服务体系。通过“江苏软件政企通”公共服务平台,为省内企业用户提供最新、最全的软件相关政策资讯,以及企业供需合作、区域产品发布、企业授信服务、政企互动等线上服务。三是强化人才服务体系。详细资料见第五部分产业要素篇第二章。江苏省共有1家软件产业人才发展基金会、25个省级软件人才培训基地(名单见表1-13)。此外,江苏省软件行业协会根据《江苏省互联网产业人才培训基地评估规范》,于2017年4月6日评出首批20个江苏省互联网产业人才培训基地,其中五星级2个、四星级10个、三星级8个,见表1-14。四是构筑研发创新体系。截至2018年年底,全省累计认定省级软件企业技术中心129个,培育2个软件领域省级制造业创新中心。五是打造软件信息服务标准体系。在全国率先组建省级软件和信息技术服务标准化技术委员会,下设大数据、云计算、人工智能软件、区块链、信息技术服务等6个标准工作组,按照急用先行、成熟先上的原则,着力推动软件和信息技术服务标准的研究制定,并推动建设“江苏省软件和信息技术服务标准公共服务平台”。不断强化国家ITSS标准宣贯培训。举办2018年中国IT服务江苏交流会暨信息技术服务标准ITSS宣贯培训会,在全省多地举办标准宣贯培训,解读、宣贯标准。截至2018年年底,全省共有246家企业获得ITSS标准符合性评估证书,获证企业数量居全国第二。

表1-13 江苏省软件产业人才培训基地名单

序号	单位
1	江苏苏微软件人才培训中心
2	南京金陵软件教育培训学院
3	南京网博计算机软件系统有限公司(南京软件园外包服务人才培训平台)
4	南京信息管理学院
5	无锡软通动力科技有限公司
6	无锡市安艾艾迪服务外包培训学校
7	苏州软件园培训中心有限公司
8	苏州索迪培训中心
9	昆山安博教育科技有限公司
10	镇江京江软件园有限公司
11	南通软件园有限公司
12	南师大泰州学院信息科学与技术系
13	宿迁市蓝鸟软件培训学校

续 表

序 号	单 位
14	南京大学软件学院
15	东南大学软件学院
16	南京信息职业技术学院
17	常州信息职业技术学院
18	淮安信息职业技术学院
19	苏州市风云软件职业培训学校
20	常熟理工学院
21	盐城市惠众教育学校
22	南京新华电脑专修学院
23	南京雨花台区苏软人才培训中心
24	如皋青软实训软件培训中心
25	徐州市英才教育培训中心

表 1-14 首批江苏省互联网产业人才培训基地名单

序号	单位名称	等级
1	南京网博计算机软件系统有限公司	五星级
2	南京东软人才培训中心	五星级
3	南京建策科技股份有限公司	四星级
4	江阴职业技术学院	四星级
5	江苏万和计算机培训中心	四星级
6	南京嘉环信息通信技术培训中心	四星级
7	苏州安艾艾迪职业培训中心	四星级
8	苏州大学	四星级
9	无锡博棠电子商务有限公司	四星级
10	南京艾瑞职业培训学校	四星级
11	江苏零米信息科技有限公司	四星级
12	南京雷镀职业培训学校	四星级
13	江苏新世纪信息科技有限公司	三星级
14	无锡职业技术学院	三星级
15	淮海工学院	三星级

续 表

序号	单位名称	等级
16	江苏锐聘信息科技有限公司	三星级
17	江苏天创科技有限公司	三星级
18	地道东台电商服务有限公司	三星级
19	泰州职业技术学院	三星级
20	盐城德丰教育科技有限公司	三星级

五、营造产业发展氛围

2018年，在省委、省政府领导下，省工业和信息化厅大力推进江苏省软件与互联网产业发展，举办了系列宣传活动。

一是举办第十四届中国(南京)国际软件产品和信息服务交易博览会。第十四届软博会以“数字世界、智领未来”为主题，4天展会期间，共吸引超过12万名观众，以及来自20多个国家和地区的1 000多家企业踊跃参展，61家软件和IT企业发布了最新产品；86个重大项目签约落户，涉及人工智能、互联网、智能制造、物联网、大数据等领域，总投资金额达348亿元，创历届新高。软博会期间，组委会评选的十大创新产品同时揭晓，本土企业苏宁易购推出了两秒极速识别、四秒极速付款的苏宁无人店；江苏哈工海渡工业机器人有限公司推出国内首款工业机器人学习软件；南京华捷艾米公司发布国内首款应用视觉体感交互和MR技术的3D体感摄像头。

二是举办第四届“i创杯”互联网创新创业大赛。本届大赛突出培育新动能，在充分继承发扬前三届大赛成功经验的基础上，更加注重内容和形式创新，参赛项目涵盖电子商务、文化娱乐、云计算与大数据、企业服务、智能硬件、金融、教育等领域及行业。本届大赛共有1 127个项目报名参赛，33天内举办了30场巡回路演，覆盖全国13个城市，超千万人次观看直播。巡回路演期间，近200位评委对心仪项目发出了319张投资邀请函。大赛期间，共吸引超百家媒体报道、百家投资机构参与，极大地提高了大赛的影响力，形成一定的品牌知名度。经过为期5个月的激烈比拼，最终决出特等奖1项、一等奖3项、二等奖5项、三等奖10项、优秀奖78项，现场还颁发了特别贡献奖和组织奖。南京蓝鲸人网络科技有限公司的“长图文创作社交应用”在众多作品中脱颖而出，获得特等奖；联智科技、基于机器人的管道智能运维系统平台关键技术研发与产业化、智能乐器获得一等奖；来画视频——中国首家AI动画短视频创作平台、新一代商业大数据挖掘和个性化推荐平台、齐悟大脑、半导体高精度芯片贴装机器人、精准放射治疗计划设计云服务获得二等奖；MapseeFun等10项作品获得三等奖。

三是举办江苏省2018年度互联网十大新锐人物与创新力产品评选活动。活动由省工信厅主办，创客公社承办，中国(南京)软件谷特别支持，各市工信主管部门、软件行业协会、各省级互联网产业园、互联网众创园、软件园协办，旨在选拔江苏省优秀的互联网人才和产品，进一步推动实施网络强国战略、国家大数据战略、“互联网+”行动计划，营造江苏省发展互联网经济的浓厚氛围。活动历经两个多月的报名推荐、线下初审、网络投票、专家复审及现场评选等环节，共筛选出18位互联网新锐人物候选人与20个创新力产品候选名单。候选人企业主要集中在大数据、互联网金融、互联网教育、文化娱乐、物流运输、物联网等领域。候选产品形式多样，包括了软件、硬件、系统、平台、App 等。企业中不乏通付盾科技、满运科技等融资额超过 10 亿的优秀企业，还有开发了《奇迹暖暖》《恋与制作人》等全国知名手机游戏的苏州叠纸网络科技股份有限公司，拥有 yoho 品牌的知名潮流电商南京新与力文化传播有限公司等。评选获得了极高的社会关注度，在网络投票环节，吸引了省内 13 个城市，213 096 位参与者踊跃参与，单日最高投票数达 584 980 票，创造了总计 130 万＋投票次数的投票盛况。为江苏互联网打造了展示、交流、合作平台。完整获奖名单见表 1－15、表 1－16、表 1－17。

表 1－15　江苏省 2018 年度互联网十大新锐人物名单

获奖者	企业名称及职务
张启亮	江苏徐工信息技术股份有限公司总经理
凌东胜	南京中新赛克科技有限责任公司总经理
张有成	南京壹进制信息科技有限公司 CEO
张明文	江苏哈工海渡工业机器人有限公司总经理
何　辉	孩子王儿童用品股份有限公司副总经理兼 CTO
马风奎	江苏跨境电子商务服务有限公司总裁
汤　祺	南京蓝鲸人网络科技有限公司董事长
张翀昊	常州天正工业发展股份有限公司董事长
许广彬	无锡华云数据技术服务有限公司董事长、总裁
薛兴华	南京云账房网络科技有限公司 CEO

表 1－16　江苏省 2018 年度互联网十大创新力产品名单

产品名	企业名称
擎天绿色低碳工业互联网平台	南京擎天科技有限公司
索酷智慧健康养老服务云平台	南京索酷信息科技股份有限公司
智运通一站式 O2O 物流平台	诺德物流股份有限公司
DUI 全链路智能对话开放平台	苏州思必驰信息科技有限公司
全息智慧健康管理平台系统软件	江苏曼荼罗软件股份有限公司
“好活”人才能力共享“双创”平台	好活（昆山）网络科技有限公司
XSOM 智能运维工业互联网平台	观为监测技术无锡股份有限公司
瞬知™人工智能商业语义处理引擎	苏州跃盟信息科技有限公司
解放号软件服务生态云平台	解放号网络科技有限公司
3D 体感摄像头	南京华捷艾米软件科技有限公司

表1-17　江苏省2018年度互联网突出表现奖名单

姓名	企业名称及职务
周凡利	苏州同元软控信息技术有限公司总经理
夏　宇	百卓网络科技有限公司总经理
李可佳	江苏曲速教育科技有限公司CEO
蒋　钢	南京分布文化发展有限公司董事长
徐忠建	速度时空信息科技股份有限公司董事长
廖　君	江苏知途教育科技有限公司CEO
朱一军	无锡艾德无线广告有限公司总经理
章新波	苏州盖雅信息技术有限公司联合创始人兼CEO
傅　洪	苏州麦迪斯顿医疗科技股份有限公司联合创始人

第二部分

地市产业篇

第一章　南京市软件产业发展报告

2018年，在工信部和江苏省委省政府的关心指导下，在南京市委市政府的正确领导下，在省工信厅的大力支持下，南京市着力营造良好的软件产业发展生态，大力提升中国软件名城建设水平，加快建设国际级软件名城，持续推进软件和信息服务业高质量发展。

一、产业结构持续优化

2018年，南京市完成软件业务收入超过4 592亿元，同比增长17.0%（工信部年报数据），位列全省第一、全国第四。软件业务收入各业务类型结构不断优化，其中软件产品收入实现平稳增长，占全行业比重约为33.3%；以大数据、互联网为代表的信息技术服务实现较快增长，占全行业比重约为61.5%；信息安全产品和服务收入稳步增加，占全行业比重约为2.2%；嵌入式系统软件成为智能制造和装备数字化改造、各领域智能化发展的关键技术，占全行业比重约为3%。随着以云计算、大数据、人工智能等为代表的新技术、新业态快速发展，信息技术服务收入在全市软件业务收入的比重不断扩大，南京软件产业逐步向网络化、平台化、服务化、智能化、生态化方向加速演进。

二、重点园区加快建设

南京已形成了以中国（南京）软件谷、南京软件园、江苏软件园"一谷两园"等国家级园区为重点，徐庄软件园等省级软件园、互联网产业园为支撑的集聚发展格局，其中"一谷两园"产业规模占全市70%以上，集聚效应日益凸显。中国（南京）软件谷作为全国首批国家软件和信息服务业示范基地及全国第二个中国软件名城示范区创建区，产业集聚规模、结构层次、综合实力不断提升。同时，重点园区专业化、特色化发展取得进展，中国（南京）智谷、江心洲生态科技岛、南京大数据产业基地、中国云计算创新基地等人工智能、云计算、大数据特色园区发展迅速。

三、知名企业加速集聚

南京不断优化营商环境和软件产业发展环境，一批知名企业、重大项目加速在南京集聚。阿里巴巴江苏总部、腾讯华东云计算基地、小米科技华东总部、科大讯飞南京区域中心、中软国际解放号总部、华为人工智能创新中心、网易南京数字产业项目等龙头型、基地型、总部型项目相继落户南京。目前，拥有重点涉软企业超过4 900家，其中，中国软件业务收入百强企业8家、中国互联网百强企业2家、国家规划布局内重点软件企业16家。已有微软、IBM、HP、甲骨文、SAP等30家世界

500强软件企业和中兴、华为、东软、中软等37家中国软件百强企业在南京落户。

四、品牌产品不断涌现

经过几年的培育和发展,南京已经形成了门类比较齐全的软件产品体系,品牌产品不断涌现。2018年,南京6家企业产品获评工信部工业互联网App优秀解决方案,10件软件产品荣获第十六届江苏省优秀软件产品奖,5件软件作品入围江苏省优秀版权软件作品名单,25个项目获得第四届"i创杯"互联网创业创新大赛各奖项,累计96个软件产品获得"中国优秀软件产品"称号。智能电网、通信、智能交通等软件产品占有率继续在全国保持领先。

五、软件人才不断集聚

目前,南京市涉软从业人员总数达80万人。近年来,南京市大力实施软件企业家培育工程,每年评选一批"南京市软件产业领军人物"和"成长型软件企业家",累计已有39位优秀企业家当选"南京市软件产业年度领军人物",29位企业家入选成长型软件企业家培育计划。拥有国家、省、市软件产业人才培训基地37家,年培训规模超过8万人次。

六、新兴领域加快发展

南京加快推动软件产业向人工智能、云计算、大数据、工业互联网、5G、虚拟现实、智能网联汽车等关键领域和新兴业态延伸发展,通过新产业、新业态的发展加速实现新旧动能转换,培育软件产业新经济增长点。南京积极开展数字经济发展调研,梳理数字经济核心产业,打造中国数字经济名城。印发《南京市打造人工智能产业地标行动计划》,推动人工智能产业快速发展,2018年南京人工智能产业核心产业规模达到60亿元,增幅超过30%,带动相关产业规模600亿元。落实《南京市促进大数据发展三年行动计划(2016—2018年)》,积极推动大数据和云计算在各行各业深入应用,2018年,云计算和大数据产业规模超过770亿元,增速超过16%。同时,南京市积极推动重点安全可靠软件企业协同发展,推荐百敖软件、南瑞信通、壹进制等18家重点企业加入省安可产业联盟。

七、支撑能力日益完善

南京围绕软件产业创新发展需求,统筹布局和建设了一批公共技术平台、技术创新平台、投融资平台、信息交流平台、人才培训平台等各类创新平台,构建了较为完善的软件产业公共服务体系。拥有软件类省级以上重点实验室、工程技术研究中心和企业技术中心近130家。拥有涉软类新型研发机构99家,其中包括图灵奖得主姚期智院士领衔在南京建设图灵人工智能研究院。同时,网络通信与安全紫金山实验室、国家集成电路设计服务产业创新中心等重大平台有序推进,将带动南京形成技术和产业高峰,形成国际竞争新优势。

八、中国(南京)软博会成效显著

第十五届中国(南京)软博会7月19日—22日顺利举行。本届博览会以“数字经济　智慧未来”为主题,有20多个国家和地区的1 000多家企业踊跃参展,展览总面积达10万平方米,超过12万名观众参观参会。同期举办了1场主题论坛、3场创新创业大赛、1场项目签约仪式、1场产业地标发展沙龙及20多场相关专题论坛和对接交易活动,达成项目签约81项,总投资超过340亿元。通过展示、交易、论坛、人才招聘等系列活动,充分展示云计算、大数据、人工智能、5G、虚拟现实、集成电路、物联网等领域的新技术、新产品、新业态和新模式。

第二章　苏州市软件产业发展报告

2018年,苏州抢抓"制造强国""互联网+"国家战略新机遇,充分发挥政府的引导作用,立足雄厚的工业基础实力,突出创新驱动,以立足高端,力促转型为主线,加快工业互联网建设,促进两化融合深度发展,大力推进软件定义产业,数据驱动制造战略,积极构建大数据云计算平台支撑的产业生态,全面推动软件技术向各行业各领域"赋能""赋值""赋智",支撑实体经济与数字经济融合发展,通过深化政策扶持、加强载体建设、引进优质项目、做优存量企业,推动了软件产业的快速健康发展。

2018年,全市实现软件业务收入1 682.2亿元,同比下降27.4%(工信部年报数据)。经过6年多的软件名城创建发展,2018年11月,苏州高分通过中国软件名城实地评估。2019年3月,工信部正式授予苏州中国软件特色名城称号,为苏州软件产业下一步的发展奠定了坚实的基础。

一、重点园区集聚效应显现

苏州注重加强软件产业载体建设力度,不断推动产业向特色园区集聚。全市1个国家级软件园(含4个分园)、3个省级软件园不断加强自身载体建设,持续引进国内知名企业。各产业园区注重培育创新型企业,持续引进国内知名企业落户,不断加快产业化特色发展步伐。2018年,华为软开云、赛迪苏州研究院、软服之家、京东智慧谷、浪潮等一批项目相继落户苏州,为本地软件产业健康发展注入了新的活力。苏州工业园区以金鸡湖创业长廊为依托,引进了百度创业中心,近400家云计算、大数据和人工智能企业在此集聚并得到长足发展;苏州高新区作为首批建设国家创新型科技园区,出台并实施"2+3"产业振兴规划,依托中国移动苏州研发中心、国信优易、苏州工业大数据创新中心、阿里云、中兴克拉等重点项目,加快大数据产业集聚,充分发挥中科天启、蓝海彤翔、山石网科等龙头企业行业领军作用,促进地理信息、文化创意、公共安全等行业领域特色大数据应用,全力打造华东服务外包中心;昆山软件园作为国家火炬计划软件产业基地,已经成为江苏省现代服务业集聚地、国际服务外包示范区和省级动漫数据产业园。吴中区积极引进华为软开云项目,统筹规划了云计算中心的整体布局。同时,全市软件产业载体建设不断加快,累计拥有研发及产业用房的规划面积达到595万平方米。

二、骨干企业优势突出

2018年,按照最新标准口径,全市列入工信部年报统计的软件企业(含嵌入式)已达643家,有272家企业(含嵌入式)软件业务收入过亿。截至2018年,软件企业百强中华为、阿里、用友等在苏州均设有研发机构和分公司。苏州易维迅信息科技有限公司、苏州麦迪斯顿医疗科技股份有限公司、苏州工业园区凌志软件股份有限公司等12家企业入选国家规划布局内重点软件企业，23家企业入选2016—2017年江苏省规划布局内重点软件企业，逾70家企业通过CMMI三级以上认证，120家企业通过ISO27001认证。有超过50家软件和信息服务业相关企业在新三板挂牌，涌现出了一批特色企业。如在线旅游行业汇聚了八爪鱼、同程网等行业知名企业；地理信息方面，汇聚了中科天启遥感、坚石信息、中科蓝迪环保、梦图软件、集思方成等一批有代表性的地理信息企业；工业软件方面，汇聚了江苏国泰新点、江苏敏捷科技、苏州迈科网络等一批工业大数据知名企业，以及浩辰、微缔软件、普实软件、欧软信息、同元软控等一批在国内工业软件细分行业领域市场名列前茅的特色龙头企业和通付盾、聚合数据、八爪鱼、儒豹等一批准“独角兽企业”。

三、人才引进和培育力度不断加大

积极推进国家、省、市各级人才引进计划，重点向软件和信息服务业人才倾斜，引进一批拥有核心自主知识产权、掌握关键技术的高科技领军人才和创新创业团队。截至2018年，软件互联网方向获评省双创人才17人、省创新团队4个。全市软件和信息服务业从业人员39.37万人，占全国产业从业人员的6.74%，产业从业人员中本科以上学历的比重为73%，重点特色领域汇聚了俞凯、王专、郑朝晖、刘继明、袁海骥、朱奇峰等一批国家千人计划和江苏省创新创业领军人才。拥有苏州软件园培训中心有限公司、苏州索迪培训中心等7个省级（含以上）软件和信息技术服务业人才培训基地，每年培育软件专业人才近万人。

四、企业研发能力不断增强

企业继续加强软件自主研发，新技术被广泛应用于云计算、大数据、互联网等领域。2018年，自主研发能力不断加强，研发费用总额达89.6亿元，同比增长7.86%。新技术被广泛应用于云计算、大数据、工业互联网等领域。2018年全市实现软件著作权登记18 348件，同比增长57.2%。悦利电气、江苏国泰新点、江苏亿友慧云等三家企业获评第十六届江苏省优秀软件产品奖（金慧奖）；苏州科达科技、苏州清睿教育等7家企业软件产品获评江苏省优秀版权作品奖。截至2018年年底，苏州市拥有市级以上软件企业技术中心53家，其中省级25家。

五、综合平台功能更趋完善

全市已搭建起了四大软件公共服务平台。一是云服务平台。建设了包含PaaS服务和SaaS软件的孵化、运营与推广的综合性云服务平台，为企业信息化应用提供个性化的解决方案。二是数据中心平台。按国际最高等级Tier IV标准设计的第三方数据中心建设，提升了苏州IT高端基础设施环境和IT外包服务能力。三是软件人才培训平台。七个省级软件产业人才培训基地每年为苏州输送10 000名以上的专业软件技术人才。四是集成电路设计平台。苏州中科集成电路设计中心平台，配备了国际上最先进的EDA设计软件，拥有10个EDA机房和中心机房。同时，苏州全市还拥有89家省级以上科技企业孵化器，其中国家级27家、省级50家，多数孵化创业园内均有软件及信息服务企业入驻。以企业共性需求为导向，分别建设了软件评测、技术培训、数据服务、集成电路设计、中小企业信息化(云计算)、知识产权保护、动漫游戏服务等较为完善的公共服务平台体系。

六、工业数字产业蓬勃发展

以工业互联网平台建设发展为基础,进一步促进工业数字化、智能化改造升级。目前,全市在建投运的重点工业互联网平台有紫光UNIPower、赛宝云览、清华KSTON、阿里云、江苏根云、LNG产业物联网、"易养"、博众TSAMO、纺团网、汇川工业云、天智云制造等20多家。其中,紫光云引擎是2017年落户苏州相城的工业互联网平台,一年多来发展迅速,是目前全市整体架构最完整、行业应用较为深入、服务能力潜力巨大的公共平台,形成了10大行业场景化解决方案,提供50多种IaaS服务和300多种SaaS服务,连接设备超过78万台。2018年6月,紫光UNIPower平台入选工信部首批特定区域工业互联网扶持项目。据抽样调查,目前,全市工业企业中开展智能设计覆盖面为26%、智能生产为41%、智能装备(产品)为42%、智能管理超过85%、规模以上企业ERP(企业资源计划)普及率已达到82%以上。

七、营商环境进一步优化

(一)出台产业发展政策,优化产业发展环境

为促进全市软件产业在更高层次上发展,结合全市产业发展实际情况,先后出台了《关于推进软件和集成电路产业发展的若干政策》《苏州市大数据产业发展规划》《关于促进大数据应用和产业发展的若干政策意见》等通知,围绕财税政策、投融资政策、创新创业政策、人才政策、优化产业发展环境政策等方面,加大对全市软件产业发展的扶持力度,2014—2018年,全市连续五年对软件和信息服务资金扶持超过1亿元,并按照产业增速比例逐年递增。

(二)加大项目扶持,激发产业发展活力

积极组织企业申报江苏省工业和信息产业转型升级专项引导资金项目、江苏省创新团队项目等省重大专项资金支持,并通过软件和信息服务业专项资金扶持助力企业发展,组织企业积极申报国家重大产业发展专项、省转型升级专项引导资金、江苏省创新团队等项目,通过政策引领、资源集聚,在产业规模扩大、创新能力增强、骨干企业培育等方面下功夫,激发了产业发展的活力,营造了有利的产业发展环境,2014—2018年连续五年对上争取资金总额超过1亿元。

(三)扩大宣传,不断提升苏州城市影响力

2018年,全市先后组织苏州软件企业参加了大连软交会、北京国际软博会,并积极承办了第十四届中国(南京)国际软件产品和信息服务交易博览会伙伴城市等各项活动,在帮扶企业拓展市场的同时,充分展示苏州软件和信息服务业发展所取得的成绩,较好地树立了苏州城市形象,进一步增强了苏州在行业内的国际影响力。牵头组织承办第三届全国智能制造创业创新大赛华东赛区比赛、工业软件供需对接峰会苏州专场等多项活动,取得了良好的效果。

第三章　无锡市软件产业发展报告

2018 年，无锡市围绕创新驱动核心战略和产业强市主导战略，大力发展软件和信息服务业、物联网、大数据、人工智能等新一代信息技术产业，通过落实政策、健全制度，招商引企、育才引智，整合平台、优化服务等措施，积极推动软件业高质量发展，充分发挥其对城市经济发展的支撑作用。

一、产业规模持续增长

2018 年，无锡市共计实现软件业务收入 1 326.7 亿元，同比增长 18.8%（工信部年报数据）。云计算、大数据、人工智能等新兴经济增长较快，根据行业运行监测平台数据，大数据和云计算企业申报销售同比增长 34.7%，人工智能企业申报销售同比增长 37.4%。软件业务收入从 2000 年的 4 亿元发展到 2018 年的 1 326.7 亿元，年均增速近 40%，逐步实现“从小到大到优到强”的发展路径。

二、骨干企业迅速成长

2018 年，无锡市新增通过评估的软件企业 55 家，累计 1 149 家。其中国家规划布局内重点软件企业（含集成电路设计企业）12 家，江苏省规划布局内重点软件企业 32 家，江苏省软件企业技术中心 18 家，信息系统集成及服务 2 级以上企业 8 家，ITSS 三级以上企业 44 家，涉软企业在主板上市 13 家，在新三板挂牌 33 家。3 家企业荣登 2018 年中国互联网企业 100 强榜单，2 家企业入围 2018 中国大数据企业 50 强榜单，1 家企业入围中国大数据独角兽企业 TOP20 榜。

三、软件产品量质齐升

2018 年，无锡市新增通过评估登记的软件产品 422 件，累计 5 849 件。其中获得省“金慧奖”的优秀软件产品 44 件，获得市“飞凤奖”的优秀软件产品 93 件。

四、载体建设成效显著

2018 年，无锡市新增江苏省大数据产业园 1 家。目前，拥有国家级软件园 1 家、省级软件园 4 家、省互联产业园 2 家、省互联网众创园 3 家、省大数据产业园 1 家。

五、产业集聚日益明显

2018 年,无锡市有 8 家企业入围省首批核心信息技术企业图谱。近年来,无锡市软件业逐步形成围绕行业特色的相关产业集群,包括基础和应用软件集群、工业软件集群、互联网集群、系统集成集群、服务外包集群、云计算集群、大数据集群、信息安全集群等。

六、多举措助力产业发展

(一) 落实政策,促进产业发展

围绕软件新技术、新业态和新模式,在基础软件、应用软件、大数据、云计算和人工智能等领域,制定软件产业扶持资金项目申报指南和企业上云相关政策,共兑付软件和云计算资金项目 1 190 万元,支持评审类重点项目 14 个、资质类项目 17 个;组织无锡市第九届优秀软件产品“飞凤奖”评选,10 款产品获市政府发文表彰。

(二) 培育企业,助推做大做强

持续推进包括朗新科技、浪潮卓数等软件企业做大做强,2018 年无锡市申报销售超亿元软件企业数量达 40 家。艾德无线、华云数据、无锡不锈钢入围由中国互联网协会和工信部信息中心联合发布的 2018 年中国互联网企业 100 强榜单,实现了无锡市在此领域零的突破;华云数据在 2018 中国国际大数据产业博览会上入围由人民创投、人民网联合发布的中国大数据独角兽企业 TOP20 榜;华云数据和帆软软件入围由工信部中国电子信息产业发展研究院与中国大数据产业生态联盟联合发布的 2018 中国大数据企业 50 强榜单。

(三) 打造集群,创新引领示范

围绕工业互联网平台和工业 App 集群发展,组织朗新科技、中船重工 702 所、中航 614 所、信捷电气、微茗科技、瀚云科技、蓝创智能、海宝软件、中智软创、雪浪数制等重点企业和科研机构,开展工业互联网平台建设和应用推广,制定工业软件标准,成立工业互联网产业联盟,并利用世界物联网博览会平台,组织工业互联网高峰论坛,助推工业互联网平台和工业 App 发展。围绕信息技术创新应用集群发展,组织永中软件、北方数据、意源科技、卓易科技、江南计算所、中太服务器等重点企业和科研机构,组建产业发展联盟,参加应用创新研讨,完善产品技术图谱,建设产业攻关基地,推进产业链建设发展。

(四) 对接资源,推进招才引企

积极对接国内软件行业领军企业,签约 360 企业安全集团和启明星辰,推进 360 物联网安全运营总部和启明星辰物联网安全研发中心等项目落地建设,打造物联网网络安全产业生态基地和全国网络安全示范城市。联合市(县)区和重点园区,赴北京、上海、东北、西南等重点城市、区域组织新一代信息技术产业合作活动。分两批推荐了 12 名软件企业家参加了省“育鹰计划 2.0”人才培训班，组织了近 50 家企业参加了省“爱英之旅”西安、武汉、合肥和省内高校招聘活动。

（五）组织活动，营造产业氛围

组织第四届“i 创杯”暨无锡市第三届“iPark”杯互联网创新创业大赛系列活动，包括 9 场分站赛和 1 场决赛，发动参赛项目超过 200 个，吸引观摩人员超过 2 000 人次，参赛项目与投资机构对接超过 100 次，选送项目最终在省总决赛获二等奖 1 个、优秀奖 18 个，市工信厅获评特别贡献奖。组织参展北京软博会和观摩大连软交会，组织市内近 30 家重点软件企业参展南京软博会，接棒 2019 年南京软博会伙伴城市。结合省、市相关活动，组织重点板块、园区、企业调研走访活动 70 余次，了解掌握发展现状和未来展望，商洽产业发展思路和路径。

（六）对上争取，助推企业发展

积极组织软件企业参加国家、省各项申报。无锡经济开发区成功创建省级大数据产业园，华云数据、朗新科技等 7 家企业、5 个案例入选省“腾云驾数”优秀软件和信息服务企业及优秀融合创新发展案例，10 个项目累计获得省级工业和信息化转型升级专项资金（软件和互联网类）2 798 万元，4 款软件产品获省优秀软件产品“金慧奖”，4 款软件产品获省级优秀版权作品。

（七）服务企业，优化产业生态

做好无锡市软件行业十大事件、十大项目经理以及软件著作权登记先进单位“金码奖”评选，编撰《2018 年度软件和信息服务业信息汇编与发展报告》。使用微信公众服务平台加强企业服务，全年共推送消息 300 余次，发布资讯 2 000 余条。组织举办人工智能、区块链等专题讲座，帮助企业了解产业发展新动向，助推企业发展新动能。开展“综合服务日”活动 10 余场，到重点园区、板块组织政策解读和申报辅导上门服务。推进“基于大数据的软件业运行监测平台”建设，建立产业运行监测分析制度，助力产业发展。

第四章　常州市软件产业发展报告

2018年,常州市软件和信息服务业运行总体平稳,业务收入保持较快增长,产业新业态、新模式不断涌现,发展环境持续优化。

2018年,常州市软件和信息技术服务业完成业务收入561.5亿元,增幅12.7%(工信部年报数据)。按区域来看,全市软件和信息服务业主要集聚于武进和新北,一南一北两区占比超全市80%。按分类来看,全市嵌入式系统软件收入占比较多,嵌入式系统软件收入269.5亿元,占全部收入的48.0%;信息技术服务收入完成235.2亿元,占全部收入的41.9%;软件开发收入完成56.3亿元,占全部收入的10.0%;信息安全收入完成0.5亿元,占全部收入的0.1%。

一、抓好基地园区建设

一是大力推进常州科教城产业创新发展,围绕人工智能、智能传感、大数据以及新一代信息技术,加快建设一批具有关键核心技术和创新能力优强的项目,同时进一步推进数码大方工业云平台建设。二是积极推动创意产业基地产业转型发展,加速以云计算、大数据、物联网、移动互联网、人工智能为代表的战略性新兴产业培育,今年以来,基地经济运行总体呈现稳固发展的态势。三是信息产业园积极发展电子商务、云计算服务、物联网应用服务等新型业态。全力推进国家火炬计划软件产业园区和互联网众创园建设工作。四是充分发挥西太湖产业园互联网产业园的自身优势,积极引进知名电商企业,不断做大做强产业规模,进一步推进电商平台发展。

二、扶持培育重点企业

一是推荐2家企业申报“江苏省2018年度互联网新锐人物与创新力产品”,经过初审、复赛、网络投票等多个环节,万帮新能源董事长邵丹薇荣获“2018年度江苏省互联网十大‘新锐人物’”称号;二是推荐永安行、青之峰等企业申报中国互联网百强企业;三是组织科能电器、恐龙园申报江苏省优秀软件版权作品;四是组织永安行、启航软件等12家企业申报2018年度省级工业和信息产业转型升级专项资金项目;五是组织企业申报2018年省软件企业转型升级计划,万帮充电的“互联网新能源汽车充电服务”和佰腾科技的“专品汇”入选优秀案例,航天云网、天正工业、三艾控股等10家企业被评为省“优秀软件企业”,同时有5个优秀产品、5个优秀解决方案、3个优秀平台、2个优秀服务入选推荐目录,入选总量位列全省第三。

三、组织企业参展参会

一是组织创意产业基地、科教城、信息产业园等相关企业参加江苏省软件产业系列对接交流活动智慧城市专场对接会；二是成功组织工业互联网、移动互联网、大数据、云服务、智慧生活、电子商务等行业共计20家企业和4个重点园区参加第十四届中国（南京）软博会，充分展示了全市在工业互联网、信息安全等领域的技术成果，为企业发展、走出去搭建了良好的合作交流平台。展会期间，全市长江智能研究院首席运营官刘义在“工业App培育高峰论坛”上作了“工业App如何为企业赋予新动能”的主题演讲。

四、营造创新创业氛围

全市共有近50个项目报名参加“i创杯”互联网创新创业大赛，并分别在科教城和创意产业基地举办两场路演活动。最终7个项目成功晋级决赛，科教城推荐的视感科技“智能乐器”项目荣获总决赛团队组一等奖，获得省市表彰和资金支持，未来，该项目将落户常州科教城，视感科技还将尝试通过人工智能与社群运营结合的方式，共同塑造“音乐教育生态圈”。另有6个项目获得优秀奖。

五、加强人才培训工作

基于互联网技术创新不断加快，新产品、新服务、新业态大量涌现，今年全市组织企业参加以“工业互联网”“数字旅游”为主题的两期“育鹰计划”清华高级研修班。同时，邀请同济大学区块链方面的专家来常，给全市各产业园区工作人员和部分软件企业负责人传授区块链行业前沿信息，从而提升园区和企业的创新动能。

第五章　镇江市软件产业发展报告

2018年,在省工信厅的关心指导下,在镇江市委市政府的正确领导下,镇江市软件和信息服务业紧紧围绕全市经济发展大局,加快推进以云计算、大数据、人工智能、集成电路为代表的新一代信息技术产业发展,全市软件产业继续保持良好的发展态势。

全市从事软件研发、信息系统集成、信息技术服务、集成电路设计、嵌入式软件、云计算和大数据的企业达600余家,从业人员5万余人。现有省级软件园1家、省级互联网众创园2家、省级互联网产业园1家、市级软件园区10家,园区配套设施和公共服务基本齐备,创新创业活跃。软件产业对城市经济贡献度不断提高,正成为镇江经济发展的重要力量。

2018年,全市共计实现软件业务收入254.6亿元(工信部年报数据),其中软件产品收入为134.3亿元,信息技术服务收入为35.8亿元,信息安全收入为0.2亿元,嵌入式系统软件收入为84.3亿元。

一、谋划产业发展思路

2018年,镇江市工信局深入调研走访市内软件企业,了解传统软件企业在"数智云网"背景下转型的障碍和困难、成功转型的经典案例,新兴软件企业的产品和服务的技术优势、行业发展前景,摸清家底,起草《镇江市软件产业跨越发展行动计划》,为全市软件产业下一步发展理清工作思路,明确发展定位、发展目标和重点任务。

二、促进软件企业转型

召开全市软件和信息服务业年度工作座谈会,深入交流探讨软件企业在"数智云网"的背景下如何转型。联合江苏省人工智能学会、江苏大学举办人工智能产学研交流会,本地30多家人工智能领域企业参会,交流探讨前沿技术,共同推进镇江市人工智能研发与服务平台建设。开展软件企业"腾云驾数"转型升级计划,鼓励软件企业向以大数据为核心的新技术新模式转型升级,金蝶软件、江苏怡通、江苏两融智能制造等列入全省优秀产品和服务解决方案推荐目录,在全省乃至全国推广应用。培育工业App,鼓励软件企业为制造企业提供优秀的可落地的智能制造解决方案,指导组织企业申报省级工业App,斯诺物联的"货准达企业智能物流App"入选全省首批优秀工业App案例。

三、积极主动服务企业

组织召开双软评估政策宣贯系列巡讲活动，邀请江苏省软件行业协会、江苏省软件产品检测中心、中国ITSS实训基地专家授课，宣传贯彻国家及省、市关于鼓励软件和信息服务业发展的政策及措施，帮助软件企业了解新政策，加深企业对双软评估、ITSS的了解，提升全市软件产品、软件企业的数量及质量。全年走进新区、丹阳、句容、扬中开展多场培训，新增软件企业22家、软件产品113个。

四、扩大对外交流合作

组织企业参加2018莫斯科通信展、2018汉诺威通信展，集中对外展示全市ICT产业发展成果，扩大对外交流合作。组织30家软件企业参展第十四届南京软博会，通过图文展示、实物展示、互动演示等方式，集中展示了全市软件特色园区、软件产品研发及服务、智能制造、互联网+、云计算及大数据五大主题。前来参观咨询的达1 000多人次，各辖市区经信系统、全市重点园区及企业80多人前往参观学习。镇江赛唯思智能科技有限公司展示的人脸识别系统项目、金海星导航科技的道路安全系统项目现场达成合作。组织各市区经信系统负责同志和恒宝股份、飓风物流、软通科技、江苏联盟、江苏鼎峰等10余家重点软件企业负责人赴深圳考察交流学习，学习借鉴国内知名软件企业的发展经验，了解先进技术，抢抓发展机遇，提升全市软件产业的融合创新能力。

五、持续深入推进"双创"

举办镇江市第三届互联网创新创业大赛暨江苏省第四届"i创杯"互联网创新创业大赛镇江选拔赛，经过初选，23个项目参加比赛，邀请贝壳资本、索普化工股份、协立投资、正善资本、高新创投、深创投、镇江国投7个风投机构参与，现场发放9张投资邀请函，3个项目晋级省决赛，1个项目获得江苏省二等奖，2个项目获得优秀奖。

六、有序推进重点项目

深入推进"互联网+先进制造业"专项行动，加快打造"一平台六朵云"，建成运行工业大数据云平台，实现工业管理能力提升，工业管理精细化，工业监测可视化，决策支撑数字化，帮扶和促进中小企业转型升级。全市范围内选排24个有特点、亮点的软件和互联网产业重点项目，按照月调度、季推进的时间节点，指导协调企业在推进过程中解决存在的问题。开展2017年度市级软件和互联网专项资金项目中期检查工作，跟踪督促项目进展，确保资金规范有效使用。指导组织企业申报省级转型升级专项资金，组织2018年市信息产业发展专项资金申报，共扶持资金项目13个。

七、加强人才队伍建设

做好软通极客人才学院成立跟踪配套服务，实现深度定制化的软件人才培养，组织两场软件企业与软通学院人才对接交流会,缓解本地软件企业招人难的问题。组织数十位企业家参加省“育鹰计划”清华大学大数据高研班培训,提高本地人才专业水平。完成2018年全国计算机软件考试镇江考区的宣传组织及考务工作,全年300多人参加软件考试,为本地培养更多的软件人才。针对全市游戏产业人才流失问题,联合市人才办、人社局等部门开展专题调研,提出有针对性的意见和建议报市委市政府,正分步组织实施。

第六章　南通市软件产业发展报告

2018年，在省工信厅的指导和推动下，南通市工信局集聚资源要素，优化发展环境，拓展应用领域，促进资源共享，全市软件及信息服务产业发展保持良好发展态势。

2018年，南通市软件与信息服务业完成业务收入183.2亿元，同比下降13.7%（工信部年报数据）。软件产品收入、信息技术服务收入增长较快。

一、推进载体建设

一是推进大数据产业载体建设，南通国际数据中心产业园获批工信部2018国家新型工业化产业示范基地（大型数据中心），支持南通开发区创建江苏省大数据产业园，并配套建设了5个大数据产业集聚区，初步形成了大数据产业集聚发展效应。二是指导省级园区做大做强，着力指导4个省级软件园和3个省级互联网产业园（众创园）发展。三是推动创新创业载体建设，指导上海软件园南通分园、创源科技园、晶城科创园、市北智创中心等园区开展特色化建设，借助省、市各类活动平台，为园区及企业营造良好发展氛围。

二、聚焦大数据产业发展

全市集聚发展了华为、阿里巴巴、中国电信、中国移动、中兴网信、香港脉络、旗云数据等一批云计算数据中心。在南通新一代信息技术博览会期间，承办工信部大数据和实体经济深度融合高峰论坛暨2018大数据产业发展试点示范项目发布会，助力全市大数据与实体经济融合发展。

三、推动项目建设

根据南通市政府与华为公司签署的《华为软件开发云战略合作协议》要求，南通市工信局联合市财政局出台了《市区软件开发云项目资金管理办法》，对市区软件企业使用华为软件开发云给予全额补助。

四、实施“腾云驾数”转型升级计划

明兴科技、东华软件、中天软件等6家企业获江苏省“腾云驾数”优秀软件和信息服务企业；明兴科技“山东海思堡服装集团全球服装个性化定制网络协同制造服务支撑平台”、伊仕生物“智慧互联集成系统”、濠汉信息技术“三维重构技术”3个项目获“腾云驾数”优秀融合创新发展案例;明兴科技“智能生产计划执行和管理系统MES云平台”、鸿鹄电子“新能源汽车暨充电桩大数据平台”2个项目获“腾云驾数”转型升级计划优秀平台;中天软件“中天科技软件暨中控系统解决方案”项目获“腾云驾数”转型升级计划优秀解决方案。

五、承办“i创杯”大赛复赛

承办第四届“i创杯”互联网创新创业大赛复赛,并组织开展“i创杯”大赛路演南通站活动。南通市工信局获得第四届“i创杯”大赛组织奖。

六、组团参展南京软博会

组织市重点园区、重点企业、重点项目参展第十四届中国(南京)国际软件产品和信息服务交易博览会。在软博会期间举办的2018软件及科技创新产品发布会上,硕正电子科技有限公司的SOG-GL01骨传导智能蓝牙眼镜入选2018十大软件及科技创新产品。

七、完成政策修订、资金申报及相关服务工作

制定出台推进软件产业发展的政策内容。完成2017年度市区工业发展专项资金中软件产业项目申报工作,5家软件与信息服务业企业获奖励专项资金共计254万元;中威软件“中威智慧政务协同系统软件”获省优秀版权作品三等奖;2018年,全市共有45家软件企业、136件软件产品通过评估。

第七章　扬州市软件产业发展报告

2018年，在省工信厅的关心支持下，扬州市从顶层规划、项目合作、企业培育、氛围营造等方面入手，扎实推进产业发展，全市软件和信息服务业继续保持良好的发展态势，取得了阶段性成效。

2018年，全市共计实现软件业务收入72.6亿元，同比增长67.3%；全市新增软件产品386个（全省第四），新增软件企业61家（全省第三）；万方电子“全方位装卸车智能控制系统软件”和国脉通信“智慧停车管理系统软件”获批江苏省优秀软件产品（金慧奖），认定数位列全省第四；易图地信、智途科技等3家企业入围“2018中国地理信息产业百强企业榜”；宏普、瑞丰等2家企业入围全国工业App标准工作组；智途科技“云停车系统”等一批项目在省外示范推广。

一、围绕产业发展，强化规划引导

制定出台《扬州市培育软件和信息服务业产业集群行动计划（2018—2020年）》，明确了今后三年全市软件和信息服务业的发展目标、工作思路、推进举措；按照市委办要求，梳理编制了全国15个重点城市软件产业政策汇编，并根据产业发展需求对市级软件专项政策进行了动态调整更新。

二、围绕项目招引，加强对外合作

按照全市“6+X”招商活动方案要求，赴京召开“2018扬州（北京）央企暨先进制造业、软件和互联网产业合作恳谈会”，市领导做专题推介，240家央企及北京知名企业的高管出席，现场签约42个项目（其中软件和互联网类项目9个）；编制完成《2018年度重点招引软件和互联网企业名录》，梳排了北京、成都、深圳、杭州四地有合作意向的招商项目源35项；先后赴上海、杭州、北京等地进行点对点招商推介。全年招引落户软件和互联网企业项目超过50项，总投资超百亿元的腾讯云大数据中心项目、总投资24亿元的电信云数据中心项目及总投资18亿元的齐网云数据中心项目正式签约落户；朗坤科技、猪八戒网、金蝶软件、东土科技等一批行业知名企业注册入驻。

三、围绕企业培育，提升服务水平

一是组织开展市级软件专项政策申报工作，兑现市级资金近1 200万元，评选公布5家市级软件企业技术中心；二是采用“集中辅导”与“上门服务”相结合的方式，开展“‘双软评估’县（市）行”活动，先后赴广陵、邗江、仪征等地服务企业近百家，全市累计通过评估的软件企业数、软件产品数分别达到224家和1 637个；三是先后举办“区块链技术及应用”“非上市公司股权激励实务”“软件产业涉税政策宣讲会”等 10 余场专题培训，助力企业拓宽发展思路。

四、围绕氛围营造，强化活动引领

调研收集软件和互联网产业 42 家企业共计 3.55 亿元资金需求和 46 家企业共 603 个人才岗位需求，分别举办“软件和互联网企业融资需求对接会”“在扬高校软件人才专场招聘会”；组织开展 2018 年度双软评估会；圆满完成南京软博会的组展、布展及参展等相关工作；在上海交大举办“软件和互联网产业创新发展”专题培训班，组织行业重点企业、经信系统管理人员共 50 多人参加；完成 2018 年度市级软件企业技术中心申报、评审等工作。

第八章　泰州市软件产业发展报告

2018年，在工信部和江苏省委省政府的关心指导下，在泰州市委市政府的正确领导下，在省工信厅的大力支持下，泰州市软件和信息服务业收入保持较快增长，发展环境持续优化。

2018年，全市共计完成软件业务收入68.1亿元，同比增长25.0%(工信部年报数据)。

一、紧抓软件企业培育

2018年，全市共计新增软件企业6家、软件产品70个。根据工信部的统一部署，泰州市工信局开展软件业年报软件企业网上直报指导和培训工作，并圆满完成任务。东华测试结构智能化检测与分析软件V1.0获2018年江苏省优秀版权作品奖，东华测试技术股份公司成为苏中苏北唯一连获省此殊荣的软件企业，全省仅4家。组织高校、园区、市(区)24个互联网创新创业团队报名参加省第四届“i创杯”互联网创新创业大赛，21个项目参加了泰州站路演活动，4个项目获得决赛和复赛资格，7个项目获得12个投资邀请函。推进协会与行政机关脱钩改革，积极筹备并召开软协换届会议，推进协会自主运营。江苏科兴电器有限公司的基于互联互通的互感器智能制造平台，入选由省信息化领导小组大数据发展办公室和省工信厅联合组织的首批全省50家转型升级成效突出的优秀融合创新发展案例，此次苏中、苏北仅6个案例入选。为展示全市软件与信息服务业发展的成果，经过三个多月的筹备，组织了数据产业园、互联网众创园、软件及互联网信息服务企业等16家单位参加第十四届中国(南京)国际软件产品和信息服务交易博览会，集中展示了全市软件行业在智能制造、工业互联网、人工智能、大数据、云计算、虚拟现实、电商新零售等前沿领域的创新性发展成果。晨光数控机床公司的航空航天复杂构件表面的激光精细制造系统等2个项目，获得2018年度省级工业和信息产业转型升级专项资金项目补助。

二、推进大数据产业发展

在前期工作基础上，泰州市工信局于2018年1月正式发布《泰州市大数据发展规划(2018—2020年)》，并及时制订下发了《大数据发展三年行动计划》和2018年工作计划。围绕健康医疗大数据等主题，与卫计委赴华为、腾讯、科大讯飞、中兴等公司进行考察调研，形成《泰州大健康产业“互联网+”分析及建议》报市政府领导。招商引资方面，同年4月，九次方公司与泰州市金控集团、通泰投资共同出资5 000万元成立了泰州华泰大数据公司，落户数据产业园。浪潮、京东、腾讯、阿里也在市内开展了相关方面合作。与此同时，泰州市工信局专题开展泰州市大数据、云计算企业基本情况调研，并制定相应激励政策。同年8月，在深圳举办大数据与传统产业融合发展主题研修班,共有企业家“三百”工程培育企业负责人或接班人40余人参加培训。

三、推进新一代信息技术产业及信息服务业发展

2018年,泰州市工信局建立推进机制,制定并实施年度推进工作方案;开展新一代信息技术产业集中调研,编制产业发展研究报告,分类编制产业链图谱,发布行业运行监测分析。成立泰州市新一代信息技术产业及信息服务业产业联盟,举办产业高端论坛,邀请国家特聘专家夏志杰博士宣讲授课。与工信部电子五所共建新一代信息技术产业研究院,搭建产品质量评价平台、软件测试平台、产品质量与环境可靠性服务平台等五大平台,为产业更高水平更高质量发展提供服务。开展省中小企业公共服务平台申报评定工作,认定通过二星级示范平台企业6家、一星级平台3家。开展产业双招双引工作,举办北京招商周、赴深港经贸考察等活动,拜访国家有关部委、科研院所和相关企业,对接京津冀和港深地区产业转移,紧扣产业链精准招商,促进项目和人才方面的合作。

第九章 宿迁市软件产业发展报告

2018年，宿迁市委、市政府高度重视软件与信息服务产业发展，并将软件与信息服务产业确定为今后发展的一个先导产业与战略产业。在宿迁市委、市政府的全力推动、全面促进下，全市软件与信息服务产业呈现蓬勃发展的良好态势。

2018年，全市软件与信息服务实现主营业务收入25.8亿元，同比增长126.3%(工信部年报数据)。全市软件从业人员共计2 926人。

一、信息服务业发展步伐加快

2018年，宿迁市加快发展以云计算、大数据、物联网、移动互联网等为代表的信息服务业，编制实施《宿迁市云计算大数据产业发展规划》，扎实推进京东客服中心二期、京东云华东数据中心二期、浪潮(苏北)大数据运营中心等信息服务重点项目建设。深入推进全市电子信息产业重点企业提升工程，重点培育软件与信息服务产业企业，支持企业面向云计算、大数据、移动互联等新技术新环境，重塑业务流程、组织架构，创新研发模式、管理模式和商业模式，发展新技术、新产品和新服务。

二、载体建设成效明显

经过多年发展，全市已经建立起一批以软件与信息服务业为主导产业的园区，形成了宿迁电商产业园京东客服中心、沭阳软件园网络教育、市软件园大数据、保险客服等特色专业园区，大大提升了产业整体发展水平。同时积极探索政产学研用联合的新机制新模式，在园区建立基础软件、大数据、云计算、物联网、工业互联网等战略性核心领域布局建设产业创新中心，开展关键共性技术研发和产业化。

三、重点企业集中集聚

近年来，京东集团先后在宿迁投资200亿元，建设了京东信息科技园、京东云华东数据中心等一大批项目，吸引了全国50强互联网电商企业中12家企业落户宿迁，应用普及不断深入。至2017年年底，集聚了京东、当当、网易、途牛、百度、小米、今日头条、浪潮等一批知名软件与信息服务业企业。

四、本地政策陆续出台

从2015年开始,宿迁市设立风险补偿资金池,引导银行对企业进行支持;设立宿微贷,每年新增4亿贷款,以5.22%的利率扶持小微企业和企业组发展;2018年,出台《关于推进服务业高质量发展的实施意见》以及配套奖补政策,将软件与信息服务业作为重点行业进行支持。

五、多措并举促进产业发展

(一)加强行业管理,努力推进软件产业发展

一是扎实开展全市软件与信息服务产业及企业发展调研工作。通过采取书面和现场调研方式,基本了解了市内相关软件与信息服务产业重点县区、园区及企业的情况,初步摸清了全市行业发展状况、存在问题,并将对未来发展提出合适可行的意见和建议。二是积极组织市内部分县区、园区、企业参加深圳电博会、南京软博会等活动,并积极与相关地区及重点企业开展交流。三是及时加强对软件与信息服务产业运行情况监测分析。对全市65 000多家企业逐个筛选,经三轮筛选,分别筛选出100家基础软件与信息服务产业企业和50家重点企业,并将50家重点企业名单按县区分类发给各县区进行二次审核,最终确认企业名单并发给各县区作为基础资料,建立软件与信息服务产业企业基础台账。同时做好每个月报表数据上报工作,分析相关数据,及时发现产业运行中出现的问题。

(二)强化服务导向,开展软件企业与工业企业、"全市电子信息产业重点企业提升工程"活动

一是有效开展"软企对接"活动。宿迁市工信局进一步摸清软件企业和工业企业的供需情况,积极搭建交流合作平台,以市场应用促进全市软件与信息技术服务业发展,提升工业信息化水平,全年开展对接活动5次。二是实施"全市电子信息产业重点企业提升工程"。2018年以来,宿迁市出台《关于开展"全市电子信息产业重点企业提升工程"建设工作的通知》,建立2018年"全市电子信息产业重点企业提升工程"培育企业库,其中软件与信息服务业入库企业(含较大规模电商企业)20户。

(三)开展云计算大数据产业规划工作

根据宿迁市主要领导要求,开展云计算大数据产业规划工作,制定工作方案,组织开展公开招投标。2018年12月4日,市电子信息产业处顺利完成宿迁市云计算大数据产业发展规划公开招投标,同年12月17日至21日,与中标方中国电子技术标准化研究院签订技术服务合同,并带领调研组开展第一轮调研活动,组织10余家市级部门、各县区、京东云及京东智能城市方面开展三次座谈会,走访宿迁市电商产业园、湖滨新区等地。

(四)突出人才战略,实行信息化高端人才培育计划

积极推荐企业参加"育鹰计划"软件人才培育,利用名校资源为企业人才充电。积极组织企业

参加"i创杯"互联网创新创业大赛，提升企业影响力，为企业发展助力。

（五）定期开展调研

建立定期调研制度，原则上每月到企业开展调研2—3次，每季度形成一篇通报，如有需要，可不定期开展调研工作。同时，注意收集产业及企业发展状况和存在问题，及时形成调研报告，将难题适时解决或提交上报。

（六）建立宿迁电子信息产业企业交流群

召集全市电子产品制造业、软件与信息服务业产业等企业负责人，组建政府与企业、企业与企业直接沟通交流平台，第一时间将政府相关政策发布在交流群中，提高信息时效性。

（七）落实有关政策

组织各县区软件与信息服务企业申报2018年省级工业和信息产业转型升级专项资金、江苏省优秀版权作品（软件）、2018年物联网集成创新与融合应用、工业互联网App优秀解决方案、软件技术中心等项目。鼓励企业在新产品研发和企业技术中心建设方面加大投入，同时做好企业家素质提升工作，积极组织企业家参加省、市各级培训活动，开阔视野，拓展人脉。

第十章　徐州市软件产业发展报告

软件和信息服务业是关系国民经济与社会发展全局的基础性、战略性、先导性产业，是国家、省、市规划发展的战略性新兴产业和“两化融合”的主要抓手，具有承载度高、附加值大、资源消耗低、环境污染少、吸纳就业能力强等特点，对于拉动经济增长、调整产业结构、转变发展方式具有重要作用。徐州市既有制造业的优势，又有物联网、云计算、大数据等新一代信息技术的良好基础，抢抓产业互联网发展的机遇，对促进全市信息技术和软件产业发展具有重要意义。

近年来，徐州市认真贯彻省市系列政策文件精神，积极推进智慧徐州项目建设，大力发展数字经济，促进大数据、云计算、物联网、工业互联网等新一代软件产业快速发展。2018 年，全市共计实现软件和信息技术服务业收入 21.8 亿元(工信部年报数据)。

一、产业集聚态势初步形成

徐州拥有徐州经济技术开发区、徐州高新区、中国矿业大学国家大学科技园等 3 家国家级载体，徐州软件园等 4 家获批省级互联网产业园、众创园。徐州智慧信息产业园、甲骨文人才产业基地、软通动力大数据公共服务平台相继落地建设。淮海智慧产业园、徐州智慧信息产业园、中国航天空间信息产业园、高新区信息安全谷、云龙双智双创产业园等一批产业集聚区相继开工建设。徐州软件园获批省级互联网产业园，徐州大学生创业园、矿大科技园、2.5 产业园获批省互联网众创园，服务企业集聚发展的能力进一步增强。

二、大数据产业渐成规模

截至 2018 年年底，全市云服务资源总量达到 1 900 个机柜、12 000 台服务器、130 PB，国际互联网数据专用通道(40 G)已建成并投入使用。先后引进软通动力创新综合体、中软国际、九次方大数据以及甲骨文、微软人才培训基地等项目，初步搭建“基础平台＋整合共享＋应用开发＋运营推广”的大数据产业链条。启动以华为云计算大数据中心、中科曙光大数据中心、易华录淮海数据湖为代表的一批重点项目建设。

三、企业培育迈上新台阶

以产业集聚区建设为基础，以孵化企业发展为重点，坚持培育与引进并举，加快企业培育力度，取得明显成效，今年以来，博易数通(徐州)信息科技有限公司、博雅软件、慧聪网等十余家企业落户徐州，江苏万邦云健康科技有限公司、江苏前瑞信息系统集成有限公司等企业新认定为软件企业。

下一步，徐州市将积极推进信息技术和软件产业的快速发展。紧紧围绕《中国制造2025徐州行动纲要》《徐州市信息化建设行动方案》《关于促进集成电路与ICT产业发展的实施方案》，牢牢把握振兴徐州老工业基地的重大机遇，重点支持工业软件、嵌入式软件、新兴网络应用软件、信息安全软件、行业应用软件的研发和应用。引导信息系统集成服务向产业链前后端延伸，大力发展信息服务外包产业，推动信息服务业发展。加快引进一批重大项目，抓好一批改扩建项目，实现软件产业跨越式发展。重点做好五方面工作：一是抓好政策落实，引导产业快速发展；二是加强创新体系建设，推进核心关键技术研发；三是培育龙头骨干企业，深化产业链协作；四是优化产业布局，推动产业集聚发展；五是实施大数据战略，推进开放共享。

第十一章　淮安市软件产业发展报告

2018 年,淮安市紧跟新一代信息技术发展热点,立足原有产业基础,充分整合政、产、学、研、用等各方资源,重抓招商引资,强化载体建设,狠抓企业培育,软件与信息服务业发展稳中有进,销售收入和利润增速均稳步提升。

2018 年,全市软件与信息服务业实现销售收入 16.0 亿元,同比增长 23.1%(工信部年报数据)。

一、企业能力稳步提升

截至 2018 年年底,全市共有 ITSS 认证二级软件企业 1 家、三级企业 3 家。目前,已有 9 家企业通过 CMMI3 认证,1 家企业通过 CMMI4 认证;105 家企业、302 个产品通过“双软”认定或评估;软件著作权授权 944 件,专利授权 220 件。

二、产业结构不断优化

基本形成龙头引领、多领域协调发展的产业态势。现有以淮工深蓝软件有限公司、冲浪软件科技有限公司、天泽星网信息产业有限公司为代表的创新型软件设计及销售企业;以江苏极光网络技术有限公司、江苏科学梦创展工程有限公司、佳一教育科技股份有限公司为代表的文化创意类软件企业;以江苏民福康科技股份有限公司、淮安博世电子商务有限公司为代表的互联网服务平台建设及运营企业;以中移在线服务有限公司淮安分公司、江苏泰盈信息服务有限公司为代表的呼叫类信息服务企业;以淮安金恒泰科技有限公司为代表的面向未来智慧城市暨车联网智能研发企业等。

三、多措并举推动产业发展

(一) 加强布局规划,推动载体建设

目前,淮安市拥有淮安软件园、淮阴软件科技产业园、淮安留学生创业园几大发展载体。淮安软件园核心启动区约 2 000 亩,按照“园中园”布局规划,加大力度推动淮安软件园、浙大网新(淮安)科技园、创新创业园和移动淮安呼叫中心“三园一心”的特色发展格局形成。培育以软件与信息服务、服务外包、互联网电子商务、文化创意、人才培训为特色的五大产业。淮阴软件园一期 3 万平

方米研发用房已全部投入使用，签约入驻企业140余家，其中上市公司五家，园区内研发办公人员近千人。园区二期、三期规划配套原有产业，实行多元化发展。留学生创业园在发挥人才"蓄水池"作用的同时，加大力度招引总部经济，充分发挥创客中心、省五星级中小企业公共服务平台、科技金融微广场、融智会客厅等平台功能，为入驻总部经济企业提供一站式全链条增值服务。

（二）创新工作方法，强化招商引资

积极创新工作模式，形成高位推动机制，强力推进招商选资、企业孵化等重点工作。一是创新招商模式。组建新一代信息技术产业跨区域招商工作组，定期召集新一代信息技术产业招商组组成县区座谈交流会，讨论制定全年重大招商活动安排，加强对外宣传，协调解决工作推进过程中的重大问题，推动软件与信息技术服务业高端化发展，将招商引资落到实处。二是做好产业宣传。组织园区及企业参加南京软博会、南京文化交易博览会、国家版权博览会等参展观摩活动，全方位推介展示省级互联网产业园、省级文化科技园区、全国版权示范园区，更好地宣传园区的发展和特色，增强我市及重点园区影响力，吸引更多优质企业及创业团队落户。三是用好产业政策。针对不同发展阶段的企业制定不同政策，对于初创企业，在享受国家科技孵化器优惠政策同时，享受淮安市创业企业政策及相关县区配套中小微企业扶持政策等；对于成长型企业，享受淮安市工业和信息产业发展资金等补贴政策；对于成熟型企业，享受淮安市科技创新20条等相关政策，同时各县区、园区制定相关配套政策，以做好项目招引与企业培育。

（三）支持创新创业，做好企业孵化

坚持科学规划、找准发展定位、依托特色资源，创建创新创业空间，定位重点孵化领域。一是积极打造淮安众创社区。目前我市创客空间主要有淮安软件园创客空间、浙大网新创业蜂房、中国移动创业空间，建筑面积超一万平方米。涵盖互联网＋、文化创业、电子商务、教育培训等产业。已经有两个创业空间获批"市级众创空间"称号，淮安软件园获批为首批省级"众创社区"试点单位、省大众创业万众创新示范基地、省级巾帼创业示范基地。二是着力推进创新创业园建设。创新创业园主要作为孵化优质企业加速器使用，已形成了从苗圃到孵化器到加速器的阶梯式孵化链条，融合了创业、产业、文化和社区的功能，为优化创新生态系统提供了有力支撑。三是加强指导企业孵化。按照国家级科技企业孵化器管理及孵化器专业人员配备要求，组织参加全省科技孵化器业务培训。通过系统化管理，安排人员专职负责百余家在孵企业的入孵、出孵登记以及有关产业数据的录入，确保企业孵化有进展、出实效。

（四）做好企业服务，优化产业环境

突出企业技术创新主体地位，做优企业服务，不断提高企业技术、管理水平，积极推动产业高端化发展。一是推进企业能力提升。组织优秀企业家参加"育鹰计划"高研班，组织推荐19个项目参加第四届"i创杯"互联网创新创业大赛，组织申报省级各类人才项目评选25人次。依托电子信息产业联盟及相关平台增加工业企业与软件和信息服务业企业交流，共同推进融合发展。联合上海交大苏北研究院共同举办"淮安新一代信息技术产业考察交流"活动，帮助提升企业管理能力和创新水平。二是鼓励企业创新发展。组织企业申报2018年度"腾云驾数"百户优秀软件企业和50项优秀融合创新发展案例。江苏楚淮软件科技发展有限公司入选"腾云驾数"百户优秀软件企业，该

公司“江苏信访智能化建设系统”入选50项优秀融合创新发展案例。组织实施软件企业转型升级计划,新一代软件产业企业在构建产业链条及研发解决方案能力方面持续提升,在工业、农业、政务和民生服务等多领域大数据取得突破,深蓝软件在安全生产、远景科技在农业、天泽星网在交通、楚淮软件在食品安全等领域提供了较为完善的大数据治理服务,已有4项产品分别获江苏优秀实践成果奖及优秀融合创新发展案例。三是优化政策落实环境。积极宣传落实税收优惠政策,加大税收优惠政策宣传,建设税收协同共治平台,简化及规范企业申报流程,提高相关审批效率。同时,相关园区组织多场次政策辅导培训会议,对龙头企业、纳税增幅较大、有发展潜力的优秀企业配套相关政策补贴,已形成良好的产业政策环境。

第十二章　盐城市软件产业发展报告

2018 年，在工信部和江苏省委省政府的关心指导下，在盐城市委市政府的正确领导下，在省工信厅的大力支持下，盐城市着力营造良好的软件产业发展生态，持续推进软件和信息服务业发展。

2018 年，全市共计实现软件业务收入 14.7 亿元，同比下降 26.9%(工信部年报数据)，其中，软件产品收入 2.2 亿元，信息技术服务收入 12.3 亿元，嵌入式系统软件收入 0.2 亿元。

一、强化政策激励引领

对《盐城市智慧城市建设(大数据产业发展)专项资金管理办法》(盐财规〔2018〕11 号)进行了修订和发布，在原有办法的基础上，降低专项资金申报门槛，扩大政策支持范围，新增对独角兽企业、国内大数据 100 强企业，创新型企业、教育培训机构、标准研究机构进行支持的条款，设立开票奖，对在本地首次开票超 1 亿元、5 000 万元、2 000 万元的大数据企业分别给予 50 万元、30 万元、10 万元一次性奖励。

二、大力推进重点项目

全年签约备案项目 93 个，其中国家信息中心大数据清洗加工(盐城)基地、浪潮集团、中国电信 IDC、阿里创新中心、东大智能云平台、上海钧正哈罗单车、斯格诺电子、云端网络、“云上仲裁”等品牌项目 18 个；新开工运营项目 86 个，其中中国健康云、上海钧正哈罗单车、斯格诺电子、航天信息、科易达等品牌项目 10 个；“数梦小镇”在全省首批 25 家省级特色小镇考核中排名前六位，顺利通过创建验收，获评省级“优秀特色小镇”，目前投资 5 亿元的小镇城市客厅全面启动，阿里巴巴创新中心将在年内挂牌投入使用；华为云服务江苏数据中心一期工程即将通过竣工验收并正式上线，计划年内新上 400 台机柜用于承接市政务云、华为南研究所和全国云计算业务，正在推进“六中心”和华为工业互联网平台建设。

三、积极开展人才创新工作

牵头组织国信优易、沃叶软件等 10 家企业赴陕西招引人才，达成意向 36 人，与盐城人才网形成合作，在网站首页实现大数据产业园招聘专用通道，多途径扩大人才招聘影响力，取得了较好效果；积极组织企业参加中国江苏电子商务大会、南京软博会、全省大数据和新一代软件产业发展推进会等活动，让企业主动走出去。组织迈泉科技、悦达数梦、优易数据等 15 家企业成功申报盐城市工程技术研究中心,永旺新能源科技、霆善科技等7家企业成功入选江苏省高企培育库,迈泉科技、报业科技、奥格视特、沃叶科技等8家企业完成今年国家高企申报工作,其中沃叶科技(重新认定)、奥格视特、霆善科技等3家企业已成功获得国家高新技术企业认定。截至目前,专利申请81件、专利授权32件,发明专利申请35件、发明专利授权19件。

四、争创国家、省级品牌

悦达数梦成功入选省工业互联网平台服务商(悦企云)、省工业互联网解决方案服务商(悦企通)。园区成功获批江苏省版权示范单位、江苏省首批电子商务众创空间试点单位、江苏省生产性服务业集聚示范区,此外正在积极推进国家版权示范基地申报工作;继续跟踪国家大数据综合试验区核心区申报工作,积极向上汇报对接、争取支持,省大数据交易和流通工程实验室正式揭牌。

第十三章　连云港市软件产业发展报告

2018年,连云港市大力发展软件及信息服务业,重点支持新一代信息技术、大数据、物联网等关键技术创新及产品研发,产业结构不断优化,产业集聚程度不断增强,产业特色更加鲜明。

2018年,连云港市软件和信息服务产业实现主营业务收入共计14.6亿元,同比增长175.8%(工信部年报数据)。全市新增通过评估的软件产品40件,目前全市共有通过认定和评估的软件企业28家,软件产品210余件。港口通信等4家公司获评省级规划布局内重点软件企业,七一六研究所等4家企业获评省级软件企业技术中心。市高新区获批"江苏省软件和信息服务产业园"。江苏正融科技有限公司的"正融 SkyView 系列图文影像分析系统软件 V3.0"成功入选第十六届江苏省优秀软件产品奖(金慧奖),全市累计获得金慧奖软件数量已达10个,位居全省第七、苏北第一。

一、加强平台载体建设,完善管理服务

(一) 加强载体建设,推进产业集聚发展

会同市高新区对辖区内大数据、软件等企业进行调研摸底,掌握企业情况并申报江苏省软件和信息服务产业园、省大数据产业园,最终获批"江苏省软件和信息服务产业园"。举办大数据专题报告会及大数据产业发展咨询会,对接行业龙头企业,增强产业凝聚力,扩大大数据行业影响力。依托紫光云数科技(连云港)有限公司、联通连云港分公司,着手成立全市大数据行业协会。

(二) 搭建展示平台,促进行业交流合作

组织市高新区软件园、杰瑞深软、江苏金鸽等18家单位以城市展馆形式参展南京软博会。立足全市软件特色,集中展示智慧工厂、健康医疗、消防大数据等特色软件,突出3D扫描、高端数控装备多轴运动系统、智能访客系统等实物展示,现场达成合作意向项目十余个。

(三) 挖掘潜在企业,完善产业数据统计

走访市高新区、海州区、连云区、东海县、七一六研究所、淮海工学院大学科技园等,深入企业开展调研工作,挖掘江苏润森信息科技有限公司、江苏新锦网络技术有限公司等20余家企业,扩大全市软件产业监测企业数量,建立形成企业数据月报、季报、年报制度,做好行业运行分析工作。

二、重视人才能力提升,提供政策扶持

(一) 组织人才培训,夯实产业智力支撑

2018 年,连云港市工信局联合淮海工学院(江苏省互联网人才培训基地)举办连云港市软件产业人才集中培训班。针对软件企业急需的专业人才类别,开展 JAVA 高级软件架构师、全栈式软件开发工程师、UI 设计工程师三期培训,共有 200 余人参加培训。除传统授课外,本次培训还加入了翻转课堂、沙龙活动、企业授课、外出调研等精彩纷呈的培训内容,课程内容丰富,形式活泼多样,密切结合应用实际。积极对接并落实"育鹰计划 2.0"人才培训及省市专题培训班,先后组织相关企业负责人 15 人次赴清华大学、浙江大学等高校参加培训。

(二) 政策扶持,资金助力企业提档升级

组织正融科技等 4 家企业申报 2018 年度省级工业和信息产业转型升级专项引导资金,对江苏恒大助业网络科技有限公司等 3 家软件企业、15 个软件产品给予 8.4 万元的资金奖励。

(三) 开展行业研究,提高产业服务水平

细致梳理全市软件产业发展现状,关注行业热点,潜心研究,完成《连云港市软件与信息服务业发展调研报告》。针对工业互联网等课题进行研究,《连云港市"十三五"互联网经济发展对策研究》软课题顺利通过专家组验收。

三、加强产业对接推介,做强产业增量

(一) 以大赛促发展,激发产业发展新动力

2018 年,连云港市工信局联合团市委、市人才办等单位举办"联通杯·连云港市首届青年'互联网+'创新创业大赛",共有 89 个项目报名参赛,最终连云港电子口岸信息发展有限公司的"连云港口岸公路货运交易平台"与智慧海洋团队的"智能化海鲜储运系统开发"分获成长组、孵化组一等奖。"连云港口岸公路货运交易平台"获得直通江苏省"i 创杯"决赛的 PASS 卡,"高端数控装备多轴运动控制系统""智能化海鲜储运系统开发"和"基于 AI/VR 的智能设计平台"获得晋级省"i 创杯"复赛的资格并均获优胜奖。

(二) 推进产业对接,增强产业发展后劲

根据产业对接方案及目标任务,分别赴上海、南京、长沙开展对接活动,走访印孚瑟斯技术(中国)有限公司、展讯通信有限公司、湖南波尔坤雷信息科技有限公司、中软国际等近 10 家公司,详细了解各家公司的发展现状、特色产品与服务以及产业转移相关信息,适时邀请企业来连考察对接并建立项目储备数据库。

（三）主动推介，多渠道扩展企业业务

牵头组织市软件行业协会与移动公司对接会，全市 20 余家重点软件企业与移动公司进行全方位对接，双方就项目配合、人才合作、企业上云等方面进行深度交流，增强软件企业与通信运营商双方的认知和了解，发挥各自优势，引导双方加强合作。

第 三 部 分

园区产业篇

第一章　中国(南京)软件谷发展报告

2018 年以来，软件谷积极贯彻落实市委市政府打造具有全球影响力创新名城战略部署，在区委、区政府的正确领导下，紧紧围绕建设“国内领先、国际一流”专业软件园区的奋斗目标，牢牢把握高质量发展要求，坚定不移贯彻新发展理念，坚持对标找差、创新实干、扬长补短，全面攻坚“三个主战场”，全力争当南京国际软件名城建设的排头兵、主阵地、核心区，园区产业发展质量和效益不断提升。

一、2018 年工作亮点

一是“独角兽”“瞪羚”企业持续涌现。2018 年 4 月、2018 年 10 月，南京市委、市政府分别发布南京市第一批、第二批独角兽、瞪羚企业榜单，软件谷集聚独角兽企业 1 家，培育(关注)独角兽企业 15 家，瞪羚企业(含培育瞪羚企业)10 家。软件谷两批共计上榜 26 家(雨花台区共 30 家)，雨花台区总数量达到全市总量的 20%，总数位列全市第一。

二是国家双创示范基地建设获国务院督查激励。2018 年 5 月 3 日，国务院办公厅发布《关于对 2017 年落实有关重大政策措施真抓实干成效明显地方予以督查激励的通报》(国办发〔2018〕28 号)，以软件谷为核心的雨花台区国家双创示范基地建设得到国务院激励认可。5 月 8 日至 11 日，由国家发改委、中国科协牵头的国家双创示范基地评估组对雨花台区双创示范基地建设情况进行实地调研，走访软件谷内数十家代表性企业、平台载体、众创空间、孵化器和特色园区，其中“一张蓝图绘到底、高度聚焦软件产业的发展理念，专业特色园区的建设、运营和招商模式，以及以服务为核心的双创生态系统”三条经验被国家评估组点赞，并建议向全国推广。软件谷双创服务中心已建成试运营。

三是软件谷品牌影响力不断扩大。2018 年以来，国务院督查组、全国政协经济委员会、国家发改委、工信部、住建部、科技部、人社部、团中央等国家部委领导先后多次来软件谷考察调研；中央、省、市媒体集中报道软件谷，其中《新华日报》《南京日报》等主流媒体集中报道 50 余次，9 月 9 日《人民日报》还专题点赞了软件谷云密城“园中园”建设运营模式。

二、2018 年发展情况

一是产业发展稳中有进。2018 年，实现软件业务收入 1 550 亿元；完成一般公共预算收入 27 亿元；实现地区生产总值 297.01 亿元，同比增长 11.5%；社会消费品零售总额预计 29.23 亿元，同比增长 11%；新增涉软企业 316 家，总数达到 2 402 家；新增涉软从业人员 2.1 万人，总数达到 24.5

万人;新增软件产业建筑面积 84 万平方米,总量达到 830.27 万平方米。

二是项目建设加速突破。切实做好小树培育、大树移栽、老树新芽“三棵树”文章。项目引进成效明显。2018 年以来,积极搭建国际国内招商平台,赴美、韩开展招商推介活动,共引进富士康南京研发中心、中软国际解放号、360 企业安全集团等各类项目 200 余个,其中重大项目 14 个,完成计划总投资 92.66 亿元。重大项目集中签约。在 2018 年的软博会上,软件谷共签约项目 13 个,计划总投资 72.5 亿元,签约项目计划总投资位列全市第一。全市集中上台签约项目 12 个,其中软件谷 4 个,上台签约数量居全市第一。在 2018 年的金洽会上,软件谷在区专场签约项目 5 个。项目推进进展顺利。2018 年,软件谷共承担重点项目 34 个,其中市重大项目 14 个、区人代会项目 32 个,形象进度均达到或超过序时进度。亚信科技、金证股份、万博科技竣工入驻;圣迪奥、中兴三区(一期)内外装修;宇龙、亿嘉和项目开工建设;先锋信息、大族能源、元征科技、华讯方舟项目完成土地招拍挂。

三是“双创”生态体系日趋完善。软件谷已初步形成了完善的创新创业生态系统及服务体系。人才引进有序推进。已累计集聚“创业南京”高层次人才 249 人、创新型企业家 41 人、省双创计划 48 人,形成了强有力的人才支撑。科技资源加速汇聚。2018 年以来,新增省级重点实验室 1 家、市级以上工程技术研究中心 5 家,累计聚集省级工程技术研究中心和重点实验室 21 家,市级工程技术研究中心 48 家。累计完成专利申请 17 257 件、专利授权 5 721 件、软件著作权登记 5 350 件。平台载体建设成效明显。软件谷目前集聚各类众创空间 33 家,其中国家级备案 7 家、省级备案 7 家、市级备案 14 家;科技企业孵化器 24 家,其中国家级 1 家,省级 3 家,市级 20 家。南京软件产业博览馆 7 月份完成升级改造。创新创业环境不断优化。举办中国(南京)软件谷·南京雨花台高新区 2017 年度风云人物颁奖典礼,共评选 9 名软件谷风云人物,8 家企业荣获软件谷特殊贡献奖,大力营造浓厚的创新创业氛围;举办软件谷人工智能企业家沙龙活动,推动人工智能产业集群快速发展;举办“我为创业狂”优秀大学生创业项目决赛,吸引全国优质创业青年集聚落户。2018 年以来,线上 UP 创投会推送项目 100 余个,线下进行 1 对 1 投融资对接 30 次,举办 UP 微路演 6 场,获得新增投融资项目 31 个,新增融资金额 5.467 亿元。

四是产城融合发展加快推进。大力推进交通路网建设。按照软件谷基础设施建设三年规划,2018 年软件谷城市建设计划总投资约 19.38 亿元,其中道路建设 26 项,道路建设总里程约 24.8 公里,总投资约 15.03 亿元。续建机场二通道北段、龙西路、宁丹路西侧辅道等 4 条道路,长度 4.61 公里;三合路、南园片区马家店研发片区路网、绕城北辅道等 13 条道路,长度 9.97 公里;开展宁双路拓宽、环中兴三区道路、规二路一期等 9 条道路的设计及前期手续办理工作,长度 10.22 公里。有序推进土地整理和储备工作。加快推进安德门城中村改造地块、华为路周边地块等 9 个项目拆迁工作,共完成拆迁面积约 15 万平方米。完成臧家巷华严寺、冯韦 C 地块出让工作。全力推进特色园区建设。现已形成以“人工智能”为主题的楚翘城,以“互联网+”为主题的科创城,以“信息安全”为主题的云密城,以“科技孵化”为主题的创业创新城,以“大数据”为主题的南京大数据产业基地“四城一基地”的特色园区发展格局。科创城作为南京市首批特色小镇,3 月份成功通过市特色小镇考核小组验收。云密城项目竣工交付;科创城二期完成外立面幕墙施工;中兴人才公寓二期正在进行综合管线施工,预计年底交付。此外,南外雨花国际学校、软件谷附属小学进入工程扫尾阶段,确保 2019 年正式招生;马家店规划第一小学及第二小学有序推进。扎实推进园区网格化工作。创新园区网格化管理,在全谷范围内基本形成了“一网、二中心、三级网格、四个统一”的经济网格化管理模式。2018 年以来,以网格化为抓手,新增软件列统企业 135 家,挖掘“四上”种子库企业近70家。当前,根据区经普办统一安排部署,深入开展四经普单位清查工作。

五是服务环境不断改善。建立领导分包联系制度。为更好地服务企业和人才,及时发现和解决企业发展过程中的难点和痛点问题,制定出台了《软件谷部分高成长性企业实施领导分包联系工作方案》(谷管委〔2018〕41号),由谷领导及谷各部门领导每人分包联系谷内世界500强、中国软件收入百强、独角兽和瞪羚等高成长性企业,对分包的企业每季度至少走访一次,全方位做好企业的跟踪服务工作。推进"雨花红谷"建设。在谷工委的领导下,在区委组织部的指导下,软件产业党委围绕"党建强、发展强"的工作思路,积极打造具有非公企业党建特色的"雨花红谷"党建品牌,为企业发展提供强大的组织保障;同时,积极推动谷内非公企业党组织与铁心桥街道各社区开展结对共建活动,推动企地党建协调发展。在2018年全区"七一"大会上,"雨花红谷"项目还进行了交流展示。培养打造一流干部队伍。以"精神振、作风实、节奏快、胸襟宽"为作风建设总要求,强化目标考核、层层压实责任,不断激发干部干事创业热情。在勤政廉洁方面,注重教育引导、抓早抓小、防微杜渐,管委会主要领导以及区纪委监委派驻纪检监察组对19名新提拔干部开展了集体廉政谈话,切实筑牢紧绷反腐倡廉思想防线。积极贯彻苏陕合作共建软件园发展战略,与西咸新区沣西新城开展干部交流挂职,推动区域协调发展、共同发展。

三、面临的问题和困难

软件谷在加快发展的同时,仍面临不少问题和压力,主要体现在:国际形势更加严峻,国内园区强势崛起。从国内来看,杭州、武汉、西安等地不断加大对软件业发展的投入,2018年上半年多地增速明显超过南京;从南京来看,江北新区、南部新城、河西新城等板块强势崛起,同城竞争日趋激烈,软件谷无论是区位交通,还是政策支撑、载体空间都不具备优势。当前,软件产业正步入加速创新、快速迭代、群体突破的爆发期,人工智能、高端芯片设计等对传统纯软行业的冲击巨大,软件谷也面临"软硬结合"转型升级的压力。华为正从传统电信增值业务向华为云业务转型,新的业务布局调整将会在未来3年对软件谷研发、税收等指标产生较大影响。

第二章　江苏软件园发展报告

江苏软件园自2000年成立以来,始终站在推动软件产业发展的战略高度,在各级政府和相关部门的支持下,科学规划、统筹布局,在载体建设、发展模式、产业服务以及践行创新理念等方面取得了一定的成绩,探索了“以服务促进产业发展”的运营模式,构建了有利于产业创新发展和创业能力提升的生态系统。园区坚持以市场为导向,以培育和发展软件企业为重要任务,大力提高创新能力和软件产业化能力,发挥了科技企业孵化器的聚合效应,形成了软件产业集群。

一、2018年产业发展概况

(一) 软件产业发展数据

2018年江苏软件园入园企业总销售收入298.35亿元,软件销售收入185亿元,利润19亿元,上缴税金19亿元。截至2018年年底,江苏软件园入园企业420家,软件收入大于1亿元的企业有10家,入园企业共有软件从业人员27 500人。

(二) 企业自主创新情况

2018年江苏软件园入园企业科技活动经费筹集总额13.5亿元。2018年江苏软件园入园企业新增软件著作权登记数47个,新增软件发明39个。截至2018年年底,38家企业通过ISO9001认证,12家企业通过CMM/CMMI二级至四级评估。

二、环境建设概况

(一) 构建园区产业布局

从租赁熊猫研发用房运营“城中园”起步,历经十余年的开发,江苏软件园自主投建了约40万平方米的产业载体,构建了徐庄孵化研发基地、吉山产业化及出口基地,形成了“创业苗圃—孵化器—加速器—产业园”的阶梯式产业载体布局。

(二) 搭建全省公共平台

部省合作、园区投建的虚拟软件园,以创新为抓手,全面建成公共服务、虚拟展示交易互联网融合创新服务等 3 个综合服务平台，建成了测试、SaaS、外包、信息安全等 9 个专业服务子平台，在全省 11 个地市建成了 21 个服务中心，形成了辐射全省的软件产业公共服务体系，获得“国家示范平台”“优质投资项目”等荣誉称号。

（三）形成孵化服务体系

孵化器秉承“专业服务＋天使投资＋创业导师”的理念，依托产业集聚优势，联动 36 氪、省创投服务中心、徐庄 321 人才项目、啡咖啡等孵化机构和各类中介机构，初步形成了“创业苗圃—孵化器　加速器”的阶梯式孵化服务体系，为创业企业提供孵化空间、投融资、技术平台、市场推广、人力资源、政策引导等方面的服务，帮助降低创业成本、创业风险，服务品质获得科技部认可，孵化器成功跻身“国家级”。

三、创新发展经验

（一）管理服务机构体制机制建设的新形式、新特点

在众多国家级软件园区中，江苏软件园“政府引导、企业运作”的运营模式具有鲜明特色，既要求体现政府意志和产业战略，又要求体现市场规律和效率，对园区适应形势变化适时调整社会价值、经济效益的权衡侧重提出了较高的要求，力图逐步由科技地产载体提供商向“江苏领先、国内一流”的科技产业综合服务提供商转型，以为科技产业提供专业化发展服务的“江苏软件园”品牌为核心竞争力，坚持科技产业创新投资和孵化运营服务为两轮的互动式发展思路，以“创新驱动、服务为本、生态结构”为要素构建“软件社区”，通过孵化创新、产业基地、教育培训、配套服务等功能的空间集聚促成产业集群。

（二）支撑传统产业优化升级，实现高质量发展的成功经验

江苏软件园以拓展空间布局、完善服务体系、提升品牌价值、营造双创氛围为着力点，支撑传统产业优化升级，在园区招商、建设运营、转型发展上积累了一些有益的经验：一是以招商为第一要务，主动适应新常态，积极盘活资产；二是以练好内功为主线，以完善制度机制、加强队伍建设为主抓手，通过建立标准化的管理流程、构建全方位孵化服务体系、培养高素质人才队伍，为品牌输出、服务拓展奠定基础；三是以转型发展为目标，经营方式逐步由资金规模大、建设周期长、投资收益低向轻资产经营、挖掘品牌价值、依靠技术和服务转变。

（三）培育新兴经济业态，促进云计算、大数据及人工智能产业发展的主要做法

江苏软件园全力推进基地调整产业结构，培育新兴经济业态，谋划转型发展。园区依托园区品牌、产业载体、科技企业等多年累积的优势资源，以企业孵化拓展运营为抓手，围绕“一个体系（江苏软件产业集聚综合服务体系）、两个中心（产业集聚和服务集成中心）、三个平台（产业集聚平台、公共服务平台、科技金融平台）”的战略构想，逐步推进江苏软件园转型发展的战略目标。

（四）在招商引资方面的成功经验

招商策略上，利用园区优势资源，围绕主导产业善打主打牌，突出龙头招商，推动招商工作上规模。园区招商服务上，为入园企业提供一站式的全方位服务，主要业务包括：地块招商、研发物业租售、园区客户服务、市场调研和运营策划、商业服务项目管理、经营类资产管理等，旨在通过履行营销、推广与客户服务职能，与企业建立有利于园区可持续发展的价值关系。长期以来，园区坚持走专业化的发展道路，进行专业招商服务，从而保证了基地企业的快速发展和园区服务的有效开展。

（五）公共技术平台建设与创新服务支撑体系构建的成功经验

秉承"助力企业创新、促进产业发展"的宗旨，虚拟软件园依托互联网技术，引进国家平台资源、整合省内优势资源，利用互联网、虚拟化等技术将物理上分散的人力资源、设备资源、政策资源、金融资源和市场资源等融会贯通，提供公共、中立、开放的专业服务。

（六）探索人才培养新模式与高端人才引进的主要经验

江苏软件园坚持"走出去"和"引进来"相结合，与IBM、Microsoft、CA、MI等软件公司和国内外知名高校及专业技术培训机构建立了良好的合作关系，构建软件人才培训新体系，通过职业教育、技能教育和培训等多种形式，加快培养各类技术和管理人才，改善软件人才结构。

（七）扶持骨干企业创新发展、提升骨干企业引领作用的经验

江苏软件园充分利用国内、国际两种资源，拓展两个市场，打响基地品牌。一是积极组织企业参加软博会等大型交流会，组建"骨干企业联盟"，加强企业内部交流，联合承接开发项目，争取政府项目支持，帮助基地内的企业开拓国内市场。二是积极利用政府的支持和骨干企业对外交流的优势，帮助中小软件企业进军国际市场。

（八）在推动"大众创业、万众创新""互联网＋""众创空间"等方面的工作举措和效果

在孵化器运营思路上，由原有的单一独立运营模式，尝试引入民营机制合作共建新型创业载体，同时通过"加速器""产业基地"等载体空间的搭建，为孵化成功毕业、项目产业化提供载体保障，从而带动江苏软件园内完整"生态产业链"的形成，使园区和孵化器"无缝链接"、融合发展。园区拟搭建"O2O"线上线下平台，实现创新与创业、线上与线下、孵化与投资相结合，为小微创新企业成长和个人创业提供低成本、便利化、全要素的开放式综合服务平台。

第三章 南京软件园发展报告

作为全国首批国家级软件园之一，多年来，南京软件园先后培育了一大批拥有自主品牌、自主知识产权的产业领军企业。这片 6 平方公里的土地，是南京软件产业发展史的一个缩影。

目前，围绕构建江北新区"两城一中心"建设战略目标，南京软件园聚焦发展集成电路、软件和信息技术服务业以及文化创意三大主导产业。20 年过去，南京软件园始终保持着发展加速度。

一、园区自然情况

南京软件园 1999 年经南京市政府批准成立，是全国首批国家级软件园之一，规划面积 6 平方公里，位于江北新区核心区内，是南京软件产业的重要载体和推动力量。自成立以来，软件园先后获得过"国家火炬计划软件产业基地""中国服务外包基地城市示范区""国家软件出口创新基地""国家动画产业基地""国家级文化和科技融合示范基地""中国软件园区最佳运营奖""江苏省生产性服务业集聚示范区"等荣誉称号。

目前，园区正全面聚焦发展集成电路、软件和信息服务业、文化创意三大主导产业，注册企业近 4 000 家，从业人员超 10 万人。园区拥有 200 万平方米已建载体和 200 万平方米在建载体，不断完善城市化配套，加速产城融合，着力打造国际化新形象，将建成集商务办公、科技研发、娱乐休闲、生活配套等功能于一体的国际化一流园区。

二、2018 年发展概况

2018 年，园区全年实现地区生产总值 65 亿，规上工业总产值增速达 16.2%，外贸进出口总额超 17 亿元，综合实力稳步提升。新型研发机构通过备案 5 家，新增高新技术企业 62 家，新增市级以上工程技术研究中心 6 家。园区还荣获了"2018 年中国最具活力软件园""2018 年度软件园杰出贡献奖"等荣誉称号。园区经济发展稳步推进，科技创新成果显著，载体建设不断加快，企业服务全面提升，园区发展再上新台阶。

(一) 承载空间拓展升级

园区深入对标国内外一流产业园区的先进理念和做法，以产业为保障，不断完善服务配套，进一步提升土地价值，促进企业与城市建设共生共利。

在载体建设上，园区坚持把盘活低效用地、拆迁收储和新项目落地建设三方面有机结合，优化布局，不断完善配套建设，塑造城市景观环境。园区在 2018 年有 3 个新开工自建项目，总建筑面积

14万平方米,3个企业项目投入运营,9个企业项目加紧施工;园区分三批启动拆迁与收储地块,加速推进"腾笼换鸟",2018年完成了30多幅地块的评估,新增加了23幅地块,为园区的扩能增效创造新契机,为产业发展带来新空间、新动力;城市化配套方面,高档综合型城市综合体龙湖天街项目及城市公园正在建设,G03地块商业综合体等项目已落地,创源会议中心将新增会议配套4万平方米,软件园人才公寓二期项目将新增390套共计3万平方米的公寓配套,园区整体区域城市形象和综合配套水平将得到极大提升。

(二)产业生态不断优化

近年来,园区产业规模不断壮大,产业聚集度进一步增强。2018年园区实现软件业务收入228亿元,新增1家独角兽企业、3家瞪羚企业,建有多个产业技术联盟,形成以晶门科技、航天信息、车置宝为代表的高度集中的产业集群。

2018年,软件园移大树育小苗,招商与培育两手抓,紧抓机遇,大力发展集成电路设计特色产业,不断培养高质量有成长潜力的企业。园区迅速集结了一批集成电路产业各领域的代表性企业,集成电路产业主要涉及硅光电、物联网、人工智能、智能制造、汽车电子、显示驱动等战略性新兴领域,也集聚了包括SiFotonics、南京中感微电子有限公司、灵动集成电路南京有限公司、晶门科技、芯驰半导体等一批各领域的代表性企业。2018年,集成电路产业集聚效应逐渐显现,未来园区将至少聚集5—10家成长为上市公司的企业。

面对国内集成电路产业有钱有市场、缺人缺技术的难题,南京软件园重点从"4+1"即CPU、FPGA、AD/DA、Memory和EDA国产化入手,聚焦华大九天等国内优质企业,从产品链、产业链、价值链和创新链方面进行布局。

(三)平台功能更趋完善

园区专业平台服务先行,推动集成电路产业集聚。南京市首个集成电路产业专业化的公共服务平台——ICisC(南京集成电路产业服务中心)在南京软件园揭牌成立以来,近三年越来越多的集成电路领域的顶尖企业被纳入平台"供应商"行列。中心瞄准企业发展的痛点与难点,为芯片设计及系统应用类企业提供专业技术资源服务,为企业节约研发费用上亿元,并建设了5 000平方米的"芯片双创"孵化器,助力企业实现"即刻研发"。

依托南京集成电路产业服务中心,2018年园区建成7 000平方米的全国最大的集成电路人才培训基地,联合东大、南大、南邮等七所高校建立国家示范性微电子学院(南京)人才培养联盟,并联合成立江苏工程应用型IC人才培养联盟。此外,在集成电路设计、封测、制造、应用等领域开设线上、线下课程,重点培养高层次、复合型、技能型集成电路紧缺人才。

同时,与中科芯合作共同打造集成电路晶圆测试服务平台,为晶圆代工厂和集成电路设计企业提供国内领先的配套,也填补了江北新区在集成电路圆片测试、设计验证及可靠性评价等方面的空白。

目前,南京软件园正在筹建集成电路设计服务产业创新中心,该中心将联合国内EDA企业、IP企业、集成电路设计及制造企业、地方政府、高校、研究所、公共服务平台等,集聚"政产学研资"的多方面要素,加强集成电路产业各重点环节的协同合作,加强高校、研究机构和企业间的横向联合,在EDA/IP技术研发、公共服务、应用创新、人才培养等多个方面实现共同突破,集聚各方资源攻克 EDA/IP 技术难点，加速国产 EDA 工具和 IP 核商业化进程，获得全球范围内行业发展的参与权、话语权，最终获得发展的主动权，实现 EDA 工具和 IP 产品国产化替代，满足中国集成电路产业发展需求的同时，助力中国制造业高质量发展。

（四）企业服务更加精准

园区积极推行“店小二式”服务、“一站式”办结，落实上门服务、预约服务和延时服务，对重点项目实行专人联系、跟踪服务。针对重大招商引资项目和初创群体，开辟“绿色通道”，推行“零距离”指导、“零关系”办事、“零利益”服务、“零障碍”落实的政务服务模式，为双创提供高效便捷公平透明的优质服务。2018 年，园区组织企业申报 210 余项，帮助企业获得各类资金超亿元，对接投融资项目 40 余个。

一是深化网格化管理。园区结合企业产业的服务需求以及互联网浪潮下的技术进步和模式创新，通过打造智慧化服务平台、推行一站式服务模式、提供精准化服务内容，实现企业服务的网格化。

二是积极推行线上服务。为企业开发“园企通”的手机应用，让企业享受“一站式”线上企业服务。通过平台的“一站式综合服务”入口，企业可以直接与园区“对话”，通过盘活园区各方面资源，使企业和园区形成一个紧密联系的整体，实现全过程园企互动、政策推送、统一申报等；通过全方位的政策、项目申报解读与帮助，推动企业更好更快发展；通过搭建信用与金融的通路，解决企业融资“最后一公里”；通过免费提供企业信息画像查询、第三方产品服务，帮助企业找到可信赖的合作伙伴。园区还与中国银行签署战略合作协议，共同助力平台金融板块的应用。

三是精准强化线下培训。园区按照企业生命周期特点，全面梳理摸排企业的“痛点”“堵点”和“难点”，并对现有政策进行全面梳理，出台“招商＋培育”的产业推进政策，强化针对性培育服务，引导企业享受政策红利。2018 年园区举办了亲商助企大讲堂、走进世界 500 百强企业、产学研合作对接、融资上市辅导、政策解读、项目申报辅导等 90 余场高水平活动，参会人数超 13 000 人。

（五）重大活动成效显著

园区每年持续举办大型专业化活动，通过全国大学生 FPGA 创新设计邀请赛、全国大学生嵌入式芯片与系统设计竞赛、中国研究生电子设计竞赛决赛、专业论坛等系列高水准活动，吸引人才和企业集聚。

2018 年，园区通过举办中国半导体市场年会、2018 中国集成电路“创业之芯”大赛、高端讲坛 AI 系列、全国大学生嵌入式芯片与系统设计竞赛、第十三届中国研究生电子设计竞赛决赛、中国集成电路技术与应用论坛、2018 第三代半导体技术论坛等活动，打响了园区在集成电路行业领域的知名度和美誉度，成功吸引了国内外产业界、学术界等相关人士对南京江北新区的关注。

2018 年 4 月，由江北新区联合国家省市有关部门主办、南京软件园等承办的“2018 中国半导体市场年会暨 IC 中国峰会”中国半导体大会引起了业界的广泛关注，影响力持续发酵。来自政府、园区、协会、企业、科研机构及高校等 1 000 余名代表参加了会议。大会从全球市场现状及趋势展望、中国产业现状及核心问题、热点领域关键突破点以及未来发展趋势等多个方面对半导体行业进行全面剖析。大会期间，还举办了多场重量级论坛，顶尖集成电路企业、专家汇聚这里，共同探讨集成电路产业的产业现状、前沿技术、创新趋势等，会上发布了 2017—2018“IC 中国”优秀产业园区等榜单。此次大会的圆满举办也为 2019 世界半导体年会奠定了基础。

(六)党建引领促发展

园区严格落实全面从严治党主体责任和监督责任,全力营造积极向上、干事创业、风清气正的政治生态环境,为园区发展提供坚强政治保障和组织保障。软件园不断健全组织体系,2018年5月3日成立南京软件园党委,下设36个企业党组织,总计约710名党员。同时不断完善工作管理机制,建立健全基层党组织走访调研、党员定期普查登记、专职党建联络员管理等一系列配套制度,夯实基层党建工作基础,并建成了总面积约650平方米的园区党群服务中心,通过线上、线下多种形式开展了党员学习教育。

第四章　无锡软件园发展报告

一、园区自然情况

无锡软件园(iPark)位于无锡国家高新区，始建于1998年，2004年9月被国家科技部正式授牌认定为国家火炬计划软件产业基地。园区总规划土地面积1平方公里，规划总建筑载体面积150万平方米，目前园区建成投用载体面积85万平方米，由无锡软件产业发展有限公司负责建设与运营，服务涵盖载体运维、招商引资和产业服务全过程。

iPark以打造中国领先的软件创新社区为目标，以公共技术、投资融资、人力资源、综合服务等公共服务平台为支撑，提供360度企业全生命周期服务，致力于推进物联网、云计算、软件及服务外包、文化创意、新媒体、电子商务、互联网广告、智能硬件等新兴产业集聚发展。现汇聚微软、文思海辉、联想、索尼、NTT数据、CNTV、中国日报网等创新企业近500家，其中世界500强、全球服务外包100强投资企业25家，约占无锡市70%，各类人才3万名，其中85%拥有本科及以上学历。产业规模连续多年高速增长，综合实力持续攀升，2018年园区实现营收202亿元，位列全国火炬计划软件产业基地十强、中国服务外包TOP10园区第四名，持续位列无锡市“Park”园区排名榜首。先后获得国家火炬计划软件产业基地、国家传感网高技术产业基地、国家广告产业园区、国家动漫游戏产业振兴基地、国家动画产业基地、国家数字出版基地、国家文化产业示范基地、国家级科技企业孵化器等8项国家级品牌及数十项省级以上荣誉。

二、2018年发展概况

软件园坚持以培育龙头企业为核心——国家规划布局内重点软件企业3家(海辉、朗新、NTT数据)；7家省规划布局内重点软件企业(海辉、朗新、NTT数据、横新、凌志、宇信、央视)。园区相继培育美新半导体登陆美国纳斯达克，慈文传媒成功借壳在深交所上市，朗新科技在深交所创业板成功挂牌上市；园区累计培育新三板上市企业11家；累计促成园区近20家企业获风险投资超20亿元，另有多盟、爱德康赛、税软、新游网络等近10家企业被上市公司并购。

2018年，园区全年实现营业收入202亿元，总税收10亿元。其中营业收入超10亿元企业6家(信用行、慈文、感知、多盟、昂然时代、朗新)，超亿元企业31家，税收千万企业17家。截至2018年年底，园区累计申请专利3 612件，授权1 555件，其中发明专利申请1 833件，授权591件；4家企业被认定为技术先进型企业(易保、横新、NTT数据、贝斯)，约占全市30%；新申报高新技术企业4家，累计64家；市瞪羚企业4家(观为、智道安盈、钜芯、邦道)。

软件园坚持以招引科技人才为重点——截至 2018 年,园区聚集国家千人计划人才 11 人、万人计划 2 人、省双创人才 26 人、省创新团队 6 个、市创新团队 4 个(占全市 50%)、市"双创"170 余项;基础人才规模雄厚,共计汇聚各类创新创业人才约 3 万人,其中本科以上学历人才占比约 70%,硕士以上学历人才占比突破 5%。园区内有 4 家企业被认定为技术先进型企业(易保、横新、NTT 数据、贝斯),约占全市 30%;高新技术企业 64 家;市瞪羚企业 4 家(观为、智道安盈、钜芯、邦道)。全年新增招引各类专业人员约 4 000 名,年培训各类人才约万名。

软件园坚持以招引优秀企业为目标。截至 2018 年 12 月底,软件园已建成投用载体达 85 万平方米,现已汇聚微软、联想、索尼、文思海辉、央视国际、感知集团、曙光城市云等创新企业 363 家,纳税企业 470 余家,IT 及相关人才近 3 万名。2018 年,园区自主招引科技项目共 63 个,其中注册资本 5 000 万元以上企业 3 家(万物汇智、云脑数据、薪全科技),1 000 万元以上企业 14 家,物联网企业 23 家,软件与信息服务企业 18 家,累计注册资本 3.77 亿元。

软件园坚持铸就品牌提升园区发展聚合力——近年来园区通过一系列双创活动的举办不断营造双创氛围。如每年组织中国(无锡)互联网广告峰会、"互联网+传统媒体"百城大赞·太湖论坛、江苏省"i 创杯"无锡地区决赛及新吴区分站赛、"智慧营销　互联共赢"中小企业网络营销论坛等产业活动数十场。通过以上举措有效活跃了园区创新创业氛围。园区 2018 年连续获得国家级孵化器 A 类评定,全市唯一。2018 年 12 月,园区获得由创业邦评选的 2018 全国十佳创业园区称号。

三、今后工作打算

下阶段,无锡软件园将紧紧围绕"一个特色产业、制订一个产业计划、建设一个专业园区、组建一家运营平台、设立一支发展基金、成立一个专业服务机构"园区运营体制机制,重点搭建专业运营团队,强化招商和企业服务能力,更加市场化、专业化地建设运营园区,推动软件园向国际一流科技创新园区看齐,实现一般服务常态化、专项服务专业化、重点服务个性化,加深园区产业氛围,提升区域服务竞争软实力。

(一) 服务更"细",持续搭建企业培育平台

围绕高新区 2019 年高效益科技创新目标任务,加大对科技企业培育力度,特别是高新技术企业和三类企业的认定工作,挖掘园区潜在企业,做到服务无遗漏、无死角,确保达标企业能够申报,争取完成区下达的全年工作目标。走访重点企业,按照年初预排的产值目标跟进企业开票。

(二) 园区定位更"高",提升园区特色品牌

继续做好园区品牌维护工作,针对园区产业发展的现状,更新发展规划,积极争取省、市生产性服务业集聚区品牌;积极跟进科技部火炬计划软件产业基地排名以及国家级科技企业孵化器综合评价结果。

(三) 活动组织"多样化",创新方式服务企业

组织半年度企业家座谈会、定期召开新入驻企业座谈会;协助区科技局组织无锡市科技创业大

赛相关工作;定期开展银企对接会,帮助企业解决融资难问题。

软件园将再接再厉,奋力拼搏,确保产值、税收等主要产业经济指标持续增长。

第五章　苏州软件园发展报告

一、园区自然情况

苏州软件园成立于2001年，按照以国家火炬软件产业基地为核心，以苏州工业园区、苏州高新区、昆山、太仓等软件园区为重点的“一园多区”模式建设。近年来，苏州软件园建设不断推进、优化，对支撑全市软件产业保持平稳运行做出了积极贡献。

（一）基础设施建设

目前，苏州国家火炬软件基地已形成一园多区产业格局，总规划面积7 869万平方米，现有孵化面积90万平方米。各园区根据园内产业规划和企业特色，不断加强网络平台和创新载体建设。太仓软件园与中国电信合作建设高标准的绿色环保数据中心，为相关企业提供高端IDC服务业务。昆山软件园积极发挥自身作为国家火炬计划软件产业基地的优势，已经成为江苏省现代服务业集聚地、国际服务外包示范区和省级动漫数据产业园。工业园区软件园1期至5期已完成建设，规划建设7期软件园，重点引进和培育以云计算、大数据为支撑的人工智能企业集群，建设国内重要的人工智能产业研发创新中心；苏高新软件园建有微系统园、IT实训基地，以及中科院地理信息与文化科技产业基地和中移软件园。规划建设的占地面积约325亩，总建筑面积约70万平方米的苏州科技城大数据产业园(数字谷)于2018年正式启动建设。

（二）政策环境建设

2016年，市政府出台《关于推进软件和集成电路产业发展的若干政策》《关于印发苏州市大数据产业发展规划的通知》，促进我市软件和集成电路产业在更高层次上发展，进一步推动科技创新和产业结构升级。全面落实国家工信部、省、市各级软件产业政策，组织编印《软件产业扶持优惠政策文件汇编》，为软件企业迅速、准确、全面了解现行的各项软件产业扶持政策提供便利。邀请省工信厅、省软件行业协会、市国税局等有关部门专家来苏为我市软件企业作所得税优惠备案有关事项政策宣讲。

（三）公共服务能力建设

建立全市软件企业统计信息库，监测各地软件产业销售收入等重点考核指标，及时把握软件产业发展新动态。联合东吴证券股份有限公司组织开展软件企业和资本市场的系列对接活动，促进软件企业和资本市场的融合，转变软件企业经营方式，推进建立现代软件企业制度。

二、2018 年发展概况

（一）发展水平稳步提高

2018 年苏州软件园发展总体稳中有进、态势良好、特点突出、特色明显。在发挥自身优势的同时，不断创新创优，以服务高质量发展为主题，以提升全市工业产业软件化水平为主线，不断夯实软件园综合竞争能力。

1. 产业总体规模保持平稳发展

2018 年，苏州软件基地内拥有企业 1 153 家，共实现营业收入 729.3 亿元，同比增加 3.78%；其中软件企业 527 家，实现软件收入 423 亿元，同比增长 2.67%。其中嵌入式系统软件收入占软件总收入的 67.3%。实现出口创汇 89.3 亿美元，利润 40.3 亿元，上缴税收总额 46.7 亿元。

表 3－1　苏州软件基地部分数据

	基地内企业数（家）	其中：软件企业数（家）	软件收入（亿元）
2013 年	933	493	268
2014 年	988	524	316.9
2015 年	1 100	616	367.6
2016 年	1 216	709	410.8
2017 年	1 125	639	412
2018 年	1 153	527	423

2. 企业发展呈现良好态势

2018 年，基地内软件企业总量累计超 400 家，骨干企业 12 家，通过 CMMI 二级以上认证、ISO9001 认证的企业数量分别超 65 家和 80 家。科远软件、中国（苏州）软件技术有限公司、浩辰软件等 19 家企业营业收入超 1 亿元。全年基地科技活动经费支出 30.2 亿元，新增软件产品 1 254 个，累计拥有软件产品 9 349 个。

3. 嵌入式应用软件发展较快

统计数据显示，基地 2018 年嵌入式软件销售收入为 490.8 亿元，占全部软件收入比重为 67.3%。总的来看，嵌入式软件销售所占比重高于国家和省占比，工业互联网以及智能制造提升对嵌入式应用软件的需求呈上升趋势。

4. 特色软件企业不断涌现

涌现出一批规模质效各具特色的企业。如工业大数据领域汇聚了江苏国泰新点、江苏敏捷科技、苏州迈科网络等一批企业;在线旅游行业汇聚了八爪鱼、同程网等行业知名企业;地理信息方面,依托苏州科技城地理信息与文化科技产业基地,引进了中科天启遥感、坚石信息、中科蓝迪环保、梦图软件、集思方成等地理信息企业;智能交通应用领域,形成了以博远容天、易程智能、苏州富欣智能交通、怡和交通等为代表的轨道交通客服系统、客运票务系统、票检系统以及交通信号系统等智能交通应用软件产业集群;云平台领域汇聚了国科数据中心、中国移动研发基地、微软互联网创新中心、华为苏州研究所、方正、凌志软件等企业。

(二)创新发展充满活力

1. 不断加强研究院所引进力度

为积极助力产业集聚健康发展,构建全方位、多层次产业服务体系,不断增强高等研究院所引进力度。紫光云引擎、上海交大苏州人工智能研究院、苏州工业大数据创新中心等一批项目相继落户苏州,为软件产业健康发展注入新活力。

2. 着力推进优势项目向上争取

通过软件和信息服务业专项资金扶持助力企业发展,支持44家企业参与国际国内资质认证;支持20家企业的研发和产业化类项目;推荐12个企业申报省级以上项目。共计获得各类资金支持2 616万,连续5年增幅在10%以上。

3. 积极发挥软件名城创建成果

组织参加大连软交会、北京国际软博会、南京软博会等活动,充分展示苏州软件和信息服务业发展所取得的成绩。2018年11月,苏州高分通过中国软件名城实地评估。2019年3月,工信部正式授予苏州中国软件特色名城称号,为苏州软件产业下一步的发展奠定了坚实的基础。牵头承办国产工业软件优秀解决方案苏州对接专场,组织承办第二届全国智能制造创业创新大赛华东赛区的比赛。

第六章 常州软件园发展报告

2018年,在国家科技部、江苏省科技厅等有关部门的指导和支持下,国家火炬计划软件产业基地常州软件园进一步完善园区设施和配套环境,聚集软件企业和人才资源,软件和信息服务业发展平稳。

一、园区自然情况

常州软件园成立于1999年,是江苏省首批省级软件园,2004年9月被批准为国家火炬计划软件产业基地。以常州创意产业基地为依托,形成了以常州创意园为核心的产业载体空间布局,拥有国家级文化和科技融合示范基地、国家电子商务示范基地等多个国家级品牌资源。

基地构建了包括人才服务、科技金融服务、市场服务等在内的企业服务体系,搭建了"中国常州国际动漫艺术周""国家二维无纸动漫技术服务平台""中科院常州科学与艺术融合技术研究中心""中国(常州)智能制造装备工业设计中心""产学研联合创新服务平台"等一批国家级、省级平台,建成爱尔威国际人工智能孵化器、四海商舟创蔓跨境电商众创空间、化龙网络纷智众创空间等一批省级众创空间、孵化器,助力产业快速发展。

在基础设施建设方面,基地提升停车管理服务,不断完善商务、休闲、餐饮等设施建设,引入健身中心、咖啡厅等生活配套,优化园区创业生活空间。

二、2018年发展概况

2018年,常州软件园贯彻落实常州高新区高质量发展六个行动计划总体要求,以"四新经济"集聚区建设为关键抓手,积极推动重大项目引进,着力优质企业及品牌培育,加速产业转型升级和新兴业态集聚,总体呈现稳固发展的态势。目前,基地集聚企业800多家,从业人员30 000多名,拥有创新创业人才140多名,高级人才3 000多名。2018年,基地实现营收307.86亿元,其中软件收入246.03亿元,创税收15.5亿元。

(一)着力"四新"项目招引促产业层次跨越

以战略性新兴产业为引领,发力"云大物移智"领域重大项目及优质项目引育。重点引进星际航空、中海互联网(艾涂邦)、飞诺医疗、亿销智能科技等互联网+、人工智能、大数据、无人机等"四新"项目,引进"龙城英才计划"C类项目3个,认定区级以上创新人才2人。赴上海、深圳、成都等城市开展招商对接活动,与华大基因、柔宇科技、紫光物联、凯璞庭资本等独角兽企业和资本平台深入对接。鼓励龙头企业与外部优质资源合作，复材电商与中海油常州涂料院共建涂料产业互联网平台“艾涂邦”，并与河海大学企业管理学院实现“产学研全面合作”；印象乾图与科大讯飞共同研发的“AI全息助手”项目亮相2018中国国际软博会，还与科大讯飞就“AI人工智能＋数字体验”成立联合实验室，推动数字创意及文化科技体验项目研发应用；金刚科技与复星爱必侬、北京中青旅、陕西煤业化工等企业达成战略合作；爱尔威与常州高新区、中科院达成合作，成立常州智能机器人研究所，深入大数据、超算中心、深度学习等人工智能前沿技术的研发与建设，助推人工智能产业集群式发展；赞奇科技与阿里云、unity达成合作，其渲染平台——“渲云”，成为unity全球独家云渲染平台，填补交互式内容云端渲染空白，担纲央视动画《丝路传奇大海图》的渲染供应商。

(二)加力服务平台构筑促发展层级提升

放大“资本＋服务”对龙头企业的培育效应，出资对基地重点企业爱尔威进行股权投资，发挥财政资金杠杆作用；深入解决企业人才问题，组织14家基地企业先后与南京林业大学、南京邮电大学、南京艺术学院、南京师范大学开展人才专场招聘对接会，与南昌传媒学院、中南财经大学等进行毕业实训、学生创业等产学研合作，进一步完善校企合作渠道。举办专场产学研活动4场，签订产学研协议7项；创建省级电子商务众创空间2个。组织4家企业参加第十四届中国国际动漫节，突出展示常州动漫特色，坚持动漫原创，拓展产业链，推动融合创新。成功举办第十五届中国常州国际动漫艺术周，以“数字引领未来”为主题，紧密结合“四新经济”、战略性新兴产业前瞻趋势，重点举办2018数字经济高质量发展创新峰会、数字创意体验展、社会主义核心价值观原创动画短片大赛等“一会一展一赛”核心活动，进一步发挥“产展融合”平台功能，助推产业交流、技术合作。

(三)倾力特色品牌培植扩创新叠加效应

充分发挥基地品牌辐射力和资源集聚力，利用企业创新基因聚合基础，培植挖掘创新品牌和产业新成果。新申报市高品32件，新增民营科技企业15家，专利申请306件，发明专利申请131件，发明专利授权26件；有效期内高新技术企业34家。基地获评2018年常州市创新创业大赛“优秀组织奖”；爱尔威国际人工智能孵化器获评省级科技企业孵化器；复材电商荣获江苏省“互联网平台经济‘百千万’工程重点企业”称号；鑫亿软件、卓谨信息、复材电商等3家企业的项目荣获第四届江苏省“i创杯”互联网创新创业大赛优秀奖；赞云软件获2018年常州市创新创业大赛一等奖；VeryCloud云端网络揽获“2017—2018年度中国领先品牌奖”及“2017—2018年度优秀应用案例奖”两项“云鼎奖”；中版漫文化动漫作品《钟馗传奇》入选2018年“原动力”中国原创动漫出版扶持计划项目；卡龙动画出品的动画电视剧《云彩面包》获得江苏省新闻出版广电政府奖版权贸易奖提名奖。

(四)聚力融合共促创新探高质发展路径

贯彻落实解放思想大讨论活动精神，全面聚焦“四新经济”高起点谋划新发展。作为常州高新区“四新经济”集聚区建设的新产业引领区，基地瞄准战略性新兴产业发展方向，把握“制造智能化”和“消费数字化”趋势，在招商资源联动、新经济项目引进、孵化平台建设、战略投资引进等方面与集聚区单位建立沟通联动机制；与国家信息中心等专业权威机构及单位共同研讨下一步发展顶层设计，组织编写《“四新经济”发展规划》和《基地战略性新兴产业发展规划》，明晰“两大产业六大方向”发展路径。同时，基地与所属地三井街道初步探索建立了有效的联动发展机制，实现“园镇融合”的资源共享、职能协作与工作互动。

第七章　常州科教城(武进)软件园发展报告

一、园区自然情况

常州科教城是苏南国家自主创新示范区核心创新园区，由省教育厅、省科技厅与常州市人民政府共同建设。作为区域“创新之核”，近年来秉持“经科教联动、产学研结合、校所企共赢”的理念，向改革要资源，以创新求突破，加快集聚创新资源，孵化创新企业，引育创新人才，融通创新资本，优化创新环境。先后创成国家级两化深度融合试验区、国家级中德创新园区、国家大学科技园、国家海外高层次人才创新创业基地、国家级留学人员创业园、高职教育改革发展综合实验区、全国青年创业示范园区、国家火炬计划软件产业基地、国家级创新人才培养示范基地等。中德创新园区入选“中欧城镇化伙伴关系”示范区。园区连续5年荣膺“中国最佳创业园区”第2名，被省委、省政府授予“为江苏改革开放作出突出贡献的先进集体”荣誉称号。

2013年5月，园区与江苏移动签署了合作共建移动通信互联产业园协议，这也是江苏省内首家以移动通讯互联为主题的互联网产业园区，园区以云计算、大数据、软件开发、网络设备、数据开发挖掘等4G移动通信产业链和从事移动互联的企业为主。根据省委省政府《关于加快发展互联网经济的意见》，园区以“移动通信互联企业”为“产”，以“电子科技大学”等高校为“学”，以“工信部电信研究院”为“研”，以移动运营平台为“用”，对于带动创新型中小企业和个人开发者创新创业，孵化新的应用服务和商业模式将起到助推作用。园区紧抓“智慧城市”建设的契机，坚持自主创新，坚持高新技术产业化，坚持科技交流国际化，坚持打造科技金融生态，打造常州本地移动通信产业链，使园区成为自主创新的孵化区、高科技企业的加速区、信息通信技术产业集聚区。

二、2018年发展概况

2018年，园区全年完成营业收入203.5亿元，同比增长39%；新增授权专利2 143件，其中发明专利587件(约占全市21.3%)；科技人才累计超过2万人；新增重点产学研合作项目超380项，新增产学研合同金额超2.5亿元；新增入驻机构和孵化企业560家，企业总数达3 000家；组织申报科技项目507项，争取经费2.52亿元。

(一) 园区招商工作

经过五年的持续努力，园区已形成移动通信互联产业的集聚。鑫软图、三艾、天峋等园区标杆企业稳步发展，数码大方、微传等新入驻项目取得突破性成长。招科引智工作着重于人工智能、工业大数据、无人智能系统等方向，通过走访北京、深圳、上海、南京、杭州等地高校、企业，紧密联系高校校友会和兄弟产业园，全年成功招引了一批发展前景好、成长性强的企业。

（二）园区人才工作

通过 i 创杯、成电、北航、中德合作等重点渠道招才引智，共组织符合申报龙城英才计划条件的项目 10 个，申报 8 个，6 个进入最终资格审核，包括 i 创杯特等奖“宠物互联网平台”项目和一等奖“康复医疗”项目、北航机器人项目和德国工业互联网项目等。通过对接园区企业粒聚和今创集团开展产业链合作，招引德国大众集团大中华区原供应链总经理洪浩博士申报龙城英才。

通过发掘洪浩博士的人脉资源，促成德国卡尔斯鲁厄大学创新中心主任 Koebel 博士对接智能院，促成卡尔斯鲁厄大学信息工程学院院长伊夫卡院士访问科教城，草拟合作谅解备忘协议，计划在科教城由伊夫卡院士领衔成立具有独立法人资格的“中德数字产业技术创新中心”（以下简称“创新中心”），创新中心以公司化方式运营，按照“中国市场＋德国技术”和“中国速度＋德国质量”的思路，引进卡尔斯鲁厄大学、德国巴符州政府和联邦政府的创新资源，为常州企业提供数字化技术应用研究、创新产品和成果转化等科技服务。

（三）园区平台搭建

为加速推进常州工业互联网产业发展，常州科教城联合五所高职院校、相关科研院所、市内外从事工业互联网产业的企事业单位，组建常州工业互联网产教联盟。通过组建常州工业互联网产教联盟，整合、集聚创新资源，构建产业链合作体系，加快突破核心技术，联合培养人才，壮大骨干企业集群，提升联盟成员单位在工业互联网相关领域的研究、开发、制造、服务水平，加快我市工业互联网产业化、市场化进程，努力在国内外竞争中抢占发展先机，为深化“三位一体”发展战略提供必要支撑。

园区与成都电子科技大学共建未来通信创新中心公共测试平台，与江苏电信共建 5G 双创试点示范区。未来通信创新中心目标是为企业提供良好的服务，在通信技术应用、工业大数据、智能制造、人工智能等领域促进产业水平的提升。电子科大通信抗干扰国家级重点实验室、江苏电信和常州科教城签约共建“江苏电信 5G 创新创业试点示范区”，这既是江苏电信 5G 网络及平台资源、电子科大通信抗干扰实验室 5G 创新技术与科教城创新创业生态体系的对接整合，又能够推动常州企业面向 5G 转型升级，扩大江苏电信的市场应用和品牌影响力，示范区内企业积极参与常州市 5G 试点示范工程建设，可以使常州科教城成为 5G 产业发展集聚区和创新先导区。

（四）园区服务工作

协助园区企业对接各类平台资源，推动企业稳步成长。协助微传对接常州市公安局和常州市民卡公司，共同搭建“常州市智慧停车实验平台”，平台首批 219 个智能停车位，完成邮电路、玉隆路等 10 条道路正式上线试运营，运营效率提升 80％以上；协助数码大方对接常州企业开展“上云”计划；促成鑫软图接待宁夏石嘴山市矿山环境整治项目落地；协助三艾对接园区高校，推进百度人工智能云项目合作；推进龙茂与市广电的多媒体平台项目落地。

依托省互联网产业园载体，做大做强企业。辅导企业申报 2018 年度省级工业和信息产业转型升级专项资金项目。帮企业分析申报文件，同时了解省市对申报企业的要求，协助企业完成申报。

配合省市经信委,发动企业参加经信口子的各类活动,组织园区软件企业代表常州市参加2018第十四届中国(南京)国际软件产品和信息服务交易博览会。承办市科协科技咖啡馆“智能制造与工业互联网背景下的工业企业发展之路”主题活动。

加强省互联网产业园和国家级软件园载体建设。辅导“i创杯”获奖企业申报2018年度省级工业和信息产业转型升级专项资金项目。分析申报文件,协助完成申报书。在积极为企业争取政策资助的同时,园区也严把企业政策落实关。园区在协助爱宠医生项目积极申报各类资金的同时,每周与该项目保持联系,监督项目进展情况,保证项目在科教城顺利有序地开展企业经营活动。

第四届“i创杯”互联网创新创业大赛中,视感科摘得团队组唯一的一等奖。为使参赛项目尽可能获得好成绩,园区组织了多次培训及模拟路演,上门进行一对一专业辅导,与企业一起打磨演讲PPT及演讲稿,全程陪同企业赴南京、南通参加巡回路演、复赛、决赛。这是该奖项连续两年花落科教城项目,常州科教城是全省互联网产业园中连续四年有项目进入大赛前三名的园区,也因突出表现,连续两年获得大赛组委会颁发的组织奖。

第四部分

产业要素篇

第一章　企业篇

第一节　江苏省软件企业类别及规模

一、按工商登记类型分类

2018 年，按工业和信息化部、国家统计局规定，江苏省软件产业企业纳入统计的共有 5 957 家。按工商登记类型分类，其中 5 440 家为内资企业，占企业总数的 91.3%，347 家为外商投资企业（含中外合资经营企业），170 家为港澳台商投资企业，分别占企业总数的 5.8% 和 2.9%，见图 4－1。软件业务收入方面，内资企业 2018 年共计实现软件业务收入 6 623.5 亿元，其次为外商投资企业 1 842.2 亿元、港澳台商投资企业 368.1 亿元，分别占全省软件业务收入的 75.0%、20.8% 和 4.2%。2018 年江苏省软件企业（按工商登记类型内外资企业数、软件收入及占比见图 4－2）各工商登记类型占比及软件收入占比情况见图 4－2。

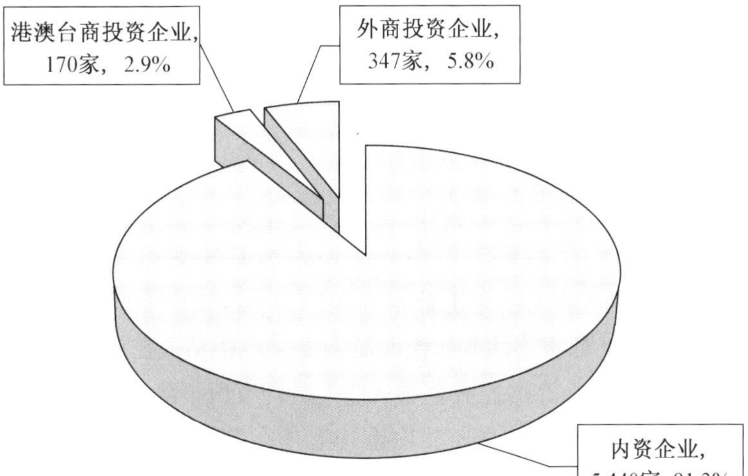

图 4－1　2018 年江苏省软件业企业工商登记分类情况

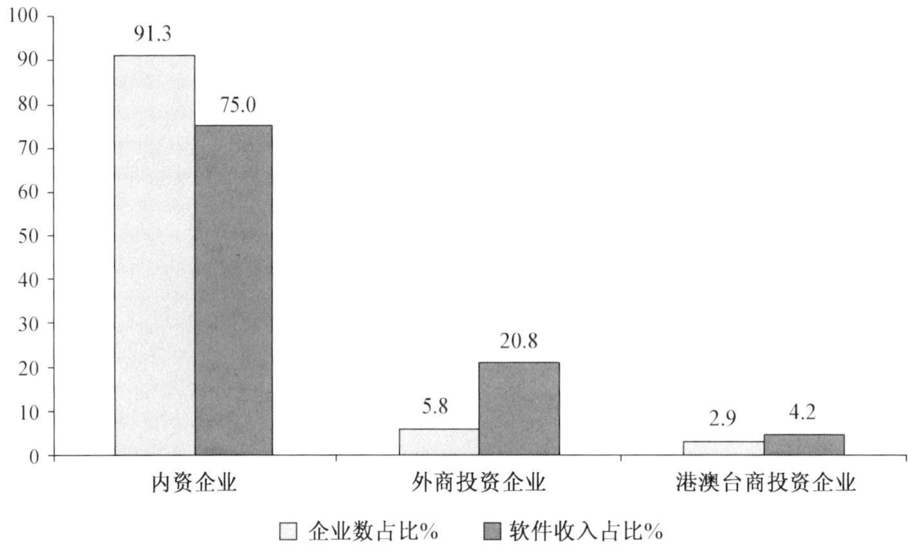

图4-2　2018年江苏省软件企业工商登记类型及软件收入占比情况

二、按实际控股类型分类

江苏省软件产业企业控股情况按统计规定分为6个类型(注:2016年工信部控股统计分类标准较2015年增加一项"其他类型"),2018年各类控股企业分布情况见表4-1。由表可见,私人控股企业占企业总数的绝大部分,其他类别企业列第2位,其次排列依次为外商控股、国有控股、港澳台控股、集体控股。

表4-1　2018年江苏省软件业各类控股企业分布表

企业控股类别	企业数	占全部企业比例(%)
私人控股	4 522	75.9
其他	655	11.0
外商控股	312	5.2
国有控股	232	3.9
港澳台商控股	129	2.2
集体控股	107	1.8

2018年江苏省软件产业从业人员年末数为1 301 935人,按企业控股类型分组的从业人员年末数见表4-2。由表看出,江苏省软件业从业人员主要分布在私人控股、外商控股、其他3类企业中。与上年相比,除其他外,其余5类控股企业从业人员均有所下降;私人控股、其他企业从业人员比重有所上升,其他各类控股企业从业人员比重均有所下降,其中私人控股企业占比从上年的36.7%升至45.7%,升幅较大;外商控股企业占比从上年的29.6%降至20.1%,降幅较大。

表 4－2　2018 年江苏省软件业各类控股企业从业人员分布表

企业控股类别	企业从业人员数	占全部从业人员比例(%)
私人控股	595 523	45.7
外商控股	261 571	20.1
其他	201 046	15.4
国有控股	124 457	9.6
港澳台商控股	79 254	6.1
集体控股	40 084	3.1

根据工信部年报统计数据，2018 年江苏省软件业务收入为 8 833.8 亿元，各类控股企业软件收入规模及占比见表 4－3。从控股类型看，软件业务收入除外商控股、集体控股和港澳台商控股外，其余 3 类控股类别均较上年有所上升。但由于增幅不同，影响到各类别在全省的占比，除私人控股、其他、国有控股企业软件收入占比小幅上升外，其余各类均有所下降。值得指出的是，2018 年江苏私人控股企业软件业务收入及占比继续保持第一，占全省软件收入比重达到 43.2%。

表 4－3　2018 年江苏省软件业各类控股企业软件收入及占比表

企业控股类别	软件收入(亿元)	占全省软件收入比重(%)
私人控股	3 813.7	43.2
其他	1 657.5	18.8
国有控股	1 299.6	14.7
外商控股	1 232.8	13.9
集体控股	572.5	6.5
港澳台商控股	257.7	2.9

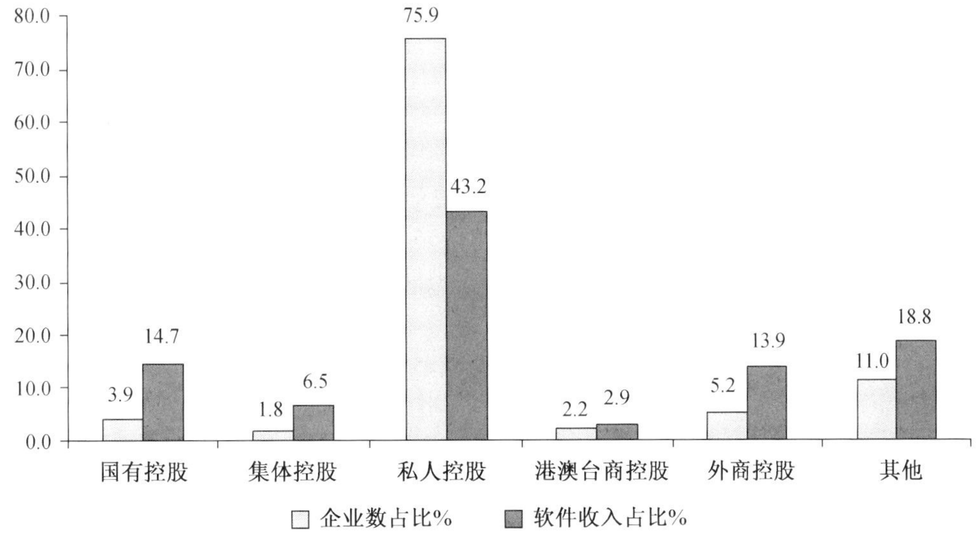

图 4－3　2018 年江苏省软件业各类控股企业数及软件收入占比情况

各类控股企业数量及软件收入占比对照情况见图 4－3。对照近几年各类控股企业数、软件收入数分别在全省软件业企业数、收入总数的占比，可以看出，2018 年江苏软件业私人控股类企业数量及占比、实现软件收入及占比均保持最高。

三、按行业类型分类

按工业和信息化部年报统计规定，软件企业以四类软件业务收入，即软件产品收入、信息技术服务收入、嵌入式系统软件收入和信息安全收入中最高的一项作为归入行业的依据。江苏省 2018 年纳入统计的 5 957 家软件产业企业对应的行业分类及软件业务收入情况见表 4－4。由表可见，四类企业中，信息技术服务行业的企业数量最多，软件产品行业其次。软件业务收入方面，信息技术服务行业位列三大行业之首，软件产品行业第二，嵌入式系统位列软件行业第三，信息安全行业列第四。

表 4－4　2018 年江苏省软件业三大行业企业数及软件收入一览表

行业类别	企业数	占全部企业比重(%)	企业数量位次	业务收入位次
信息技术服务行业	2 633	44.2	1	1
软件产品行业	2 479	41.6	2	2
嵌入式系统软件行业	779	13.1	3	3
信息安全行业	66	1.1	4	4

四、按从业人员规模分类

从企业规模看，江苏省软件产业仍以中小企业为主，比较分散，规模较大的企业不多。在省内 2018 年纳入工信部软件和信息技术服务业年报统计的 5 957 家企业中，软件从业人员达百人以上的企业共有 1 475 家，占 24.8%，其余超七成企业从业人员不足百人，其中又以 50 人以下企业居多，共有 3 113 家，占企业总数的 52.2%。近两年江苏省软件企业从业人员规模分布情况见表 4－5。由表可以看出，2018 年 1 000 人以上的企业较上年减少 140 家，占企业总数比重较上年减少 3.6%，100—199 人的企业较上年减少 441 家，占企业总数比重较上年减少 11.2%。其余规模类别中，500—999 人、300—499 人、200—299 人的企业数量均与上年基本持平；50—99 人、50 人以下的软件企业数量均有一定幅度的增长，其中 50—99 人的企业较上年增加 520 家，同比增长 61.2%，50 人以下的企业较上年增加 1 196 家，同比增长 62.4%。以上数据表明，2018 年江苏省中小软件企业的人员规模大幅增长，大中企业的人员规模整体发展呈缓慢态势。

表 4 - 5 近两年江苏省软件业企业从业人员规模分布

从业人员规模	2017 年		2018 年	
	企业数	占企业总数比重(%)	企业数	占企业总数比重(%)
1 000 人及以上	359	7.3	219	3.7
500—999 人	220	4.5	191	3.2
300—499 人	243	5.0	220	3.7
200—299 人	268	5.5	239	4.0
100—199 人	1 047	21.4	606	10.2
50—99 人	849	17.3	1 369	23.0
50 人以下	1 917	39.0	3 113	52.2

五、按软件收入规模分类

江苏省软件产业近两年按企业软件收入规模类型分布情况见表 4 - 6(相邻组上下限重叠时，与上限相等的值计入下一组，下同)。从 2018 年数据中看出，有 1 207 家企业软件收入低于 1 000 万元，占企业总数的 20.3%，其软件收入占全部企业软件收入的 0.9%，不足 1%；占企业总数约 2.2% 的企业软件收入超 10 亿元，这 134 家企业的软件收入合计超过全部软件收入的一半，达 56.7%。2018 年不同收入规模类型的企业数及软件收入见图 4 - 4。

表 4 - 6 江苏省近两年企业软件收入规模分布情况

企业软件收入规模	2017			2018		
	企业数	占企业总数的比重(%)	占全部统计企业软件收入比重(%)	企业数	占企业总数的比重(%)	占全部统计企业软件收入比重(%)
10 亿元以上	159	3.2	54.9	134	2.2	56.7
1 亿—10 亿元	900	18.4	30.5	757	12.7	25.3
5 000 万—1 亿元	1 027	20.9	9.3	1 095	18.4	9.1
1 000 万—5 000 万元	1 710	34.9	4.6	2 764	46.4	8.0
500 万—1 000 万元	745	15.2	0.6	984	16.5	0.8
100 万—500 万元	305	6.2	0.1	220	3.7	0.1
100 万元以下	57	1.2	0.000 02	3	0.1	0.000 001

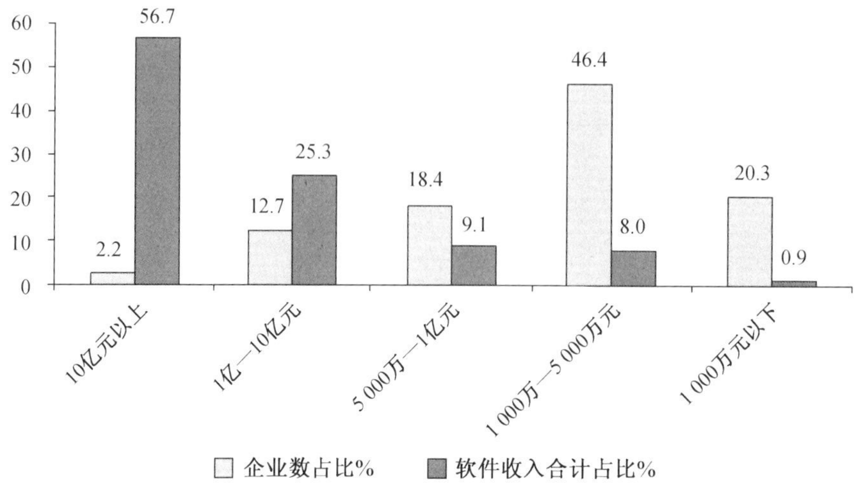

图4-4 2010—2018年江苏省不同收入规模的软件企业数量分布与软件收入占比情况

以上数据表明,江苏省软件产业企业在规模上的两极分化特征较为明显。一方面,江苏省是软件业创业的热土,每年有众多小微企业创业,产业发展的根基较为稳定;另一方面,江苏是软件业发展的沃土,省内已有一部分大型软件企业凭借多年的行业积淀和技术积累在业内脱颖而出,发展势头良好,产业龙头带动作用凸显。"十二五"至"十三五"期间,江苏省始终把做大做强软件业企业作为重点任务,全力扶持软件产业发展。工信部历年年报统计数据显示,江苏软件收入超10亿元的企业数量已从2010年的49家发展为2011年的62家、2012年的79家、2013年的94家、2014年的113家,到"十二五"末的2015年,达到126家;而"十三五"开局之年的2016年,达到138家;2017年已达到159家,2018年降到134家,见图4-5。

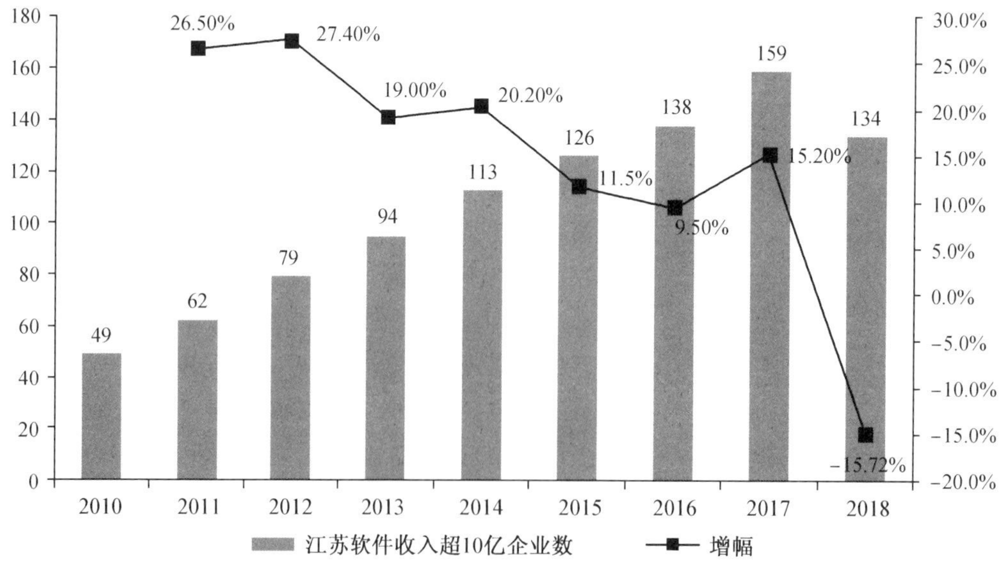

图4-5 2010—2018年江苏省不同收入规模的软件企业数量分布与软件收入占比增幅情况

第二节　江苏省软件企业标准

一、软件企业评估

江苏省软件行业协会根据国家政策落实的需要，积极响应国家以及省行业主管部门提出的协会要充分发挥行业自律和为企业服务的要求，根据中国软件行业协会颁布的《软件企业评估标准》(标准号 T/SIA002 2017)、《软件产品评估标准》(标准号 T/SIA003 2017)(简称“双软评估”社团标准)，开展软件企业、软件产品评估工作①。

2018 年，全省共有 943 家企业通过江苏省软件企业评估。新增的软件企业从地区分布来看，主要集聚于苏南地区，多数为中小企业，主营业务多为软件开发及服务。其中，苏南 5 市通过评估的企业合计占全省总数的 88.12%；苏中 3 市合计占 9.12%；苏北 5 市合计占 2.76%。分城市看，南京共有 485 家通过评估，占全省总数的 51.43%，苏州共有 228 家，占全省总数的 24.18%，无锡共有 57 家，占全省总数的 6.04%，三市合计占比达 81.65%，这与近年来南京、苏州和无锡积极创建软件名城，加大对软件产业的支持力度密不可分；苏中地区的扬州市共有 61 家软件企业通过评估，占全省总数的 6.47%，仅次于苏州市，位居全省第三。其余各市数据见表 4-7、4-8。2018 年全省通过软件企业评估的企业名单见附录 A。

表 4-7　我省 2018 年新评估企业地区分布

序号	城市	2018 年新增企业数	占全省比重(%)
1	南京	485	51.43
2	苏州	228	24.18
3	扬州	61	6.47
4	无锡	57	6.04
5	常州	40	4.24
6	镇江	21	2.23
7	南通	19	2.01
8	徐州	10	1.06

① 软件企业认定是落实国务院关于《鼓励软件产业和集成电路产业发展的若干政策》的具体举措，凡是被认定的软件企业可享受税收优惠政策。根据《国务院关于取消和调整一批行政审批项目等事项的决定》(国发〔2015〕11 号)、《工业和信息化部　国家税务总局关于 2014 年度软件企业所得税优惠政策有关事项的通知》(工信部联软函〔2015〕273 号)等文件规定，“双软认定”事项已取消行政审批，产业主管部门不再对软件产品、软件企业发证，但国家对软件产业的支持政策并未取消。

续 表

序号	城市	2018 年新增企业数	占全省比重(%)
9	淮安	10	1.06
10	泰州	6	0.64
11	盐城	4	0.42
12	连云港	1	0.11
13	宿迁	1	0.11
合计		943	100

表 4-8 我省软件评估企业地区分布表

序号	城市	2018 年新增企业数	新增企业数占全省比重(%)	2018 年止累计通过评估企业数	累计数占全省比重(%)
1	南京	485	51.43	3 754	39.71
2	苏州	228	24.18	2 128	22.51
3	扬州	61	6.47	1 156	12.23
4	无锡	57	6.04	620	6.56
5	常州	40	4.24	530	5.61
6	镇江	21	2.23	199	2.11
7	南通	19	2.01	119	1.26
8	徐州	10	1.06	201	2.13
9	淮安	10	1.06	290	3.07
10	泰州	6	0.64	198	2.09
11	盐城	4	0.42	124	1.31
12	连云港	1	0.11	46	0.49
13	宿迁	1	0.11	87	0.92
合计		943	100	9 452	100

二、信息技术服务标准(ITSS)

自 2009 年 4 月工信部启动 ITSS 标准研制工作以来，江苏省高度重视 ITSS 标准化工作，按照工信部的总体部署和要求，在中国电子工业标准化技术协会信息技术服务分会的大力支持下，结合江苏软件产业发展的内在需要，从完善支撑保障体系、强化标准宣贯培训、增强公共服务体系等方面持续组织开展工作，已在我省形成了大力促进 ITSS 标准应用推广的良好态势。为确保 ITSS 标准应用推广工作的顺利进行，推荐由江苏省电子信息产品质量监督检验研究院开展全省 ITSS 运行维护标准的符合性评估工作；2013 年 6 月发布了《关于推进江苏省信息技术服务标准(ITSS)应用与推广工作的通知》，对全省率先应用与推广 ITSS 标准并取得良好成效的企业予以试点、示范遴选评定工作，对试点、示范企业实施的优秀信息技术服务项目进行奖励，随后各市也陆续出台了相关的推广、鼓励政策，从政策层面对企业开展 ITSS 标准应用予以支持，促进企业参与 ITSS 应用与推广的积极性。

截至 2018 年年底，江苏通过 ITSS 符合性评估的企业总数达到 208 家，比上年增加 89 家，位居全国第二。从地区分布看，通过 ITSS 符合性评估的企业分布在全省 10 个市，其中近四成在南京市，占比达 37.1%，其次是苏州市，占 30.8%，其余 8 市情况见表 4-9。江苏通过 ITSS 符合性评估的企业名单见附录 B。

表 4-9 江苏通过 ITSS 符合性评估的企业地区分布情况(截至 2018 年年底)

级别 \ 企业数 \ 地域	南京市	苏州市	无锡市	扬州市	镇江市	常州市	南通市	徐州市	淮安市	盐城市	合计
通用要求	3	1	1								5
二级	28	5	6			2		1	1		43
三级	43	56	28	10	6	4	2	1	1	1	152
四级	3	2			2	1					8
合计	77	64	35	10	8	7	2	2	2	1	208

第三节 江苏省软件产业重点企业

一、国家规划布局内重点软件企业

为贯彻落实国务院颁布的《进一步鼓励软件产业和集成电路产业发展的若干政策》(国发〔2011〕4 号)，鼓励并推动重点软件企业和集成电路设计企业加快发展，国家发展改革委、工业和信息化部、财政部、商务部、国家税务总局于 2012 年 8 月联合修订印发了《国家规划布局内重点软件企业和集成电路设计企业认定管理试行办法》，2013 年开展 2013—2014 年度国家规划布局内重点软件企业和集成电路设计企业认定工作，我省共有 20 家企业入选，享受按 10%税率缴纳企业所得税的优惠政策。2016 年 5 月，财政部、国家税务总局、发展改革委、工业和信息化部等 4 部委发布《关于软件和集成电路产业企业所得税优惠政策有关问题的通知》(财税〔2016〕49 号)，其中明确了国家规划布局内重点软件企业享受税收优惠政策采用先备案后核查的方式，并规定了国家规划布局内重点软件企业的条件，在符合软件企业基本条件的基础上，将国家规划布局内重点软件企业分为第一类、第二类、第三类 3 种类型，各类型企业要求详见《财政部 国家税务总局 发展改革委 工业和信息化部关于软件和集成电路产业企业所得税优惠政策有关问题的通知》(财税〔2016〕49

号)、《关于印发国家规划布局内重点软件和集成电路设计领域的通知》(发改高技〔2016〕1056号)和《关于软件和集成电路产业企业所得税优惠备案有关事项的通知》(苏财税〔2017〕12号)。自此,国家规划布局内重点软件企业和集成电路设计企业认定工作从2015年开始改为备案制。

据我省多年列入此重点软件企业名单的企业反映,入选软件行业"国家队",不仅得到税收优惠,且扩大了企业的知名度,进一步鞭策企业加快改革,加强管理,促进企业做大做强。2018年,江苏省软件行业协会受江苏省发改委、江苏省等相关部门委托,负责企业申报辅导和受理工作。省内相关部门经研究推荐了一批企业上报国家相关部委。

2018年,全省共有34家企业入围国家规划布局内重点软件企业,比上届增加11家,增幅达47.8%。从备案企业的类别来看,第一类(规模型)共24家,占70.6%;第二类(领域型)10家,占29.4%;第三类(出口型)0家。从地区分布看,南京18家,占总数的53%;苏州12家,占总数的35.3%;无锡3家,占总数的8.8%;镇江1家,占总数的2.9%。其中南京市比上年增加2家,苏州市增加7家,无锡市增加2家。可以看出,申报的企业地区集聚效应明显,主要集中在南京、苏州和无锡,这与省内软件产业发展的集聚态势保持一致,具体名单见表4-10。

表4-10 2018年度国家规划布局内重点软件企业名单(江苏)

序号	企业名称	地区	类别
1	南京国图信息产业有限公司	南京	第一类
2	苏州易维迅信息科技有限公司	苏州	第二类
3	南京国电南自软件工程有限公司	南京	第一类
4	远景能源(南京)软件技术有限公司	南京	第一类
5	南京华苏科技有限公司	南京	第一类
6	南京欣网互联网络科技有限公司	南京	第二类
7	南京擎天科技有限公司	南京	第一类
8	南京中兴新软件有限责任公司	南京	第一类
9	南京中兴软件有限责任公司	南京	第一类
10	南京创维信息技术研究院有限公司	南京	第一类
11	南京中新赛克科技有限责任公司	南京	第一类
12	中兴软创科技股份有限公司	南京	第一类
13	诚迈科技(南京)股份有限公司	南京	第一类
14	国电南瑞南京控制系统有限公司	南京	第一类
15	江苏金智教育信息股份有限公司	南京	第一类
16	亚信科技(南京)有限公司	南京	第一类
17	中移(苏州)软件技术有限公司	苏州	第一类
18	苏州市科远软件技术开发有限公司	苏州	第一类
19	吴江绿控电控科技有限公司	苏州	第二类

续　表

序号	企业名称	地区	类别
20	苏州麦迪斯顿医疗科技股份有限公司	苏州	第二类
21	苏州清睿教育科技股份有限公司	苏州	第二类
22	苏州市伏泰信息科技股份有限公司	苏州	第二类
23	苏州工业园区凌志软件股份有限公司	苏州	第一类
24	朗新科技股份有限公司	无锡	第一类
25	江苏曼荼罗软件股份有限公司	无锡	第二类
26	江苏卓易信息科技股份有限公司	无锡	第二类
27	焦点科技股份有限公司	南京	第一类
28	南京南瑞继保电气有限公司	南京	第一类
29	江苏万圣伟业网络科技有限公司	南京	第一类
30	昆山颠峰云智网络科技股份有限公司	苏州	第二类
31	江苏国泰新点软件有限公司	苏州	第一类
32	恒宝股份有限公司	镇江	第一类
33	苏州蜗牛数字科技股份有限公司	苏州	第一类
34	苏州玩友时代科技股份有限公司	苏州	第二类

二、中国软件业务收入前百家企业

根据国家统计局批准，工业和信息化部统计的 2017 年全国软件和信息技术服务业年报数据，经各地工业和信息化主管部门初步审核、工业和信息化部最终核定，2018 年（第十七届）中国软件业务收入前百家企业名单于 2018 年 11 月正式揭晓。作为对国内百强软件企业生产经营情况的权威监测分析成果，该榜单在社会和行业中受到广泛关注，已成为促进我国软件服务业做大做强、提升我国软件企业知名度及品牌效应的一项重要措施。本届第一名华为技术有限公司连续 17 年蝉联软件前百家企业之首，软件百家企业入围门槛为软件业务年收入 16.2 亿元，比上届提高 1.7 亿元，增长 11.7%。

入围企业数量方面，江苏省共有 8 家企业入围，数量与去年持平，排在北京（35 家）、广东（18 家）、浙江（10 家）之后，与上海并列第 4，排名与上届持平，见表 4－11。江苏企业入围历届中国软件业务收入百强榜情况见表 4－12。

表4-11 全国省(直辖市)软件企业入围2018年中国软件业务收入百强榜情况

排名	省(直辖市)	上榜企业数
1	北京	35
2	广东	18
3	浙江	10
4(并列)	江苏	8
4(并列)	上海	8
6	山东	5
7(并列)	四川	3
7(并列)	福建	3
9	辽宁	2
10(并列)	重庆	1
10(并列)	云南	1
10(并列)	天津	1
10(并列)	江西	1
10(并列)	吉林	1
10(并列)	湖南	1
10(并列)	湖北	1
10(并列)	安徽	1
总计		100

表4-12 江苏企业入围历届中国软件业务收入百强榜情况

项目名称 / 届次	百强企业软件总收入(亿元)	江苏上榜企业数
第六届	1 436	9
第七届	1 643	9
第八届	2 039	8
第九届	2 449	9
第十届	3 136	8
第十一届	3 401	8
第十二届	3 667	9
第十三届	4 751	10
第十四届	5 311	8

续　表

届次＼项目名称	百强企业软件总收入(亿元)	江苏上榜企业数
第十五届	6 005	10
第十六届	6 620	8
第十七届	7 712	8

从地区分布看(见第一部分表 1－6),江苏上榜的 8 家企业均位于南京市,南京南瑞集团位列总榜第 7,继续保持前 10 名之列。与上届相比,这 8 家企业为连续入围。其中,5 家企业的排名较上年有所下降,3 家企业排名上升。值得一提的是,润和排名较上年上升 20 位,提升明显。需说明的是,江苏有一些企业软件业务收入较高,但按规定,或因属于外资企业不参与申报,或因参与外省市的集团总部统一申报,而与该榜单无缘。

三、中国互联网百强企业

2013 年以来,中国互联网协会与工信部信息中心联合开展了中国互联网企业 100 强(简称“中国互联网百强”)评定工作,迄今已发布四届结果,受到社会各界广泛关注和认可,成为政府了解国内优秀互联网企业发展状况的一大渠道、行业评价国内互联网企业综合实力的一大品牌,亦成为国内优秀互联网企业向社会展示风采的一大窗口。

2018 年 7 月 27 日,中国互联网协会、工业和信息化部信息中心在北京联合发布了“2018 年中国互联网企业 100 强”榜单。阿里巴巴集团、深圳市腾讯计算机系统有限公司、百度公司、京东集团、网易集团、新浪公司、搜狐公司、美团点评集团、三六零科技有限公司、小米集团位列榜单前十名。

从上榜企业地区分布来看,本届入围省份(含直辖市)17 个,北京、上海和广东的百强企业数量名列前三。东部地区互联网百强企业数量达到 87 家,中西部地区互联网百强企业共 13 家,与去年数量相等。其中,中西部地区紧抓互联网新时代的战略机遇期,互联网企业高速发展。安徽、广西、贵州、河南、黑龙江、湖北、湖南、重庆、四川等 9 个中西部地区省份共 13 家企业上榜,见表 4－13。

我省共有 7 家企业入围,比上届增加 1 家,排在北京(30 家)、上海(21 家)、广东(14 家)、福建(8 家)之后,位列第 5,排名较上届上升 1 位。

表 4－13　全国省(直辖市)软件企业入围 2018 年中国互联网百强榜情况

位次	省(直辖市)	入围企业数
1	北京	30
2	上海	21
3	广东	14
4	福建	8
5	江苏	7
6	浙江	5

续 表

位次	省(直辖市)	入围企业数
7	安徽	2
8	湖北	2
9	湖南	2
10	重庆	2
11	贵州	1
12	河南	1
13	黑龙江	1
14	辽宁	1
15	四川	1
16	天津	1
17	广西	1

江苏企业在本届榜单的排名情况见表4-14。江苏共有7家企业上榜，分别为苏宁控股(第19位)、同程集团(第43位)、蜗牛数字(第68位)、艾德无线(第73位)、华云数据(第75位)、途牛(第78位)、不锈钢交易中心(第94位)。从地区分布看，上述7家企业有2家位于南京市，2家位于苏州市，3家位于无锡市。与上届相比，省内4家企业(苏宁控股、同程集团、途牛、蜗牛数字)为连续入围，3家(艾德无线、华云数据、不锈钢交易中心)新晋入榜，2家(运满满、三六五)跌出榜单。

表4-14　2018年中国互联网百强榜(江苏企业)

榜单位次	企业名称
19(↓7)	苏宁控股集团有限公司
43(↓17)	同程旅游集团
68(↓20)	苏州蜗牛数字科技股份有限公司
73(新上榜)	无锡艾德无线广告有限公司
75(新上榜)	无锡华云数据技术服务有限公司
78(↓49)	南京途牛科技有限公司
94(新上榜)	无锡市不锈钢电子交易中心有限公司

四、江苏省规划布局内重点软件企业

为更好地布局江苏软件产业，突出重点予以支持，引导软件企业做大做强，不断提高省内软件企业市场竞争能力和效益，促进全省软件产业更好、更快发展，江苏省工业和信息化厅于2016年继续开展“2016—2017年江苏省规划布局内重点软件企业”申报工作。根据相关要求，本次申报的企业必须2015年度不亏损且符合下列条件：申报规模型的企业年度软件业务收入需超过1亿元；申报出口型的企业年度软件外包收入或软件出口额需超过400万美元，且软件出口额需占本企业营业收入50%以上；申报潜力型的企业需运营2年以上且连续2年软件业务收入超过1 000万元，同时应符合产业发展规划，在从事的领域内具有一定的知名度、较高的市场占有率和较好的发展前景。

按照企业自愿申报原则，经各市推荐，由江苏省软件行业协会进行初步审查和组织专家评审，最后报省工业和信息化厅确定2016—2017年度江苏省规划布局内重点软件企业名单，见表4-15。此次上榜的116家省规划布局内重点软件企业大部分集聚于苏南地区，其中南京市60家、苏州市25家、无锡市16家，分列全省前三位；泰州市有4家企业入围，位列第4。上榜重点软件企业按类型分为三类，其中规模型56家，出口型7家，潜力型53家。与上届相比，本届入围的重点软件企业数增加了18家，其中规模型增加了20家，出口型增加了3家，潜力型减少了5家。

表4-15　2016—2017年度江苏省规划布局内重点软件企业名单

	序号	企业名称
规模型	1	诚迈科技(南京)股份有限公司
	2	赛特斯信息科技股份有限公司
	3	远景能源(南京)软件技术有限公司
	4	焦点科技股份有限公司
	5	江苏东大集成电路系统工程技术有限公司
	6	南京科远自动化集团股份有限公司
	7	江苏润和软件股份有限公司
	8	国电南瑞南京控制系统有限公司
	9	南京长峰航天电子科技有限公司
	10	南京中兴新软件有限责任公司
	11	南京擎天科技有限公司
	12	南京南瑞继保电气有限公司
	13	中博信息技术研究院有限公司
	14	南京欣网通信科技股份有限公司
	15	江苏金智教育信息股份有限公司
	16	江苏金智科技股份有限公司
	17	亚信科技(南京)有限公司
	18	南京中兴软件有限责任公司
	19	南京华苏科技股份有限公司
	20	南京三宝科技股份有限公司
	21	南京莱斯信息技术股份有限公司

续 表

	序号	企业名称
	22	南京康尼电子科技有限公司
	23	炫彩互动网络科技有限公司
	24	南京南瑞信息通信科技有限公司
	25	南京嘉环科技有限公司
	26	南京游族信息技术有限公司
	27	南京中新赛克科技有限责任公司
	28	南京途牛科技有限公司
	29	江苏安防科技有限公司
	30	江苏万圣伟业网络科技有限公司
	31	朗坤智慧科技股份有限公司
	32	南京国图信息产业股份有限公司
	33	江苏达科信息科技有限公司
	34	江苏爱信诺航天信息科技有限公司
	35	南京国睿信维软件有限公司
	36	南京欣网互联网络科技有限公司
	37	南京酷派软件技术有限公司
	38	南京磐能电力科技股份有限公司
	39	江苏国泰新点软件有限公司
	40	苏州蜗牛数字科技股份有限公司
	41	江苏仕德伟网络科技股份有限公司
	42	苏州市科远软件技术开发有限公司
	43	江苏广和慧云科技股份有限公司
	44	苏州华启智能科技有限公司
	45	苏州麦迪斯顿医疗科技股份有限公司
	46	昆山柯索信息咨询有限公司
	47	江苏三棱智慧物联发展股份有限公司
	48	江苏天瑞仪器股份有限公司
	49	朗新科技股份有限公司
	50	无锡宇信易诚科技有限公司
	51	博耳(无锡)软件科技有限公司

续　表

	序号	企业名称
	52	无锡文思海辉信息技术有限公司
	53	恒宝股份有限公司
	54	江苏华骋科技有限公司
	55	江苏晨光数控机床有限公司
	56	连云港杰瑞深软科技有限公司
出口型	57	南京富士通南大软件技术有限公司
	58	联迪恒星(南京)信息系统有限公司
	59	苏州工业园区凌志软件股份有限公司
	60	恩梯梯数据(中国)信息技术有限公司
	61	横新软件工程(无锡)有限公司
	62	无锡凌志软件有限公司
	63	冲电气软件技术(江苏)有限公司
潜力型	64	江苏华高软件技术有限公司
	65	钛能科技股份有限公司
	66	南京中网卫星通信股份有限公司
	67	江苏金恒信息科技有限公司
	68	南京优玛软件科技有限公司
	69	南京奥派信息产业股份公司
	70	南京银石支付系统科技有限公司
	71	江苏博智软件科技有限公司
	72	南京贝伦思网络科技股份有限公司
	73	江苏保旺达软件技术有限公司
	74	南京中科创达软件科技有限公司
	75	南京安元科技有限公司
	76	南京云创大数据科技股份有限公司
	77	南京龙渊微电子科技有限公司
	78	江苏飞搏软件股份有限公司
	79	南京南大智慧城市规划设计有限公司
	80	南京易司拓电力科技股份有限公司
	81	南京百敖软件有限公司

续 表

	序号	企业名称
	82	金证财富南京科技有限公司
	83	江苏金盾检测技术有限公司
	84	苏州浩辰软件股份有限公司
	85	苏州市普实软件有限公司
	86	江苏梦兰神彩科技股份有限公司
	87	苏州清睿教育科技股份有限公司
	88	苏州太谷电力股份有限公司
	89	盟拓软件(苏州)有限公司
	90	江苏瀚远科技股份有限公司
	91	江苏天创科技有限公司
	92	苏州市伏泰信息科技股份有限公司
	93	吴江绿控电控科技有限公司
	94	苏州金螳螂怡和科技有限公司
	95	凯美瑞德(苏州)信息科技股份有限公司
	96	苏州市软件评测中心有限公司
	97	昆山颠峰云智网络科技股份有限公司
	98	江苏蓝创智能科技股份有限公司
	99	无锡睿思凯科技股份有限公司
	100	无锡德思普科技有限公司
	101	央视国际网络无锡有限公司
	102	江苏曼荼罗软件股份有限公司
	103	无锡华云数据技术服务有限公司
	104	无锡知谷网络科技有限公司
	105	江苏卓易信息科技股份有限公司
	106	无锡奥特维科技股份有限公司
	107	江苏世轩科技股份有限公司
	108	扬州万方电子技术有限责任公司
	109	江苏中威科技软件系统有限公司
	110	江苏东华测试技术股份有限公司
	111	江苏春兰清洁能源研究院有限公司

续　表

	序号	企业名称
	112	江苏省精创电气股份有限公司
	113	江苏联旺信息科技有限公司
	114	江苏星月测绘科技股份有限公司
	115	连云港港口集团通信信息工程公司
	116	江苏锐天信息科技有限公司

五、江苏省上市软件企业

（一）主板上市企业

截至2018年年底，江苏省共有21家主板上市的软件企业，见表4-16。从地区分布来看，我省上市软件企业多数位于苏南，共有20家，占总数的95.2%，其中又以南京市最多，达15家，其余6家分别位于苏州、无锡、镇江、泰州。从业务领域看，上述企业大多以软件开发和信息技术服务为主营业务，达13家，占总数的62.0%；另有4家以电气设备研发与制造、电网自动化产品研发及销售为主营业务，占总数的19.0%；其余4家则以通信设备、仪器仪表研发及销售为主营业务，占总数的19.0%。

表4-16　江苏省上市软件企业一览表(截至2018年底)

序号	股票代码	公司简称	所在证券交易所	上市日期
1	600268	国电南自	上海证券交易所	1999.11
2	600406	国电南瑞	上海证券交易所	2003.10
3	002090	金智科技	深圳证券交易所	2006.12
4	002104	恒宝股份	深圳证券交易所	2007.01
5	002315	焦点科技	深圳证券交易所	2009.12
6	002380	科远股份	深圳证券交易所	2010.03
7	300165	天瑞仪器	深圳证券交易所	2011.01
8	300209	天泽信息	深圳证券交易所	2011.04
9	300339	润和软件	深圳证券交易所	2012.07
10	300354	东华测试	深圳证券交易所	2012.09
11	300356	光一科技	深圳证券交易所	2012.10
12	603528	多伦科技	上海证券交易所	2016.5
13	300598	诚迈科技	深圳证券交易所	2017.01

续 表

序号	股票代码	公司简称	所在证券交易所	上市日期
14	300682	朗新科技	深圳证券交易所	2017.08
15	002912	中新赛克	深圳证券交易所	2017.11
16	603486	科沃斯	上海证券交易所	2018.05
17	603666	亿嘉和	上海证券交易所	2018.06
18	08045.HK	南大苏富特	中国香港联交所	2001.04
19	01708.HK	三宝科技	中国香港联交所	2004.06
20	01297.HK	中国擎天软件	中国香港联交所	2013.07
21	00780.HK	同程艺龙	中国香港联交所	2018.11

(二)新三板挂牌企业

截至2018年年底,全省共有96家软件和信息服务业企业挂牌新三板(注:不含已退市),见表4-17。2018年,全省新三板挂牌软件和信息服务业企业,基本都以软件开发和信息技术服务为主营业务。从业务领域来看,2018年新三板挂牌企业主要是运用新一代信息技术在细分行业不断拓展,主要分布在交通、企业管理、电子政务、信息安全等行业领域。

表4-17 江苏省软件和信息服务业新三板挂牌企业一览表(截至2018年年底)

序号	股票代码	公司简称
1	430500	亚奥科技
2	430575	迈科网络
3	430583	国贸酝领
4	430585	金瑞科技
5	430610	瀚远科技
6	830866	凌志软件
7	830868	建策科技
8	830942	北方数据
9	831095	中网科技
10	831534	ST艾倍科
11	831575	光辉互动
12	831660	富深协通
13	831897	远大信息
14	832046	天安智联

续 表

序号	股票代码	公司简称
15	832144	软智科技
16	832400	微缔软件
17	832623	铱迅信息
18	832624	金智教育
19	832636	大运科技
20	832776	ST 雨来
21	832787	银科金典
22	832800	赛特斯
23	833050	欣威视通
24	833244	骏环昇旺
25	833348	亿阳值通
26	833631	汇通金融
27	834122	云端网络
28	834342	慧云股份
29	834741	三棱股份
30	834939	盈放科技
31	835049	瀚易特
32	835111	万联网络
33	835256	数图科技
34	835305	云创数据
35	835307	龙的股份
36	835616	无锡优拓
37	836306	黄金屋
38	836373	耐维思通
39	836396	小桥流水
40	836572	万佳科技
41	836746	优通科技
42	836778	朝阳股份
43	836874	翔晟信息
44	836891	盈迪信康

续 表

序号	股票代码	公司简称
45	836954	鼎集智能
46	837274	中盈高科
47	837288	美房云客
48	837499	奇智奇才
49	837519	宙斯物联
50	837595	坦程物联
51	837743	乐众信息
52	837796	黑马高科
53	837898	联著实业
54	837914	东领智能
55	837966	西屋股份
56	838395	科融数据
57	838473	慧眼数据
58	838814	博远容天
59	838840	鑫亿软件
60	838955	迈特望
61	838981	钜芯集成
62	839016	久源软件
63	839049	华叶跨域
64	839054	欣网科技
65	839192	智能交通
66	839369	创新安全
67	839497	绛门科技
68	839568	卓信科技
69	839790	联迪信息
70	870071	东富智能
71	870627	点春科技
72	870716	南大先腾
73	870743	维数软件
74	870758	赛诚智慧

续　表

序号	股票代码	公司简称
75	871012	穿越科技
76	871028	天华信息
77	871137	华育智能
78	871139	宏创科技
79	871280	君立华域
80	871403	太湖云
81	871605	漫道图像
82	871653	德融嘉信
83	871712	梅花软件
84	872102	中苏科技
85	872111	荣飞科技
86	872131	南大智慧
87	872223	泰得科技
88	872235	瀚天智能
89	872388	蓝水软件
90	872427	赛融科技
91	872438	金恒科技
92	872790	辰云科技
93	872942	联成科技
94	873002	网信科技
95	873077	瑞档科技
96	873090	纳瓦特

六、省级软件企业技术中心

认定省级软件企业技术中心工作，是省工业和信息化厅为加强全省软件与信息服务企业技术中心建设，促进相关企业加快技术创新，提升行业发展水平和竞争力，加快完善以企业为主体、市场为导向、产学研相结合的技术创新体系的一项重要举措。认定工作根据《江苏省认定企业技术中心管理办法(2010 年版)》，经过企业自愿申报、各地择优推荐、综合审核打分、行业专家评价、组织现场考察等程序，2016 年认定第四批省级软件企业技术中心 29 家，2017 年 4 月认定第五批省级软件企业技术中心 24 家，全省分 5 批累计认定省级软件企业技术中心 129 家，名单见表 4 - 18。

省工业和信息化厅要求被认定为省级软件技术中心的企业要从组织机构、运行机制、经费投入、人才培养、产学研合作等方面，采取更加有力的措施，进一步加强企业技术中心建设，不断提高企业的研发水平和创新能力，充分发挥省级企业技术中心对企业技术进步、产业优化升级、自主知识产权和自主品牌软件产品创建的促进作用。各地有关部门要加强对省级软件企业技术中心建设的指导和服务，在项目扶持、科技计划、税收优惠等方面进一步加大对省级软件企业技术中心创新能力建设的支持力度，认真做好省级软件企业技术中心运行情况跟踪分析，鼓励和引导企业不断加大研发创新投入，努力提升地区整体创新能力和技术水平。省工业和信息化厅将会同有关部门定期进行评价考核，实行优胜劣汰、滚动调整制度，不断提高省级软件企业技术中心的建设水平。

5批认定的省级软件企业技术中心涉及工业软件、网络信息服务、互联网信息服务、智能交通、通信软件、智能电网、信息安全、基础软件、数字内容服务、集成电路设计、船舶软件、云计算及大数据服务等类别。这129家省级软件企业技术中心分布在11个市，其中超过5家的市有南京市61家、苏州市22家、无锡市19家、泰州市6家、徐州市6家，其余6市省级软件企业技术中心总数分别为镇江市4家、连云港市4家、扬州市3家、常州市2家、盐城市1家、淮安市1家。

表4-18 江苏省级软件企业技术中心名单(截至2018年年底)

序号	企业名称	地区	技术中心种类
第一批			
1	南京多伦科技有限公司技术中心	南京	智能交通
2	南京莱斯信息技术股份有限公司技术中心	南京	智能交通
3	江苏省洪芯智能技术有限公司技术中心	淮安	智能交通
4	江苏大为科技股份有限公司技术中心	无锡	智能交通
5	南京科远自动化集团股份有限公司技术中心	南京	智能电网
6	南京磐能电力科技股份有限公司技术中心	南京	智能电网
7	江苏兆伏新能源有限公司技术中心	镇江	智能电网
8	江苏国瑞信安科技有限公司技术中心	南京	信息安全
9	南京南自信息技术有限公司技术中心	南京	信息安全
10	南京新模式软件集成有限公司技术中心	南京	信息安全
11	焦点科技股份有限公司技术中心	南京	网络信息服务
12	江苏爱信诺航天信息科技有限公司技术中心	南京	网络信息服务
13	苏州同程旅游网络科技有限公司技术中心	苏州	网络信息服务
14	昆山中创软件工程有限责任公司技术中心	苏州	网络信息服务
15	江苏集群信息产业股份有限公司技术中心	徐州	网络信息服务
16	方正国际软件有限公司技术中心	苏州	数字内容服务
17	苏州市蜗牛电子有限公司技术中心	苏州	数字内容服务
18	江苏东大集成电路系统工程技术有限公司技术中心	南京	集成电路设计
19	美新半导体(无锡)有限公司技术中心	无锡	集成电路设计

续　表

序号	企业名称	地区	技术中心种类
20	江苏南大苏富特科技股份有限公司技术中心	南京	基础软件
21	徐州中矿大华洋通信设备有限公司技术中心	徐州	工业软件
22	江苏华骋科技有限公司技术中心	泰州	工业软件
23	江苏春兰清洁能源研究院有限公司技术中心	泰州	工业软件
24	泰兴市晨光高新技术开发有限公司技术中心	泰州	工业软件
25	南京中兴新软件有限责任公司技术中心	南京	电信软件
26	中博信息技术研究院有限公司技术中心	南京	电信软件
27	江苏远望神州软件有限公司技术中心	无锡	船舶软件
28	中国船舶重工集团公司第716研究所技术中心	连云港	船舶软件
29	江苏润和软件股份有限公司技术中心	南京	其他软件
30	南京擎天科技有限公司技术中心	南京	其他软件
31	昆山华东信息科技有限公司技术中心	苏州	其他软件
32	江苏国泰新点软件有限公司技术中心	苏州	其他软件
33	江苏省森创软件科技有限公司技术中心	盐城	其他软件
34	江苏东华测试技术股份有限公司技术中心	泰州	其他软件
第二批			
1	无锡众志和达存储技术有限公司技术中心	无锡	基础软件
2	江苏卓易信息科技有限公司技术中心	无锡	工业软件
3	江苏电力信息技术有限公司技术中心	南京	智能电网
4	南京朗坤软件有限公司技术中心	南京	智能电网
5	金海新源电气江苏有限公司技术中心	镇江	智能电网
6	江苏长天智远交通科技有限公司技术中心	南京	智能交通
7	江苏三棱科技发展有限公司技术中心	苏州	智能交通
8	南京欣网视讯通信科技有限公司技术中心	南京	电信软件
9	江苏怡丰通信设备有限公司技术中心	扬州	电信软件
10	江苏华丽网络工程有限公司技术中心	无锡	信息安全
11	南京南大金利得电子科技有限公司技术中心	南京	网络信息服务
12	江苏仕德伟网络科技股份有限公司技术中心	苏州	网络信息服务
13	南京天溯自动化控制系统有限公司技术中心	南京	其他软件
14	诚迈科技(南京)有限公司技术中心	南京	其他软件

续　表

序号	企业名称	地区	技术中心种类
15	苏州工业园区凌志软件股份有限公司技术中心	苏州	其他软件
16	江苏世轩科技股份有限公司技术中心	常州	其他软件
17	连云港港口集团通信信息工程有限公司技术中心	连云港	其他软件
18	江苏正融科技有限公司技术中心	连云港	其他软件
第三批			
1	江苏瑞中数据股份有限公司技术中心	南京	基础软件
2	江苏省金思维信息技术有限公司技术中心	南京	工业软件
3	南京弘毅电气自动化有限公司技术中心	南京	工业软件
4	南京康尼电子科技有限公司技术中心	南京	工业软件
5	南京长峰航天电子科技有限公司技术中心	南京	工业软件
6	江苏扬子江计算机科技有限公司技术中心	泰州	工业软件
7	南京国电南自美卓控制系统有限公司技术中心	南京	智能电网
8	天泽信息产业股份有限公司技术中心	南京	智能交通
9	苏州市金螳螂怡和科技股份有限公司技术中心	苏州	智能交通
10	南京泰通科技有限公司技术中心	南京	通信软件
11	赛特斯信息科技股份有限公司技术中心	南京	通信软件
12	中兴软创科技股份有限公司技术中心	南京	通信软件
13	苏州市科远软件技术开发有限公司技术中心	苏州	通信软件
14	南京中新赛克科技有限责任公司技术中心	南京	信息安全
15	恒宝股份有限公司技术中心	镇江	信息安全
16	江苏金智教育信息技术有限公司技术中心	南京	网络信息服务
17	江苏摩尔信息技术有限公司技术中心	南京	网络信息服务
18	苏州赛富科技有限公司技术中心	苏州	网络信息服务
19	江苏运时数据软件有限公司技术中心	南京	云计算及大数据服务
20	联迪恒星(南京)信息系统有限公司技术中心	南京	其他软件
21	南京博鼎资讯科技有限公司技术中心	南京	其他软件
22	苏州艾隆科技股份有限公司技术中心	苏州	其他软件
23	江苏蓝深远望系统集成有限公司技术中心	无锡	其他软件
24	江苏新智源医学科技有限公司技术中心	泰州	其他软件

续　表

序号	企业名称	地区	技术中心种类
第四批			
1	江苏丙辰电子有限公司技术中心	徐州	基础软件
2	国电南瑞南京控制系统有限公司技术中心	南京	工业软件
3	南京国电南自软件工程有限公司技术中心	南京	工业软件
4	南京富士通南大软件技术有限公司技术中心	南京	工业软件
5	南京钛能科技股份有限公司技术中心	南京	工业软件
6	苏州华启智能科技有限公司技术中心	苏州	工业软件
7	南京东大智能化系统有限公司技术中心	南京	互联网信息服务
8	南京嘉环科技有限公司技术中心	南京	互联网信息服务
9	南京途牛科技有限公司技术中心	南京	互联网信息服务
10	朗新科技股份有限公司技术中心	无锡	互联网信息服务
11	苏州市软件评测中心有限公司技术中心	苏州	互联网信息服务
12	江苏黄金屋教育发展股份有限公司技术中心	苏州	互联网信息服务
13	江苏瑞泰数字产业园有限公司技术中心	镇江	互联网信息服务
14	扬州万方电子技术有限责任公司技术中心	扬州	信息安全软件
15	江苏安防科技有限公司技术中心	南京	云计算及大数据服务
16	南京华苏科技股份有限公司技术中心	南京	云计算及大数据服务
17	江苏达科信息科技有限公司技术中心	南京	云计算及大数据服务
18	南京易思拓电力科技股份有限公司技术中心	南京	云计算及大数据服务
19	徐州雷奥医疗设备有限公司技术中心	徐州	云计算及大数据服务
20	苏州麦迪斯顿医疗科技股份有限公司技术中心	苏州	云计算及大数据服务
21	江苏广和慧云科技股份有限公司技术中心	苏州	云计算及大数据服务
22	江苏实达迪美数据处理有限公司技术中心	苏州	云计算及大数据服务
23	无锡友达电子有限公司技术中心	无锡	集成电路设计服务
24	无锡德思普科技有限公司技术中心	无锡	集成电路设计服务
25	无锡硅动力微电子股份有限公司技术中心	无锡	集成电路设计服务
26	无锡中微爱芯电子有限公司技术中心	无锡	集成电路设计服务
27	远景能源(南京)软件技术有限公司技术中心	南京	其他软件
28	江苏东大金智信息系统有限公司技术中心	南京	其他软件
29	央视国际网络无锡有限公司技术中心	无锡	其他软件

续 表

序号	企业名称	地区	技术中心种类
第五批			
1	南京中科创达软件科技有限公司技术中心	南京	基础软件
2	江苏振邦智慧城市信息系统有限公司技术中心	常州	工业软件
3	南京南瑞信息通信科技有限公司技术中心	南京	信息安全
4	苏州航天系统工程有限公司技术中心	苏州	其他
5	南京创维信息技术研究院有限公司技术中心	南京	互联网信息服务
6	无锡芯朋微电子股份有限公司技术中心	无锡	集成电路设计服务
7	南京欣网互联网络科技有限公司技术中心	南京	互联网信息服务
8	无锡华云数据技术服务有限公司技术中心	无锡	云计算及大数据服务
9	山石网科通信技术有限公司技术中心	苏州	信息安全
10	江苏智途科技股份有限公司技术中心	扬州	互联网信息服务
11	江苏飞搏软件股份有限公司技术中心	南京	云计算及大数据服务
12	江苏蓝创智能科技股份有限公司技术中心	无锡	云计算及大数据服务
13	无锡力芯微电子股份有限公司技术中心	无锡	集成电路设计服务
14	江苏瀚远科技股份有限公司技术中心	苏州	云计算及大数据服务
15	连云港杰瑞深软科技有限公司技术中心	连云港	工业软件
16	江苏曼荼罗软件股份有限公司技术中心	无锡	其他
17	三维医疗科技江苏股份有限公司技术中心	徐州	工业软件
18	江苏金恒信息科技有限公司技术中心	南京	工业软件
19	南京科融数据系统股份有限公司技术中心	南京	其他
20	南京腾楷网络股份有限公司技术中心	南京	互联网信息服务
21	南京贝龙通信科技有限公司技术中心	南京	工业软件
22	江苏鼎驰电子科技有限公司技术中心	徐州	基础软件
23	江苏欧飞电子商务有限公司技术中心	南京	互联网信息服务
24	中兴智能交通股份有限公司技术中心	无锡	云计算及大数据服务

七、软件业务出口骨干企业

随着江苏软件产业国际化的不断深入,软件出口业务蓬勃发展,出口企业越来越多,规模也越来越大。但受到全球金融危机影响,前几年较快的发展趋势受到抑制。2018 年,江苏省软件出口额达 300 万美元以上的企业共有 108 家,较上年减少 38 家。这 108 家企业的软件总出口额为

573 224 万美元，同比下降 5.7%，占全省软件出口总额的 98.29%，较上年上升 1.01 个百分点。按出口业务分类，108 家企业中有 33 家主要从事嵌入式系统软件出口，26 家主要从事软件外包服务出口，另有 49 家企业从事其他软件业务出口。按地区分布看，江苏省内的软件出口骨干企业几乎全部集中于苏南地区。2018 年全省软件出口额超过 1 000 万美元的 63 家企业中，多数集中于苏州市，共计 42 家，占总数的 66.7%，近七成；其余依次为无锡市 11 家、常州市 4 家、南通市 3 家、镇江市 2 家、扬州市 1 家。2018 年全省软件出口额超过 1 000 万美元企业名单见表 4－19。

表 4－19　2018 年江苏省软件出口 1 000 万美元以上企业名单

序号	企业名称	地区
1	瑞晟微电子（苏州）有限公司	苏州
2	华硕科技（苏州）有限公司	苏州
3	苏州玩友时代科技股份有限公司	苏州
4	飞利浦医疗（苏州）有限公司	苏州
5	同方国际信息技术（苏州）有限公司	苏州
6	苏州工业园区凌志软件股份有限公司	苏州
7	江苏富士通通信技术有限公司	苏州
8	日立医疗系统（苏州）有限公司	苏州
9	江苏卓胜微电子有限公司	无锡
10	常州英博科技有限公司	常州
11	苏州赛腾精密电子股份有限公司	苏州
12	苏州叠纸网络科技股份有限公司	苏州
13	苏州蜗牛数字科技股份有限公司	苏州
14	苏州紫焰网络科技有限公司	苏州
15	苏州赛思澜信息技术服务有限公司	苏州
16	三星半导体（中国）研究开发有限公司	苏州
17	苏州震坤科技有限公司	苏州
18	亿和精密工业（苏州）有限公司	苏州
19	苏州乐贝网络科技有限公司	苏州
20	积水中间膜（苏州）有限公司	苏州
21	苏州聚力电机有限公司	苏州
22	扬州市智勇电子科技有限公司	扬州
23	苏州三星电子有限公司	苏州
24	常州安费诺福洋通信设备有限公司	常州
25	高德（苏州）电子有限公司	苏州

续 表

序号	企业名称	地区
26	苏州兴胜科半导体材料有限公司	苏州
27	江阴长电先进封装有限公司	无锡
28	苏州三星电子家电有限公司	苏州
29	中芯长电半导体(江阴)有限公司	无锡
30	无锡文思海辉信息技术有限公司	无锡
31	南通中集罐式储运设备制造有限公司	南通
32	瀚宇博德科技(江阴)有限公司	无锡
33	罗博特科智能科技股份有限公司	苏州
34	常州市凯迪电器股份有限公司	常州
35	江阴信捷正电子有限公司	无锡
36	通富微电子股份有限公司	南通
37	常州星海电子股份有限公司	常州
38	苏州科阳光电科技有限公司	苏州
39	沪士电子股份有限公司	苏州
40	昆山德力铜业有限公司	苏州
41	创斯达科技集团(中国)有限责任公司	南通
42	仁宝信息技术(昆山)有限公司	苏州
43	仁宝电子科技(昆山)有限公司	苏州
44	维尔斯电子(昆山)有限公司	苏州
45	世硕电子(昆山)有限公司	苏州
46	昆山琉明光电有限公司	苏州
47	无锡华润安盛科技有限公司	无锡
48	纬新资通(昆山)有限公司	苏州
49	四海电子(昆山)有限公司	苏州
50	无锡力芯微电子股份有限公司	无锡
51	微盟电子(昆山)有限公司	苏州
52	江苏艾科半导体有限公司	镇江
53	昆山百瑞康儿童用品有限公司	苏州
54	昆山平成电子科技有限公司	苏州
55	美新半导体(无锡)有限公司	无锡

续 表

序号	企业名称	地区
56	苏州工业园区凌志软件如皋有限公司	苏州
57	江苏长电科技股份有限公司	无锡
58	昆山元诚电子材料有限公司	苏州
59	桦晟电子(昆山)有限公司	苏州
60	启佳通讯(昆山)有限公司	苏州
61	纬智资通(昆山)有限公司	苏州
62	恩梯梯数据(中国)信息技术有限公司	无锡
63	句容协鑫集成科技有限公司	镇江

第二章　人才篇

第一节　江苏省软件产业人力资源状况

一、江苏省软件产业从业人员简况

工信部年报统计数据显示，2018 年江苏省软件产业从业人员共计 1 301 881 人，比上年增加 193 768 人，同比增长 17.5%。

(一) 地区分布情况

江苏省软件产业从业人员主要分布在南京、苏州、无锡、镇江等城市，与江苏省各市软件产业规模整体趋于一致，见图 4－6、图 4－7。

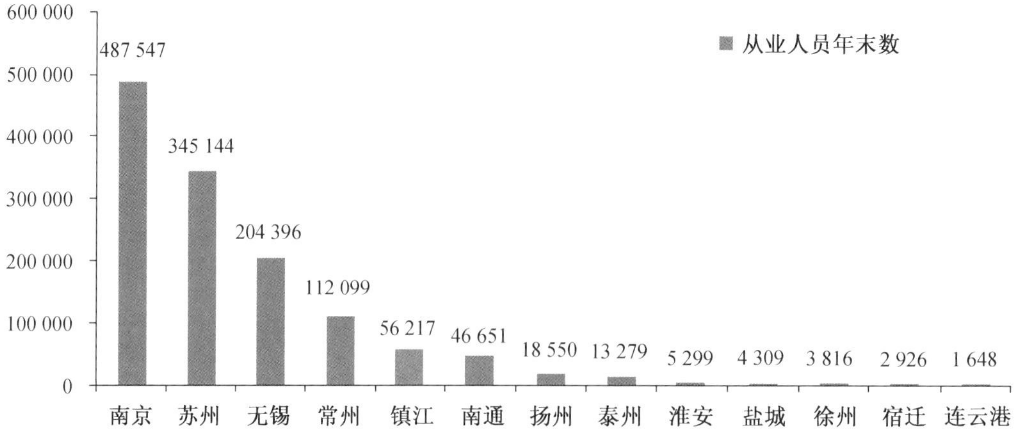

图 4－6　2018 年江苏省各市软件业从业人员数量

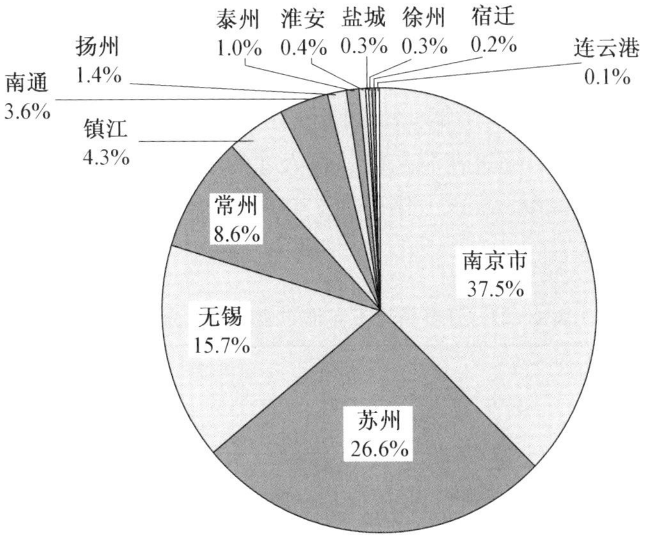

图 4－7　2018 年江苏省软件业从业人员地区分布占比

(二) 学历构成情况

2018 年江苏省软件产业从业人员学历分布情况见表 4－20。

表 4－20　2018 年江苏省软件和信息服务业从业人员学历分布情况

	从业人数(万人)	占比(%)
硕士及以上	72 558	5.6
大专及大本	586 093	45.0
大专以下(不含)	643 284	49.4
总计	1 301 935	100.0

由表可见,全省软件产业从业人员主要以大专及大本、大专以下为主,合计占比超过九成。2018 年江苏省软件产业从业人员学历占比如图 4－8 所示。

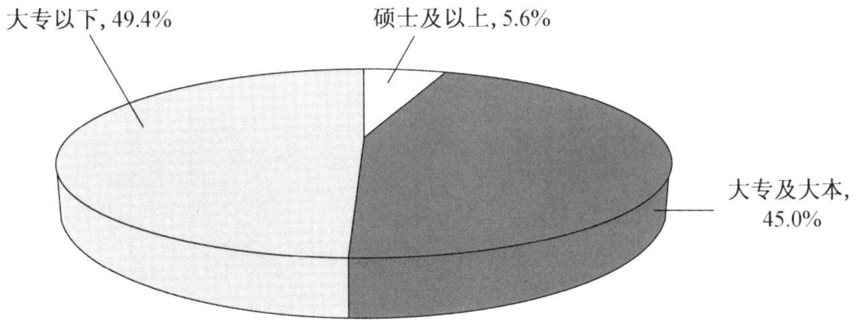

图 4－8　2018 年江苏省软件业从业人员学历构成情况

二、江苏省通过全国计算机软件专业资格考试情况

江苏省工业和信息化厅每年上半年、下半年分两次组织省内相关人员参加全国计算机与软件专业技术资格考试(简称软考),促进在职在校软件人才的学习与培训。据省相关部门统计,江苏省2018 年通过全国软考人数 3 868 人,比上年增加 756 人,增幅明显。江苏近五年通过该考试人数见表 4－21。

表 4－21　江苏省近五年通过全国软考人数一览表

年份	2014	2015	2016	2017	2018
通过软考人数	2 790	2 797	2 782	3 112	3 868

全国计算机与软件专业技术资格考试由人力资源和社会保障部与工业和信息化部联合举办,通过以考代评选拔软件专业人才,考试通过情况也从一个侧面反映了当地软件人才培养及结构分布情况。

2018 年全国计算机软件专业资格考试共分 20 个类别,较上年新增一类信息系统运行管理员。2018 年江苏省通过全国计算机软件专业资格考试人数及分布见表 4－22。

就单个考试类别而言,合格人数较多且超过 300 人以上的类别有:信息处理技术员 660 人、软件设计师 638 人、系统集成项目管理工程师 614 人、信息系统项目管理师 519 人、网络工程师 447 人、程序员 373 人;合格人数较少且低于 20 人(含 20 人)的类别有:电子商务设计师 18 人、网络规划设计师 17 人、信息系统安全工程师 17 人、系统规划与管理师 14 人、信息系统运行管理员 7 人、多媒体应用设计师 5 人。

全省 2018 年合计参考合格率 37.4%,比上年降低 1.1 个百分点。

由于各地软件人才培养基础和考试宣传组织力度不同,各市之间合格人数差距较大。2018 年通过软考人数位列全省前 5 的城市为:南京市 1 444 人,占全省合格人数近四成,达 37.3%;常州市540 人,占 14.0%;苏州市 443 人,占 11.5%;南通市 280 人,占 7.2%;淮安市 229 人,占 5.9%,其余各市数据见表 4－22。

表 4－22　2018 年江苏省通过全国计算机软件专业资格考试人员统计表

单位:人

类别	南京	苏州	无锡	常州	镇江	南通	扬州	连云港	徐州	盐城	淮安	泰州	宿迁	全省合计	参加考试合格率
程序员	103	38	21	45	4	68	13	26	34	4	9	8		373	43.1%
网络管理员	39	14	11	5	1	11	6	2	20	1	5	2	3	120	41.8%
信息处理技术员	133	17		347							163			660	69.8%
软件设计师	274	68	46	53	6	68	23	20	32	17	7	7	17	638	36.7%
多媒体应用设计师	1		1						1	1	1			5	26.3%
网络工程师	150	43	32	16	13	32	27	19	33	30	22	16	14	447	37.2%

续 表

类别	南京	苏州	无锡	常州	镇江	南通	扬州	连云港	徐州	盐城	淮安	泰州	宿迁	全省合计	参加考试合格率
信息系统管理工程师	9	2	1	3	2	1	4	1	4			3		30	28.3%
数据库系统工程师	60	5	3	11	3	9	5	1	12	2	1	5	1	118	35.2%
软件评测师	43	20	7	4		8	1			1	2	1		87	47.5%
系统集成项目管理工程师	271	100	57	30	11	42	20	6	18	23	8	17	11	614	49.1%
信息系统监理师	23	19	3	1	2	3	1	3	3	1	1	3	5	68	30.4%
嵌入式系统设计师	16	9	2			1	1		2					31	58.5%
电子商务设计师	6	2		3	1	2			3			1		18	52.9%
信息系统项目管理师	248	76	31	19	17	27	14	18	14	26	7	11	11	519	22.3%
系统架构设计师	31	18	2		3	3	1				1	1		60	22.4%
系统分析设计师	14	5	2			1		1				2		25	18.4%
系统规划与管理师	5	2	1	1			1	1			2	1		14	21.9%
信息系统运行管理员	4	2							1					7	16.3%
网络规划设计师	3	1	1			4	1	1		2		3	1	17	14.9%
信息系统安全工程师	11	2		2					1				1	17	11.2%
总计	1 444	443	221	540	63	280	118	99	178	108	229	81	64	3 868	37.4%

第二节 江苏省软件人才培养公益服务

江苏软件产业人才发展基金会(以下简称基金会)于2008年9月12日由省民政厅正式批准成立(苏民管〔2008〕145号)。基金会由省工业和信息化厅(原省经济和信息化委)举办,是由省工业和信息化厅及省人才工作有关部门、省骨干软件企业、有关高等院校共同参与设立的非公募基金会。基金会以大力宣传江苏软件产业发展环境和重点软件企业,吸引优秀软件人才来江苏创业或就业,培养江苏软件企业需要的实用型人才,协助政府有关部门开展软件人才工作,为江苏软件产业发展提供有力的人才支持和保障为宗旨,致力于促进江苏软件产业人才发展的各项公益活动。

2018 年,江苏软件产业人才发展基金会主要开展了以下公益活动。

一、江苏软件奖学金系列

为奖励高等院校品学兼优的软件专业学生,增进全国高校软件专业学生对江苏软件产业发展环境和重点软件企业的了解,吸引全国优秀软件专业毕业生到江苏创业或就业,推动江苏软件企业与国家示范性软件学院的深度合作,基金会出资,面向全国示范性软件学院及省内重点高校相关专业设立并颁发“江苏软件奖学金”。希望通过奖学金的评选,搭建起全国优秀软件人才与江苏软件企业沟通交流的桥梁,为推动江苏软件产业快速崛起,为全国软件产业又好又快发展贡献力量。

2018 年度江苏软件奖学金的资助对象是教育部确定的国家示范性软件学院所在高校和江苏省有关高校中软件工程专业(或相近专业)的 2018 年大学本科以上应届毕业生。资助标准为:博士研究生 10 000 元人民币/人,硕士研究生 8 000 元人民币/人,本科生 4 000 元人民币/人。

2018 年度江苏软件奖学金的申报审核通过江苏软件产业发展基金会官方网站进行。基金会于 2018 年 9 月中旬前将“2018 年度江苏软件奖学金”申报文件发到全国各高校相关院系,配合 9—11 月的“爱英之旅”全国校园行招聘会再度向招聘院校宣传,并于 2019 年 4 月就学生申报和签约信息综合与学校进行确认,最终确定获奖名单。

二、“中国软件杯”大学生软件设计大赛

为积极响应《国家中长期教育改革和发展规划纲要(2010—2020 年)》及《软件和信息技术服务业“十二五”发展规划》,科学引导高校青年学子积极参加科研活动,切实增强自主创新能力和实际动手能力,实现应用型人才培养和产业需求的有效衔接,推动我国软件和信息服务业又好又快发展,由工业和信息化部、教育部和江苏省人民政府在“江苏软件杯”的基础上,创办了面向中国高校在校学生(含高职)纯公益性的软件设计大赛——“中国软件杯”大学生软件设计大赛(以下简称大赛)。

作为面向高校高职的新型竞赛,“中国软件杯”大学生软件设计大赛秉承“政府指导、企业出题、高校参与、专家评审、育才选才”的方针,紧密贴合软件产业发展新趋势,有效搭建产学合作创新平台,开创了软件人才培养和选拔的崭新模式。截至 2017 年,大赛已成功举办了六届,不断有新鲜的元素注入,水平越来越高,已成为软件行业最具影响力的赛事,成效越来越显著,社会影响越来越广泛,已经形成明显的品牌效应。

第七届大赛自 2017 年 9 月 9 日正式启动,于 2018 年 9 月 3 日在南京圆满落幕,历时一年,先后经历了赛题征集、赛题评审、赛题修改和发布、报名组织、全国高校巡展、作品提交、初赛评审、全国总决赛等阶段,各项工作均顺利完成。本届大赛以“智时代,‘数’人才,链世界”为主题,与第十四届中国(南京)软件产品与信息服务交易博览会同期举办,不仅发动更多软件骨干企业参与出题,赛题更是紧扣热点技术应用,更加贴近行业发展需求,使产学互动成果进一步加强。据统计,大赛共吸引来自全国各大高校的 4 127 支队伍(含本科赛队 3 124 支、高职赛队 1 003 支)、近 1.5 万名师生报名参赛,参赛队伍数量再创新高。经过初赛评审,共有 320 支队伍进入决赛,经过决赛首轮在线评审,最终评出 100 支队伍前往南京进行总决赛现场对决。

2018 年 8 月 28—9 月 1 日,大赛总决赛在南京举办,经现场展示和现场答辩两个环节,于 8 月

31 日决出特等奖队伍 1 支、一等奖队伍 15 支、二等奖队伍 82 支、最佳表现奖队伍 10 支、最佳创新奖队伍 10 支、最佳指导教师 16 名、最佳学校组织奖 58 所、最佳地方组织奖 15 个、企业突出贡献奖 11 家、产教融合成就奖 8 家。

其中，特等奖由南京航空航天大学“Perceptron”团队获得，他们的获奖项目是“A9 -基于人工智能及机器视觉的安全帽提取及分析”。该项目考虑到工地上工人相对于监控摄像头的位置有远有近，基于深度学习技术，采用今年最新的深度神经网络 YOLOv3，通过细节改进提升了神经网络对远处小目标的辨别能力。

武汉大学 SST 团队（赛题为 A1 -采用 AR 技术的旅游 App）、山东科技大学 pressAnyKeyToAc 团队（赛题为 A2-Activiti 国产化迁移与应用实践）、河海大学（常州）Trinity 团队（赛题为 A3 -基于移动互联网的智能车载 App）、桂林电子科技大学 BB 车团队（赛题为 A3 -基于移动互联网的智能车载 App）、四川大学名队是来过倒团队（赛题为 A4 -基于企业进销项发票数据的异常企业预测分析）、山东科技大学 0x01 团队（赛题为 A5 -网店工商信息图片文字提取）、河北师范大学去决赛偷键盘团队（赛题为 A5 -网店工商信息图片文字提取）、武警工程大学小猪快跑实验室团队（赛题为 A6 -智能问答系统设计与开发）、湖北民族学院幽蓝之焰团队（赛题为 A8 -基于人工智能的视频运动比对分析教学平台）、长春工业大学 SOFT_CCUT 团队（赛题为 A10 -海量高维向量相似度快速计算）、河南工程学院天码行空团队（赛题为 A11 -企业信息族谱分析）、四川职业技术学院星云团队（赛题为 B1 -航班数据可视化）、常州信息职业技术学院超汇编俱乐部团队（赛题为 B2-M2B2C 跨境电子商务借卖交易平台设计与实现）、广州城建职业学院 Spider 团队（赛题为 B3 -智能电器综合管理系统）、南京信息职业技术学院儿人归东城团队（赛题为 B4 -基于移动端 GPS 和传感器的运动打卡 App）获大赛一等奖。北京大学、北京理工大学、南京航空航天大学、北京航空航天大学、山东科技大学、北京工业大学、武汉大学、安徽信息工程学院、南京大学、福州大学等 58 所学校获最佳学校组织奖。

赛后，本届获奖选手纷纷表示，“中国软件”杯大赛组委会搭建了良好的实践平台，比赛本身就是学习和成长的过程，本次大赛锻炼了他们的技术能力、时间管理能力、展示和表达能力以及团队管理能力。

（一）软件人才快速涌现，作品商用价值突出

与其他同类赛事不同，“中国软件杯”大学生软件设计大赛的最大特色是赛题原型全部来源于全国软件骨干企业的实际技术需求，企业元素的加入使得赛事更具实用性和权威性。通过考查学生的实际操作能力和创新能力，大赛有效弥补了高校软件专业教育理论无法与实践紧密结合的不足。同时，参赛学生交出的优秀作品也给企业的研发提供了参考和思路，促进了软件产业的发展。

与往届大赛相比，第七届大赛在赛题种类上更加丰富，结合当下发展的热点和出题企业的需求，有更多细分版块出现。

据悉，本届大赛共计收到 80 余家国内软件与信息技术服务业骨干企业、重点软件园区基地、信息安全及大数据重点企业提交的 130 余道赛题。经专家组评审，共有 40 道赛题进入最终评选，最终确定本科组赛题 11 道，高职组赛题 4 道，见表 4 - 23。其中，有 4 道题目为江苏企业提供，占本届赛题总量的 26.7%。参赛报名人数最多的赛题是本科组别的“网店工商信息图片文字提取”，报名数量为 754 支队伍，占总数的 18.3%；高职组别的“M2B2C 跨境电子商务借卖交易平台设计与实现”也颇受关注，报名队伍数量为 325 支，占总数的 7.9%。

表4-23　第七届“中国软件杯”大学生软件设计大赛赛题

组别	题号	赛题名称
本科	A1	采用AR技术的旅游App
	A2	Activiti国产化迁移与应用实践
	A3	基于移动互联网的智能车载App
	A4	基于企业进销项发票数据的异常企业预测分析
	A5	网店工商信息图片文字提取
	A6	智能问答系统设计与开发
	A7	可信数字资产存证应用
	A8	基于人工智能的视频运动比对分析教学平台
	A9	基于人工智能及机器视觉的安全帽提取及分析
	A10	海量高维向量相似度快速计算
	A11	企业信息族谱分析
高职	B1	航班数据可视化
	B2	M2B2C跨境电子商务借卖交易平台设计与实现
	B3	智能家居综合管理系统
	B4	基于移动端GPS和传感器的运动打卡App

表4-24　本届大赛各赛题报名情况

组别	序号	赛题	报名数	占比
本科	1	采用AR技术的旅游App	313	7.59%
	2	Activiti国产化迁移与应用实践	98	2.37%
	3	基于移动互联网的智能车载App	317	7.68%
	4	基于企业进销项发票数据的异常企业预测分析	278	6.74%
	5	网店工商信息图片文字提取	754	18.28%
	6	智能问答系统设计与开发	320	7.75%
	7	可信数字资产存证应用	189	4.58%
	8	基于人工智能的视频运动比对分析教学平台	163	3.95%
	9	基于人工智能及机器视觉的安全帽提取及分析	265	6.42%
	10	海量高维向量相似度快速计算	249	6.03%
	11	企业信息族谱分析	178	4.31%
高职	12	航班数据可视化	209	5.06%
	13	M2B2C跨境电子商务借卖交易平台设计与实现	325	7.88%

续　表

组别	序号	赛题	报名数	占比
	14	智能电器综合管理系统	227	5.50%
	15	基于移动端 GPS 和传感器的运动打卡 App	242	5.86%
总计			4 127	100%

据评审专家介绍，每届大赛均能涌现出一批高品质的作品，有些团队给出的解决方案甚至直接可以在生产生活中应用。第一届大赛中的一等奖获得者团队，其作品"聚焦搜索引擎"达到了工业级软件的水平，赛后与 Google 签订了版权转让协议。第二届大赛更是涌现出数十件极具商业价值的作品。其中，特等奖获得者南京航空航天大学计算机学院"DoMen"代表队的参赛作品 DoNote，自 2013 年 4 月初在安卓市场、豌豆荚等上架，至第二届大赛结束时，未经任何商业推广已获得 10 万多次的应用下载量，后该团队与深圳宇龙通讯有限公司洽谈合作；苏州高等职业技术学校 SQ 团队基于其作品"文件透明加解密"与江苏国瑞信安也展开了联合深入开发洽谈。第三届大赛中，中国民航信息股份有限公司就跟特等奖获奖团队取得联系，表示要将他们的作品运用于企业下一阶段的研发项目中；江苏国瑞信安科技有限公司则希望能尽快从"数据挖掘可视化"赛题中选择一些具有商用价值的作品进行深度开发。第四届至第七届大赛成功举办后，也有多家机构与优胜队伍达成合作意向。

（二）配套活动种类丰富，教产互动效果显著

第七届大赛决赛期间，共举办历届大赛成果展、中国软件产教互动座谈会、企业现场招聘会、优胜团队创业投融资对接会等多项配套活动，在深化教产互动、产学融合、鼓励创新创业等方面均取得新的突破。

为有效连接技术、产业与资本，为参赛的优秀团队提供资本对接及科学专业的创新创业指导，大赛组委会以大赛平台为依托，于 2018 年 9 月 1 日上午举办针对优秀参赛团队的"创业投融资对接会"，邀请知名资本投资机构为参赛师生提供创业咨询和投资孵化服务，同时为投资机构搭建挖掘和遴选优秀创业项目、团队的平台，促进双方资源有效对接，形成创新创业良好发展氛围。

会上，山东科技大学 dzxy、深圳信息职业技术学院 whatever、北京工业大学爆肝小分队、南京航空航天大学 WD 看门狗、湖北大学从入门到精通、南宁职业技术学院云智物联研发团队、重庆邮电大学泥石流、江苏联合职业技术学院 The-GYM、南京邮电大学红鲤鱼、武汉大学 SST、四川信息职业技术学院星云、武汉大学 ici 此地队共 12 支优胜团队参加了此次创业投融资对接会，展示创业项目。这 12 支创业队伍各自展现了自己的项目亮点，他们不仅在大赛中取得了非常好的成绩，还勇于突破创新，对参赛项目的核心技术进行了大胆推广，基本能够做出比较专业和完善的盈利模式介绍、市场分析、投融资计划，甚至构建出长远的发展战略规划。部分投资机构和企业对创业项目抛出了橄榄枝，纷纷表达了进一步商榷的意愿。

（三）赛事环节持续优化，参赛人数再创新高

自首届以来，"中国软件杯"大学生软件设计大赛已成为折射软件产业发展新动态、反映软件产业发展新趋势的风向标。大赛的举办对保持软件产业持续健康快速发展、促进软件产业转型升级

起到了有力推动作用,同时也能及时将产业前沿技术、行业最新标准带到比赛中,从而有效加深教育者对新业态的深层理解,引导办学模式、培养模式、教学模式、评价模式的不断改革,使业界培养的软件人才更加符合产业发展的需求,产教互动效果进一步提升。

为搭建创业者与投资机构快速、有效的资源衔接平台,为怀揣梦想的在校大学生提供权威的创业全程指导,主办方不断优化赛事环节,特聘投资专家作为大赛创业导师,帮助参赛选手优化产品模型、创新商业模式,挖掘更多新应用、新项目,进一步推动产业发展和人才培养互动并进。

赛事规模方面,本届大赛自2017年9月9日正式启动以来,得到了政府部门、高等院校和软件骨干企业的大力支持。据组委会透露,大赛共吸引4127支队伍参赛,参赛队伍总数再创新高。按照院校层次划分,本科院校3 124支,占报名总数的76%;高职院校报名数为1 003支,占报名总数的24%。本次报名数量前12的省份分别为山东省、江苏省、广东省、北京市、湖南省、河北省、湖北省、陕西省、广西壮族自治区、四川省、安徽省、山西省。经统计,本届大赛共计近700所高校报名参赛,其中排名前10的高校见表4-25。这10所高校报名队伍总数为421支,占报名总量的10%以上。

表4-25 本届大赛高校报名情况(前10名)

序号	学校名称	报名数量
1	山东科技大学	123
2	北京工业大学	45
3	南华大学	42
4	西北工业大学	37
5	长春工业大学	35
6	中国矿业大学(徐州)	29
7	石家庄铁道大学	28
8	曲阜师范大学	28
9	广西大学	27
10	武汉大学	27
合计		421

(四)赛事流程优化显著,服务水平明显提升

本届大赛在赛事组织能力和服务水平上都有显著提高。在成功举办前六届大赛的基础上,本届大赛充分利用网络优势,优化赛事流程,首次使用赛训平台。组委会相关负责人表示,该平台解决了国内软件大赛存在的痛点、难点问题,不仅可为办赛机构、参赛团队、指导老师、大赛评委提供不同角色的服务管理功能,还可远程在线实现软件开发、辅导、测试、展示、管理、评审、反馈、投诉等赛训服务,在有效保障大赛公开、公平、公正的基础上,大幅缩短大赛评选时间,有效提升办赛效率。

三、江苏软件产业“育鹰计划”高研班

人才是软件产业发展的决定性资源，其中软件企业高层管理人员是核心。为深入贯彻实施科教与人才强省战略、创新驱动战略，加快提升软件企业家素质，推进软件企业核心团队人才队伍建设，省工信厅联合省人才发展办公室，自2011年起实施江苏软件产业“育鹰计划”。江苏软件产业人才发展基金会自2012年起对“育鹰计划”进行资助，并于2016年升级为“育鹰计划2.0”。“育鹰计划2.0”的实施通过搭建全省工业企业高层管理者和软件企业高层管理者共同培训的平台，促进省内企业家之间，企业家与国内外学术界、企业界之间的学习、沟通、合作、交流，营造团结创新的产业文化氛围，加快推进产业结构调整和转型升级。2017年6月，“育鹰计划2.0”公益活动被评为二类(省一级)网络社会组织品牌项目。

根据计划总体安排，2018年基金会联合清华大学、北京大学等高校，面向全省重点软件企业举办了分领域的公益培训班，同时面向重点软件企业高管进行了专业化、精细化的公益培训，内容涵盖电子信息、智慧产业、大数据、互联网金融等，打造了全省骨干软件企业具有积极竞争力的专业化高管团队，促进软件企业快速发展、做大做强。同时也对宣贯国家和省产业发展政策，推动软件企业和传统工业企业合作共赢等都起到了很好的促进作用。

(一)总体情况

2018年，在省工信厅领导关心和指导下，在省人才办、全省各市工信局以及各工业企业、软件企业的大力支持下，基金会做了认真细致、卓有成效的组织工作，于2018年3月19日—3月23日举办第9期高研班(工业互联网专题)，6月5日—6月8日举办第10期高研班(数字旅游专题)，9月10日—9月14日举办第11期高研班(大数据创新战略专题)，11月26日—11月30日举办第12期高研班(工业互联网专题)。培训内容包含大数据技术前沿与产业发展、区块链、互联网金融与创新、智能制造、智慧旅游等多方面内容，并增设政策解读与时政讲解，提升企业家政治素养和大局观。全年共计培训全省各类企业家学员200余人，培训得到了企业家学员的高度评价。

(二)生源组织

在省工信厅支持下，江苏软件产业人才发展基金会针对“育鹰计划”企业家高研班的管理功能提升，建立了“江苏软件人才发展”微信公众平台，并重新开发了“江苏软件人才网”，通过网站和微信双平台同时推送通知并开展报名工作，不仅提高了工作效率，而且有利于信息归集。

在学员资格审核中，基金会就学员的推荐申请进行了明确规定及严格审核，提出第5期和第7期高研班参训学员必须至少满足以下三项中的一项：(1)江苏省重点软件和信息服务企业负责人，两化融合重点行业及工业企业的负责人和首席信息官CIO；(2)省内互联网和信息服务创业企业、两化融合重点行业创业企业主要负责人及创业团队负责人；(3)省软件和信息服务特色产业园、互联网产业园、互联网众创园负责人等。

同时，针对“育鹰计划”高研班的规划安排，要求各市有关部门高度重视，精心组织，严格按照通知要求认真推荐参加培训的人选，“育鹰计划2.0”高研班推荐人选经专家评价优秀的方可参加学习。

(三)培训目的

全面实施我省产业人才“育鹰计划2.0”是大力提升我省企业现代经营管理能力和水平,加快推进产业结构调整和转型升级,促进企业尽快做大做强,实现企业抱团发展的一项重要举措;同时,也是加快提升企业家素质,推进企业核心团队人才队伍建设,推动两化深度融合,抢抓当前移动互联网产业发展新机遇,强力推动企业转型升级和快速发展,实现新突破的重要手段,对进一步提升我省软件与信息服务业核心竞争力,全面推进我省人才大省、人才强省的战略目标实现具有重要意义。

(四)组织和后勤保障

为保证高研班按计划实施并达到最佳培训效果,每期高研班都由省工信厅反复征求产业界的需求和建议,精心设计课程安排及授课专家选派,每个环节均从细处着眼,有效保证了培训效果。

每个班在报名汇总阶段,逐一审核推荐学员的资格信息,并按照区域、专业分类、学员年龄范围等诸多因素进行人员分组,以保证学习过程中交流互动的全面性和有效性。确定学员后,安排专人对每位学员的基本信息进行电话逐一确认,对企业家的行程安排进行确定。对存在不能如期参训的情况进行认真记录,实时进行跟踪。开班前2—3天,通过短信平台、邮件等多种途径发送开班通知,并要求企业家学员及时进行回复确认,对于仍然不能确认的学员,再一次电话进行行程确认。这些都是保证高研班持续报到率达到99%以上的重要组织措施。

现场报名阶段,清华大学和基金会共同组织现场报名,分派宿舍,安排好企业家学员的吃住行等事项。保证了每一位企业家都能有一个安心、舒心的生活、学习环境,静下心来参加学习。

每期高研班在开班之初均会成立班委会,每届班委会均被委以相应的任务,包括组织开展小组间的交流互动、趣味竞赛、文娱活动等。各小组间的“切磋”和“比拼”,不仅有组与组的竞争,更有学员与学员的合作共赢。这使得参加培训的企业家在学习之余,能够充分展现企业文化,拉近彼此距离。此外,每期高研班结束前,均会举办结业研讨交流,使企业家学员的学习成果得到展示和升华,进一步增强企业家学员间的友谊。

在今后的“育鹰计划2.0”培训工作中,基金会将在2018年培训成果的基础上,围绕产业结构调整和转型升级要求,更好地为全省工业企业高层管理者和软件企业高层管理者搭建培训平台,促进省内企业家之间,企业家与国内外学术界、企业界之间的沟通互动,为江苏软件产业营造一个团结创新的产业文化氛围,以加快推进企业经营管理人才的职业化、市场化、现代化和国际化,全面提升企业人才的国际化素质,增强企业人才综合竞争力。

四、江苏省软件产业“公益学堂”系列

为促进我省软件产业高层次人才的培养和储备,尤其是目前我省软件产业发展过程中较为紧缺的软件人才培养和储备,解决制约我省软件产业实现跨越式发展的人才瓶颈问题,基金会从2009年开始举办专题培训班,2015年推出软件和信息服务“公益学堂”,在扩大培训范围的基础上,采用线上线下相结合的模式培训学员,为省内骨干软件企业培养和储备了一大批精技术、善管理、思路开阔、目光远大的高素质人才。

（一）总体情况

1. 江苏省软件和信息服务企业人力资本公益讲座

人力资源是存在于人的体能、知识、技能、能力、个性行为特征与倾向等载体中的经济资源。能否为团队招募到合适的人才，能否有效培养人才、管理人才，软件企业人力资源经历及 HR 的职业素养和业务水平起着决定性的作用。为更好地选择和培养软件人才，2018 年基金会举办了人力资本公益讲座，邀请业内专家进行分享。

（1）培训内容

讲座主题：绩效管理与薪酬体系设计实务

讲座时间：2018 年 5 月 11 日

讲座内容：从流程设计、日常考核体系设计、结果处理系统构建、以变应变薪酬与考核哲学、两个满意、三大设计技术、四个原则等八方面入手，讲解完备的绩效与薪酬管理体系建设的各项细则，为企业管理者提供有针对性的绩效薪酬设计管理实战技巧。

培训方式：集中授课、研讨交流、案例实践。

讲座导师：杨文浩，人力资源管理专家、国家高级人力资源管理师、国家高级公关师、国家高级心理咨询师、国家人力资源管理师一级考证讲师。专注于人力资源管理领域，具有 14 年人力资源管理实操和授课经验，曾在兵器工业集团及大型企业负责人力资源及企业管理工作，有着扎实的实践操作能力，对 HR 管理体系的建设有完整的设计思路。擅长 HR 战略规划并组织实施，从人力资源体系建立、制度建设到人员招聘、培训开发、劳资管理、绩效考核，熟悉各模块工作。

（2）生源组织

培训主要针对省内骨干软件企业 HR，要求学员目前从事企业人力资源相关工作，且至少有两年以上的工作经验。

2. 江苏省互联网产品经理公益培训班

本期培训班邀请来自腾讯和阿里的师资为学员讲解如何围绕互联网产品的产品定位、产品目标、用户画像，在对业务深入理解和思考的基础上，用去业务化的逻辑思考平台化产品的设计方案。

（1）培训安排

培训时间：2018 年 5 月 25 日—5 月 26 日

本次培训由江苏软件产业人才发展基金会负责组织实施，根据课程的内容要求，邀请 BAT 以及产业管理部门的资深专家授课。参训学员在考勤合格的基础上，还需在培训结束前提交一份培训心得，成绩均合格的才能取得结业证书。

（2）培训内容和导师安排

① 来自斯坦福的产品设计思维课

主要内容：以行动学习工作坊的形式带领学员学习源自斯坦福的产品设计思维课程。课程采用故事讲解、学习型游戏（Learning Game）、可视化引导、场景仿真、模型制作和各类工具方法的使用等丰富多样的形式，以左脑结合右脑，帮助学员在参与过程中提高解决问题的能力和技巧，并最终掌握一套完整的创新方法框架（toolset）和思维模式（mindset）

② 数据驱动的产品设计与营运

主要内容:为学员剖析数据思维的概念。从数据分析的典型方法着手,以分组实战来贯穿两天的工作坊,包括迭代思维的假设与验证、如何实现产品冷启动、如何让产品实现自增长、构建推进产品设计的数据模型、如何体系化高效运营、如何引爆产品、Growth Hacking实践以及产品经理如何积累数据驱动的核心能力等。

③ 互联网思维与腾讯最佳实践

主要内容:通过对"互联网+行业"案例的分析,深入剖析互联网时代,应如何将思维模式以及跨界模式运用到企业的日常运营中。

④ 简聚迭代的"互联网+"产品创新

主要内容:掌握完整系统的用户思维,并以此为驱动力进行简化、聚焦及快速迭代的产品创新,是企业对互联网时代最佳的拥抱姿势。

(3) 生源组织

培训班主要针对骨干软件企业,要求学员目前从事产品经理或产品管理相关工作,至少有两年以上工作经验。

经遴选,培训班共收录48名学员。学员大多毕业于国内著名高校的计算机及应用、自动化、通讯工程等专业,本科及研究生以上学历,平均从事产品经理工作年限5年以上,大部分从事产品经理、软件产品规划、互联网产品设计和网站运营等。

3. 江苏省项目经理公益培训班

为提高我省软件企业软件设计师及软件企业的项目管理能力和软件设计水平,为整合产品技术、促进产业链形成以及企业以大带小联合经营提供更好的技术支撑,江苏省第十二期项目经理公益暨信息系统集成及服务项目管理人员培训班于2018年7月12日—7月15日正式开班及培训。培训班采用线上线下相结合的方式。

(1) 培训安排

2018年第十二期项目经理公益暨信息系统集成及服务项目管理人员培训班延续2017年成功经验,继续与"信息系统集成高级项目经理培训"相结合,在省工信厅的大力支持下,积极争取到中国电子联合会的批准,与中软总公司计算机培训中心合作,采用3天现场培训、1天考试的形式进行,结合考试成绩以及平时考勤学分发放培训合格证书。

(2) 培训内容

培训采取线上理论与线下实践案例相结合,理论、技术和工具相结合的培训方式。重点在强化学员的理论基础知识和提升学员的项目管理的实战能力。学员需要在培训前期做好线上自学工作,准备相关项目资料,将实际工作中遇到的问题、积累的经验带到线下课堂上进行解决与分享。具体培训内容如下:

高级项目经理(40学时)

〈1〉线上自学部分内容(12学时):

① 系统集成项目经理资质管理概论

② 法律法规和技术标准规范

③ 项目管理基础

〈2〉线下培训内容(28 学时)：

① 系统集成项目行业资质管理概论(高级篇)

② 法律法规和技术标准规范

③ 项目管理和组织级项目管理

④ 系统集成项目管理实践

⑤ 行业优秀实践案例分享(复杂项目管理案例)

⑥ 信息系统集成行业发展动态及新技术应用交流

⑦ 闭卷考试、论文写作＋抽取答辩

(3) 生源组织

在省工信厅的支持下，基金会针对项目经理培训班，向骨干软件企业下发了通知，并对学员的申请资格进行了明确规定及严格审核，要求学员为目前从事软件产品开发的专业人员，具有计算机或相关专业本科以上学历，至少有 2—3 年的软件产品开发经验。

经遴选，培训班共收录 50 名学员。学员大多毕业于国内著名高校的计算机及应用、自动化、通讯工程、电气自动化等专业，本科及研究生以上学历并有 3 年以上工作经验。

(二) 培训目的

江苏省是信息产业大省，但相对于硬件制造业，软件产业的规模与层次还需要进一步提高。无论是项目经理，或是产品经理和人力资源都是软件企业的关键人才，除具有良好的技术能力外，在企业发展战略、产品与市场规划以及领导能力等方面也必须具有良好的素质和能力。因此其培训不同于一般的技术培训，希望通过培训班能搭建一个平台，帮助软件企业部分优秀的开发及管理人员达到专业人员水准的同时加强各企业技术人员之间的交流，并以此实现以下目标：提升江苏软件设计的总体水平；强化江苏重点软件企业的竞争能力；推动软件产品与技术整合，为形成软件产业链创造技术支持，为推进企业联合进而形成产业联盟提供基础。

(三) 组织和后勤保障

为保证培训班按计划实施并达到更好效果，基金会制定了科学严谨的教学管理制度，每堂培训课均实行签到制。如有学员因故缺课，需提前 3 天向本单位人事部门请假，由本单位人事部门向基金会告假，否则视为无故缺课。学员的日常到课率也作为最后的学员评分因素之一。通过认真严格的管理，保证了“公益学堂”的每堂培训课平均到课率达 90％。

为保证良好的教学反馈和互动，每堂培训课都请所有学员对课程设计、教学材料、教师授课、培训安排、课程收益、课程建议以及后续课程中想学的内容等情况提出反馈意见。其中对课程设计的意见包括对课程的实用性、课程内容的详细程度、课程体系的系统性、实践练习时间是否充足、实验对教学内容的促进作用等指标的评价；对教学材料的意见包括课件对学习的辅助作用、课件的版式是否规范易读、讲义逻辑结构是否清晰、重点突出、实验课步骤描述是否清楚可操作等指标的评价；关于教师授课的意见包括对教师表达能力、教学互动能力、个人仪表台风、时间掌控能力以及总结归纳能力等指标的评价；关于培训安排的意见包括培训时间地点安排、培训准备是否充分、现场服务是否及时周到以及对学员要求的反馈速度等指标的评价。通过及时地收集整理学员意见建议并及时反馈到教学工作中，保证了每堂培训课参训学员的平均满意率达 92％以上。

为保证培训班任课教师和所有学员能够专心培训，基金会提供了良好的后勤保障，每周均提前通知学员本周讲座的内容、地点、导师等信息；每堂培训课都安排了咖啡、茶水等，并在中午提供免费午餐；每堂培训课安排专人跟班听课，同时负责课堂布置以及空调、话筒、电脑、投影仪等设备的随班保障。此外，基金会还在网络上建立了培训班讨论群，并将每周导师的课件共享至群组。学员在遇到疑问时可以及时互相讨论并下载到最新的课件。

五、“爱英之旅”2018—2019年江苏省重点软件企业全国校园行招聘活动系列

为进一步在全国范围内宣传展示江苏软件产业发展环境及企业形象，为江苏的软件企业招募有志于投身软件开发领域的高素质软件人才，江苏软件产业人才发展基金会自2008年起组织开展了江苏省重点软件企业全国校园招聘活动。2012年对活动进行了品牌提升，打造出“爱英之旅”品牌。10年来，累计举办了近80场大型校园招聘活动，服务我省软件企业400家次，参与招聘活动的大学生累计7万余人。通过该项活动的举办，为省内重点软件企业在更大范围内即时招募到了更多、更优秀的软件人才，获得了参与企业的一致好评。

(一) 活动情况

2018—2019年“爱英之旅”校园行活动自2018年9月14日开始，历时近2个月，行程2 600多公里，吸引了省内近百家大型软件企业加盟，来自全国各大高校的4 000多名应届毕业生踊跃参与。据统计，本次校园招聘共计收到求职简历2 067份，意向签约200余人。本次招聘整体满意度达92%。

人才是创新发展、转型发展最宝贵、最稀缺的资源，创新发展、转型发展，首要是人才。“爱英之旅”校园招聘活动是江苏省互联网产业人才建设的重大工程之一，旨在向全国重点高校相关专业大学生介绍江苏省软件产业发展环境和企业发展前景，帮助江苏重点软件企业广纳软件人才，充分发挥“校企合作”优势互补的“双赢”作用，打造江苏软件产业整体品牌，吸引更多优秀应届毕业生到江苏软件企业入职，为江苏软件产业发展提供强有力的人才保障，推进江苏软件信息产业的持续健康发展和高效有序的转型升级。

为确保活动全面实现预定目标，“爱英之旅”招聘活动于2018年7月开始筹备，根据当前的产业发展形势和企业用人需求，确定了活动开展的总体方案和行动计划。江苏软件产业人才发展基金会和江苏省软件行业协会根据省工信厅的要求，制定了活动开展的全程进度安排，抽调经验丰富、能力突出的人员，组建了精干高效的活动运作团队。参加本年度招聘活动的省内骨干软件企业有南京擎天科技有限公司、南瑞集团江苏瑞中数据股份有限公司、江苏金智科技股份有限公司、江苏润和软件股份有限公司、江苏星网软件有限公司、南京奥派信息产业股份公司、江苏远望神州软件有限公司、焦点科技股份有限公司、亚信科技(中国)有限公司、江苏国瑞信安科技有限公司、苏州盈天地资讯科技有限公司、江苏三棱智慧物联发展股份有限公司、昆山炫生活信息技术股份有限公司、无锡卓信信息科技股份有限公司等100多家，各家企业总的招聘需求超过3 000人。

2018—2019年“爱英之旅”活动分为省外、省内两条路线，历时2个月，在全国共7个城市举办了校园招聘会，吸引了相关专业的4 000多名学生踊跃参与，其中大部分来自25所全国重点高校。省外线的西安站和合肥站采取“一站两点”的招聘模式，9月14日至10月15日，省外五场校园招聘活动分别在西北工业大学、西安电子科技大学、合肥工业大学、安徽大学、武汉理工大学举行。

10 月 11 日至 10 月 27 日，省内其他四站专场招聘会分别在中国矿业大学、江南大学、江苏大学、扬州大学举行。招聘现场全部按照“企业摆展位现场收取简历—筛选简历并发放准考证—企业笔试—面试”的流程进行。省内招聘会每站都有 15—20 家不等的骨干软件企业参与。尽管各家企业间人才竞争激烈，但都恪守着团结协作、公平竞争的原则，保证了招聘活动的圆满完成。

（二）组织工作

1. 积极组织省内重点软件企业参与

活动自 7 月底启动，向各企业发出了招聘需求调研表，比往年提前了将近一个月。为了扩大参加招聘会企业的数量，除邀请基金会的理事企业参加以外，还邀请了我省各软件园区企业及江苏省软件行业协会会员单位积极参与，并获得了相关单位的大力支持。为最大限度地给外地企业 HR 提供便利，9 月 5 日以视频会议的形式组织参加活动的重点软件企业召开了“全国校园行招聘活动”协调会，进一步商讨活动细节，在充分听取企业意见的基础上，共同制定了整个活动的大方案以及活动实施细则，相比往年更为周详，也更全面。

2. 进一步扩大宣传路径

此次招聘活动和 2018 年度江苏软件奖学金活动结合进行。活动大方案确定后，基金会通过江苏省工业和信息化厅官方网站、基金会官方网站、各大目标高校招生就业信息网及学校 BBS 对外发布了招聘信息和活动行程，并点对点地联系目标高校分管就业及相关院系的老师帮助宣传发动；同时，在各目标高校张贴宣传海报和悬挂横幅，通过上述点面结合的宣传方式，优化宣传效率，扩大宣传覆盖面。此外，基金会还与专业人才服务机构合作，通过其网站上的广告宣传为此次系列招聘活动的顺利完成提供了重要保障，在省内及省外的招聘会现场都有很多学生闻讯从外地赶来参加招聘活动。

3. 充分运用基金会网站招聘系统

为更好地适应当前的招聘形势，使应聘人员能更快更精准地获取信息，基金会网站于 2013 年针对“爱英之旅”活动开通了在线招聘系统。企业报名后，基金会将在网站后台为企业开通专用的招聘账号，企业登录后即可填写公司的招聘需求，相关招聘信息将常年有效，并在网站的“人才招聘”板块进行展示，以便应聘人员在线投递简历。此外，网站的“爱英之旅”专栏也会及时公布每站校园招聘活动的时间、地点以及各家企业的具体招聘需求，以便有意应聘的学生能够及时、准确地获取相关招聘信息。

4. 制定完善活动规则

2018 年的校园行活动依旧按照公平公正的原则制定活动规则：

（1）根据各企业抽签结果决定企业宣讲及展位摆放顺序。

（2）根据以往经验，先由各企业自主安排笔试。在笔试前安排收取简历环节，由企业现场对简历进行初筛并发放准考证，确保入围学生的总体质量。

5. 全力实施后勤保障

此次活动中，基金会承担了与各高校的联络协调、场地的落实、省内外线路时间安排及食宿等在内的全部后勤保障工作。通过事先充分准备、与学校保持联系协调、印制准考证等多种方法很好地应对了参会人数突变的情况，在尽力满足企业要求的基础上，使每场活动都能忙而不乱、紧张有序地顺利进行。

第三章 产品篇

第一节 江苏省软件产品评估情况

江苏省软件行业协会根据国家政策落实的需要，积极响应国家以及省行业主管部门提出的协会要充分发挥行业自律和为企业服务的要求，根据中国软件行业协会颁布的《软件企业评估标准》(标准号 T/SIA002 2017)、《软件产品评估标准》(标准号 T/SIA003 2017)(简称“双软评估”社团标准)，开展软件企业、软件产品评估工作。

2018 年，江苏省软件行业协会根据《软件企业/产品评估标准》，全年共评估通过 6 172 个软件产品。通过对上述软件产品进行统计分析，得到以下几方面结论。

一、软件产品评估数量稳定

2018 年，全省共受理 6 197 份软件产品评估申报材料，其中 6 172 个软件产品通过评估，通过率为 99.6%。全省历年累计登记和评估软件产品数达到 47 314 个。

二、产品数地区呈梯队分布

2018 年全年新评估的软件产品共 6 172 个。从地区分布来看，江苏省 13 个省辖市均有软件产品评估，但由于各地软件产业基础不同，加上各地对软件产品评估扶持政策和宣传力度不一，地区产品数梯队分布比较明显。南京、苏州为第一梯队，各地产品数均占全省 20%以上，两地登记总数占全省 72.99%。其中，南京新增产品数为 3 012 个，占全省比例为 48.80%；苏州新增产品数为 1 493 个，占全省比例为 24.19%。无锡、扬州、常州、南通、镇江、徐州、泰州为第二梯队，产品数皆超过 70 个，合计占全省比例为 24.82%。连云港、淮安、盐城、宿迁为第三梯队，合计占全省比例为 1.53%，具体分布见图 4-9。

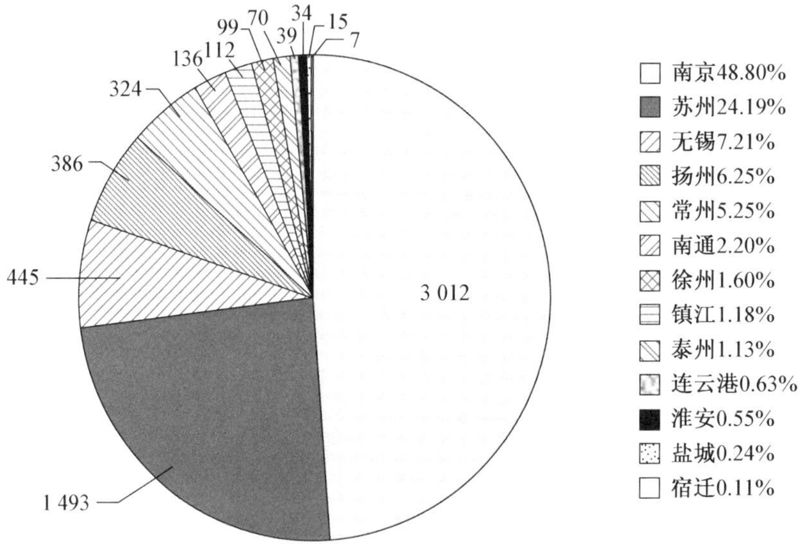

图4-9　2018年江苏省登记和评估软件产品地区分布

三、应用软件占主导且覆盖广

通过对江苏省2018年评估的6 172个软件产品按支持软件、系统软件、应用软件、其他软件四大类分类统计，结果表明，在支持软件、系统软件、其他软件方面具有自主开发的产品，但是数量较少。从新增的软件产品整体情况看，应用在各行业的应用软件最多，共5 656个，占全年新增产品数的91.6%，其中，行业管理软件又占应用软件大类的29.1%，接近三成，大多分布在云计算、大数据、移动互联网、互联网金融、电子商务等高技术行业；系统软件排第二位，共297个，占全年新增产品数的4.8%；支持软件排第三位，共135个，占全年新增产品数的2.2%；其余为其他软件，共84个，占全年新增产品数的1.4%。四类评估产品数及占比见表4-26。

表4-26　2018年江苏省登记和评估软件产品类别分布情况

位次	类别		数量	占比
1	应用软件	行业管理软件	1 645	91.6%
		嵌入式应用软件	1 005	
		其他应用软件	928	
		信息管理软件	829	
		控制软件	434	
		教育软件	190	
		网络应用软件	188	
		办公软件	124	
		图形图像软件	81	

续　表

位次	类别		数量	占比
		数据库管理应用软件	73	
		游戏软件	65	
		安全与保密软件	60	
		模式识别软件	34	
2	系统软件		297	4.8%
3	支持软件		135	2.2%
4	其他软件		84	1.4%
合计			6 172	100%

第二节　江苏省优秀软件产品奖(金慧奖)评选情况

江苏省优秀软件产品奖(金慧奖)根据省政府苏政发〔2001〕59 号文件设立,旨在促进江苏软件产业发展,提高本省软件产品质量和市场占有率,创立更多知名软件品牌。自 2001 年首届金慧奖开始评选以来,累计共 397 项产品获奖。2018 年进行的评选是第十六届,全省共有 20 项软件产品获此殊荣。

江苏省优秀软件产品(金慧奖)评选活动,目的是提高江苏软件产品的质量和商品化程度,培育江苏软件的知名品牌。

从产品类型来看,本届获奖的 20 个软件产品过半为应用软件,共计 14 个,占比达 70%,其中又以行业应用软件数量最多,达 10 个,分布在 5 个细分行业,分别为政务软件 3 个、交通行业 2 个、医药行业 2 个、电力行业 2 个、能源行业 1 个,另有 5 个为通用软件,包括企业管理软件 1 个、智慧城市管理软件 2 个等。

从地区分布来看,本届 20 个获奖产品分布地区较广,分布在 5 个城市,南京市 10 项,无锡市 4 项,苏州市 3 项,扬州市 2 项,连云港市 1 项产品入选。

截至 2018 年,江苏共举办 16 次"金慧奖"评选活动,共有 397 个产品获奖。近 6 届获奖名单见表 4-27,各市累计获奖情况见图 4-10。获奖的 397 个产品大多为应用软件,分布领域以电力、能源软件和政务软件最多,电信、企业管理、嵌入式、交通、信息安全、医疗排名靠前,同时涵盖智慧城市系统、云存储和运维服务等领域。前 16 届获奖产品业务领域分布情况见图 4-11。

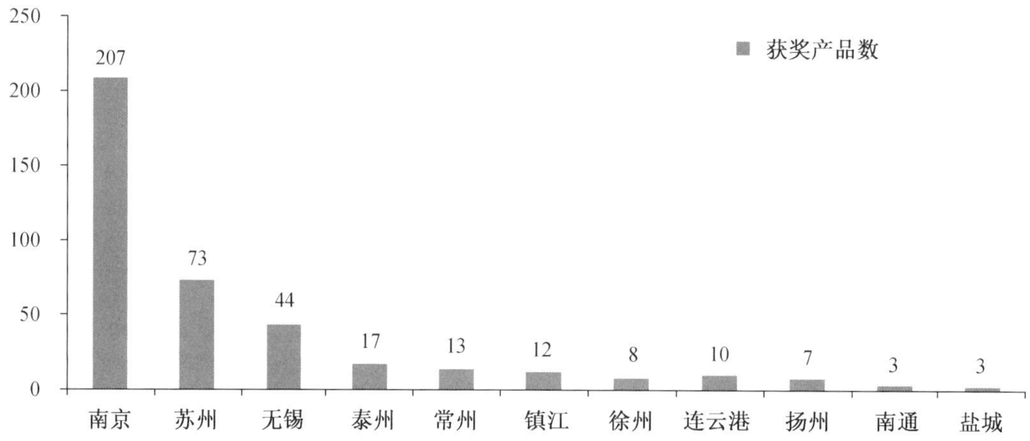

图4-10　前16届金慧奖获奖产品地区分布情况

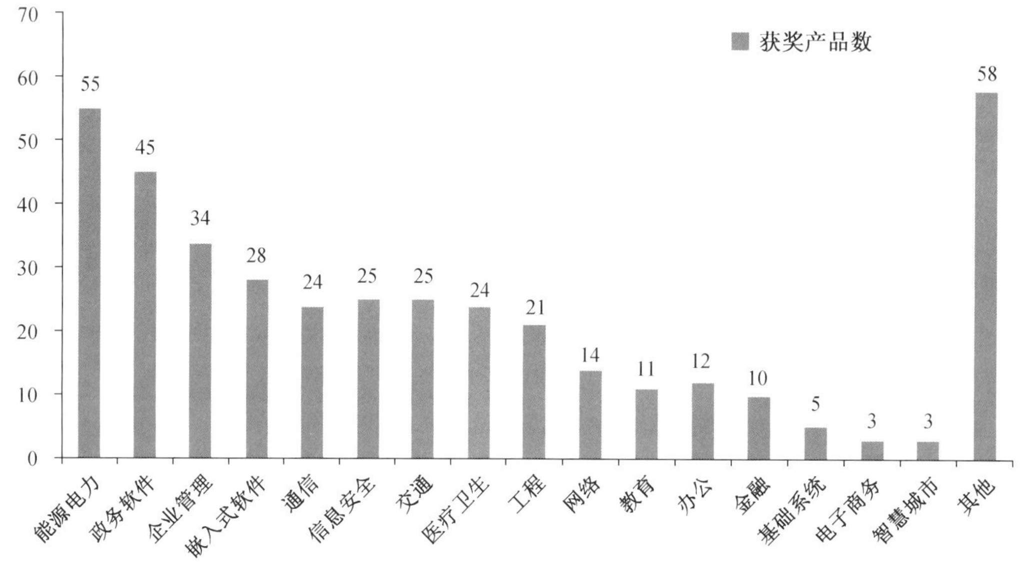

图4-11　前16届金慧奖获奖产品业务领域分布情况

表4-27　近6届江苏省优秀软件产品奖(金慧奖)获奖产品名单

序号	软件名称	获奖单位
第十一届		
1	国电南瑞NS3000S智能变电站系统软件V3.01	国电南瑞科技股份有限公司
2	春兰混合动力客车电源管理系统软件V3.0	江苏春兰清洁能源研究院有限公司
3	国电南自变频系统控制软件V1.0	南京国电南自新能源科技有限公司
4	华御新一代防信息泄密系统软件V7.0	无锡华御信息技术有限公司
5	东华测试网络通讯控制软件V5.0	江苏东华测试技术股份有限公司

续　表

序号	软件名称	获奖单位
6	亚信联创新一代计费系统软件 V1.0	联创亚信科技(南京)有限公司
7	博智安全御文档防扩散系统软件 V1.0	江苏博智软件科技有限公司
8	直觉嵌入式软件图形化通用开发工具软件 V1.0	直觉系统科技(昆山)有限公司
9	银石 SoftPos 银行卡支付受理软件 V2.0	南京银石计算机系统有限公司
10	RDS-5000 道路驾驶技能计算机考试系统软件 V1.0	南京多伦科技股份有限公司
11	正融医院信息管理系统软件 V3.0	江苏正融科技有限公司
12	恒宝移动支付智能卡借记/贷记操作系统软件 V1.0	恒宝股份有限公司
13	鸿信司法 E 通软件 V2.0	江苏鸿信系统集成有限公司
14	泰晟轮胎工况智能监测系统软件 V2.0	南京泰晟科技实业有限公司
15	运时多维数据分析平台软件 V5.1	江苏运时数据软件有限公司
16	巨龙基于云计算的企业管理平台软件 V1.0	无锡市陶都巨龙软件有限责任公司
17	中矿微星煤矿精益管理软件 V6.0	徐州中矿微星软件有限公司
18	擎天城市碳排放监管系统软件 V1.0	南京擎天科技有限公司
19	万方数字流媒体通信软件 V1.1	扬州万方电子技术有限责任公司
20	大为车辆行踪监控系统软件 V1.0	江苏大为科技股份有限公司
21	卓然客户关系管理系统软件 V1.0	苏州卓然软件科技有限公司
22	瀚远科技公租房管理系统软件 V1.0	江苏瀚远科技股份有限公司
23	国瑞信安互联网舆情监测管理系统软件 V2.0	江苏国瑞信安科技有限公司
24	风云网络客户关系管理系统软件 V1.0	江苏风云网络服务有限公司
25	永中 Office 办公软件 V2012	无锡永中软件有限公司
26	Datcent 数据中心能耗管理软件 V2.0	德讯科技股份有限公司
27	三源教育信息化公共服务平台软件 V1.0	江苏三源教育实业有限公司
28	大创公交营运管理软件 V1.0	苏州市大创信息运用有限公司
第十二届		
1	南瑞继保 PCS-9700 厂站监控系统软件 V1.0	南京南瑞继保电气有限公司
2	博智安全御信息安全检查取证系统软件 V1.0	江苏博智软件科技有限公司
3	禾信质谱仪海量数据处理软件 V1.0	昆山禾信质谱技术有限公司
4	盛科 Humber 芯片系统工具开发包软件 V1.0	盛科网络(苏州)有限公司
5	友田 Finware 国际业务系统软件 V3.0.0	南京友田信息技术有限公司
6	创导煤矿隐患排查管理系统软件 V1.0	江苏创导信息科技有限公司

续 表

序号	软件名称	获奖单位
7	恒宝移动支付异型卡操作系统软件 V1.0	恒宝股份有限公司
8	电子口岸船舶动态管理系统软件 V1.0	张家港电子口岸有限公司
9	国瑞信安涉密计算机及移动存储介质保密管理系统软件 V1.0	江苏国瑞信安科技有限公司
10	国电南瑞 IEB2000 信息交换总线软件 V3.01	国电南瑞科技股份有限公司
11	实达迪美 DigiPolicy 单证信息管理系统软件 V1.0	江苏实达迪美数据处理有限公司
12	易司拓 E6000 电压监测与无功管理系统软件 V1.0	南京易司拓电力科技股份有限公司
13	Datcent 数据中心运行管理系统软件 V2.0	德讯科技股份有限公司
14	亚信 OSS 数据仓库软件 V1.0	亚信科技(南京)有限公司
15	宏泰 SHS-6000 自助银行防护系统软件 V1.0	江苏宏泰智能电子科技有限公司
16	YZJ 药品生命周期数据管理软件 V3.0	江苏扬子江计算机科技有限公司
17	云创存储 cStor 云存储系统软件 V2.0	南京云创存储科技有限公司
18	瑞智能耗监测、管理、决策系统软件 V1.0	江苏省邮电规划设计院有限责任公司
19	磐能 DMP5000 煤矿井下全站故障录波软件 V2.0	南京磐能电力科技股份有限公司
20	神州城市危机应急管理决策支援兵棋推演系统软件 V1.0	江苏远望神州软件有限公司
21	海宝生产型企业管理系统软件 V6.0	江苏海宝软件股份有限公司
22	HC 车辆仪表液晶屏动态显示驱动软件 V3.0	江苏华骋科技有限公司
23	明润疏浚集成系统软件 V1.0	镇江明润信息科技有限公司
24	蓝恩灵长类实验动物资源管理系统软件 V2.0	苏州蓝恩信息科技有限公司
25	同元产品综合设计与仿真验证平台软件 V3.2	苏州同元软控信息技术有限公司
26	精创记录仪数据管理软件 V1.0	江苏省精创电气股份有限公司
27	爱信诺公共场所治安管理信息系统软件 V1.0	江苏爱信诺航天信息科技有限公司
28	富岛信关数据终端系统软件 V3.0	南京富岛信息工程有限公司
29	雷奥生殖健康孕前优生系统软件 V7.0	徐州雷奥医疗设备有限公司
30	睿泰在线学习管理系统软件 V1.0	江苏睿泰教育科技有限公司
31	启航基于物联网的资产管理系统软件 V1.0	江苏启航开创软件有限公司
32	睿思凯 FrBOX 用户图形界面软件 V1.0.2	无锡睿思凯科技有限公司
33	图格 AMAS 观众测量与分析系统软件 V1.0	江苏图格信息技术有限公司
34	苏航财税管理软件 V2.0	江苏航天信息有限公司

续 表

序号	软件名称	获奖单位
第十三届		
1	博智安全御数据库审计系统软件 V2.7	江苏博智软件科技有限公司
2	Datcent DEV Manager 数字延长管理系统软件 V1.0	德讯科技股份有限公司
3	雷奥生殖健康技术服务信息化系统软件 V9.0	江苏雷奥生物科技有限公司
4	国电南瑞 NPCS-8000 配网生产抢修指挥平台系统软件 V2.0	国电南瑞科技股份有限公司
5	安杰瑞涉密信息安全扫描客户端软件 V1.0	苏州安杰瑞电子科技发展有限公司
6	国电南瑞 NRXT-GPS 软件 V1.0	国电南瑞南京控制系统有限公司
7	掌控网络外勤 365 软件 V2.0	南京掌控网络科技有限公司
8	海迅数据交换平台软件 V1.0	江苏瑞中数据股份有限公司
9	亚信棒网管系统软件 V1.0	亚信科技(南京)有限公司
10	东华测试 DHDAS 动态信号采集分析系统软件 V6.0	江苏东华测试技术股份有限公司
11	万润工程建设企业综合集成管理信息系统软件 V8.0	江苏万润软件科技有限公司
12	朗坤智能企业管理信息系统软件 V5.0	南京朗坤软件有限公司
13	YeYoo 智慧管理平台软件 V1.0	江苏亿友慧云软件有限公司
14	锐天综合试验流程管理系统软件 V1.0	江苏锐天信息科技有限公司
15	知贸通预录入系统软件 V1.0.4.1	江苏知贸网络科技有限公司
16	灵狐卡罗拉发动机虚拟互动拆装实训软件 V1.0	江苏灵狐软件科技有限公司
17	锐泰节能监管平台软件 V1.0	无锡锐泰节能系统科学有限公司
18	莱斯人防指挥信息系统软件 V2.0	南京莱斯信息技术股份有限公司
19	唐恩新型起重机械远程管理服务平台软件 V1.0	江苏唐恩科技有限公司
20	翔云基于以太网智能的多疏经编机横移控制嵌入式软件 V1.0	常州市翔云测控软件有限公司
21	知谷 i3Q 空港智能服务信息平台软件 V1.0	无锡知谷网络科技有限公司
22	微缔模具制造执行管理系统软件 V1.0	苏州微缔软件股份有限公司
23	鸿信智能公交调度运营管理系统软件 V1.0	江苏鸿信系统集成有限公司
24	恒赛特汽车衡称重系统软件 V1.0	苏州恒赛特自动化科技有限公司
25	鸿鹄轻量级业务流程管理开发平台软件 V1.0	昆山鸿鹄信息技术服务有限公司
26	PY 地震捕捉演示软件 V3.0	江苏普源机电实业有限公司
27	麦迪斯顿数字化手术室系统软件 V2.0	苏州麦迪斯顿医疗科技股份有限公司

续 表

序号	软件名称	获奖单位
第十四届		
1	国电南瑞 NS5000 基于统一平台的广域协同式变电站系统软件 V3.01	国电南瑞科技股份有限公司
2	CG 数控电极双螺纹梳加工控制软件 V2.0	江苏晨光数控机床有限公司
3	瀚远科技世界文化遗产监测预警管理信息平台软件 V4.0	江苏瀚远科技股份有限公司
4	超擎超级信息引擎平台软件 V1.0	苏州超擎图形软件科技发展有限公司
5	多伦交通信号智能控制系统软件 V1.0	南京多伦科技股份有限公司
6	南自美卓分散控制系统 DCS 软件 V1.0	南京国电南自美卓控制系统有限公司
7	山石网络 StoneOS 安全操作系统软件 V4.0	山石网科通信技术有限公司
8	南自轨道交通 DSC－9000＋综合监控系统软件 V1.0	南京国电南自轨道交通工程有限公司
9	华苏可视化多网融合综合呈现系统软件 V1.0	南京华苏科技股份有限公司
10	PY 飞行模拟软件 V3.0	泰州市普源视景仿真科技有限公司
11	实达迪美 DigiForm_Platform 新一代电子表单软件 V1.0	江苏实达迪美数据处理有限公司
12	中博增值税发票管理系统软件 V1.0	中博信息技术研究院有限公司
13	明润耙吸疏浚监控平台软件 V3.0	镇江明润信息科技有限公司
14	卓易环保在线公共服务平台软件 V1.0	江苏卓易信息科技股份有限公司
15	富深协通村级公益事业一事一议财政奖补信息监管系统软件 V1.0	江苏富深协通科技股份有限公司
16	华通道路交通信号控制机控制软件 V1.0	无锡华通智能交通技术开发有限公司
17	亿友慧云国有企业集团管理监督平台软件 V1.0	江苏亿友慧云软件股份有限公司
18	龙渊物联网网关系统软件 V1.0	南京龙渊微电子科技有限公司
19	国电南瑞 NRXT-D5200 配电网运行控制与管理平台软件 V1.0	国电南瑞南京控制系统有限公司
20	博辕 BY-HRIM 人资智能管理软件 V1.0	上海博辕信息技术服务如皋有限公司
21	正融基于居民健康档案的区域卫生信息平台软件 V1.0	江苏正融科技有限公司
22	达科教育中央认证与身份管理套装软件 V4.0	江苏达科信息科技有限公司
23	易司拓 E6400 电压质量综合治理平台软件 V2.0	南京易司拓电力科技股份有限公司
24	博智安全御 APT 深度检测系统软件 V1.0	江苏博智软件科技有限公司
25	巨龙统一登陆平台软件 V1.0	无锡市陶都巨龙软件有限责任公司
26	信捷 XC 系列 PLC 嵌入控制软件 V3.1	无锡信捷电气股份有限公司
27	磐能 SE－7000 建筑能耗监测管理系统软件 V1.0	南京磐能电力科技股份有限公司

续　表

序号	软件名称	获奖单位
第十五届		
1	康尼安全门系统控制软件 V1.0	南京康尼电子科技有限公司
2	焦点“百卓优采采购管理”软件(企业版)V2.0	焦点科技股份有限公司
3	Sinovatio 无线空口协议分析处理系统软件 V3.0	南京中新赛克科技有限责任公司
4	联创市民卡卡管理系统软件 V1.0	南京联创科技集团股份有限公司
5	黑方数据备份与恢复系统软件 V6.0	南京壹进制信息技术股份有限公司
6	擎天 12348 公共法律服务平台软件 V1.0	南京擎天科技有限公司
7	永中 Office 办公软件 V2016	永中软件股份有限公司
8	鸿信外勤助手软件 V1.0	江苏鸿信系统集成有限公司
9	杰瑞基于 CMMI(GJB5000A)软件项目管理平台系统软件 V1.0	连云港杰瑞深软科技有限公司
10	南大智慧社会治理创新云平台软件 V1.0	南京南大智慧城市规划设计股份有限公司
11	国图不动产统一登记信息平台软件 V1.0	南京国图信息产业有限公司
12	维邦统计数据处理平台系统软件 V3.0	常州市维邦网络软件有限公司
13	博智 EICS 工控防火墙系统软件 V1.0	江苏博智软件科技股份有限公司
14	海为视觉检测系统软件 V1.0	昆山海为自动化有限公司
15	大为智能交通管控平台软件 V1.0	江苏航天大为科技股份有限公司
16	合荣欣业 QuickTrans 快窗系统软件 V2.0	南京合荣欣业信息技术有限公司
17	百敖兆芯平台 UEFI BIOS 软件 V1.0	南京百敖软件有限公司
18	云联智慧大数据空间分析服务平台软件 V1.0	苏州云联智慧信息技术应用有限公司
19	亚信项目投资效益管理系统软件 V2.0	亚信科技(南京)有限公司
20	摩尔公路网管理与应急指挥系统软件 V1.0	江苏摩尔信息技术有限公司
21	艾隆自动化药房计算机控制软件 V1.0	苏州艾隆科技股份有限公司
22	千机整体叶盘数控加工软件 V1.0	苏州千机智能技术有限公司
23	清睿智能口语发音训练平台管理系统软件 V1.0	苏州清睿教育科技股份有限公司
24	卓易企业信用平台管理软件 V1.0	江苏卓易信息科技股份有限公司
25	亿友慧云集约资源利用系统软件 V1.0	江苏亿友慧云软件股份有限公司
26	普爱 PLX7000 系列高频移动式 C 形臂 X 射线机工作站软件 V1.0	南京普爱医疗设备股份有限公司
27	聚铭综合日志分析系统软件 V5.0	南京聚铭网络科技有限公司

续　表

序号	软件名称	获奖单位
28	中云宏业仓库管理系统软件V1.0	无锡中云宏业软控科技有限公司
29	同元产品综合设计与仿真验证平台软件V4.0	苏州同元软控信息技术有限公司
30	创网下一代网关系统软件V1.0	南京创网网络技术有限公司
第十六届		
1	擎天区域重点企业碳排放直报系统软件V1.0	南京擎天科技有限公司
2	云从龙数据交换采集系统软件V1.0	南京华讯方舟通信设备有限公司
3	鸿信12345政府服务热线系统软件V1.0	江苏鸿信系统集成有限公司
4	Sinovatio互联网协议识别软件V5.1	南京中新赛克科技有限责任公司
5	磐能DMP3000型变电站保护测控系统软件V2.0	南京磐能电力科技股份有限公司
6	悦利轨道交通电力机车牵引、制动模块维修检测系统软件V1.0	悦利电气(江苏)有限公司
7	新点政务服务管理平台软件V1.0	江苏国泰新点软件有限公司
8	中博基于大数据分析平台的移动互联网行为轨迹智能分析系统软件V1.0	中博信息技术研究院有限公司
9	易安联Enlink CASBs SYSTEM云安全连接应用发布系统软件V1.0	南京易安联网络技术有限公司
10	巨龙数据采集软件V1.0	无锡市陶都巨龙软件有限责任公司
11	万方全方位装卸车智能控制系统软件V1.0	扬州万方电子技术有限责任公司
12	卓易政企通云服务平台软件V1.0	江苏卓易信息科技股份有限公司
13	优倍MES管理系统软件V1.0	南京优倍自动化系统有限公司
14	JSPTPD智慧城市公共信息平台软件V1.0	中通服咨询设计研究院有限公司
15	正融SkyView系列图文影像分析系统软件V3.0	江苏正融科技有限公司
16	海斯凯尔超声诊断仪系统软件V1.0	无锡海斯凯尔医学技术有限公司
17	国脉智慧停车管理系统软件V1.0	扬州国脉通信发展有限责任公司
18	神探智能全网侦测分析软件V2.0	无锡神探电子科技有限公司
19	亿友慧云大数据分析云平台软件V1.0	江苏亿友慧云软件股份有限公司
20	泰普晟基于物联网的智慧轮胎系统软件V1.0	南京泰普晟软件有限公司

第三节　江苏省软件产业细分行业收入状况

一、软件产品

指以知识为基础所形成的无形软件产品（广义）。或指以知识为基础借助于中央处理器（CPU）为运行平台的指令和程序的有序结合，从而形成的无形产品（狭义），包括基础软件、支撑软件、平台软件、应用软件、工业软件、接受委托开发的嵌入式软件、移动应用软件（App）、定制软件八类。2018 年，全省软件产品共计实现业务收入 2 173.9 亿元，占全部软件业务收入的 24.6%。

二、信息技术服务

指供方为需方提供开发、应用信息技术的服务，以及供方以信息技术为手段提供支持需方业务活动的服务，包括信息技术咨询设计服务、信息系统集成实施服务、运行维护服务、数据服务、云服务、平台运营服务、电子商务平台技术服务、集成电路设计八类。2018 年，全省信息技术服务共计实现业务收入 5 344.2 亿元，占全部软件业务收入的 60.5%。

三、嵌入式系统软件

指以应用为中心编制的、镶嵌和固化在硬件中，与硬件共同构成完整功能的软件产品。2018 年，全省嵌入式系统软件共计实现业务收入 1 197.9 亿元，占全部软件业务收入的 13.6%。

四、信息安全行业

指保障信息内容和网络不受侵害的软件、支持与应用系统及相关服务。包括信息安全产品、云计算安全产品、工控安全产品、移动安全、云端安全服务、安全咨询、安全集成实施、安全运维、安全培训等。2018 年，全省信息安全行业共计实现业务收入 117.8 亿元，占全部软件业务收入的 1.3%。

第四章　技术篇

第一节　云计算

2018年，工信部印发《推动企业上云实施指南(2018—2020年)》，各地配套出台企业上云政策，进一步优化了云计算产业发展和行业应用环境，激发了云计算产业发展动力，云计算在企业上云、行业应用、市场竞争、生态布局、工业互联网落地等方面呈现新的发展特点和趋势。

一、市场规模

全球云计算市场规模保持较高速增长。据Gartner预测，2018年，全球公有云服务市场规模将达到3 058亿美元，较2017年增长17.5%，继续保持较高增长速度。

表4-28　2010—2018年全球公有云服务市场规模

年份	2010	2011	2012	2013	2014	2015	2016	2017	2018
产业规模(亿美元)	683	900	1 110	1 310	1 528	1 780	2 196	2 602	3 058
增长率		32%	23%	18%	17%	16.5%	23.4%	18.5%	17.5%

数据来源:Gartner

我国云计算市场规模高速增长。根据国际数据公司(IDC)发布的报告，2018年上半年中国公有云服务(包括IaaS、PaaS、SaaS)整体市场规模超过30亿美元，其中IaaS市场份额最大且增速再创新高，同比增长83%，SaaS市场份额位居第二，同比增长35.7%。2018年，我国软件百强企业云服务相关的运营服务收入增长超过90%。骨干云服务商收入基本实现翻番，2018年前三季度，阿里云营收达到147.5亿元，同比增长94.9%；腾讯公有云服务营收达到60亿元，同比增长超过100%。

二、创新进展

(一) 行业解决方案不断涌现，应用日益拓展深化

我国云计算的应用正从互联网行业向政府、金融、工业、交通、物流、医疗健康等传统行业渗透。2018年，云服务商除升级云计算产品外，不断推出面向行业的解决方案。阿里云发布ET农业大脑，已应用于生猪养殖、苹果及甜瓜种植等领域，具备数字档案生成、全生命周期管理、农事分析、溯源等功能；阿里云ET城市大脑已在杭州、衢州、澳门、吉隆坡等10多个城市落地，并从智能交通管理向医疗应急调度、城市管理、环境治理、旅游开发、城市规划、平安城市、民生服务七个领域拓展。百度云发布了面向农业、制造业和商业的赋能平台，"云农"平台覆盖生产环境监测、智能灌溉、农业气象、生产追溯等领域；"云制"平台连接工厂中控系统，并结合人工智能能力打造工业数据模型和机器视觉模型；"云服"平台则提供获客、推荐、运营、导购、客服、分析的全流程服务。

随着数字经济的发展和行业数字化进程的推进，传统行业数字化的潜力正在被激发，转型升级需求旺盛，将成为云服务市场增长的主要动力。而传统行业门类众多，以工业为例，我国具有全部工业门类(41大类、191中类、525小类)，且各行业状况不同，这就需要面向各细分行业的云服务解决方案。未来将会有更多云服务商推出面向更多细分领域的云服务，助力行业企业实现更深层次的数字化转型。

(二) 工业互联网成为新蓝海，落地应用探索开展

随着《国务院关于深化"互联网+先进制造业"发展工业互联网的指导意见》、工信部《工业互联网发展行动计划(2018—2020年)》的印发和工业互联网试点示范项目的评选，工业互联网成为2018年产业发展热点。云计算是工业互联网的基础和支撑，各大云服务商也纷纷推出工业互联网平台，为工业企业转型升级赋能。阿里云在重庆与工信部赛迪研究院合作打造飞象工业互联网平台，基于边缘计算平台与工业PaaS云平台，为软件服务商与系统集成商提供分布式、模块化开发和运营环境；在广东发布飞龙工业互联网平台，围绕工业生产的供应链、研发、生产、销售、服务等环节，为企业定制个性化解决方案。腾讯联合华龙讯达发布"腾讯木星云"，基于腾讯云平台架构和华龙讯达以CPS为核心的数字工厂建设技术，提供数据采集、数据建模、虚拟制造、大数据分析、虚拟供应链管理、产品全过程生命周期等应用，已在汽车、医药、机械制造、交通、核电、风电等行业进行推广。华为工业互联网平台已完成物联网操作系统、终端芯片、工业联接、边缘计算、工业PaaS等关键解决方案布局，覆盖研发设计、经营管理、智能生产、智能服务。

在工业互联网布局热潮下，美国通用电气公司(GE)宣布出售其Predix工业互联网平台、工业富联业绩不及预期跌破发行价等事件也给产业发展带来启示和思考，说明其还不能有效满足工业企业的实际需求。未来，各云服务商推出的工业互联网平台将进入应用推广阶段，需要更加重视工业行业的复杂性、个性化和用户企业的实际需求，结合具体场景实现跨界融合，解决企业发展实际问题，从而务实推动工业互联网应用落地。

三、发展特点

(一)公有云IaaS市场寡头初步形成,价格战可能趋缓

Gartner数据显示,AWS、微软Azure、阿里云、谷歌作为2017年全球公有云IaaS市场份额前四名,已占据69.4%的市场份额,比2016年的56.6%有大幅提升,且各厂商份额均有增长,市场集中化趋势更加显著。国内也是同样的市场格局,阿里云、腾讯云、中国电信等云服务商占据头部市场并不断扩大份额。持续多年的价格战也加快了这一进程,并给一些厂商的运营带来了不小的挑战。2018年上半年,金山云亏损3.33亿元,成为金山软件出现净亏损的一大原因;降价给UCloud带来大量亏损的CDN业务增长,最终令其不得不减少这一业务;美团云则选择了放弃公有云业务。2018年,阿里云、腾讯云、百度云等"财大气粗"的厂商仍然进行了幅度不小的降价,但金山云、京东云、网易云等中型厂商并没有跟进,价格战相比前几年有所降温。

公有云资金投入大、技术门槛高,各厂商近几年通过降价等手段拓展市场份额,寡头格局基本形成。一方面,在各厂商基本未实现盈利背景下,已具备规模优势的大厂商希望能早日获得利润,不占优势的中小厂商希望能减少亏损,虽然在"摩尔定律"作用下,价格仍会合理下降,但继续价格战的可能性降低。另一方面,随着用户越来越重视上云深度和效益,对产品技术和服务能力更为看重,低价不是吸引用户的主要因素,价格战将转变为云服务质量竞争,云服务商将更加注重打造优势产品、提升综合实力。

(二)企业上云工作全面开展,更加注重上云效益

2018年8月,工信部发布《推动企业上云实施指南(2018—2020年)》,从政策引导和操作指导层面推动企业将信息系统向云平台迁移,支持企业利用云计算加快数字化、网络化、智能化转型,提出到2020年实现百万企业上云。截至2018年10月,已有浙江、山东、江苏、广东、湖南等19个省市出台了推动企业上云的政策文件,结合当地经济结构和产业基础,明确上云目标和任务重点,建立工作推进机制,加大资金支持力度,创新工作举措,联合产业力量积极推进企业上云,取得了明显成效。2017年到2018年上半年,浙江全省新增上云企业18.81万家,累计已上云企业达到近24万家。截至2018年8月,江苏已上云企业数量超过19万家,湖南新增上云企业近6万家。在注重上云企业数量的同时,浙江、江苏、湖南等先行省份已出台企业上云效果评价方法,并遴选了一批企业上云典型标杆,引导带动更多企业高质量上云。

工信部于2018年10月启动企业上云典型案例征集活动,评选一批上云企业标杆。同时,工信部也正在制定企业上云效果评价标准,从应用云服务的种类和规模、云服务采购的费用支出比例、节省成本和提升效率的幅度、对企业以及行业发展的带动作用、标杆效应和推广价值等方面对上云程度和效益进行综合评价,并将于2019年发布,为全国各地企业上云评价提供指导和参考。随着各地上云政策措施的实施和效果评价标准的出台,企业上云工作将在全国范围进入更高质量的推进落实阶段。

(三)巨头加大开发生态布局,开源和应用成为竞争关键

投资、收购和合作是巨头打造生态的常见策略,2018年,类似事件仍然此起彼伏。Salesforce

以约65亿美元收购软件开发商MuleSoft（MuleSoft主要提供集成各种应用程序、设备和数据的软件工具），借助收购，Salesforce将加大产品丰富度，面向用户提供更多服务。微软以75亿美元收购面向开源软件的代码托管平台GitHub，希望将千万数量级开发者纳入其云生态圈，推动“云＋人工智能”战略落地。IBM以340亿美元收购红帽，红帽拥有Linux（开源操作系统）、OpenStack（开源云计算管理平台）、OpenShift（PaaS平台）、CloudForms（混合云基础架构管理平台）等产品和良好生态，将为IBM开发和应用方面注入强劲动力，开拓新的云计算市场。国内方面，各云服务商均将PaaS平台作为构建行业生态的关键，如阿里云推出面向应用、微服务研发和发布的PaaS平台EDAS，腾讯云分别推出面向娱乐和物联网领域的PaaS平台，金蝶发布采用开源技术、支持快速定制化开发的PaaS平台“苍穹”，京东也战略投资了致力于PaaS研发的博云，通过向开发者和合作伙伴开放应用定制平台，助力其研发细分行业领域的应用，并与自身平台应用集成，构建丰富的应用生态。

与前两年谷歌收购Bitium（身份管理）、微软收购Cycle Computing（高性能计算）、阿里云投资七牛云（云存储和CDN）、戴尔收购EMC（存储）、思杰收购ShareFile（云存储）等事件不同，巨头们在2018年不约而同地加大了对开源和开发生态的收购布局力度，开源已成为各大厂商竞争的关键。各厂商希望充分利用开源汇聚的开发力量，构建开发和应用生态，进而提升综合实力。各巨头在完成收购后，是否能够充分整合双方业务和产品，保持和增强开源社区的活力，仍需要拭目以待。

四、问题与建议

（一）存在问题

1. 企业上云政策环境有待优化

各地出台的企业上云实施方案趋同化，对地方产业基础和特色行业的指导性有待加强。一些地方出于税收等原因，要求云服务商要在本地成立公司，还有地方要求云服务商要有一定比例的降价。部分地方遴选云服务商时要求提供的材料过于繁杂。个别地方上云补贴申报周期较长。这些都给云服务商的工作开展带来一定负担。

2. 用户上云意识尚需进一步提升

“云服务商热、上云企业冷”的状况依然存在，企业上云用云意识仍需要培养，尤其是传统行业企业、广大中小企业还没有充分认识到数字化改造的重要性、必要性和带来的巨大价值，对上云的安全性、可靠性存在顾虑，仍有大部分企业处于观望阶段。浙江省虽取得重大进展，但截至2018年上半年，已上云企业仅占全省工商在册企业总数的14%。

3. 企业上云用云深度不够

大部分企业上云处于初级阶段，在生产经营层面实现业务系统上云的比例较低。例如，浙江省2018年上半年实现业务上云的企业为1 990家，仅占总上云企业数量的3.42%。通过数据整合和业务重构提升企业价值链地位的较少，可复制推广的深度应用案例有限。此外，也缺乏上云效益的评价方法为企业深度上云提供指导。

4. 云计算产品和服务供给能力不足

目前,云服务商服务能力不能适应上云企业需求的快速增长,面向特定行业、领域的解决方案依然有限。软件即服务(SaaS)领域厂商规模普遍偏小,系统化服务能力弱,定制化能力不足,不能满足企业的差异化、个性化需求。云产品以服务大型公司用户为主,中小企业往往需进行二次开发,增加了用云成本和难度。此外,云服务商的服务质量和规范性有待提高。

5. 云计算风险管理措施有限

目前,云服务商的安全技术体系尚不完善,保障能力参差不齐。因软硬件故障、安全漏洞、网络中断、恶意攻击、误操作等造成的宕机、数据丢失、隐私泄露事件依然存在。2018年6月,阿里云自动化运维系统出现故障,导致1 000多家公司业务瘫痪,损失过亿元。数据安全问题日益凸显,2018年7月,腾讯云发生硬盘损坏,造成某创业公司数据全部丢失。这些都导致广大用户对上云的安全性、可靠性产生疑虑。

(二)对策建议

1. 持续完善企业上云政策环境

鼓励各地加强调研,在充分了解本地产业和企业上云现状基础上,制定更具针对性和操作性的政策措施。鼓励各地放宽对云服务商成立本地公司、降价等的要求,适当简化遴选云服务商的流程,优化上云财政补贴的申报流程,为云服务商提供良好环境。

2. 加大政策宣贯引导力度

政府部门、云服务商、研究机构等多方力量共同参与,组织开展"企业上云城市行"活动,组织开展宣传培训,做好政策文件的解读和贯彻落实,分享成功做法和典型案例,并利用各种媒体渠道,宣传"企业上云"的知识和做法经验等,提高企业上云意识和操作能力。支持云服务商在各地建设企业上云体验中心,推动供需加强对接,营造良好氛围。

3. 树立企业上云典型标杆

制定发布企业上云效果评价指南性文件,各地参考并结合当地基础建立形成企业上云效果评价指标体系,组织第三方机构面向上云企业开展效益评估。继续组织开展企业上云典型案例评选,遴选不同行业的典型标杆应用,发挥示范引领作用,促进广大企业规模化上云、深度上云。

4. 加快提升云服务供给能力

鼓励云服务商加强云计算解决方案和应用产品研发,持续丰富云计算产品和服务,不断提高服务能力。支持各地建设软件开发公共服务平台,引导软件企业面向云计算环境加快转型步伐,不断丰富产品服务供给。鼓励云服务商与各行业龙头企业合作,促进行业知识和云计算技术融合,研发细分行业的工业互联网解决方案,汇集行业优势资源和应用,为行业用户提供切合需求的服务。进一步优化云计算测试评价指标体系,深入开展云服务能力测评,促进云服务商提升服务水平和质量。

5. 强化云计算安全保障能力

鼓励云服务商建立合理的风险管理组织架构，加强专业化安全服务队伍建设，制定健全的安全管理制度和操作规程，明确各部门的安全责任，监督并确保各项规范制度的落实。督促云服务商切实落实运营主体责任，加强安全技术、防护能力和安全服务能力建设，针对云计算环境下的新型安全问题，着力突破核心安全技术，提升风险预警、监测和应对能力，切实保障用户信息安全、保护用户商业秘密。

（来源：《2019中国软件和信息服务业发展报告》，作者：庄金鑫）

第二节　工业互联网

一、工业互联网是现代工业发展的产物

工业主要是指原料采集与产品加工制造的产业形态。工业作为国民经济中基础性的物质生产部门，工业生产主要是对自然资源以及原材料进行加工或装配的过程，其中用到很多独特的机器和设备，并且有相关的工艺技术方面的要求。而且还会与企业外部的相关供应商进行协同，需要与分散的各类客户，以及相关的分销机构进行大量的信息交互。因此在企业生产经营的过程中，不仅会产生大量的与企业生产相关的信息，如各种工艺数据信息、设备运行状态的信息、企业生产量的信息，还会产生大量与用户交付的信息，与产品跟踪的信息。这些信息在传统的工业企业中处理比较麻烦，而且由于缺乏大规模的运算能力，对这些数据信息的应用也非常有限。

工业互联网是工业制造技术与新型计算、分析、感应技术以及互联网技术融合发展的结果，不仅代表着工业制造未来发展的方向，同时也在重塑着人类社会新形态。工业互联网通过机器设备之间的连接，人与设备之间的连接，以及人与人之间的连接，实现基于特定生产域之间的互联互通；然后结合软件和大数据分析技术，对相关的数据进行分析和应用，达到重构工业结构、激发企业生产活力，改变企业的商业模式，以达到和实现让生产更美好、更快速、更安全、更清洁且更经济的目标。

具体来说，工业互联网就是利用传感技术让传统的机器满足智能化感知的功能，并结合大数据、人工智能等分析技术，从而使得整个，或者是局部的制造系统具有智能，提高资源的整体配置效率。因此工业互联网对工业领域的改造的技术路线是“智能机器＋数据＋分析模型＋智能决策”，从而形成一个具有特定智能功能的制造系统，实现数据驱动的制造，让整个制造过程在人机交互的环境中实施。

二、从工业软件到工业互联网

借助现代信息技术对制造业进行升级改造是一项系统性的工程，以前推行的制造业信息化就

是将信息技术、自动化技术、现代管理技术与制造技术相结合,以改善制造企业的经营、管理、产品开发和生产等各个环节;提高生产效率、产品质量和企业的创新能力,降低消耗;带动产品设计方法和设计工具的创新、企业管理模式的创新、制造技术的创新以及企业间协作关系的创新。而具体来说,就是从产品设计制造、企业管理的信息化、生产过程控制、制造装备的数控化等环节大规模使用各种专门的工业软件,实现企业各方面流程的标准化的管控。

传统的工业软件主要包括CAD、CAE、CAM、CAT、CAPP等CAX设计交互方面的软件,以及PDM/PLM、ERP、MES、MRO等资源和产品管理方面的软件,以及较小众的计算机辅助测试(CAT)、计算机辅助创新(CAI)、逆向工程(RE)软件等方面的软件等。这些传统的工业软件的一个重要特征是侧重于特定管理功能的实现,或者是特定方面的交互功能的实现,而且都与数据分析等智能功能相去甚远。更关键的是,这些传统的工业软件由于没有相应计算能力的支持,如工艺系统专业软件、力学测试方面的专业软件、电气工程方面的专业软件、微电子设计等方面专业软件、仪表专业方面的软件等都需要软件计算能力,以及相关数据的支持才能够实现,软件定义制造的能力没有发挥出来。

事实上,随着现代技术的发展,传统的工业软件范围得到了极大的扩展,如对原材料的分析、加工和检测,对电力、燃气、水、氢、风、光伏、生物等能源的管理、检测、维修方面的内容极大地扩展了工业软件的范围。另外,设备调试和设计施工软件、流体动力仿真软件、电力运营软件、结构力学软件、勘探仿真软件、产品和流程质量数据分析软件等都是随着电子信息技术的应用而拓展的新的软件形态。可以说目前工业软件已经覆盖从设计、制造、需求管理、变更管理到设备管理、车间能效管理、操作人员管理、工艺管理等诸多环节。并衍生出基于软件支持的各种商业模式,新型产品的交付形态,以及对消费者提供服务的形式,推动工业企业的创新发展。

三、工业互联网的定位及其问题

随着工业软件在工业企业中应用和运行越来越丰富、多样,而且随着互联网技术以及计算能力的快速发展,工业互联网这一作为"工业操作系统"的平台型赋能工具应运而生。其一方面是整合传统的工业软件计算资源,让传统的工业软件发挥更大的效能;更重要的是借助云计算平台、大数据、人工智能等新型技术,拓展传统工业软件的功能范围,不仅对工业企业中经营模式、制造工艺、工作成本计算、管理和调度、供应商关系、客户关系等实现自动化、智能化的管控,并在局部环节实现机器智能的自主决策,实现生产经营决策的自动化和智能化。

工业互联网作为工业企业的操作系统,其本质上是一个基于互联网的企业综合管控平台,在理想状态下,是一个以云计算平台为基础,汇聚了物联网管理、各种软件功能衔接、各种计算能力集聚,以及多种资源整合为一体的综合性的管理平台。其主要职能则是通过数据资源的整合、处理、分析,借助相关的数据分析、人工智能、边缘计算等技术,形成初步的报告、预警、判断等初步的决策信息,然后通过有效的人机交互,让机器智能和人类智能共同作出相应的问题处理、工艺改进等方面的决策。当然,随着智能技术的发展,对于一些相对程序化的决策,人工智能也能够单独进行决策,甚至直接通过智能系统执行。

从目前来看,工业互联网平台需要解决多类工业设备接入、多源工业数据集成、海量数据管理与处理、工业数据建模分析、工业应用创新与集成、工业知识积累迭代实现等一系列问题。而不同企业需要根据自身的实际需要,选择不同的发展路径进行工业互联网的建设。从《工业互联网白皮书(2017年)》的相关表述,工业互联网会涉及七大类关键技术,分别为数据集成和边缘处理技术、IaaS技术、平台使能技术、数据管理技术、应用开发和微服务技术、工业数据建模与分析技术、安全技术等。从中可以看出,目前推进工业互联网的理念基本还是借用了互联网的相关概念,而和工业控制和自动化的发展逻辑相去甚远,引起工业企业的不适。

图4-12是工业互联网相关内容的一个框架性描述,该图引用于《工业互联网白皮书(2017年)》。

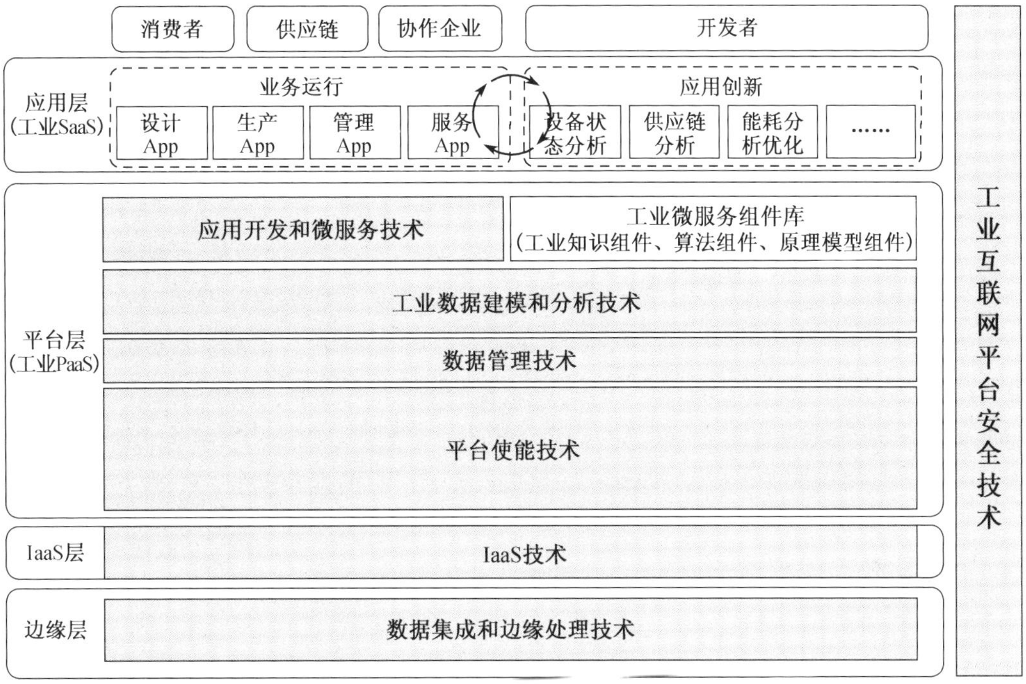

图4-12 工业互联网体系框架

四、当前工业互联网有待完善的因素

工业互联网的应用和发展需要相关因素的支持,而从目前来看,工业互联网还没有发挥出其应有的功效,没有实现大规模的普及,主要是因为工业互联网还缺乏相关要素的支持,使得工业互联网的大规模普及还不成熟。

第一是数据采集和利用问题。目前不少企业拥有自己企业产业链上的大量数据,但是这些数据只是围绕企业内部封闭的生产而进行,对整个产业来说,这些数据并没有产生巨大的产业带动效果,产业链上下游对这些信息不敏感,也就是这些数据的价值还不能够充分发挥出来。

工业产业互联网平台应该以行业内企业及用户为主体,包括原材料生产(供应)企业、设备制造企业、成品生产企业、产品销售企业、仓储物流企业、终端消费用户等各个环节的用户,以及为供应链提供基础服务的企业,还有为产业链各环节企业提供服务的科研机构、检测机构、政府部门、金融服务机构等。这不仅仅是一个技术问题,更深层来说,这是一个组织行为层次的问题,以及相关社会资源集聚的体制和制度问题。而这些因素从目前来看还有待培育,还很不成熟。

第二是产业深度问题。从目前工业互联网的发展来看,工业互联网的"广度"有余而"深度"明显不足。这也从另外一个层面反映出目前工业互联网的现状，互联网的因素太多，而传统工业控制方面的要素明显不足。当前很多企业将工业互联网平台看成为整个产业链服务的平台，是一个资源整合平台，是围绕企业的一个企业＋互联网技术的初级应用平台。而真正深入到生产工艺过程，能够进行有效的内部资源整合的内容很少。这也是目前工业互联网遭受非议较多，而本身基础不牢的主要原因。而这样的工业互联网应用充其量只是传统电子商业和企业信息化的延伸，其预先设定的应用和价值很难体现出来。

第三是应用生态问题。任何产业或技术应用本身是多方面要素的集合，同时，工业产业互联网平台能为产业链上企业及其他相关部门提供综合服务，包括信息化服务、交易和撮合交易服务、金融保险服务、智能制造、仓储物流服务、大数据整合服务等，此外，工业互联网平台可以通过平台系统来为产业链上的企业服务。也就是说，工业互联网能够为使用相关服务的企业提供相关生态系统建设的服务，企业能够基于这样的平台，建立起企业知识的业务系统，商务系统，而平台则提供各种资源对接、资源整合方面的服务。

事实上有人把工业互联网的应用范围总结成了如图 4－12 所示的情景，几乎囊括了一个制造企业所能涉及的各种业务领域，从底层物理系统的数据采集、智能感知，到数据集成处理、产业建模、数据仿真分析，再到顶端的企业内部的智能化生产管理、企业和企业之间的网络协同、用户个性化定制，以及与其他产业链相关环节的协同等。这样的体系架构全面是全面，但是对于刚刚接触相关概念的企业来说，面对复杂的建设框架，很难从千头万绪的建设思路中找到适合企业自身的突破口。而对于工业互联网服务提供的企业而言，也很难起到应有的指导作用。

五、工业互联网应聚焦于企业内部管理

从工业互联网目前的发展来看，工业互联网定位出现了问题。工业互联网希望能够把工业企业在互联网时代新的服务都囊括进自身的体系之中，建立一个庞大的巨无霸体系。而这样的目标很明显是不现实的，尤其是在工业互联网起步阶段，很多规范和商业模式还不清楚的情况下，这样相对比较粗犷的定位很难指导工业互联网企业的发展，也很难让用户真正感受到工业互联网所带来的价值。

尤其是在又出现了新的概念——“产业互联网”大背景下，大多数企业更是搞不清楚两者之间的差异。而事实上，两者之间的真正的差距到底在哪里，可能很多业内人士也解释不清楚。实际上，从目前来看两者之间的定位也很难区分，更多概念只会增加从业者的困惑。但也可以从另外的角度表明工业互联网概念本身可能存在的不周延，还存在诸多不能够准确表述的词义空间。

所谓“天下大事必作于细，天下难事必作于易”，工业互联网从目前来看，还是应该更多地关注企业内部的管理，可以认为是传统意义上企业信息化的升级版本。而更多的关于产业层面协同的事务可以交由产业互联网作为工具来进行管理，这样工业互联网更多具有工业的特性，关注工业本身的转型升级；而产业互联网则更多是消费互联网向产业层面的延伸，以此打造其自身特色。

工业互联网聚焦于工业企业内部的管理，重点的关注领域是设备管理、生产运行状态的管理、生产工艺的改进、采购管理、生产资料管理、库存管理、搬运管理、成本和财务管理、人力资源管理、绩效管理、生产变更管理、制造的计划排程管理、能效管理系统等。这些内容尽管看上去千差万别，但是事实上都是基于工业企业的生产相关场景过程展开，并且都是基于工业控制效率的提升展开，而且都是基于生产和服务的核心——“现场管理”而展开。因此可以认为工业互联网是基于生产和

服务现场的管理。

该领域中需要的知识和技术主要是来自生产控制各环节的具体化的场景知识。该领域中用到的网络技术、计算技术、感知技术、数据技术、人工智能技术等都是以提高工业控制系统的可靠性和控制效率为核心。因为从生产制造环节来说，也就是从企业内部的管理来说，生产制造环节效率的提升才是该领域最关注的内容。该领域更多关注的是操作技术（OT），是让数据技术、感知技术为操作服务。

而产业互联网则主要根据企业的战略规划和企业商业模式服务，更多地为营造企业特定时期和特定场景形态下的企业生态系统服务。其所关注的则是供应链管理、客户关系管理、产品生命周期管理等，其所对应的主体则主要是与企业相对的供应商、消费者、已经销售的产品等。该领域的知识和技能更多地来自与消费互联网紧密相关的技术应用，而与生产过程联系不紧密，只要相互之间留有接口，就可以与工业互联网的现场管理系统之间实现信息的交互。该领域的技术主要还是利用传统的相关 IT 技术来实现，是电子商务技术、CRM 技术、SCM 技术的进一步细化和延伸。

六、现场管理是工业互联网的基础

目前对工业互联网有各种“高大上”的描述，但事实上如果做不好最基础的对工厂和车间的现场管理，则这些想法只能是“空中楼阁”，难以实现。因此从目前工业互联网的发展阶段来看，还需要以制造业的基础——现场管理为核心展开。

生产现场是进行制造和进行价值转化的场所，是价值转化要素进行聚集、交互的场所，是企业进行价值转化，以及价值交付的主要空间。尽管看上去生产现场每时每刻处理的都是各种各样的琐事，如机器故障、原材料欠供、零部件不合格、订单修改、现场人员请假、临时电力供应不足、人员误操作、产品设计方案变更等问题，但是正是在这些具体事情的处理中，往往决定着生产管理人员的智慧，也决定着企业的运行效率，甚至可以毫不夸张地说，就是在这样琐碎的事务处理中，决定着企业的创新。

对于企业管理者来说，事件的关键全在现场，因为正是现场才是企业很多规划需要落实的地方。各个企业彼此的专业领域虽然不同，工作要点却完全相同，关键是仔细观察现场的状况。具体说就是面对产品和现场，用眼睛去凝视，用耳朵去倾听，用身体去贴近，用心灵去感受。只有这样才能够听到“神灵”的声音，感觉到工作现场的秩序和效率，以及可能出现的问题。对于生产中遇到的各种各样的问题，现场也能够给出很多的启示，甚至直接给出解决问题的答案。

作为一个企业经营者，无论多么高明的战略、多么雄厚的资金、多么精良的设备、多么强大的产品、多么完美的销售网络、多么周密的管理制度、多么美好的愿望，甚至是多么认可和接受产品的消费者群体，如果离开了现场，这一切迟早都会烟消云散，不复存在，而且这一天来得会比预想的要早。

但是以目前生产现场的管理来看，还很不成熟。就以车间现场的“连接”来说，“连接”应该是工业互联网的基础，这里还是以最简单的“连接”来说，而不是以有实质性业务关联的“联结”。就是为车间现场提供不同的设备之间、流水线各环节进行数据连接服务，并将这些复杂的数据信息通过现场总线连接起来。在该领域，已经被 IEC 列为标准的连接就有 18 种，而由这些总线接口之上产生的“协议”则有数千种，企业进行工业互联网建设就需要根据自身的业务需要，从这些标准中选择适合自己的标准。现在很多做得比较好的公司，在数据的现场连接方面都没有做好，很多公司是通过

“导表”的方式，将机器数据对象字典中的数据与上位软件的变量映射起来。不仅没有实现相应的便捷，反而增加了更多的工作。

工业互联网还是要做好与自动化系统的衔接。从目前来看，工业互联网还主要是基于互联网的思维进行制造业的革新。但是从现场管理和落地的角度来看，自动化才应该是工业互联网建设的基础，只有在自动化系统已经建设得非常规范的前提下，工业互联网才能够获得自身分析、决策所需要的精准信息，并在这些信息和数据基础上提出优化，形成智能化方向的变革。工业自动化领域的每个针对工业各领域的应用都是来自产业的实际需求，解决的是一个个的具体问题。

七、生产现场管理及其主要内容

现场管理就是用科学的管理制度、标准和方法对生产现场各生产要素，包括人（工人和管理人员）、机（设备、工具、工位器具、工装夹具）、料（原材料、辅料）、法（加工、检测方法）、环（生产现场的环境）、能（生产现场所使用的能量）、信（生产现场所涉及的信息交互）等进行合理有效的计划、组织、协调、控制和检测，使其处于良好的结合状态，能够迅速响应外部环境的变化，达到柔性、智能、高效、绿色、均衡、安全、文明生产的目的。其主要内容包括以下几个方面：

一是现场的定置管理，即规划现场的功能区划，将生产现场所需的各类功能区结合生产流程进行划分，并做好明确的标志，以有效地支持生产。如设备的安置摆放，工件按区域按类放置，合理使用工位器具；材料的及时运转和清理，不拖不积，保证现场产品有效运转；加强相关的记录和标识管理，使各功能区容易识别，降低现场操作的风险等。

二是工艺管理，是现场管理中非常重要的内容。包括严格贯彻执行工艺规程；对新工人和工种变动人员进行岗位技能培训；严格贯彻执行按标准、按工艺、按图纸生产，对图纸和工艺文件规定的工艺参数、技术要求应严格遵守、认真执行，按规定进行检查，做好工艺操作记录；对原材料、半成品、零配件进行自检，以保证符合相关标准；对相关工艺过程如需修改或变更，应遵循相应的变更流程；提出现场改进的合理化建议、技术改进建议等。

三是现场质量管理。现场应严格执行相关质量管理的规定，履行相关的质量管理职责，应保证关键过程处于受控的状态；按照规定认真执行相关检查制度，要对产品质量负责；要做到对现场相关质量问题的持续改进。

四是设备管理。对车间设备要指定专人管理，认真执行设备保养制度，严格遵守操作规程；开机前检查设备的操纵控制系统、安全装置等的有效性；要根据需要填写相关的设备运行状态记录，实行重点设备凭证上岗操作管理；严格设备事故报告制度等。

五是工具管理。对生产现场使用的各种工具进行管理，如量具、刃具应按规定使用，严禁违章使用；精密、贵重工具、量具应严格按规定保管和使用，保证这些工具能够得到科学的保管和使用；并按照规定做好相应的使用记录。

六是生产安全管理。严格执行各项安全操作规程，定期开展安全活动，开好班前会，不定期进行认真整改、清除隐患；特殊工种作业应持特殊作业操作证上岗；交接班记录，班后认真检查，清理现场，关好门窗，对重要材料要严加管理；重点设备，要专人管理，卫生清洁、严禁损坏；消防器材要确保灵敏可靠，定期检查更换（器材、药品），有效期限标志明显；发生事故按有关规定及程序及时上报，并分析问题原因。

七是能源管理。开展能源消耗统计核算，认真执行相关的能源消耗降低标准；随时检查耗能设备运行情况，杜绝能源无效利用现象的发生，严格掌握控制设备预热时间；对能源的使用情况进行定期的比对检查。

八是现场信息管理。对现场相关信息的采集、传输要进行管理，保证现场生产的信息安全；规划现场的数据采集、处理、存储、分析等过程，保证数据能够成为驱动现场优化的重要工具手段，并且能够确实起到防范现场无效率，乃至现场各种安全风险的重要技术保障，并确保数据的安全使用。

八、工业互联网相关技术进展

基于以上的分析，工业互联网主要是针对工业控制现场进行的管理，是以提高生产制造效率为核心的管理。从技术上来说，工业互联网尽可能地把整个工业制造系统连接起来，实现数据在这些设备、人和系统之间流动，从而实现大数据分析、运营决策、控制等，优化工业生产体系而进行的管理。因而工业互联网的核心是通过网络化，把这些系统都打穿，围绕生产经营，形成一个系统化的、能实现数据传输和应用的智能体系。

其中，网络体系是基础，涉及人、物品、机器、车间等全要素，涵盖设计、研发、生产、管理等各环节，将工业全系统、全产业链、全价值链泛在深度互联；平台体系是核心，平台作为各种要素的枢纽，可以将数据汇集在一起，不仅连接数据，还包括机器状态，在此基础上可以实现资源的优化配置、智能分析等；安全体系是保障，通过安全体系可以识别和抵御安全威胁、化解各种安全风险。

从体系结构来说，工业互联网的网络体系可以分为三级两层，三级指现场级、车间级、工厂级；两层指 OT 层和 IT 层，而在 IT 层面则主要是提供相关的接口。目前主要基于对工业控制的现场管理，已经形成了初步的技术框架，针对主要基于操作技术（OT）的现实，工业互联网需要适合自身特点的新的信息系统架构形式，以满足工业互联网特殊的信息传输需求。

OPC UA（Unified Architecture，统一架构）是下一代的 OPC 标准，通过提供一个完整的、安全和可靠的跨平台的架构，以获取实时和历史数据和时间，是当前面对工业互联网应用场景的架构。通过 OPC UA，工业互联网所需要的信息在任何时间、任何地点对每个授权的应用，各个被授权对象均有操作权限，极大地提高了工业互联网在生产制造现场的运行效率。这种功能独立于制造厂商的原始应用、编程语言和操作系统，所以能够为企业提供更多的应用灵活性，而不需要受制于设备提供厂商。OPC UA 是目前已经使用的 OPC 工业标准的补充，提供包括如平台独立性、扩展性、高可靠性和连接互联网的能力等重要的特性。

如果说 OPC 标准更多地关注于连接，则由 ABB 等工业自动化企业参与制定的 IEEE Time Sensitive Network（TSN）网络更加关注于数据的现场传输质量。因为工业互联网要求数据不仅要具有安全可靠的特点，还对数据的实时性有特殊的要求。

任何一个网络，只要处理多源时序数据，就需要有统一的时间认知，即统一全局时间。传统互联网和消费级物联网，利用网络内基于 GPS 的基准时钟，采用 NTP 时钟同步算法完成全网时间同步，精度一般在秒级。然而，工业互联网由于需要实时控制，要求的时间精度往往在微秒级，这需要更加精确的同步算法。这就是 TSN 网络发展的原因。该网络在数据链路层工作，能够极大地降低网络因路由和交换而发生的延迟，而且对网络的安全性也能够提供保障。

总之，不管利用什么样的工具和方法，以及采用什么样的模式，工业互联网只是一种手段，是解决当前制造过程中存在的各种问题、提高制造效率的工具。因此不管是工业自动化手段，还是采用工业互联网的模式,或是产业互联网的路径,进行相对明确的分工,解决生产制造企业的问题,提高企业的运行效率才是最终的目的。

(来源:《2019中国软件和信息服务业发展报告》,作者:卢光明)

第三节　物联网

物联网是新一代信息技术的重要组成部分,是我国重点发展的战略性新兴产业之一。2018年,在宏观政策利好和国产技术标准推行的双轮驱动下,我国物联网规模化应用持续增长。从产业规模看,整体市场持续保持15%以上的较高增速;从产业结构看,芯片和传感器等核心硬件有所突破,网络及平台应用发展良好;从行业应用看,工业物联网、医疗、物流、交通、农业等行业应用占据主导,其他领域应用纷纷兴起;从技术与标准方面来看,由国产厂商主导的关键技术和标准化工作进展喜人,NB-IoT(Narrow Band Internet of Things)迈入商用阶段,5G(第五代移动通信网络)技术应用取得突破性进展。

一、物联网产业发展现状

(一)物联网产业规模持续扩大

我国物联网产业自"十三五"开局以来,在政策、标准、技术以及应用方面多有建树,逐渐呈现出市场引导渐进化、区域发展逐步特色化以及产业协同逐步深入化的特点,产业整体发展进入稳定增

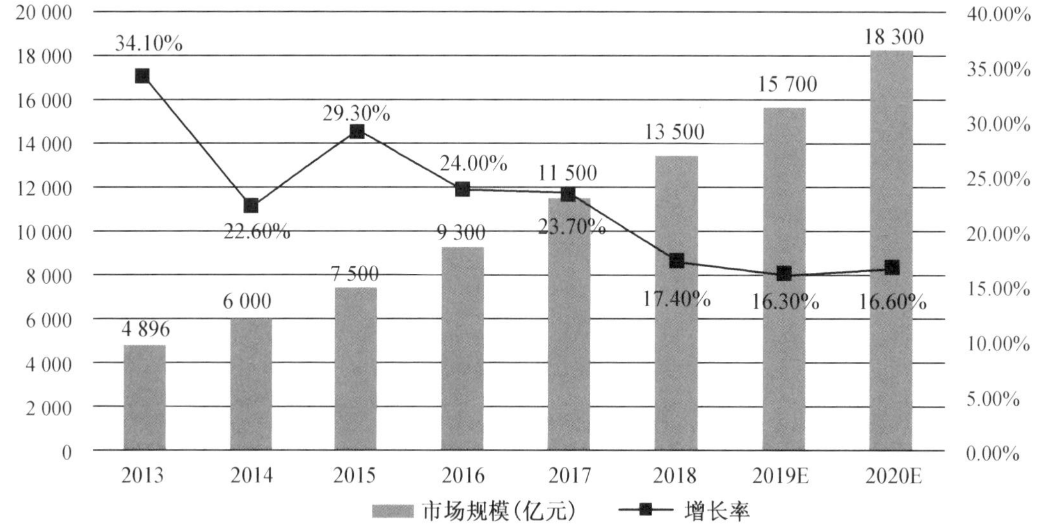

图4-13　近几年中国物联网市场规模及增长率

长期。2018 年，我国物联网产业市场规模突破 13 000 亿元，同比增长 17%，持续保持较高增速，预计到“十三五”末期，物联网产业规模将超过 15 000 亿。当前，政府、企业、院校及社会行业机构不断加快物联网发展的布局和资源配置，已呈现出国家政策牵引、行业应用示范、企业创新互动发展的良好局面，逐步形成互联网企业、第三方运营平台、公共服务平台及创新载体共同参与的多样化发展模式。

(二) 政策与市场驱动重点行业升级

当前，物联网产业已进入新的发展阶段，从不同行业、不同商业生态出发的物联网应用与服务将进一步成熟并实现规模化应用，在这个过程中，国家政策的支持与市场需求的驱动加速实现了产业的升级。

在政策层面，为了加快构建具有国际竞争力的物联网及相关产业体系，国家多年来不断出台各类政策鼓励与支持相关企业与技术的发展，如 2013 年出台的《国务院关于推进物联网有序健康发展的指导意见》(国发〔2013〕7 号)与 2016 年的《信息通信行业发展规划物联网分册(2016—2020 年)》(工信部规〔2016〕424 号)提出：不断深化物联网与经济社会融合发展，推动产业集成创新和规模化发展的进程。2018 年，工信部也组织开展并发布了物联网集成创新与融合应用项目，表现出了我国物联网产业发展在关键技术与垂直应用方面的进展与重点。相对 3—5 年前的物联网应用，2018 年的物联网示范项目更具现实意义，一方面，在共性技术上不断取得突破与进步；另一方面，在重点行业上的技术与产品日渐成熟，进一步渗透于公众的日常工作与生活。

在市场层面，大量传统行业的企业开始认识到物联网的作用与价值。从政企客户的需求来看，物联网应用正在从试点阶段发展到规模化应用阶段。据统计，全球 29%的政企客户已部署物联网应用，其中有 95%的客户认为物联网在提升效率(55%)、降低风险(49%)、增加收入(49%)、削减成本(49%)等方面具有成效。与此同时，物联网的广泛使用也面临着巨大的阻力，如安全性问题、成本问题以及内外部执行时的不可控风险和阻碍。此外，诸如无人零售等创新业态的出现也带来了大量对物联网的应用和实践，如智能零售柜与无人零售的物联网解决方案仍然在市场应用过程中不断进行优化，以 RFID 为代表的物联网技术与以机器视觉为代表的人工智能技术最终可能会走向协同与合作。另外，从个人用户需求看，物联网的价值认可度相对偏低，主要应用集中在智能家居与可穿戴智能设备领域，据统计，仅一半消费者对当前市场中的智能家居提供商的性能与价格感到满意，未来仍有改进空间。

(三) 物联网应用平台竞争激烈

企业服务平台方面，基于云的物联网平台是大型企业竞争的主战场，其中互联网企业推出的工业 PaaS 平台、操作系统、智能家居平台集中于云服务、中间件、数据处理；电信运营商推出的 PaaS 平台功能以接入管理及一站式网络适配、后台处理解决方案为主，这两类平台与各行业 PaaS 平台实现互补。目前国外主流云服务平台为 Amazon AWS、Microsoft Azure、IBM Watson、Google 等，由于国家政策管控，海外企业在华受限，国内市场基本被阿里云、腾讯云、百度云、华为云等本土云服务商占据。

行业应用平台方面，设备管理、业务使能类 PaaS 平台企业面临的是多样化的细分市场，竞争聚焦在协议对接数量和功能价值、系统稳定性上。部分企业已经在细分市场取得了设备连接数领先,例如航空设备领域的航天云网、智能家电出海领域的Ayla、通用领域的机智云、智能家居的小米米家等,但市场仍然处于早期阶段,大型设备厂商推出的PaaS平台局限于内部生态及同类型设备使用,传统工业网关企业、电子看板企业转型推出的设备接入及可视化平台更多面向特定细分领域市场。风电领域和少量火力发电领域由大数据公司、主机厂商共同推动率先开始应用设备维护预测,但大量能源领域、制造业领域企业仍未实现基础的设备管理。柔性供应链、生产流程优化、产品创新、设备预防性维护、能耗管理等应用开发商处于起步阶段。

通用能力平台方面,以BAT为代表,少数人工智能科学家领衔的团队聚焦基础技术研究,大量人工智能公司基于机器学习、神经网络算法和行业经验、数据训练构建识别类产品;交互领域出现轻量级眼球追踪技术、脑机接口技术等新兴技术企业;VR、AR硬件未出现规模应用,新型低成本技术企业出现;受制于驱动控制、运动平衡控制等技术的成熟,人型机器人处于早期研发阶段,各行业特种机器人开始小批量供货。无人机领域,消费级市场增长空间有限,小型公司纷纷转向工业应用,寻求细分领域切入点。而随着SLAM(同步定位与建图)技术的发展,无人机、服务机器人等产品趋于成熟,但应用场景还比较有限。物流企业和第三方企业逐步发展AGV(自动导引运输车)技术,AGV和各类型机械臂预计将开始规模化应用。

(四)物联网技术融合催生新产品

2018年物联网与人工智能、大数据以及设备互联通信技术进一步融合,在语音交互、低功耗网络、边缘计算、物联网安全、消费级芯片、工业物联网等领域均催生了很多新的产品。

语音交互方面,亚马逊全面更新智能音箱Echo与智能语音助手Alexa,同时国内小米、阿里、京东、喜马拉雅、Rokid等厂商纷纷推出各自的智能音箱及语音助手服务。语音交互将成为大部分领域交互控制的下一代技术。

低功耗网络方面,物联网进入低功耗时代。无论是LPWAN天生的低功耗,还是蜂窝网后天的改造,例如4G LTE Cat-M1,都为物联网的低功耗通信做好了准备。特别是NB-IoT,运营商与设备制造商联手推动了NB-IoT实施落地。华为海思具备了NB-IoT芯片的量产能力,结合中国电信在网络建设方面的大力投入,将使得更多物联网商用场景成为可能。而同时蓝牙5.0标准的发布,使得无线网络领域的竞争更加激烈。

边缘计算方面,物联网世界雏形初现,海量的数据已经对传统的中心式计算体系形成了挑战,因此在边缘进行数据筛选便显得尤为重要。边缘计算是一种计算拓扑,其中信息的收集、处理和交付更接近于信息源或者终端。从网状结构网络和分布式数据中心的概念出发,脱胎于最初的数据清洗概念,边缘计算着眼于保持本地、远离网络中心的计算与处理。目标是减少中心负担,减少不必要的流量,并且实现点对点之间的互联,以及对复杂的内容和负载进行数据筛选、人工智能推理、实时响应。适合这一功能的芯片和操作系统已经出现。

物联网安全方面,几次全球性的物联网安全事故,例如Mirai病毒通过物联网设备的传染瘫痪了半个美国的互联网,让人们更多地关注到这一领域。国内威努特等工控安全企业推出的工控防火墙、工业安全审计产品在能源、烟草等行业得到大量应用。

消费级芯片方面,基础组件成本进一步降低,向可消费品程度发展。例如蓝牙芯片已经做到了可以接受一次性使用的程度。

（五）NB-IoT、LoRa 与 5G 发展迅猛

2018 年，我国三大运营商持续展开 NB-IoT 基础建设和商用竞赛，智能表计、共享领域企业开始启动 NB-IoT 应用，同时也集中启动 5G 的试点。中国电信通过与华为合作，且基于其固有基站可快速升级为 NB-IoT 基站的优势，率先完成 NB-IoT 的部署，建成全球首个覆盖最广的商用新一代物联网（NB-IoT）网络，实现 31 万个基站升级。中国移动也展示了 NB-IoT 实验网，并启动了 14 万座宏基站集采。中国联通也在混改后，开启了 NB-IoT 试商用网。

由于 LoRa 在高设备连接密度、高区域集中领域的低成本、低功耗优势，部分传统物联网 SI 转型 LoRa 解决方案，Zigbee、433 技术持续在特定行业存在发展空间，蓝牙、WiFi 芯片厂商展开新一轮成本与性能竞争。LoRa 全球联盟已经有 17 家中国企业及实验室加入，其中中兴给予了这一技术大量的支持。而 Zigbee、433 等通信手段，由于支持广泛，越来越多的企业在此基础上建立自有通信网络，甚至自创协议。

除 NB-IoT 与 LoRa 的蓬勃发展外，5G 技术也进入实战阶段，我国企业在 5G 领域处于领跑者的地位。自 2013 年成立“IMT－2020 推进组”以来，国内 5G 持续快速推进，目前怀柔已建成了全球最大的 5G 试验网，而华为的多项关键技术已被采纳为 5G 国际核心标准。从国内三大运营商来看，中国移动已在多个城市开展外场试验，预计 2020 年实现规模商用；中国联通计划在部分地区进行 5G 系统组网验证，预计在 2020 年进行大规模的面向商用的 5G 网络部署；中国电信在 2016 年挂牌了 5G 开放实验室，此外申请了 5G 相关发明专利 59 项，并计划在 2019 年建成若干规模预商用网。结合工信部部署和各运营商积极布局的状况来看，我国 5G 网络的基站建设工作已经顺利开展，5G 通信成为主流指日可待。

二、物联网技术发展趋势

（一）计算与控制领域

在自主研发的趋势引领下，我国物联网计算与控制领域的技术水平较以往得到极大提升，与国外的差距已经缩短到最多落后两代，个别领域同代落后。

MCU 芯片低端市场竞争越来越激烈，而高端市场依然被海外巨头垄断。在这一领域 ST 的发展势头良好，芯片向低功耗、专用方向演进，未来的门槛依然会相对较低，是薄利行业。

电源管理芯片技术壁垒高但难以独立发展。这一领域企业的技术壁垒依旧可以保持，但是由于其和下游行业的结合越来越紧密，未来很难看到独立生产电源管理芯片的公司，而更多是大企业的单一部门来完成。

半导体制造领域是资本和脑力高度密集的行业，近年来获得了国家政策的大力支持，发展水平提升较快，未来两三年国内代工厂的技术差距和国外会缩短到一代，全球产能依然供不应求。而华为、中兴在海外市场受阻事件，也进一步刺激了国家对于半导体产业链完全自主化的决心，半导体产业国产化力度将进一步加大。

通用芯片及相应生态链工具将因国产化需求迎来机会，而垂直领域芯片，例如视频编解码芯片、FPGA 等，也将逐步从低端占领高端市场。此外，新兴的 AI 芯片利用后发优势，有机会和国外

巨头共同竞争高端市场。考虑到芯片行业的复杂度,大型企业仍然占据着生态里的绝对优势,合作将是中小企业更好的选择。

(二)传感器领域

传感器市场将快速增长,细分品类市场进一步集中。快速增长的物联网连接终端数,传感器技术向精准化、小型化、无线方案迭代升级,国家“十三五”政策推动传感器基础技术研究和行业应用等三大因素驱动传感器市场快速增长,未来 3 年市场规模预计增速 30%以上。由技术优势、规模效应导致的成本下降及并购整合操作,导致每个细分领域市场集中度将逐步提升。

传感器技术将向 MEMS 技术、无线通信技术、新材料技术、光电芯片技术、激光技术、复合传感器技术、多学科交叉融合的方向发展;传感器产品将向智能化、微型化、芯片化、集成化方向发展。技术发展与创新的重点在材料、结构和性能改进等三个方面——敏感材料从液态向半固态、固态方向发展;结构向小型化、集成化、模块化、智能化方向发展;性能向检测量程宽、检测精度高、抗干扰能力强、性能稳定、寿命长久方向发展。其中 MEMS 以其高集成度、微型化的特性,在陀螺仪、传感器、光学等领域都有相关应用,包括在军事领域和以汽车、电子、家电等为代表的民用行业将有着极为广阔的应用前景。

国家政策也在推动包含 MEMS 传感器在内的基础技术研究,加强传感器在智能制造、海洋资源开发等领域应用。国务院发布的《“十三五”国家科技创新规划》中,在“发展新一代信息技术,发展智能绿色服务制造技术”章节,提出重点加强新型传感器的研发,加强工业传感器制造基础共性技术研发,提升制造基础能力;在先进制造技术专栏中,提出开展 MEMS 传感器的研发,提高自主研发能力,开展工业传感器核心器件、智能仪器仪表、传感器集成应用等技术攻关,加强工业传感器技术在智能制造体系建设中的应用,提升工业传感器产业技术创新能力;在海洋资源开发利用技术专栏中,提出发展近海环境质量监测传感器和仪器系统。

(三)通信领域

从物联网连接数量的角度来看,未来低功耗广域网预计将占据 60%物联网通讯市场,近距离通讯及局域网将占据 30%份额,剩余 10%的高保障行业,如智能驾驶、智慧医疗等,需要大容量、实时传输、智能处理,将依赖 5G、LTE 等高速移动蜂窝技术。LPWAN、蜂窝网络芯片竞争空间趋于饱和,WiFi、蓝牙芯片技术持续迭代。量子通信预计 5 年后将在政府、金融等关注安全的行业实现应用,相关服务商高度集中。

5G 的高带宽、低延时和高稳定的特性,为无人机驾驶、汽车自动驾驶、高清 AR、VR 的应用真正奠定了基础。“云”与“端”因为传输造成的界限将渐渐模糊,“云”会更接近“本地硬件”的概念,这将为互联网带来新的革命。作为一个划时代的技术,5G 还可能给基础设施带来革命性的提升,基站、骨干网等物联网设备供应企业都将迎来更多的发展空间。

(四)物联网平台领域

物联网 PaaS 平台数量高速增长。IoT Analytics 在 2017 年发布数据指出:相比 2016 年,全球物联网平台的数量增长近 30%,达到 450 家,且保持持续增长。中国现有市场存在 50 家以上物联网 PaaS 平台公司,未来将发展出 4 类平台:一是电信运营商提供的以设备接入和网络管理为基础的平台；二是云服务商提供的以云计算和中间件为基础的云平台；三是嵌入式操作系统厂商提供的边缘开发到后端数据管理的应用支持平台；四是互联网团队或电子看板企业转型提供的数据总线平台。

物联网 PaaS 平台的发展趋向 AEP(应用支持)平台，以提供开发工具、标准接口、数据存储和行业套件为“服务”本质。平台需要以开放的方式吸引开发者，通过和开发者的互动，不断完善平台兼容性以及与第三方系统和应用连接的能力。

拥有海量连接设备、分支机构遍布全国的政府、企业市场将优先应用 PaaS 平台，同时为企业客户产生价值显性化的管理平台企业更容易获得成功。人工智能和机器学习能力将成为管理平台竞争的核心能力。数据真正产生价值的环节，行业间差别较大，服务于大型行业客户的管理平台将成为主流。管理平台市场产品目前集中于设备监控、流程管理、远程运维，未来将在能耗管理、预防性维护、产品创新、工艺流程优化、柔性生产、金融等领域深度应用。

(五) 行业应用领域

工业物联网方面，各类型机械臂由汽车、3C 行业向离散制造业全行业扩展；柔性制造由工业物联网平台、机械臂、机器视觉企业提供基础技术，在集成商推动下，从大型企业到中小企业逐步发展。工业物联网将经历三个发展阶段：第一阶段，工厂内部设备垂直整合，包括各机器及生产线的自控系统、工厂制造执行系统及 ERP 等系统的整合，实现工厂内系统、设备与机器间在物联网基础上的互联互通；第二阶段，价值链上所有企业水平整合互通，包含上游所有各级供应商的相关系统(系统内包含相关设备的物联网信息)，以及下游各渠道的系统终端或设备，以此增加生产力，提升效率与灵活性；第三阶段，按需定制与柔性制造整合，包括产品设计、测试、上市以及制造方面的工厂、制造、物流、服务，都将全面实现互联互通和智能改造，从而产生新的商机、新的业务模式及新的盈利模式。

智慧医疗方面，辅助诊断市场的产品将由拥有大量医院诊断数据的企业及周边大数据挖掘公司提供；医疗资产管理服务将持续由分散的通讯模组解决方案厂商和少数工业物联网平台厂商提供；康复机器人、医疗监测可穿戴设备相关企业将依靠优秀的用户体验在市场占据一席之地。

智慧农业方面，基于环境、作物、牲畜监测而实现的智能化种植、养殖技术和农业专用无人机将在大型农业生产基地得到应用，广大农民未来将通过包技术、包销及包资金的金融公司获得智能化升级服务。

三、我国物联网产业未来展望

(一) 物联网大力推动经济社会发展

物联网推动经济结构调整和发展方式转变。物联网和“互联网＋”联合，将在促进我国产业之间相互渗透、交叉和重组，激发产业链、价值链的分解、重构和功能升级，引发产业功能、形态、组织方式和商业模式的重大变化，推动经济结构调整和发展方式转变方面发挥重要作用。一方面，物联网与消费品行业、现代服务业跨界融合，将有效刺激信息消费，带动社会消费快速增长；另一方面，物联网技术与理念重构传统行业的运营范式，将大幅拓展行业价值空间。在工业领域，生产线可以通过物联网技术动态地根据多样化的订单去供料、加工以满足大规模个性化的制造需求,并将倒逼技术研发、企业管理、市场营销等各个环节,带来整个工业生产方式的深刻变革;在农业领域,物联网将带动资源、要素、技术、市场需求在农村的整合集成和优化重组,加快农业生产的智能化和现代化,并大幅提升农业相关的生态休闲、旅游观光等服务能力,从而实现农业增质增效和农民增收。物联网驱动工业文明和生态文明融合发展,破解资源环境约束。

(二)从移动互联走向万物互联时代

从移动互联到万物互联的演进正加速推进,相比PC、平板和智能手机等传统智能终端出货量下滑或增速持续下跌,物联网可穿戴设备同比增长接近200%。根据国际电信联盟(ITU)、思科、Intel等多个机构的预测,到2020年全球联网设备市场规模可达200亿—500亿美元。其中,消费型可穿戴设备仍将独领风骚,用于运动健身、休闲娱乐、智能开关、医疗健康、远程控制、身份认证,眼镜、跑鞋、手表、手环、戒指、纽扣等不同形态的可穿戴设备渗透人们生活,带来更多的便利。同时,万物互联将实现物理世界和网络空间的全面融合,连接数量的剧增将使网络价值呈现指数级爆炸式增长,人、物、数据在网络环境下进行流程再造,将重构整个社会的生产工具、生产方式和生活场景。移动互联向万物互联的扩展浪潮,与大众创新、万众创业相结合,将使我国创造出相比于移动互联网更大的市场空间和产业机遇,而开源软件和开源硬件构成的开放生态环境仍是成功发展的关键要素。

(三)物联网全面支撑智慧城市建设

我国中型以上的城市有500多个,新型城镇化和智慧城市建设正在深层次推进,虽然物联网在支撑智慧城市建设与管理方面已经发挥了重要作用,但目前无论是应用层次还是应用范围都还处于初级阶段;针对我国城市管理和公共服务普遍存在的能力不足、手段落后等问题,通过物联网自动感知、快速反应、科学决策,从而提升城市管理精细化、智能化水平,这也将给物联网技术应用带来巨大的市场空间,物联网在相当长时期内仍是智慧城市的首要支撑技术。为进一步推进发展,应建立物联网设备和应用系统在智慧城市的统一建设与管理机制,面向城市管理、公共服务、产业升级迫切需求,大力推广物联网在基础设施管理、公共事业管理、能源管理、环境保护、交通管理、公共安全等领域的应用,推动我国智慧城市建设和发展进入纵深阶段。

(来源:《2019中国软件和信息服务业发展报告》,作者:林星)

第四节　人工智能

在移动互联网、大数据、超级计算、传感网、脑科学等新理论新技术的驱动下,全球人工智能技术和产业加速发展,呈现出深度学习、跨界融合、人机协同、群智开放、自主操控等新特征,已成为新一轮科技革命和产业变革的重要驱动力量,在支撑供给侧结构性改革、打造高质量的现代经济体系、促进社会进步等方面发挥着越来越重要的作用。

一、2018 年国内外人工智能发展特点

（一）人工智能正塑造世界智能经济雏形

智能经济是以大数据、互联网、物联网、云计算等新一代信息技术为基础，以人工智能技术为支撑，以智能产业化和产业智能化为核心，以经济和产业各领域为应用对象的新型经济发展形态。随着人工智能技术更广泛地应用于社会生活的各个领域，智能经济雏形正在全球范围内初步显现。据普华永道预测，2030 年人工智能将为全球 GDP 带来 14%的增长空间，即 15.7 万亿美元的市场规模；其中中国的 GDP 增长规模为 26%，北美的 GDP 增长规模为 14%。截至 2018 年，我国人工智能核心产业规模达到 180 亿元，带动相关产业规模达到 2 200 亿元；人工智能领域的资本总量稳步增长，截至 2018 年我国人工智能投融资总额超过 700 亿元，占全球的 30%以上。

（二）全球产业竞争环境更为复杂激烈

美国政府正酝酿新一轮的系列顶层设计，确保美国在未来全球产业竞争中占据主导地位。2018 年白宫宣布成立人工智能专门委员会（SCAI），负责统筹人工智能相关的跨部门重点事项，并与国防部展开密切合作。2019 年 2 月，美国科学和技术政策办公室在白宫网站发布总统特朗普签署的《美国将主导未来产业》行政令，宣布美国将在人工智能、先进制造、量子信息科学和 5G 四大重点领域，制定一系列全新国家战略。具体到人工智能领域，行政令及其相关文件从基础设施建设、研发创新、应用管理、就业结构调整、协调机制建设等方面，对美国未来人工智能领域的发展做出部署。

欧盟委员会于 2018 年 4 月通过《欧洲人工智能战略》，提出在 2020 年前将人工智能领域投资增加到 20 亿欧元，建立欧洲人工智能联盟，重视人工智能社会伦理和标准研究。法国于 2018 年 3 月出台《法国及欧洲人工智能赋能战略研究报告》，意图提升法国在美中主导下的人工智能全球竞争中的话语权。德国已于 2018 年 11 月发布国家人工智能战略，依托德国人工智能研究中心（DFKI），推动工业 4.0 与人工智能技术充分融合。英国于 2018 年发布《产业战略：人工智能领域行动》，目标是主导全球人工智能数据伦理，建立人工智能应用和发展的国际准则，并针对“人工智能与数据经济”挑战，就算法、人民、基础设施、商业环境、地区 5 个生产力基础领域制定了具体的行动措施，以确保英国在人工智能行业的领先地位。此外，日本、印度均结合各自特点发布相关发展规划。

（三）我国人工智能产业支持政策加速落地

我国在国家和地方多层面密集出台一系列政策措施，助推人工智能产业发展。国家层面来看，早在 2017 年，人工智能就出现在党的十九大报告和政府工作报告中。2019 年，政府工作报告首次将“智能＋”作为人工智能与实体经济深度融合的发展方向明确提出，这反映了人工智能应用深度和规模的不断扩展。

2017 年，国务院印发的《新一代人工智能发展规划》确立了面向 2030 年的“三步走”的发展目标。2017 年 12 月，工信部印发《促进新一代人工智能产业发展三年行动计划（2018—2020 年）》，以

信息技术与制造技术深度融合为主线,以新一代人工智能技术的产业化和集成应用为重点,推动人工智能和实体经济深度融合,加快制造强国和网络强国建设。2018年11月8日,工信部印发《新一代人工智能产业创新重点任务揭榜工作方案》,围绕三年行动计划确定的重点任务方向,在17个方向及细分领域,开展集中攻关,重点突破一批创新性强、应用效果好的人工智能标志性技术、产品和服务。科技部发布科技创新2030"新一代人工智能"重大项目2018年度项目申报指南,在新一代人工智能基础理论、面向重大需求的关键共性技术、新型感知与智能芯片等3个技术方向启动16个研究任务。

从地方层面看,2018年以来,上海市、浙江省、北京市、重庆市、广东省、安徽省、天津市、湖南省等相继出台人工智能产业支持政策。全国各地方结合自身区位条件和产业基础,积极布局适合本地区特点的人工智能发展规划,实现从中央到地方的联动机制,进一步带动人工智能发挥经济和社会效益。

二、全球人工智能产业链环节概述

人工智能行业可分为基础层、技术层和应用层,三者环环相扣,共同组成人工智能产业的主要方面。

表4-29 人工智能产业链环节及细分领域

环节	核心能力	细分领域
基础层	计算力	AI芯片、智能传感器、核心算法和基础理论
技术层	技术开发及输出	计算机视觉、自然语音处理、语音识别、机器学习
应用层	商业化解决方案	机器人、无人机、自动驾驶、智能客服、智能物流、客户画像等

数据来源:中国电子信息产业发展研究院整理,2019年3月

(一)基础层发展情况

基础层主要提供计算力。主要包含人工智能芯片、智能传感器、基础理论和算法等领域。其中芯片具有极高的技术门槛,且生态搭建已基本成型,目前该层级的主要贡献者是Nvidia、Mobileye和英特尔在内的国际科技巨头。智能传感器领域主要被博世、欧姆龙、ST、罗姆、NXP、ADI、英飞凌、楼氏电子、索尼、三星等巨头企业垄断,本土企业竞争力较弱,跨国公司占据了87%的市场份额。核心算法和基础理论领域,美国是目前人工智能基础理论和算法发展水平最高的国家,Facebook、谷歌、IBM和微软等科技巨头均重点布局人工智能算法及算法框架等高门槛技术。中国在基础层的实力相对薄弱。

(二)技术层发展情况

技术层解决具体类别问题。这一层级主要依托运算平台和数据资源进行海量识别训练和机器学习建模,开发面向不同领域的应用技术,包括语音识别、自然语言处理、计算机视觉和机器学习技术。全球来看,科技巨头谷歌、IBM、亚马逊、苹果、阿里、百度都在该层级深度布局。中国人工智能

技术层在近年发展迅速，发展重点聚焦于计算机视觉、语音识别和语言技术处理领域，除 BAT 等平台型科技企业之外，出现了如商汤、旷视、科大讯飞等诸多独角兽公司，处于发展上升期。

(三) 应用层发展情况

应用层解决实践问题，是人工智能技术针对行业提供产品、服务和解决方案，其核心是商业化。得益于人工智能的全球开源社区，人工智能应用层进入门槛相对较低。预计未来场景数据完整、信息化程度较高、追求效率动力比较强的场景将率先实现人工智能的大规模商业化。我国应用层企业将人工智能技术集成到自己的产品和服务，从金融、安防、交通、医疗、制造、机器人等特定行业或场景切入。目前，应用层的企业规模和数量在中国人工智能产业链分布中占比最大，具有较大优势。

三、我国人工智能产业链梳理和优势企业分析

(一) 基础层进展

AI 芯片领域，目前全球人工智能的计算力主要是以 GPU 芯片为主。随着定制化芯片和类脑芯片的不断发展，GPU 能够提供的算力增速将放缓。中国企业在 GPU 领域很难与巨头抗衡，但百度、深鉴科技、寒武纪、中星微、华为等企业在 AI 专用芯片领域有望为中国企业提供新的可能。

表 4-30 我国人工智能基础层优势企业

类型	芯片	优势企业
通用芯片	GPU 等	—
半定制芯片	FPGA、DPU、XPU 等	百度、深鉴科技
全定制 ASIC 芯片	TPU、IPU、NPU、Cambricon 等	寒武纪、中星微、华为海思
类脑计算芯片	TrueNorth、Zeroth	—

数据来源：中国电子信息产业发展研究院整理，2019 年 3 月

智能传感器领域，我国起步相对较晚，在高端传感器方面的发展落后于欧美日韩等发达国家，海康威视、大华、歌尔、航天电子等企业在传感器领域有一定积累。

核心算法和基础理论领域，我国目前仅少数几家科技巨头或明星独角兽拥有针对算法的开放平台。其中，百度的 Paddle-paddle 平台是典型的深度学习算法的开源平台，初创企业商汤开发了深度学习训练框架 Parrots。

(二) 技术层进展

我国在数据量方面优势较大，据 IDC 估算，全球数据总量预计 2020 年将达到 44ZB，中国的数据量将占全球数据总量的 18%(约等于 7.9ZB)，这为人工智能技术开发及输出提供了较好根基。我国科技企业通过互联网发展期的积累，获得了海量的数据，随着数据的价值在人工智能时代日益凸显，这些数据正逐渐演变成企业的重要资产和竞争力。计算机视觉、语音识别、自然语言处理是

中国市场规模最大的三个应用方向,市场占有率分别为34.9%、24.8%和21%,涌现出了商汤、依图、旷视、科大讯飞等独角兽和上市公司。

表4-31 我国人工智能技术层优势企业

技术	场景	优势企业
计算机视觉	智能家居、语音视觉交互、AR/VR、电商搜图购物、标签分类检索、美颜特效、智能安防、直播监管、视频平台营销、三维分析	商汤科技、旷视科技、依图科技、云从科技、格灵深瞳、地平线机器人
自然语言处理和语音识别	搜索引擎、知识图谱、深度问答、推荐引导、机器翻译、智能电视、智能车载、智能移动终端、呼叫中心、语音助手	科大讯飞、出门问问、思必驰、云知声、捷通华声、声智科技
机器学习	压缩技术、数据中心、自动驾驶、公共安全	百度、第四范式、寒武纪科技、深鉴科技、云天励飞

数据来源:中国电子信息产业发展研究院整理,2019年3月

(三)应用层进展

得益于广阔市场环境、大量搜索数据、丰富产品线以及国内外科技巨头对开源科技的推动,我国在人工智能应用环节具有较大优势,从行业来看,人工智能已经在医疗健康、金融、教育、客服等多个垂直领域得到应用,涌现出一批具有优势的国内企业。

表4-32 我国人工智能应用层优势企业

领域	优势企业
自动驾驶	MOMENTA、驭势科技、纵目科技、MINIEYE
无人机	大疆创新、Yuneec、HerCamera、Zerotech
仓储物流	艾瑞思(旷视科技子公司)、海康机器人(海康威视子公司)、鲸仓科技、快仓、Geek+、立镖机器人、灵西智能、水岩科技
工业制造	库卡、深之蓝、AUBO、塔网科技
服务机器人	优必选、小鱼在家、科沃斯、康力优蓝、Rokid、Roobo
医疗健康	科大讯飞、推想科技、汇医慧影、雅森科技、翼展智慧影像、锐达医疗、健培、半个医生、125Sigma
金融	商汤科技、同花顺、海鲸金融、鼎复数据、星桥数据、CreditX
教育	乂学教育、作业盒子、猿题库
客服	小i机器人、云问科技、智齿科技

数据来源:中国电子信息产业发展研究院整理,2019年3月

四、我国人工智能重点应用趋势研判

(一)人工智能将广泛应用于政务服务

在政务服务方面,人工智能技术将得到更广泛应用。采用人脸识别、声纹识别等生物识别方式进行的身份验证,采用对话式AI提供智能化政务服务,采用语义理解、运用情感分析算法判断网络观点的正负面、群众情绪的舆情管理,采用文本分析+知识图谱+搜索技术辅助刑侦、技侦工作的智能警务情报系统,采用计算机视觉类技术识别并追踪监控中的重点嫌疑人员的智能公共安全响应等将取得更大进展。

总的来说,政府端是目前人工智能切入智慧政务和公共安全应用场景的主要渠道,早期进入的企业逐步建立行业壁垒,未来需要解决数据割裂问题以获得长足发展。各地政府的工作内容及目标有所差异,因而企业提供的解决方案并不是完全标准化的,正迫切需要根据实际情况进行定制化服务。由于政府一般对于合作企业要求较高,行业进入门槛提高,海康威视等早期进入者强者恒强趋势明显。

(二)金融行业人工智能应用将向业务全过程拓展

在金融行业,人工智能的应用场景将逐步由以交易安全为主向变革金融经营全过程扩展。人工智能技术发展迅速推动智能金融领域的进步。人工智能在金融领域的应用可分成服务智能、认知智能和决策智能三个层面。服务智能得益于算力的提升,进行监督式机器学习,例如利用人脸识别、语音识别和智能客服等,达到提升金融领域交互和服务的目的。认知智能以监督式机器学习为主,辅以无监督式挖掘特征变量,进而使风险识别和定价更为精细。决策智能以无监督学习为主,通过预测人脑无法想象、尚未发生的情境,指导和影响当前决策。该层面在人工智能金融领域的典型应用是智能量化投资。

未来,传统金融机构与科技企业进行合作推进人工智能在金融行业的应用,将改变金融服务行业的规则,提升金融机构商业效能,在向长尾客户提供定制化产品的同时降低金融风险。

(三)医学诊疗阶段人工智能应用成为新热点

在医疗健康领域,人工智能应用发展快速。我国医疗人工智能的应用领域相对集中,应用场景多侧重于医疗健康产业链后端的病中诊疗阶段。腾讯、阿里巴巴等互联网平台企业,推想科技、汇医慧影、依图医疗等创业企业,以及西门子等传统医药企业,均将医学影像作为现阶段AI技术产品化的重点方向,开发了一批食管癌、肺癌、乳腺癌、结直肠癌筛查以及糖尿病视网膜病变AI辅助医学影像产品。

但我国AI医疗企业的商业落地路径尚不明晰,与医疗机构、制药企业、器械厂商、保险公司、政府和科研机构的合作模式仍处于初期探索阶段,合作效率较低,尚未形成盈利方案。目前来看,急需建立标准化的人工智能产品市场准入机制并加强医疗数据库的建设。人工智能的出现将帮助医疗行业解决医疗资源的短缺和分配不均的众多民生问题。但由于关乎人的生命健康,医疗又是一个受管制较严的行业,人工智能能否如预期广泛应用,还将取决于产品商业化过程中如何制定医疗和数据监管标准。

(四)制造业领域人工智能应用潜力巨大

在制造业领域,人工智能的应用潜力尚待深挖。由于制造业专业性强,解决方案的复杂性和定制化要求高,且制造业数据资源未被充分利用,人工智能目前主要应用在产品质检分拣和预测性维护等易于复制、推广的领域。然而,生产设备产生的大量可靠、稳定、持续更新的数据尚未被充分利用,这些数据可以为人工智能公司提供优质的机器学习样本,解决制造过程中的实际问题。

未来,在研发设计环节,可以利用人工智能算法开发数字化自动研发系统,将大幅度降低制药、化工、材料等周期长、成本高、潜在数据丰富领域的研发不确定性,推动高风险、高成本的实物研发设计向低成本、高效率的数字化自动研发设计转变。在生产制造环节,可以利用人工智能技术提升柔性生产能力,实现大规模个性化定制,提升制造业企业对市场需求变化的响应能力。在质量控制环节,未来可实现人工智能技术在材料、零配件、精密仪器等产量大、部件复杂、工艺要求高的制造业细分领域的产品快速质检和质量保障,提升人工智能技术与物联网和大数据技术的融合水平,构建面向生产全流程的质量自动检测体系。在供应链管理环节,将人工智能应用于掌握供需变化将会取得良好的效果。通过建立实时、精准匹配的供需关系,着重提升市场需求变动大、供应链复杂领域的供应链效能。在运营维护环节,可建立基于人工智能算法的设备产品运行状态模型,监测运行状态指标的变化情况,提前预测和解决设备、产品、生产线的故障风险。

(五)消费零售领域人工智能技术多点开花

在消费零售领域,人工智能正在商务决策场景、精准营销场景、客户沟通场景等各个零售环节多点开花,应用场景正在从碎片化进入大规模整合期,人工智能在消费零售领域的应用场景正在从个别走向聚合,传统零售企业与电商平台、创业企业结成伙伴关系,围绕人、货、场、链搭建应用场景。

目前,京东已经将人工智能技术运用于零售消费的全系统、全流程、全场景,在供应端,京东发布人工智能平台,实现了智能算法的跨场景复用,每天的调用量突破12亿次。苏宁、国美等线下零售企业开始布局线上线下相结合的人工智能应用。

五、对我国人工智能产业发展的几点建议

(一)支持人工智能在企业科技领域的融合应用,加快技术赋能产业

我国需紧抓人工智能企业级应用的爆发红利期,加大力度培育人工智能的产业融合应用生态。一是重视将人工智能技术应用于机器人自动化流程,推动高端装备、新能源汽车等新兴产业加快发展,拓展“智能+”新业态,使人工智能技术更好地为制造业转型升级赋能。二是重点支持一批细分领域应用开发服务企业、平台型软件供应商、底层技术提供商,联合打造面向医疗健康、金融与保险、交通出行、城市安防等重点场景和行业的集成化解决方案。三是及时梳理人工智能融合应用路径与实践经验,组织力量编制形成针对重点行业、不同业务场景的人工智能与实体经济融合应用宣贯读物或指南读本,向全社会普及人工智能与实体经济融合发展路径,更好地激发市场主体的创新

创业活力。

（二）加快构建人工智能基础设施体系，打牢产业应用根基

完善的基础设施体系是人工智能技术得以更广泛应用的前提条件。一是应加快掌握人工智能底层技术所需的硬件基础，实现从终端的传感器芯片到整个计算芯片，再到整个信息通信基础设施的完整布局。二是加快建设政府治理、公共服务、产业发展、技术研发等领域大数据基础信息数据库，为产业应用提供数据支持。三是加强移动互联网、大数据、云计算、智能感知物联网、航空系统，以及智能交通基础设施、储能设施、新能源汽车充电桩、智能电网等对人工智能应用落地的基础支撑。四是搭建自动驾驶汽车试验场、智能家居综合体验场等应用场景基础设施，发展支撑智能化的工业互联网、面向无人驾驶的车联网等基础设施，支持相关产品的商业化尝试。五是将高水平人才作为人工智能基础设施的重要储备，培养和造就一批世界水平的人工智能科学家、科技领军人才、工程师、高水平创新团队，提升人工智能领域的自主创新能力和科技成果转化能力。

（三）加大人工智能重点领域资本投入精准度，高效对接应用需求

产业资本对人工智能发展起到导向性作用，必须更好发挥资本的撬动作用，提升产业资本的投入精准度。一是灵活运用人工智能产业基金、政府采购等形式，对人工智能芯片、机器学习算法研究、人工智能应用落地等核心和关键领域加大研发投入与应用支持。二是重点发挥政府引导基金的前瞻性作用，加大在人工智能基础领域的投入，优化基金流向配置，带动地方产业投资基金和社会资本的投资布局，弥补高成长性人工智能初创技术企业的资本缺口，在制造业等国民经济重点领域培育人工智能应用需求。

（四）深化人工智能领域国际合作交流，融入世界分工体系

人工智能产业发展离不开国际网络的密切配合。一是应保持我国人工智能产业发展与全球的生产网络、创新网络、知识网络、贸易网络的紧密联系，积极参与并引导形成新的国际分工合作网络。二是应培育和打造一批有代表性、有影响力的人工智能领军企业，重视人工智能细分领域具有较强竞争力的“专精特”中小企业群体。三是应鼓励中外企业、研究机构开展人工智能技术交流合作，通过学术研讨促进产业合作。四是需重视全球合规性，以法律遵从的确定性来应对国际政治的不确定性，引导和支持中国人工智能领域企业严格遵守联合国决议，遵守美国、欧盟等适用法律，鼓励有条件的实体逐步引进国际专业顾问团队，建设贸易合规体系和全球合规管理责任体系。

（来源：《2019中国软件和信息服务业发展报告》，作者：安晖　王哲）

第五节 虚拟现实与制造业融合应用

要推进制造强国战略、实现制造业转型升级发展,离不开新一代信息技术的应用。新兴技术的发展也需要以典型行业领域的应用实践为重要推动力。虚拟现实这一新兴信息技术的出现和发展,给制造业研发设计、生产制造、经营管理、销售服务等全产业链创新发展提供了新工具、新方法,为工业化与信息化深度融合带来了新抓手、新动力。随着虚拟现实技术与产业的成熟发展,制造业虚拟显示技术的应用案例正不断涌现,应用模式和应用路径将进一步成熟,我国必须把握机遇,加大工作力度,助力制造业朝数字化、网络化、智能化方向转型升级。

一、虚拟现实技术在制造业的应用

(一)研发环节:实现立体精准的虚拟结构设计

虚拟现实技术可以展现产品的立体面貌,使研发人员能够全方位构思产品的外形、结构、模具及零部件配置使用方案。特别是在飞机、汽车等大型装备产品的研制过程中,运用虚拟现实技术能大幅提升对空气动力学的把握和产品性能的精准性。波音公司将虚拟现实技术应用于777型和787型飞机的设计上,通过虚拟现实的投射和动作捕捉技术,完成了对飞机外型、结构、性能的设计,所得到的方案与实际飞机的偏差小于千分之一英寸。据统计,采用虚拟现实设计的波音777飞机,设计错误修改量减少了90%、研发周期缩短了50%、成本降低了60%。

(二)装配环节:实现精密加工的虚拟装配操作

在装配环节,虚拟现实技术目前主要应用于精密加工和大型装备产品制造领域,通过高精度设备、精密测量、精密伺服系统与虚拟现实技术的协同,能够实现细致均匀的工件材质、恒温恒湿洁净防震的加工环境、系统误差和随机误差极低的加工系统间的精准配合,提高装备效率和质量。中国一拖集团应用我国本土企业曼恒数字研发的"数字化虚拟现实显示系统",打造出虚拟装配车间,可实现360度内部全景漫游,既能多角度观察每个装配工位,又能精准跟踪装配工件的生产工艺流程,为我国大型农业装备制造行业发展注入了新鲜血液和强大力量。

(三)检修环节:实现远程实时的虚拟检测维修

虚拟现实技术应用于复杂系统的检修工作中,能够实现从出厂前到销售后的全流程检测,能够突破空间限制、缩短时间需要,提高服务效率、拓展服务内容、提升服务质量,将制造业服务化推向新的阶段。例如,美国福特公司联合克莱斯勒公司与IBM合作开发了应用于汽车制造的虚拟现实环境,在汽车出厂前就检验出其存在的设计缺陷,并辅助修正,大大缩短了新车研发周期。未来,通过远程数据传输,虚拟现实技术将帮助实现实时、远程、预判性的监测维修服务。

(四)培训方面:实现直观高效的虚拟培训体验

在复杂的、高精度的制造环境中采用虚拟现实技术培训,能够立体展现制造场景,帮助学员通过全方位的感知体验,获取高仿真的、可重复的、低风险的制造工艺学习体验。与航空业利用虚拟现实技术设计模拟驾驶室训练宇航员的经历相似,利用虚拟现实技术建立虚拟培训基地,有利于制造业从业人员提前熟悉制造场景、提升应用技能。当前,已经有许多国内外企业运用虚拟现实技术开展培训工作。例如,英国皇家装甲公司采用虚拟现实技术,对14.5吨的新型车辆进行车辆训练模拟,实现了对专用车型驾驶员的操作培训。

表4-33 国内外智能制造领域虚拟现实技术应用案例

应用环节	应用企业	国别	应用内容
研发环节	罗尔斯-罗伊斯	德国	利用虚拟现实投射和动作捕捉系统,查看发动机细节。
	英国航空	英国	运用自主研发的虚拟环境可配置训练设备设计高级战斗机座舱。
	波音	美国	运用三维模型仿真技术进行波音777外形和结构设计。
	卡特彼勒	美国	通过头盔对新型车辆在运行、操作、挖掘时的情况进行观察。
	福特	美国	将虚拟现实技术连接至设计系统,查看整体外观和内饰的设计。
	奔驰	德国	通过仿真空气动力学实验优化汽车性能。
	加拿大航空电子设备	加拿大	在汽车性能的虚拟开发系统中进行仿真驾驶。
装配环节	东软	中国	虚拟制造模式下,不建厂房不进设备,只负责整机组装调试。
	日产	日本	用虚拟现实软件试线,从仪表板上拆除气囊组件。
	奥迪	德国	在三维虚拟空间内完成对实际产品装配工作的预估和校准。
	克莱斯勒	美国	以虚拟现实技术展示元件在工厂中的精确位置并提示优化安装的方法。
	福特	美国	建立各部件的虚拟模型,从整个产品的装配性角度完成部件组装。
检修环节	曼恒数字	中国	飞机发动机虚拟装配系统能让研发人员发现设计中的缺陷并及时调整。
	罗克韦尔柯林斯	美国	在虚拟环境中将有质量性能问题的电子设备替换。
	国家仪器	美国	在交互式开发环境下完成虚拟仪器的测试过程。
	雷诺	法国	在虚拟环境中进行动态虚拟碰撞测试汽车的安全性能。

续 表

应用环节	应用企业	国别	应用内容
培训环节	英国皇家装甲	英国	对新型车辆的驾驶员进行虚拟车辆训练模拟。
	丰田	日本	运用汽车虚拟现实培训中心,通过动作捕捉高端交互和3D显示,对从业人员进行培训。

数据来源:赛迪智库整理

二、我国虚拟现实制造业应用面临的机遇与挑战

(一)我国制造业具备应用虚拟现实技术的基础条件

从应用基础看,我国在虚拟现实领域已经形成一批科研成果,为在制造业推广应用奠定了基础。北京航空航天大学和一汽公司合作开发的板料成形软件,基本能够模拟车门等复杂覆盖件的冲压成型过程;沈阳铸造研究所开发的电渣熔铸工艺模拟软件已经应用在水轮机组叶片曲面造型中;合肥工业大学开发研制的双刀架数控车加工模拟已应用于马鞍山钢铁车轮轮箍厂。

从应用实践看,我国已在航天、航空、汽车等高端制造领域初步应用了虚拟现实技术。中国商飞研发出虚拟现实仿真系统,用于新型民机的预先研究评估和关键技术攻关;一汽、二汽、上汽等汽车公司在运用UG、CATIA、PRO-E等三维软件进行产品设计方面已积累多年经验,具备了应用虚拟现实所需的数据基础。

(二)我国制造业拥有应用虚拟现实技术的现实需求

从产业基础看,我国制造业规模位居全球第一,规模以上制造企业数量超过32万家,产业门类齐全、产品种类丰富,产业体系健全,对虚拟现实技术的应用场景丰富,空间广大。

从政策环境看,《中国制造2025》和"互联网+"行动等战略的相继出台,以及国家刚刚提出的推动中国制造2025与"互联网+"融合发展,都体现了对智能制造和协同制造发展的重要支持,虚拟现实技术则是其中的重要技术支撑。

(三)推动虚拟现实技术与制造业融合尚面临诸多问题

由于虚拟现实还处于发展与应用的孕育期,其在制造业的应用经验尚不充足,两者融合发展还面临一些问题。

一是应用场景和应用路径尚不清晰。国内企业对虚拟现实的技术特征、应用方法等缺乏基本了解和整体把握,对制造业各环节与虚拟现实技术的结合点尚不清晰,加之应用场景设计缺失,产业标准不统一,难以对工业技术与虚拟现实技术的融合应用形成明确的产业化引导,制约了应用范围的拓展。

二是我国制造业自身发展层级不高造成新技术应用的效率成本难以平衡。目前应用虚拟现实技术的企业主要集中于航空、汽车、仪器仪表等高端制造行业,以及原型设计、精密加工等高端制造

环节。我国的低端加工制造占比较大，进入高端制造的行业和企业不足，涉及制造前端原型样机设计、流程仿真的屈指可数，导致企业的应用能力不足、应用意愿不强。

三是虚拟现实行业应用的供应链短板依然明显。除了在虚拟现实相关主控芯片、光学器件、高端传感器等方面存在共性短板外，国内面向工业制造的增强现实模块化产品设计、操作维修、仿真训练等虚拟现实内容和应用供应严重匮乏，缺乏应用开发工具和开发平台，系统集成能力不强。供应链短板的存在严重拉高了行业融合应用的成本，延缓了推广进程。

三、推动虚拟现实制造业融合应用的措施建议

（一）强化顶层设计，面向行业需求规划应用路径

结合《中国制造 2025》实施，从高端制造行业和重点环节入手，定义和构建若干典型应用场景，明确应用需求。引导制造企业从现有基础和实际出发，分步、有序推进虚拟现实技术在制造领域的融合应用。第一，推动虚拟现实在设计研发、检测维护、操作培训、营销展示等环节的应用，提升辅助设计能力和制造服务化水平。第二，将虚拟现实应用于协同制造、远程协作等方面，建立生产过程数据采集和分析系统，实现生产进度、现场操作、质量检验、设备状态、物料传送等生产现场数据的可视化管理，提高制造执行、过程控制的精确化程度。第三，推进虚拟现实在产品全生命周期各环节和企业管理各方面的应用，实现企业设计、工艺、制造、管理、物流等环节的集成优化，推进企业数字化设计、装备智能化升级、工艺流程优化、精益生产、可视化管理、质量控制与追溯、智能物流等方面的快速提升。

（二）加强重点攻关，尽快突破行业应用技术瓶颈

聚焦制造领域典型应用，布局关键技术研发攻关，突破工业互联网信息三维空间的注册定位、建模、搜索、显示与交互等核心技术，提升工业级虚拟现实主控芯片、微显示器、高端传感器供应能力，加快虚拟设计、虚拟装配制造、虚拟检测维修、虚拟培训等工业软件及工具包的开发及产业化，构筑工业大数据和虚拟现实相结合的智能服务云平台，提升产业自主创新能力和融合创新能力。

（三）制定标准规范，开展行业应用联合测试验证

构建基于虚拟现实技术的信息物理系统参考模型和综合技术标准体系，推动工业级虚拟现实软硬件标准，以及工业互联网设备、产品之间标识解析、数据交换、安全通信等标准的制定。建设虚拟现实应用测试验证平台和综合验证试验床，开展兼容适配、互联互通和互操作等测试验证。

（四）推进试点示范，扩大行业应用范围和影响力

面向汽车、钢铁、高端装备制造等重点行业，设立若干基于虚拟现实的智能制造应用示范区，打造智能制造单元、智能生产线、智能车间、智能工厂，通过应用验证反馈完善系统功能。培育一批系统解决方案供应商，组织开展行业系统解决方案应用试点，为中小企业提供标准化、专业化的系统

解决方案。组织成立虚拟现实产业与应用推进联盟,推广宣传典型示范案例,提高相关企业、产品和品牌影响力,进一步推动其市场化应用。

(来源:《2019 中国软件和信息服务业发展报告》,作者:温晓君　李艺铭)

第六节　服务外包

经过十余年快速扩张,中国服务外包产业规模接近万亿元人民币,日益成为开放型经济亮点和高质量发展新动能。顺应数字变革大潮流,中国服务外包依然面临有利形势,将不断迈上新台阶,形成贸易强国建设的重要支撑,成为国际知名的中国品牌。

一、中国服务外包产业发展现状与特点

近年来,中国加力推进关键基础设施建设,充分发挥人力资本、市场规模、研发创新等多重优势,中国服务外包领域汇集了数以千万计各界英才,孕育了数万家企业,创新创业发展能力持续增强,产业高质量发展稳步前行。

(一) 全球服务外包承接大国地位稳固

服务外包产业规模持续扩张。自 2006 年服务外包"千百十工程"实施以来的十多年间,中国国际服务外包业务持续扩张,业务规模不断迈上新台阶,实现了从无到有、由小变大的发展历程。"十三五"以来,中国服务外包领域着力实施供给侧结构性改革,服务外包产业转型升级不断取得新进展,继续保持了较快发展,产业规模接近万亿元人民币。2018 年,我国企业全年承接服务外包合同额 13 233.4 亿元人民币,执行额 9 597.4 亿元人民币,同比分别增长 8.6%和 12.9%,再创历史新高。其中,离岸服务外包合同额 7 966 亿元人民币,执行额 5 866.7 亿元人民币,同比分别增长 6.3%和 9.3%;以美元计算,离岸服务外包合同额 1 203.8 亿美元,执行额 886.5 亿美元,同比分别增长 8.2%和 11.3%。

在全球服务外包市场占据重要地位。20 世纪 90 年代,以 IT 为引领的新经济热潮为服务全球化注入了强劲动力,服务外包作为一种资源配置的新方式率先在新经济领域兴起,并迅速大规模向离岸市场扩散。21 世纪初,我国加入世界贸易组织(WTO)以来,中国经济更加深入地融入经济全球化进程,丰富的人力资源、快速改善的信息基础设施、创新驱动发展能力提升等优势不断累积,中国服务供应商在全球服务合作与竞争中逐渐获得广泛认可。2010 年中国国际服务外包业务规模占全球服务外包市场比重便达到约 17%,跃升为全球第二大服务外包承接国。自 2014 年以来,中国国际服务外包业务占全球服务外包市场比重超过 30%。

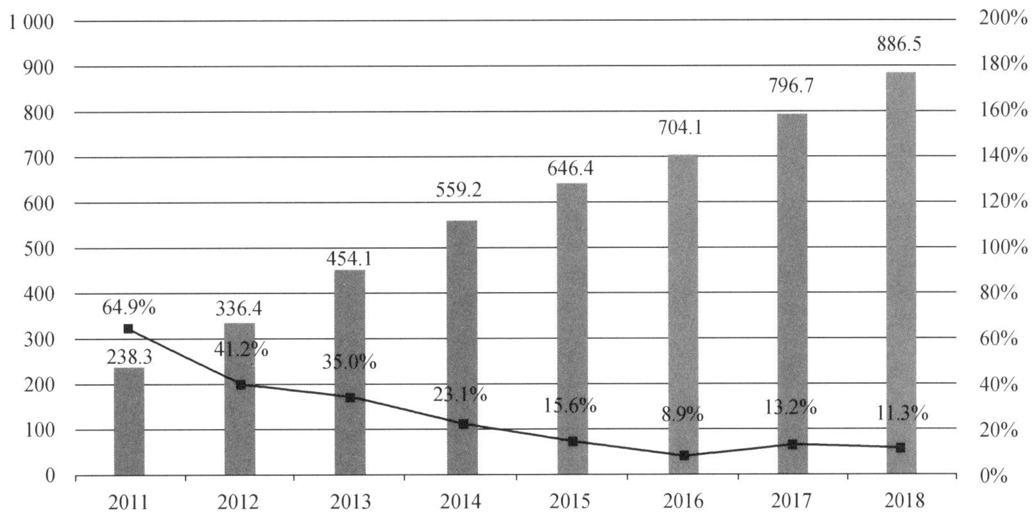

图 4-14 中国国际服务外包业务规模发展情况

数据来源:中华人民共和国商务部(单位:亿美元)

(二)国际市场多元化趋势不断加强

中国服务供应商的国际市场开拓,不仅得益于软件和信息技术服务业的发展,也与对外经济贸易合作的发展紧密相连,服务外包业务拓展至全球 200 多个国家和地区。

美欧日等主要市场保持增长。中国企业承接美国、欧盟、中国香港、日本四大主要发包市场的服务外包业务合计占中国国际服务外包业务执行金额比重 60%以上。近年来,中国香港在中国企业承接国际服务外包业务中的地位进一步上升。对日服务外包市场呈现出回暖向好趋势,越来越多的中国企业加强了在日本市场的营销网点和交付中心建设。

"一带一路"市场发展势头良好。"一带一路"建设从"大写意"到"工笔画",各参与国自身发展战略与共建"一带一路"相得益彰,加深了中国与相关国家和地区的经贸交流,为双方开展服务外包领域合作创造了新的契机。自 2013 年以来,中国承接"一带一路"市场服务外包业务规模增长一倍以上,占中国国际服务外包业务比重由 15.9%提升至 19.0%。2018 年中国企业承接"一带一路"沿线国家的服务外包合同执行额 1 117.1 亿元人民币,同比增长约 10.5%。中国将进一步加强与相关国家和地区在信息技术、工业设计、工程技术、电子商务、文化创意等领域服务合作,带动中国高铁、核电、通信、移动支付等领域世界领先的技术和标准加快走出去,为服务外包产业高质量发展注入持久动力。

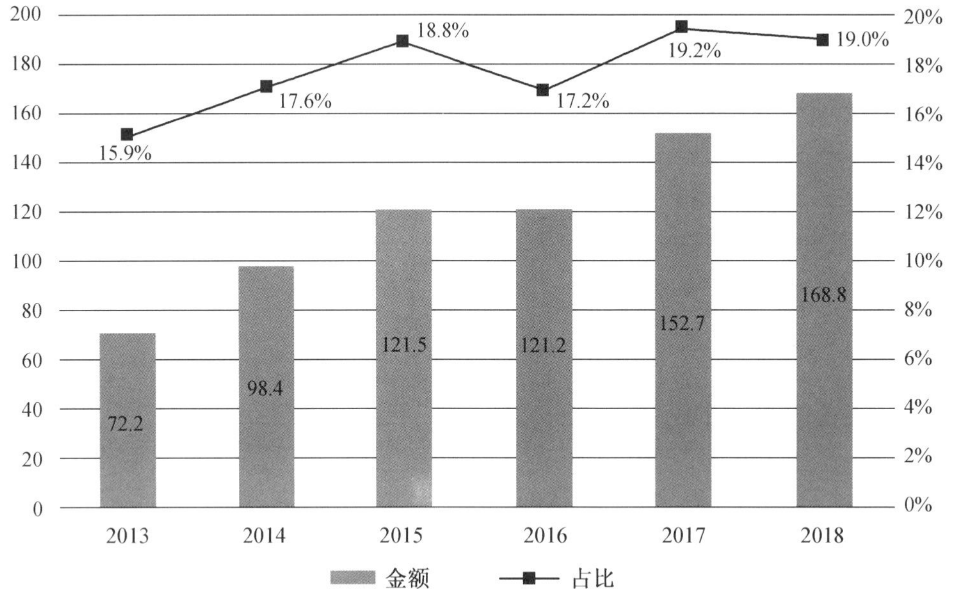

图 4-15　中国与"一带一路"相关国家和地区服务外包合作情况

数据来源:中华人民共和国商务部

(三)产业发展质量持续提升

服务外包业务结构持续优化。随着服务外包企业业务能力和水平的不断提升,以数据分析、工业设计、工程设计、检验检测、医药和生物技术研发等为主的知识流程外包(KPO)实现更加快速的增长。自2013年以来,知识流程外包(KPO)在中国国际服务外包业务中所占比重由初期的不足10%提升至30%以上。自2015年以来,中国服务外包产业的构成发生了根本性变化,信息技术外包(ITO)业务所占比重约降至50%以下。2018年,我国企业承接离岸信息技术外包(ITO)、业务流程外包(BPO)和知识流程外包(KPO)的执行额分别为2 655.6亿元、1 014.4亿元和2 196.6亿元,在离岸服务外包业务中的占比分别为45.3%、17.3%和37.4%。以研发服务、工程技术、检验检测等为代表的高端生产性服务外包业务快速增长,同比分别增长15.5%、27.1%和74.5%。

服务外包专业服务水平不断提高。为加快提升专业化服务能力和水平,服务供应商积极开展开发能力成熟度模型集成(CMMI)、信息安全管理(ISO27001/BS7799)、环球同业银行金融电讯协会认证(SWIFT)等国际国内资质认证,迅速加强了硬件设施建设,完善了管理体制,加强了知识产权保护和信息安全保障。目前,中国服务外包企业获得13项国际资质认证数量已超过1万个。

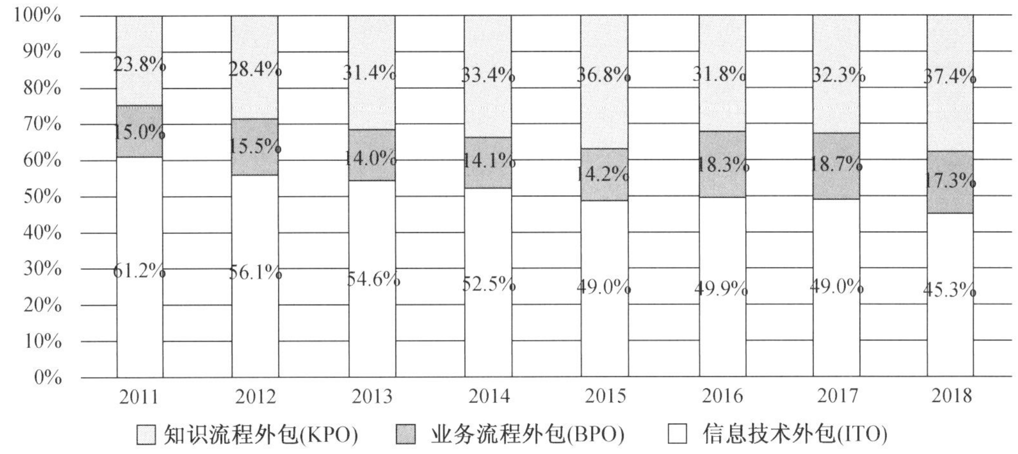

图 4－16　中国国际服务外包产业结构发展情况

数据来源：中华人民共和国商务部

注：2016、2017 年数据根据离岸和在岸业务执行金额加总计算。

(四) 经济发展的促进作用不断增强

服务外包有助于形成强大国内市场和优化贸易结构。服务外包是现代高端服务业的重要组成部分，加速推进了服务业结构改善，提升了传统行业能级和价值，推动以高质量供给高效对接市场所需，既有助于形成强大国内市场，也有助于扩大服务出口能力。据测算，2018 年我国服务外包产业规模相当于服务业总规模的 7.5％，增长速度相当于服务业增速的 1.7 倍；服务外包产业总规模占中国数字经济规模的比重达到 11.4％。中国承接离岸服务外包业务额相当于服务出口的比重已经超过 30％，相当于新兴服务出口的 70％。

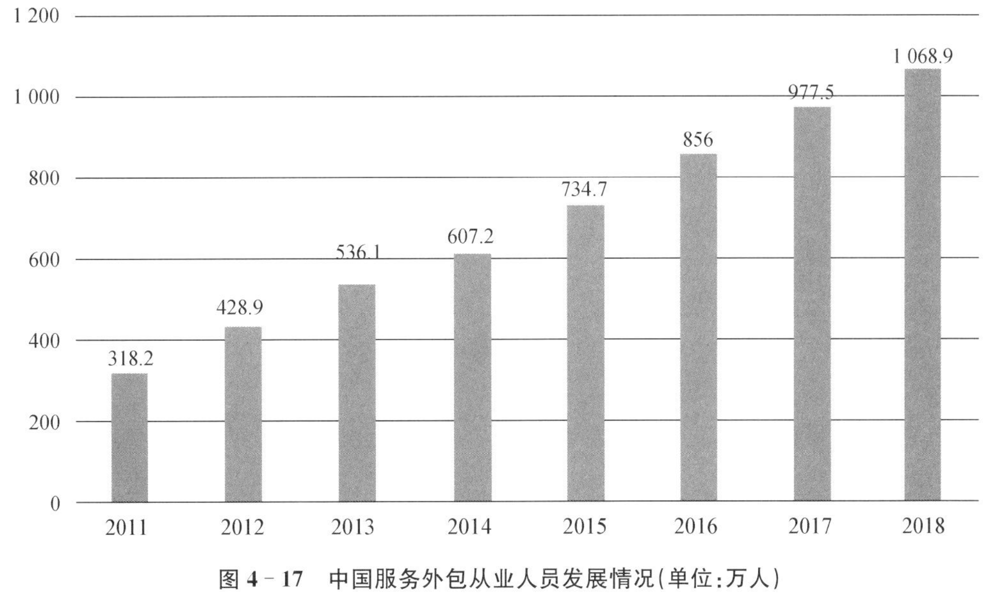

图 4－17　中国服务外包从业人员发展情况(单位：万人)

数据来源：中华人民共和国商务部

数字化人才成为数字经济发展的最关键要素。据商务部发布的信息,大学毕业生在服务外包企业工作2—3年后有40%转向互联网、大数据和人工智能等领域,为我国加快步入数字经济强国提供了人才支撑,服务外包产业成为数字化人才的"蓄水池"。2018年我国服务外包产业新增从业人员140万人,大学(含大专)以上学历94.9万人。截至目前,服务外包领域累计直接就业1 068.9万人,其中大学(含大专)以上学历689.5万人,占从业人员总数的64.5%。在服务外包产业高质量发展新阶段,未来将会造就更大规模的数字化人才。

二、中国服务外包产业面临新的机遇与挑战

当前,以数字技术及数字经济为代表的新一轮科技革命和产业变革正处在大发展时期,全球经济发展新旧动能加速转换,经济全球化深入发展和世界经贸格局深度调整相互交织。尽管保护主义、单边主义等负面冲击不容低估,但开放、合作、创新仍然是全球经济的主基调。中国越发展就越开放,大力发展服务外包,就要抢抓机遇,直面挑战,着力破解产业转型升级的关键制约因素,在深度参与全球服务市场合作和竞争中持续推进高质量发展。

(一)中国服务外包产业面临重大机遇

全球经济在变革调整中保持增长。以大数据、移动互联网、云计算、人工智能、5G通信技术、算法应用、认知技术、机器人等为代表的新一轮技术革命纷纷亮相,创新与数字经济成为各国政府共同关注的发展主题,全球经济增长正在蓄积新动能,孕育新的重大发展机遇。与此同时,全球经济发展承压前行。据国际货币基金组织(IMF)研究表明,受亚洲新兴市场外需疲软、欧元区内需和生产不振、全球贸易保护主义对货物和金融市场的双重冲击等影响,2018年下半年起全球经济增长开始放缓。随着各国相继采取遏制经济下滑的措施,全球经济有望在2019年下半年企稳,2019年全球经济增长率预计为3.3%,2020年将重回3.6%的增速。服务提供商需抓住数字变革和全球经济增长交汇期的重要机遇期,着力向数字服务提供商转型,加快在参与全球服务市场竞争合作中建立起新优势。

全球服务外包产业规模持续扩张。据国际权威机构预测,到2020年全球服务外包市场规模有望达到1.65万亿美元至1.8万亿美元,其中离岸服务外包规模约为4 500亿美元。另据全球技术研究和咨询公司信息服务集团(ISG)信息,按照大额合同统计,2018年全球综合市场年合同价值(ACV)增长了18%,达到创纪录的478亿美元。即服务增长43%,达到218亿美元,为历史新高;传统服务增长2%,达到260亿美元。2018年,信息技术外包(ITO)和业务流程外包(BPO)创下了大额合同签署数量新纪录。ITO签署合同1 332份,比去年增长了5%,BPO签署合同495份,增长了23%。基于公司对数字化转型不断增长的需求,2019年全球即服务市场预计增长25%,传统服务市场预计增长4.5%。

数字经济厚植在岸服务市场土壤。数字经济是新一代信息技术与经济社会深度融合的产物,生成的产业集群十分广阔,既包括智能科技、互联网、通信等一系列高精尖产业,也包括传统产业通过数字化转型生成的新业态新模式。数据成为新的生产要素,对数据的使用正使人们的生活、工作和娱乐方式发生转变。全球各行各业的企业正利用数据推动自身实现转型,提高敏捷性,改进客户体验,引入新的业务模式并创造新的竞争优势。服务外包既是数字经济的有机组成部分,也是促进数字经济发展的重要途径。随着数字经济蓬勃发展,专业化、数字化服务需求潜力将加速释放。

中国在岸服务市场空间广阔。近年来，中国积极布局信息技术，推动经济社会融合发展，借助国内庞大的市场体量和网民数量，数字经济发展规模迅速扩张，日益深度融入垂直行业领域，尤其是在电子商务、移动支付等领域已处于全球领先水平。数字经济已成为推动经济转型的关键动力，发展数字经济逐步上升至国家战略高度。在数字经济驱动下，2014 年在岸服务外包业务占中国服务外包产业比重便超过了 30%，并且这一比重逐年提高，2018 年在岸服务外包业务占比达到 38.9%。

根据中国信息通讯研究院，2018 年中国数字经济总量达到 31 万亿元人民币，到 2020 年传统行业的数字化改造将为中国带来超过 40 万亿元的总市场规模。另据国际数据公司（IDC），随着联网人口持续上升，并且视频监控基础设施不断普及，中国的数据量预计在未来 7 年将平均增长 30%，并且到 2025 年将成为数据量最大的区域。可以预见，中国数字经济的快速发展将为国内外的服务供应商创造十分广阔的合作空间。

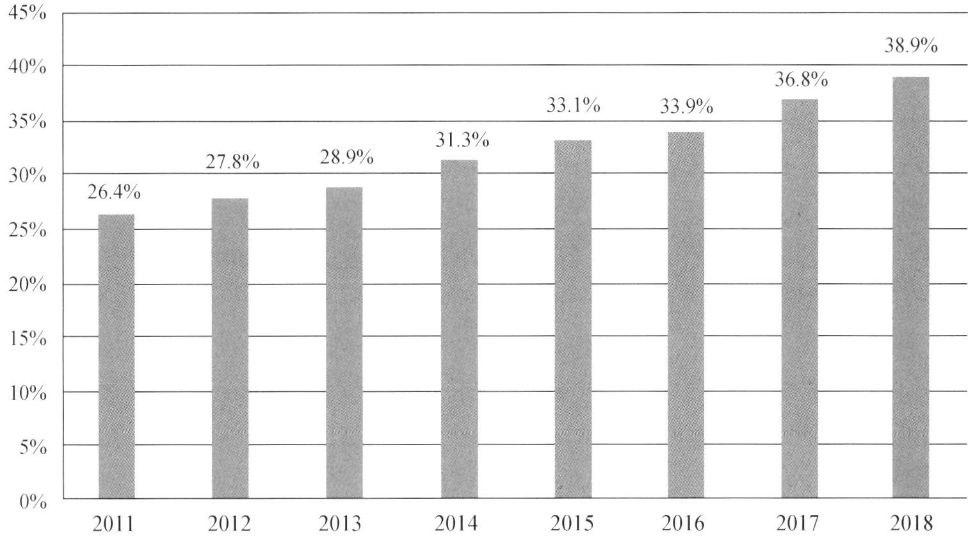

图 4－18　中国在岸服务外包业务占比变化情况

数据来源：中华人民共和国商务部

（二）中国服务外包产业面临诸多挑战

全球服务外包产业竞争加剧。当前，美欧等发达经济体深度推进工业 4.0，着力构建以高端服务业为引领、以制造业转型升级为依托的国际竞争新优势，并运用资本、技术、管理等优势，加强对全球范围内资源配置的掌控能力。新兴经济体也充分认识到现代服务业对经济社会可持续发展的重要作用，积极承接国际（离岸）服务外包业务，并逐渐向价值链高端攀升，以在更大程度上分享经济全球化带来的巨大利益。全球服务外包接包国家已迅速增至 70 多个，全球服务外包市场竞争更加激烈。

保护主义等负面影响不可低估。单边主义和保护主义加剧、国际秩序和多边贸易体制遭受严重冲击，给全球贸易与投资带来了负面影响。在全球以美元为中心的国际货币金融体系中，面对贸易保护主义和贸易冲突的不确定性，新兴市场国家经济发展面临的风险大幅增加，参与全球服务市场竞争面临汇兑等风险增加，形势十分严峻。全球贸易增长从 2017 年的 5.3%放缓至 2018 年的

3.8%。贸易紧张局势的长期升级可能会严重扰乱全球经济,这将对全球经济和各国实现可持续发展目标的能力产生非常不利的打击。

与此同时,中国服务外包发展还面临着若干亟待解决的自身约束。服务外包市场环境有待完善,服务外包贸易政策与产业政策不协调,服务外包离岸在岸、接包发包业务发展不协调,服务外包企业国际竞争力有待提升,服务外包人才供给与产业发展质量提升的要求不协调。

三、中国服务外包产业发展展望

为适应高质量发展总要求,大力发展中国服务外包产业,要牢牢把握服务经济新趋势,围绕供给侧结构性改革主线综合施策,进一步扩大产业规模,优化产业结构,全面提升服务外包产业竞争力。深化与“一带一路”相关国家合作,巩固与发达国家和地区合作,优化国际市场布局,持续提升“中国外包”品牌影响力。

(一)中国服务外包产业发展新趋势

在数字经济大发展背景下,中国服务外包形成了较完整的服务价值链,覆盖了高端产业和产业高端,加快了转型升级步伐,迈入高技术、高附加值、高品质、高效益发展轨道。

高技术是服务外包产业升级的基础。在数字技术和数字经济驱动下,服务外包成为高技术服务业的典型代表,广泛覆盖国民经济社会各领域。顺应制造业服务化和服务业高技术化发展趋势,促进服务外包升级,就要加快发展高新技术产业及行业服务外包。充分发挥高技术服务外包领域的创新创业、技术扩散、关联产业带动等作用,着力扩大服务外包产业规模,优化服务外包产业结构,将服务外包产业发展成为现代服务业的先导。

高附加值是服务外包产业升级的关键。服务外包将新兴技术手段与现代经营管理理念及商业模式创新相结合,核心价值在于创造和提供专业化增值服务。从细分领域看,服务外包既涵盖数据录入、软件编码测试等中低端领域,也包括研发设计、供应链管理、专业咨询、系统解决方案等高附加值领域。面对激烈市场竞争,只有加快发展高附加值服务外包,才能提升在全球价值链中的地位,加强全球资源及产业链整合能力。

高品质是服务外包产业升级的基本保障。高品质既是产品和服务获得高价格的基础与前提,也是树立行业标杆、制定行业标准、建立行业规则的重要前提和基础。面对服务需求数字化、多样化、个性化、高端化发展的新趋势,服务供应商既要满足客户的简单需求,也要充分挖掘客户的深层次潜在需求;既要创新服务模式提高需求响应速度,也要整合优势资源加强定制化、专业化服务供给能力。同时,服务供应商务必强化内部管理,以严格的流程管理确保高品质的服务供给。

高效益是服务外包产业结构升级的根本要求。高收益是产业核心竞争力最直接的标志,也是评判服务外包产业结构升级的最终标准。作为人力资本及知识密集型产业,只有拥有自主知识产权等核心能力的企业,才能获得高收益。一般而言,具备系统解决方案供给能力的服务商或综合服务商将业务集中于高附加值业务领域,在市场竞争中能够获得高收益,细分领域的专业性服务供应商往往凭借拥有的行业专属知识或专有技术等也具备较强的议价能力,从而获得较高收益。

(二)中国服务外包产业发展新举措

以供给侧结构性改革为主线,着力在“巩固、增强、提升、畅通”上下功夫,关键是优化服务供给体系结构，进一步扩大服务外包产业规模，改善服务供给体系质量，加快创新驱动发展能力建设，尽快将服务外包产业提高到一个新水平，树立“中国外包”品牌新形象。

加快服务外包重点领域发展。顺应服务外包发展新趋势、新特征、新动向，着眼于改善服务供给体系的结构和质量，突出优势领域、关键领域和新兴领域，着力发展高技术、高附加值服务外包业务，促进向产业价值链高端延伸。以产业转型升级和市场需求为导向，不断巩固软件研发服务、集成电路和电子电路设计服务、电子商务平台服务、信息技术解决方案服务、信息技术运营和维护服务、网络与信息安全服务、云计算服务、人工智能服务等信息技术外包；深度挖掘和拓展内部管理服务、互联网营销推广服务、呼叫中心服务、供应链管理服务、金融后台服务、维修维护服务等业务流程外包；大力发展大数据服务、管理咨询服务、检验检测服务、工业设计服务、工程技术服务、服务设计服务、文化创意服务、医药和生物技术研发服务、新能源技术研发服务等知识流程外包。

构建服务外包创新驱动发展新格局。持续营造创新环境，加快推动技术创新、模式创新、业态创新和制度创新，形成包容性强的创新氛围。激发全社会的创新活力和潜力，建立以市场为导向、企业为主体、产学研相结合的技术创新环境。加强创新平台建设，推进服务外包孵化平台、孵化基地建设。适应服务外包的社会化和专业化发展要求，支持地方搭建众创平台，鼓励企业突出核心业务、优化生产流程、创新组织结构、提高质量和效率，促进服务外包的专业化与多元化、线上与线下相结合，推进服务外包与相关产业融合发展。拓展发展新空间，鼓励有条件的地区利用云计算、大数据等现代信息技术，通过众包众筹模式开展创业创新，提供培训、投资、咨询、孵化转化等创业一体化服务。鼓励企业增强集成创新能力，形成单项外包与综合外包的集成创新优势，努力实现重点领域的整体突破。支持企业延伸拓展产业链条，开拓更多的外包领域，形成技术引领、跨界融合、创新驱动的服务外包发展新格局。

加强体制机制建设和政策支持。充分发挥中国服务外包示范城市动态调整的激励作用，推动形成主动作为、竞相发展的良好局面，营造国际化、法治化、便利化的发展环境，形成制度创新和政策创新高地。在组织保障方面，将促进服务外包产业发展列入国务院服务贸易发展部际联席会议重要议题。在公共服务方面，要加大知识产权执法监管力度，建立服务外包企业信用记录和信用评价体系、行业自律体系，加强智库建设和统计监测等。在政策支持方面，完善财税政策，优化资金使用方向和支持方式，鼓励开展国际服务外包研发、人才培训、资质认证、公共服务等，促进离岸在岸服务外包业务协调发展。引导社会资金加大对承接国际服务外包业务企业的投入，促进扩大服务出口；创新金融服务，着力拓宽企业投融资渠道；要提升便利化水平，着力在监管模式、人民币计价结算，外籍人员出入境和居留便利、简化审批程序等加强政策支持。

（三）中国服务外包产业前景展望

在数字变革背景下，要充分发挥服务外包在迈向服务经济进程中的“黏合剂”功能，在服务业开放发展中发挥先导和引领作用，形成经贸强国建设的重要支撑。

中国服务外包产业规模将稳步增长。从国际上看，美欧日等主要发包市场经济进入增长周期，外部市场发展的经济基础呈现向好趋势。从国内来看，供给侧结构性改革、服务业进一步扩大开放、服务贸易创新发展和服务外包转型升级并举推进，中国经济保持中高速、迈向价值链中高端，服务需求潜力释放与服务供给能力提升并行发展。综合判断，中国服务外包产业仍将保持较快发展。

中国服务外包产业发展要与经贸强国建设有效衔接。紧密契合经贸强国建设的时间表和路线图，中国服务外包发展要在进一步扩大规模的同时，提高产业发展质量和效益，促进培育形成参与国际经济合作和竞争新优势。重点在引领中高端服务消费、促进国际市场多元化、挖掘在岸发包潜力、优化产业结构、培育企业等市场主体、发展新业态新模式、建设境外交付中心、强化服务业招商引资、加大人才引进和培养力度、参与多边区域经贸合作等领域发力。

中国服务外包产业不断跃上新台阶。到2020年,我国企业承接离岸服务外包合同执行金额超过1 000亿美元,年均增长10%以上。产业结构更加优化,数字化、智能化的高技术含量、高附加值服务外包比重明显提升。到2035年,以中国服务外包为代表的中国服务经济的整体形象在国际市场拥有广泛影响力。到2050年前,中国服务外包成为极具影响力和领导力的国际知名品牌。

(来源:《2019中国软件和信息服务业发展报告》,作者:李西林)

第五部分

产业政策篇

第一章　国家政策

工业和信息化部印发《工业互联网发展行动计划(2018—2020年)》

工信部信管函〔2018〕188号

根据《国务院关于深化"互联网＋先进制造业"发展工业互联网的指导意见》(以下简称《指导意见》),2018—2020年是我国工业互联网建设起步阶段,对未来发展影响深远。为贯彻落实《指导意见》要求,深入实施工业互联网创新发展战略,推动实体经济与数字经济深度融合,制订本行动计划。

一、总体要求

(一)指导思想

以习近平新时代中国特色社会主义思想为指导,全面贯彻党的十九大和十九届二中、三中全会精神,坚持新发展理念,按照高质量发展的要求,落实《指导意见》决策部署,以供给侧结构性改革为主线,以全面支撑制造强国和网络强国建设为目标,着力建设先进网络基础设施,打造标识解析体系,发展工业互联网平台体系,同步提升安全保障能力,突破核心技术,促进行业应用,初步形成有力支撑先进制造业发展的工业互联网体系,筑牢实体经济和数字经济发展基础。

(二)行动目标

到2020年底,初步建成工业互联网基础设施和产业体系。

——初步建成适用于工业互联网高可靠、广覆盖、大带宽、可定制的企业外网络基础设施,企业外网络基本具备互联网协议第六版(IPv6)支持能力;形成重点行业企业内网络改造的典型模式。

——初步构建工业互联网标识解析体系,建成5个左右标识解析国家顶级节点,标识注册量超过20亿。

——初步形成各有侧重、协同集聚发展的工业互联网平台体系,在鼓励支持各省(区、市)和有条件的行业协会建设本区域、本行业的工业互联网平台基础上,分期分批遴选10个左右跨行业跨领域平台,培育一批独立经营的企业级平台,打造工业互联网平台试验测试体系和公共服务体系。推动30万家以上工业企业上云,培育超过30万个工业App。

——初步建立工业互联网安全保障体系,建立健全安全管理制度机制,全面落实企业内网络安全主体责任,制定设备、平台、数据等至少10项相关安全标准,同步推进标识解析体系安全建设,显著提升安全态势感知和综合保障能力。

二、重点任务

(一)基础设施能力提升行动

行动内容:

1. 完善工业互联网网络体系顶层设计。出台工业互联网网络化改造实施指南,制定工业互联网网络化改造评估体系并开展评估。进行工业互联网设备进网管理制度研究,组织开展联网设备检测认证。

2. 升级建设工业互联网企业外网络。组织信息通信企业通过改造已有网络、建设新型网络等方式,建设低时延、高带宽、广覆盖、可定制的工业互联网企业外网络。建设一批基于5G、窄带物联网(NB-IoT)、软件定义网络(SDN)、网络虚拟化(NFV)等新技术的测试床。

3. 支持工业企业建设改造工业互联网企业内网络。在汽车、航空航天、石油化工、机械制造、轻工家电、信息电子等重点行业部署时间敏感网络(TSN)交换机、工业互联网网关等新技术关键设备。支持建设工业无源光网络(PON)、低功耗工业无线网络等新型网络技术测试床。

4. 实施工业互联网IPv6应用部署行动。组织电信企业初步完成企业外网络和网间互联互通节点的IPv6改造,建立IPv6地址申请、分配、使用、备案管理体制,建设IPv6地址管理系统,推动落实适用于工业互联网的IPv6地址编码规划方案,通过支持建设测试床、开展应用示范等方式,加快工业互联网IPv6关键设备、软件和解决方案的研发和应用部署。

5. 推进连接中小企业的专线提速降费。支持高性能、高灵活、高安全隔离的新型企业专线的应用。发布提速降费专项行动文件,降低工业企业网络使用成本。

6. 加大工业互联网领域无线电频谱等关键资源保障力度。研究工业互联网用频场景和频率需求,制定完善工业互联网频率规划和使用政策。

时间节点:2020年前,企业外网络基本能够支撑工业互联网业务对覆盖范围和服务质量的要求,IPv6改造基本完成;实现重点行业超过100家企业完成企业内网络改造。

责任部门:工业和信息化部、发展改革委、财政部。

(二)标识解析体系构建行动

行动内容:

7. 在政府主管部门指导下,研究制定管理办法和整体架构,统筹协调根节点、国家顶级节点、注册管理系统的建设和运营,开放授权一批二级及以下其他服务节点运营机构。

8. 建设和运营国家顶级节点,提供顶级域解析服务,与国内外各主要标识解析系统实现互联互通,形成备案、监测、应急等公共服务能力。建设和运营标识解析二级及以下其他服务节点。

时间节点：2018 年完成中国工业互联网研究院组建，承担国家工业互联网标识解析管理机构职能，研究制定工业互联网标识解析体系架构，启动建设 3 个左右标识解析国家顶级节点。2020 年建成 5 个左右标识解析国家顶级节点，形成 10 个以上公共标识解析服务节点，标识注册量超过 20 亿。

责任部门：工业和信息化部、发展改革委、财政部。

（三）工业互联网平台建设行动

行动内容：

9. 编制工业互联网平台建设及推广工程实施指南，制定跨行业跨领域工业互联网平台评价指南，遴选跨行业跨领域工业互联网平台，培育一批独立经营的企业级平台。

10. 支持建设跨行业跨领域、特定行业、特定区域、特定场景的工业互联网平台试验测试环境和测试床，推动终端接入规模不断扩大，模拟各类业务场景，通过试验测试寻找最佳技术和产品路线，形成标准化解决方案，逐步完善平台功能。

11. 支持建设涵盖基础及创新技术服务、监测分析服务、工业大数据管理、标准管理服务等的平台公共支撑体系。

12. 推动百万工业企业上云，组织实施工业设备上云“领跑者”计划，制定发布平台解决方案提供商目录。支持建设平台技术转移中心，加快平台在产业集聚区的规模化应用。

13. 编制发布工业 App 培育工程实施方案，推动百万工业 App 培育。

时间节点：2020 年前，遴选 10 家左右跨行业跨领域工业互联网平台，培育一批独立经营的企业级工业互联网平台。建成工业互联网平台公共服务体系。推动 30 万家工业企业上云，培育 30 万个工业 App。

责任部门：工业和信息化部、财政部、国资委。

（四）核心技术标准突破行动

行动内容：

14. 成立国家工业互联网标准协调推进组、总体组和专家咨询组，形成标准化主管部门、研究机构、企业协同推进的标准体系建设机制。

15. 制定国家工业互联网标准体系建设指南，研制通用需求、体系架构等总体性标准，开发新型网络技术和计算技术、网络互联和数据互通接口、标识解析、工业互联网平台，及相应的设备、平台、网络和数据安全等基础共性标准，制定面向重点行业应用的标准规范。

16. 开展工业互联网关键核心技术研发和产品研制，推进边缘计算、深度学习、增强现实、虚拟现实、区块链等新兴前沿技术在工业互联网的应用研究。

17. 建设一批新技术和标准符合性试验验证系统，开发和推广仿真和测试工具。

时间节点：2018 年底，成立国家工业互联网标准协调推进组、总体组和专家咨询组，初步建立工业互联网标准体系框架，建立 1—2 个技术标准与试验验证系统。2020 年前，制定 20 项以上总体性及关键基础共性标准，制定 20 项以上重点行业标准，形成一批具有自主知识产权的核心关键技术，建立 5 个以上的技术标准与试验验证系统，推出一批具有国内先进水平的工业互联网软硬件产品。

责任部门：工业和信息化部、市场监督管理总局（国家标准委）、科技部、财政部、知识产权局。

(五)新模式新业态培育行动

行动内容:

18. 开展工业互联网集成创新应用试点示范,探索基于网络、平台、安全、标识解析等关键要素的实施路径。

19. 提升大型企业工业互联网创新和应用水平,实施底层网络化、智能化改造,支持构建跨工厂内外的工业互联网平台和工业App,打造互联工厂和全透明数字车间,形成智能化生产、网络化协同、个性化定制和服务化延伸等应用模式。

20. 加快中小企业工业互联网应用普及,鼓励云化软件工具应用,汇聚并搭建中小企业资源库与需求池,开展供需对接、软件租赁、能力开放、众包众创、云制造等创新型应用。

时间节点:2020年前,重点领域形成150个左右工业互联网集成创新应用试点示范项目,形成一批面向中小企业的典型应用,打造一批优秀系统集成商和应用服务商。

责任部门:工业和信息化部、发展改革委、财政部、商务部、国防科工局、国资委。

(六)产业生态融通发展行动

行动内容:

21. 支持龙头企业、技术服务机构开展开源社区、开发者平台和开放技术网络建设,面向工业App开发、协议转换等共性技术和人工智能等新兴技术,打造汇聚开发者、开发工具和中小企业的开放平台,组织开发者创业创新大赛。

22. 支持制造企业、互联网企业、研究院所、高校等合作建设工业互联网创新中心,开展关键共性技术研究、标准研制、试验验证等。

23. 支持建设一批工业互联网产业示范基地,集聚地区特色资源,改造提升现有工业产业集聚区工业互联网相关设施,实现区域内工业互联网创新发展。

24. 加强社会宣传普及,组织编写工业互联网系列专著,利用线下培训班、线上课程等多种形式开展工业互联网网络、平台等发展政策解读与宣贯。

时间节点:2020年前,建设1—2个跨行业跨领域开发者或开源社区,建设工业互联网创新中心,培育5个左右集关键技术、先进产业、典型应用等功能于一体的工业互联网产业示范基地,持续优化工业互联网产业生态建设与空间布局。

责任部门:工业和信息化部、科技部。

(七)安全保障水平增强行动

行动内容:

25. 健全安全管理制度机制,出台工业互联网安全指导性文件,明确并落实企业主体责任,对工业行业和工业企业实行分级分类管理,建立针对重点行业、重点企业的监督检查、信息通报、应急响应等管理机制。

26. 初步建立工业互联网全产业链数据安全管理体系,强化平台及数据安全监督检查和风险评估,支持开展安全认证。

27. 指导督促企业强化自身网络安全技术防护,推动加强国家工业互联网安全技术保障手段及数据安全防护技术手段建设，提升安全态势感知和综合保障能力。

时间节点：2020 年前，安全管理制度机制和标准体系基本完备。企业、地方、国家三级协同的安全技术保障体系初步形成。

责任部门：工业和信息化部、发展改革委、财政部。

（八）开放合作实施推进行动

行动内容：

28. 利用双多边合作和高层对话机制，推进工业互联网政策、法律、治理等重大问题交流沟通合作。

29. 指导工业互联网产业联盟等与其他国家产业组织、国际组织在架构、技术、标准、应用、人才等多领域开展合作对接。鼓励国内外企业加强技术、产品、解决方案、投融资等多领域合作，提高企业国际化发展能力。

时间节点：2018 年推动工业互联网产业联盟与主要相关国际组织的合作机制建立。持续三年推进企业、产业组织以及政府间对话合作。

责任部门：工业和信息化部。

（九）加强统筹推进

任务内容：

30. 在国家制造强国建设领导小组下设立工业互联网专项工作组，统筹工业互联网重大工作。设立工业互联网战略咨询专家委员会，为工业互联网发展提供决策支撑。

31. 进一步加强工业互联网产业发展监测和数据统计，启动工业互联网产业年度摸底调查，全面掌握产业发展情况。组织地方和有关部门进行动态跟踪，定期向工业互联网专项工作组报送行动计划实施进展情况。定期对计划落实情况进行评估，研制工业互联网发展评价体系，滚动发布年度发展报告。

时间节点：2018 年初成立工业互联网专项工作组、工业互联网战略咨询专家委员会，每年召开会议，研究讨论工业互联网发展重大事项。滚动开展工业互联网发展情况评估。

责任部门：工业和信息化部。

（十）推动政策落地

任务内容：

32. 开展工业互联网网络安全、平台责任、数据保护等以及新兴应用领域信息保护、数据流通、政府数据公开、安全责任等法律问题研究，开展工业互联网相关法律、行政法规和规章立法工作。

时间节点：2018 年开展工业信息安全立法等重点问题研究。2020 年初步建立保障工业互联网发展的法规体系和制度。

责任部门：工业和信息化部。

33. 构建融合发展制度，深化简政放权、放管结合、优化服务改革，激发各类市场主体活力。完善协同推进体系，充分发挥工业互联网专项工作组的作用，建立部门间高效联动机制和中央地方协同机制，促进跨部门、跨区域系统对接。健全协同发展机制，壮大工业互联网产业联盟等产业组织，联合产业各方开展技术、标准、应用研发以及投融资对接、国际交流等活动。

时间节点:2020年融合发展制度基本建立,协同推进体系和发展机制持续完善。

责任部门:工业和信息化部、发展改革委、科技部、财政部、商务部、应急管理部、市场监督管理总局、知识产权局、国防科工局。

34. 抓紧研究制定支持工业互联网总体方案并上报国务院。通过工业转型升级资金启动支持工业互联网建设。落实固定资产加速折旧等相关税收优惠政策。

时间节点:专项资金2018年启动支持,税收优惠持续推进。

责任部门:财政部、税务总局、发展改革委、科技部、工业和信息化部。

35. 推动银行业金融机构探索数据资产质押、知识产权质押、绿色信贷、“银税互动”等在工业互联网领域的应用推广。推动非金融企业债务融资工具、企业债、公司债、项目收益债、可转债等在工业互联网领域的应用。支持保险公司根据工业互联网风险需求开发相应的保险产品。

时间节点:持续三年推进工业互联网金融服务和产品创新。

责任部门:人民银行、银保监会、证监会、发展改革委、财政部、税务总局、工业和信息化部。

36. 依托国家重大人才工程项目和高层次人才特殊支持计划,引进一批工业互联网高水平研究性科学家和高层次科技领军人才,建设工业互联网智库。建立工业互联网高端人才引进绿色通道,完善配套政策。完善技术入股、股权期权激励、科技成果转化收益分配等机制。

时间节点:持续三年推进人才引进和人才建设。2019年人才引进绿色通道相关政策初步制定。2020年技术入股、股权期权激励、科技成果转化收益分配等机制建立。

责任部门:教育部、科技部、工业和信息化部、人力资源社会保障部、知识产权局、卫生健康委、发展改革委、财政部、国资委。

附件

名词解释

英文简称	英文全称	中文全称
5G	5th-Generation	第五代移动通信
App	Application	应用程序
IPv6	Internet Protocol Version 6	互联网协议第六版本
NB-IoT	Narrow Band Internet of Things	窄带物联网
NFV	Network Function Virtualization	网络虚拟化
PON	Passive Optical Network	无源光网络
SDN	Software Defined Network	软件定义网络
TSN	Time Sensitive Network	时间敏感网络

工业和信息化部关于印发《工业互联网 App 培育工程实施方案(2018—2020 年)》的通知

工信部信软〔2018〕79 号

各省、自治区、直辖市及计划单列市、新疆生产建设兵团工业和信息化主管部门，相关行业协会、企事业单位：

为落实《国务院关于深化“互联网+先进制造业”发展工业互联网的指导意见》，推动工业互联网应用生态加快发展，现将《工业互联网 App 培育工程实施方案(2018—2020 年)》印发给你们，请结合实际认真贯彻落实。

工业和信息化部

2018 年 4 月 27 日

工业互联网 App 培育工程实施方案(2018—2020 年)

工业互联网 App(以下简称工业 App)是基于工业互联网，承载工业知识和经验，满足特定需求的工业应用软件，是工业技术软件化的重要成果。实施工业 App 培育工程，有利于发挥软件赋能、赋值、赋智作用，推进两化深度融合；有利于将制造业企业内部原本分散、隐性的工业技术挖掘出来、传播开来、传承下去，破解国内工匠不足难题；有利于汇聚海量开发者、提升用户黏性，打造资源富集、多方参与、合作共赢、协同演进的工业互联网平台应用生态；有利于更大程度激发“双创”活力，培育产业发展新动能，带动形成新的增长极。为推进实施工业 App 培育工程，制定本实施方案。

一、总体要求

(一) 指导思想

以习近平新时代中国特色社会主义思想为指导，深入贯彻落实党的十九大和十九届二中、三中全会精神，牢固树立新发展理念，围绕制造业提质增效和转型升级实际需求，以企业为主体，以发展和繁荣工业互联网平台应用生态为目标，推动软件技术与工业技术深度融合，工业 App 培育与工业互联网平台建设协同推进，着力突破共性关键技术，夯实工业 App 发展基础，着力提高工业 App 发展质量，提升价值和应用效果，着力构建开放共享和流通交易机制，推动工业 App 向工业互联网平台汇聚，形成建平台和用平台双向迭代、互促共进的制造业新生态。

(二) 重点方向

——面向国内制造业重点项目推进、重大工程实施和重要装备研制需求，发展具有高支撑价值的安全可靠工业 App。

——面向关键基础材料、核心基础零部件(元器件)、先进基础工艺、产业技术基础等“工业四基”领域,发展普适性强、复用率高的基础共性工业 App。

——面向汽车、航空航天、石油化工、机械制造、轻工家电、信息电子等行业需求,发展推广价值高、带动作用强的行业通用工业 App。

——面向制造企业的个性化需求,发展高应用价值的企业专用工业 App。

(三) 主要目标

到 2020 年,培育 30 万个面向特定行业、特定场景的工业 App,全面覆盖研发设计、生产制造、运营维护和经营管理等制造业关键业务环节的重点需求。

突破一批工业技术软件化共性关键技术,构建工业 App 标准体系,培育出一批具有重要支撑意义的高价值、高质量工业 App,形成一批具有国际竞争力的工业 App 企业。

工业 App 应用取得积极成效,创新应用企业关键业务环节工业技术软件化率达到 50%。

工业 App 市场化流通、可持续发展能力初步形成,对繁荣工业互联网平台应用生态、促进工业提质增效和转型升级的支撑作用初步显现。

二、主要任务

(一) 夯实工业技术软件化基础

1. 突破工业 App 共性关键技术

瞄准产业发展制高点,组织实施一批重点产业化创新项目,推进复杂系统建模、操作指令集适配、可视化编程、执行控制引擎等共性关键技术攻关,推动工业通信协议适配、数据交换、异构系统集成等核心关键构件研发。支持工业互联网平台企业和科研院所研发工业 App 开发工具,构建工业 App 集成开发环境,推动工业 App 协同开发、持续集成和自动部署。

2. 提升工业企业软件化能力

支持先发地区建设省级工业技术软件化创新中心,深化跨行业、跨领域合作,促进“工匠”知识和经验(如工艺、流程、模型、算法等)的积淀、开放和复用,实现技术扩散和商业化,加速工业技术软件化进程。鼓励龙头企业、行业协会、专业机构等设立专业部门推进工业技术软件化,整合产业链资源,提升工程化能力。

3. 发展工业 App 开源社区

支持建设工业 App 开源社区和基金会,鼓励大型制造企业、互联网企业和软件企业依托开源构建工业 App 培育新模式,促进创新资源要素的聚集、共享和开放。引导制造企业、软件企业、科研院所和开发者等发起工业技术软件化开源项目,积极参与国际开源项目。鼓励第三方机构开展开源许可协议、开源知识产权保护研究,推动开源项目应用。

（二）推动工业 App 向平台汇聚

1. 提升工业互联网平台能力

支持工业互联网平台企业建设微服务资源池，汇聚工具、算法、模型等微服务组件，开放软件开发工具包（SDK）和应用编程接口（API），提升工业 App 综合集成、测试验证、质量管控、全生命周期管理和服务能力。

2. 推动制造能力开放共享

组织推进工业 App 领域的“双创”活动，引导企业对接供需信息，创新商业模式，利用工业互联网开放自身研发和制造能力，优化资源配置效率。将基于工业互联网的制造能力开放纳入两化融合评估体系，通过贯标等多种方式推广普及。

3. 促进工业 App 市场化流通

加强工业 App 知识产权保护，完善工业 App 交易规则和服务规则，促进工业 App 市场化流通。指导和支持互联网平台企业、协会、第三方机构设立工业 App 应用商店，提供专业化的工业 App 上线和下载服务。

（三）加快工业 App 应用创新

1. 推进重点行业应用

支持开展工业 App 大赛，推进工业 App 在汽车、航空航天、石油化工、机械制造、轻工家电、信息电子等行业的应用，面向真实应用场景需求，培育工业技术软件化应用解决方案。支持优秀工业 App 及应用解决方案在行业内的推广应用。

2. 加快工业数据资源开发应用

将工业 App 纳入工业大数据应用试点示范项目，支持工业企业利用工业 App 加强对机器设备、业务系统、产品模型等数据的采集，开展数据集成、挖掘、分析、建模，提升工业大数据创新应用能力。

（四）提升工业 App 发展质量

1. 构建工业 App 标准测试体系

推动成立工业技术软件化标准化技术组织，加快制定工业 App 应用参考架构、微服务框架、工业知识封装等基础标准，以及接口、协议、数据、质量、安全等重点技术标准。支持工业互联网平台企业和专业测试机构发展异构协议和数据、互操作和可移植、复杂应用场景等测试能力，建设工业 App 集成测试验证环境。

2. 加强工业 App 培育指导

组织编制《工业 App 发展白皮书》，指导第三方机构编制《工业 App 培育指南》，指导地方加强工业 App 培育动态监测分析。各地行业主管部门要指导属地企业落实好工业 App 信息安全主体责任，遵守信息安全相关法律法规。

三、进度安排

2018 年 12 月前，发布《工业 App 发展白皮书》，出台《工业 App 培育指南》，成立工业技术软件化标准化技术组织。推动建设 1—2 家省级工业技术软件化制造业创新中心，形成一批优秀的工业技术软件化解决方案。

2019 年 12 月前，进一步扩大工业 App 应用规模。突破一批工业技术软件化关键技术，创新应用企业的关键业务环节工业技术软件化率达到 30%，面向特定行业、特定场景的工业 App 规模达到 10 万个，培育和部署一批具有重要支撑意义的高价值、高质量工业 App。

2020 年 12 月前，工业 App 创新应用企业的关键业务环节工业技术软件化率达到 50%。培育 30 万个面向特定行业、特定场景的工业 App，涌现出一批具有国际竞争力的工业 App 软件企业，对繁荣工业互联网平台应用生态、促进工业提质增效和转型升级的支撑作用初步显现。

四、保障措施

(一) 组织保障

在国家制造强国建设领导小组的领导下，发挥工业互联网专项工作组的统筹协调作用，指导推进工业 App 培育相关工作。加强部省合作，鼓励地方结合实际出台引导政策，探索差异化、特色化发展路径。充分发挥地方政府、行业协会、产业联盟、科研院所作用，整合产学研用各方力量，形成协同推进的工作格局。

(二) 政策引导

依托国家新型工业化产业示范基地，建设高水平的工业技术软件化产业示范基地。支持中国软件名城及创建城市创新公共服务机制，加快发展工业 App。支持符合条件的地方依托工业 App 培育工程发展工业大数据，创建大数据产业集聚区。

(三) 资金支持

充分发挥财政资金导向作用，重点支持共性关键技术攻关、标准测试能力建设，引导社会资本加大对开源社区和创新中心投入力度。鼓励地方政府设立专项资金，加大对工业 App 培育工作的支持力度。探索建立产业基金等市场化、多元化资金投入机制，引导社会资本参与工业 App 培育。

工业和信息化部关于印发《工业互联网平台建设及推广指南》和《工业互联网平台评价方法》的通知

工信部信软〔2018〕126号

各省、自治区、直辖市及计划单列市、新疆生产建设兵团工业和信息化主管部门：

现将《工业互联网平台建设及推广指南》和《工业互联网平台评价方法》印发给你们，请认真贯彻执行。

附件1：工业互联网平台建设及推广指南

附件2：工业互联网平台评价方法

工业和信息化部

2018年7月9日

附件1

工业互联网平台建设及推广指南

工业互联网平台是面向制造业数字化、网络化、智能化需求，构建基于云平台的海量数据采集、汇聚、分析服务体系，支撑制造资源泛在连接、弹性供给、高效配置。为贯彻落实《国务院关于深化"互联网+先进制造业"发展工业互联网的指导意见》，加快发展工业互联网平台，制定本指南。

一、总体要求

深入贯彻落实党的十九大和十九届二中、三中全会精神，以习近平新时代中国特色社会主义思想为指导，坚持新发展理念，聚焦工业互联网平台发展，以平台标准为引领，坚持建平台和用平台双轮驱动，打造平台生态体系，优化平台监管环境，加快培育平台新技术、新产品、新模式、新业态，有力支撑制造强国和网络强国建设。

到2020年，培育10家左右的跨行业跨领域工业互联网平台和一批面向特定行业、特定区域的企业级工业互联网平台，工业App大规模开发应用体系基本形成，重点工业设备上云取得重大突破，遴选一批工业互联网试点示范（平台方向）项目，建成平台试验测试和公共服务体系，工业互联网平台生态初步形成。

二、制定工业互联网平台标准

（一）建立工业互联网平台标准体系

制定工业互联网平台参考架构、技术框架、评价指标等基础共性标准。组织推进边缘计算、异构协议兼容适配、工业微服务框架、平台数据管理、平台开放接口、应用和数据迁移、平台安全等关键技术标准制定,面向特定行业制定形成一批平台应用标准。

(二)推动形成平台标准制定与推广机制

充分发挥企业、高校、科研院所、联盟、行业协会作用,推动国家标准、行业标准和团体标准的制定与推广。建设标准管理服务平台,开发标准符合性验证工具及解决方案,在重点行业、重点区域开展标准宣贯培训。

(三)推动平台标准国际对接

建立与国际产业联盟、标准化组织的对标机制,等同采纳国际标准,加快国际标准的国内转化。支持标准化机构、重点企业主导或实质参与国际标准制定。

三、培育工业互联网平台

(四)遴选10家左右的跨行业跨领域工业互联网平台

制定工业互联网平台评价方法,在地方普遍发展工业互联网平台的基础上,分期分批遴选跨行业跨领域平台,加强跟踪评价和动态调整。组织开展工业互联网试点示范(平台方向)、应用现场会,推动平台在重点行业和区域落地,支持跨行业跨领域平台拓展国际市场。

(五)发展一批面向特定行业、特定区域的企业级工业互联网平台

制定工业互联网平台服务能力规范,支持协会联盟等开展平台能力成熟度评价,发布重点行业工业互联网平台推荐名录。鼓励地方建设工业互联网平台省级制造业创新中心,推动平台在“块状经济”产业集聚区落地。

(六)提升工业互联网平台设备管理能力

支持建设工业设备协议开放开源社区,引导设备厂商、自动化企业开放设备协议、数据格式、通信接口等源代码,形成工业设备数据采集案例库和工具箱。组织开展边缘计算技术测试与应用验证,推动基于工业现场数据的实时智能分析与优化。

(七)加速工业机理模型开发与平台部署

鼓励平台整合高校、科研院所等各方资源,推动重点行业基础共性技术的模型化、组件化、软件化与开放共享,促进基于工业互联网平台的工业知识沉淀、传播、复用与价值创造。

(八)强化工业互联网平台应用开发能力

支持平台建设多类开发语言、建模工具、图形化编程环境,开发平台化、组件化的行业解决方案软件包,推动面向场景的多功能、高灵活、预集成平台方案应用部署。

（九）打造面向工业场景的海量工业 App

组织研制工业 App 参考架构、通用术语、分类准则等标准。编制和滚动修订基础共性工业 App 需求目录，支持平台联合各方建设基础共性和行业通用工业 App 及微服务资源池。鼓励第三方建设工业 App 研发协同平台和交易平台，推动工业 App 交易。

四、推广工业互联网平台

（十）实施工业设备上云“领跑者”计划

制定分行业、分领域重点工业设备数据云端迁移指南，推动工业窑炉、工业锅炉、石油化工设备等高耗能流程行业设备，柴油发动机、大中型电机、大型空压机等通用动力设备，风电、光伏等新能源设备，工程机械、数控机床等智能化设备上云用云，提高设备运行效率和可靠性，降低资源能源消耗和维修成本。鼓励平台在线发布核心设备运行绩效榜单和最佳工艺方案，引导企业通过对标优化设备运行管理能力。

（十一）推动企业业务系统上云

鼓励龙头企业面向行业开放共享业务系统，带动产业链上下游企业开展协同设计和协同供应链管理。鼓励地方通过创新券、服务券等方式加大企业上云支持力度，发挥中小企业公共服务平台、小型微型企业创业创新基地作用，降低中小企业平台应用门槛。

（十二）培育工业互联网平台应用新模式

组织开展工业互联网试点示范（平台方向），培育协同设计、协同供应链管理、产品全生命周期管理、供应链金融等平台应用新模式。组织制定工业互联网平台应用指南，明确平台应用的咨询、实施、评估、培训、采信等全流程方法体系。

五、建设工业互联网平台生态

（十三）建设工业互联网平台试验测试体系

以测带建、以测促用，支持建设一批面向跨行业跨领域、特定区域和特定行业的试验测试环境，以及一批面向特定场景的测试床，开展技术成熟度、功能完整性、协议兼容性、数据安全性等试验测试。

（十四）建设工业互联网平台开发者社区

支持协会联盟联合跨行业跨领域平台建设开发者社区，推动平台开放开发工具、知识组件、算法组件等工具包（SDK）和应用程序编程接口（API），构建工业 App 开发生态。指导开发者社区建立人才培训、认证、评价体系,组织开展开发者创业创新大赛,加快工业 App 开发者人才队伍建设。

(十五) 建设工业互联网平台新型服务体系

探索基于平台的知识产权激励和保护机制,创建工业互联网平台知识交易环境。构建基于平台的制造业新型认证服务体系,推动建立线上企业资质、产品质量和服务能力认证新体系。建设工业互联网平台基础及创新技术服务平台,推动资源库建设与技术成果交易。

六、加强工业互联网平台管理

(十六) 推动平台间数据与服务互联互通

制定工业互联网平台互联互通规范,构建公平、有序、开放的平台发展环境。制定发布工业互联网平台数据迁移行业准则,实现不同平台间工业数据的自由传输迁移。支持协会联盟制定软件跨平台调用标准,推动工业模型、微服务组件、工业 App 在不同平台间可部署、可调用、可订阅。

(十七) 开展平台运营分析与动态监测

搭建监测分析服务平台,加强与工业互联网平台运营数据共享,实时、动态监测工业互联网平台发展情况。发布工业 App 订阅榜、平台用户地图等榜单,开发细分行业产能分布数字地图。加强工业大数据管理与新技术应用,推进平台间数据安全流动、可信交易、汇聚共享和服务增值。

(十八) 完善平台安全保障体系

制定完善工业信息安全管理等政策法规,明确安全防护要求。建设国家工业信息安全综合保障平台,实时分析平台安全态势。强化企业平台安全主体责任,引导平台强化安全防护意识,提升漏洞发现、安全防护和应急处置能力。

附件 2

工业互联网平台评价方法

为规范和促进我国工业互联网平台发展,支撑开展工业互联网平台评价与遴选,制定本方法。工业互联网平台评价重点包括平台基础共性能力要求、特定行业平台能力要求、特定领域平台能力要求、特定区域平台能力要求、跨行业跨领域平台能力要求五个部分。

一、基础共性能力要求

工业互联网平台基础共性能力要求包括平台资源管理、应用服务等工业操作系统能力,以及平台基础技术、投入产出效益共四个方面。

（一）平台资源管理能力

1. 工业设备管理

兼容多类工业通信协议，可实现生产装备、装置和工业产品的数据采集。部署各类终端边缘计算模块，可实现工业设备数据实时处理。适配主流工业控制系统，可实现参数配置、功能设定、维护管理等设备管理操作。

2. 软件应用管理

可基于云计算服务架构，提供研发、采购、生产、营销、管理和服务等工业软件，提供工业软件集成适配接口。可基于平台即服务架构，提供面向各类工业场景的机理模型、微服务组件和工业App。具备各类软件应用及工业App的搜索、认证、交易、运行、维护等管理能力。

3. 用户与开发者管理

具备多租户权限管理、用户需求响应、交易支付等多类用户管理功能。建有开发者社区，能够集聚各类开发者，并提供应用开发、测试、部署和发布的各类服务和管理功能。

4. 数据资源管理

具备海量工业数据资源的存储与管理功能，部署多类结构化、非结构化数据管理系统，提供工业数据的存储、编目、索引、去重、合并及质量评估等管理功能。

（二）平台应用服务能力

1. 存储计算服务

具备云计算运行环境，部署主流数据库系统，能够为用户提供可灵活调度的计算、存储和网络服务，满足海量工业数据的高并发处理需求，且积累存储一定规模的工业数据。

2. 应用开发服务

提供多类开发语言、开发框架和开发工具，提供通用建模分析算法，能够支撑数据模型及软件应用的快速开发，满足多行业多场景开发需求。

3. 平台间调用服务

支持工业数据在不同 IaaS 平台间的自由迁移。支持工业软件、机理模型、微服务、工业 App 在不同 PaaS 平台间的部署、调用和订阅。

4. 安全防护服务

部署安全防护功能模块或组件，建立安全防护机制，确保平台数据、应用安全。

5. 新技术应用服务

具备新技术应用探索能力，开展人工智能、区块链、VR/AR/MR 等新技术应用。

(三) 平台基础技术能力

1. 平台架构设计

具有完整的云计算架构，能够基于公有云、私有云或混合云提供服务。

2. 平台关键技术

具有设备协议兼容、边缘计算、异构数据融合、工业大数据分析、工业应用软件开发与部署等关键技术能力。

(四) 平台投入产出能力

1. 平台研发投入

具备对平台的可持续投入能力，财务状况、研发投入合理。

2. 平台产出效益

能够依托各类服务及解决方案，为平台企业创造良好经济效益。

3. 平台应用效果

具有良好的应用效果，能够基于平台应用带动制造企业提质增效。

4. 平台质量审计

具有明确的运行安全和质量审计机制和能力，以降低由平台运营的潜在风险引起的损失。

二、特定行业平台能力要求

在工业互联网平台基础共性能力基础上，特定行业平台在设备接入、软件部署和用户覆盖三个方面具有额外要求。

(一) 行业设备接入能力

平台在特定行业具有设备规模接入能力，连接不少于一定数量特定行业工业设备(离散行业)或不少于一定数量特定行业工艺流程数据采集点(流程行业)。

(二) 行业软件部署能力

平台在特定行业具有工业知识经验的沉淀、转化与复用能力，提供不少于一定数量行业软件集成接口、特定行业机理模型、微服务组件，以及不少于一定数量特定行业工业 App。

（三）行业用户覆盖能力

平台在特定行业具有规模化应用能力，覆盖不少于一定数量特定行业企业用户或不少于一定比例特定行业企业。

三、特定领域平台能力要求

在工业互联网平台基础共性能力基础上，特定领域平台在关键数据打通、关键领域优化构建两个方面具有额外要求。

（一）关键数据打通能力

特定领域平台能够实现研发设计、物料采购、生产制造、运营管理、仓储物流、产品服务等产品全生命周期，供应链企业、协作企业、市场用户、外部开发者等各主体数据的打通，实现全流程的数据集成、开发、利用。

（二）关键领域优化能力

特定领域平台能够实现在某一关键领域的应用开发与优化服务，提升关键环节生产效率与产品质量。如协同设计、供应链管理、智能排产、设备预测性维护、产品质量智能检测、仓储与物流优化等。

四、特定区域平台能力要求

在工业互联网平台基础共性能力基础上，特定区域平台在地方合作、资源协同、规模推广三个方面具有额外要求。

（一）区域地方合作能力

平台在特定区域（工业园区或产业集聚区）落地，在该地具有注册实体，与地方政府签订合作协议，具备在地方长期开发投入、运营服务能力。

（二）区域资源协同能力

平台具有面向特定区域产业转型升级共性需求的服务能力，能够促进区域企业信息共享与资源集聚，带动区域企业协同发展。

（三）区域规模推广能力

平台具有特定区域企业的规模覆盖能力，为不少于一定数量特定区域企业或不低于一定比例特定区域企业提供服务。

五、跨行业跨领域平台能力要求

在工业互联网平台基础共性能力、特定行业能力、特定区域能力、特定领域能力基础上,跨行业跨领域平台要求包括如下五个方面。

(一)平台跨行业能力

平台覆盖不少于一定数量特定行业:

每个行业连接不少于一定数量行业设备(离散行业)或不少于一定数量行业工艺流程数据采集点(流程行业)。

每个行业部署不少于一定数量行业机理模型、微服务组件,以及不少于一定数量行业工业App。

每个行业覆盖不少于一定数量企业用户或不少于一定比例行业企业。

(二)平台跨领域能力

平台覆盖不少于一定数量特定领域:

每个领域之间能够实现不同环节、不同主体的数据打通、集成与共享。

每个领域具有不少于一定数量面向该领域(关键环节)的工业机理模型、微服务组件或工业App。

(三)平台跨区域能力

平台覆盖不少于一定数量特定区域:

平台在全国(华北、华东、华南、华中、西北、东北)主要区域注册不低于一定数量运营实体,负责平台在当地区域的运营推广。每个区域具有不少于一定数量特定区域企业用户或为不低于一定比例的特定区域企业提供服务。

(四)平台开放运营能力

1. 平台具备独立运营能力

具有独立法人实体或完整组织架构的集团独立部门,人员规模不少于一定规模。

2. 平台具备开放运营能力

建立产学研用长期合作机制,建有开发者社区,且第三方开发者占平台开发者总数比例不低于一定比例。

（五）平台安全可靠能力

1. 工控系统安全可靠

在平台中建立工控系统安全防护机制，主动防护漏洞危害与病毒风险。

2. 关键零部件安全可靠

在平台边缘计算或人工智能应用中，具备关键零部件的安全可靠能力。

3. 软件应用安全可靠

平台创新开发一定数量工业机理模型、微服务组件或工业 App。

工业和信息化部关于印发《工业互联网网络建设及推广指南》的通知

工信部信管〔2018〕301号

各省、自治区、直辖市及计划单列市工业和信息化主管部门、通信管理局，中国电信集团有限公司、中国移动通信集团有限公司、中国联合网络通信集团有限公司，各有关单位：

现将《工业互联网网络建设及推广指南》印发给你们，请认真贯彻执行。

工业和信息化部

2018年12月29日

工业互联网网络建设及推广指南

工业互联网网络是构建工业环境下人、机、物全面互联的关键基础设施，通过工业互联网网络可以实现工业研发、设计、生产、销售、管理、服务等产业全要素的泛在互联，对于促进工业数据的开放流动与深度融合、推动工业资源的优化集成与高效配置、支撑工业应用的创新升级与推广普及具有重要意义。为贯彻落实《国务院关于深化"互联网＋先进制造业"发展工业互联网的指导意见》，加快工业互联网网络基础设施建设及推广，制定本指南。

一、总体要求

(一) 指导思想

以习近平新时代中国特色社会主义思想为指导，深入贯彻落实党的十九大和十九届二中、三中全会精神，坚持新发展理念，坚持高质量发展，以加快企业外网络和企业内网络建设与改造为主线，以构筑支撑工业全要素、全产业链、全价值链互联互通的网络基础设施为目标，以企业网络应用创新和传统产业升级为牵引，着力构建网络标准体系、加强技术引导，着力打造工业互联网标杆网络、创新网络应用，着力建设标识解析体系、拓展标识应用，着力完善网络创新环境，规范发展秩序，加快培育网络新技术、新产品、新模式、新业态，有力支撑制造强国和网络强国建设。

(二) 工作目标

到2020年，形成相对完善的工业互联网网络顶层设计，初步建成工业互联网基础设施和技术产业体系。一是建设满足试验和商用需求的工业互联网企业外网标杆网络，初步建成适用于工业互联网高可靠、广覆盖、大带宽、可定制的支持互联网协议第六版(IPv6)的企业外网络基础设施；建设一批工业互联网企业内网标杆网络，形成企业内网络建设和改造的典型模式，完成100个以上企业内网络建设和升级。二是建成集成网络技术创新、标准研制、测试认证、应用示范、产业促进、国际合作等功能的开放公共服务平台；建成一批关键技术和重点行业的工业互联网网络实验环境，建设20个以上网络技术创新和行业应用测试床，初步形成工业互联网网络创新基地。三是形成先进、系统的工业互联网网络技术体系和标准体系，在网络领域建成一批工业互联网应用创新示范项目，建立工业互联网网络改造评估认证机制，构建适应工业互联网发展的网络技术产业生态。四是初步构建工业互联网标识解析体系，建设一批面向行业或区域的标识解析二级节点以及公共递归节点，制定并完善标识注册和解析等管理办法，标识注册量超过20亿。

二、制定工业互联网网络标准

工业和信息化部会同国家标准化管理机构加强工业互联网网络标准体系的顶层设计和统筹协调，充分发挥工业互联网产业联盟及工业、电子信息、通信等领域标准化机构和行业协会优势，依托企业、科研机构和高校等加快研制工业互联网网络标准。地方工业和信息化主管部门、通信管理部门积极推动工业互联网网络标准在企业中的应用与推广。

（一）建立工业互联网网络标准体系

一是制定工业互联网网络通用需求、网络架构、通信协议、关键接口等总体性标准，时间敏感网络（TSN）、工业无源光网络（PON）、工业软件定义网络（SDN）、无线专网等新型网络技术标准，以及针对垂直行业的特色网络应用技术标准。二是制定工业互联网网络服务标准，进一步规范网络服务提供商的服务流程与服务质量。三是制定企业外网、内网及相互间的互联互通规范，构建公平、有序、开放的网络互联互通环境。

（二）完善标识解析技术标准

一是制定标识解析整体架构、数据管理、分布式注册、可信解析、多源异构信息管理、标识数据互操作等关键技术标准。二是搭建规模性的基础技术创新与试验验证环境，打造安全可控的标签、读写器、中间件等标识存取关键软硬件设备，提供标识注册、标识解析、标识搜索等关键技术测试验证服务。

（三）形成网络标准制定与推广机制

一是在工业互联网领域建立国际标准、国家标准、行业标准、团体标准和企业标准协同推进机制。二是建立一批工业互联网网络新技术标准符合性试验验证系统，开发和推广网络测试测量工具。三是针对重点行业或重点区域，组织开展工业互联网网络标准的宣贯培训。四是支持企业和科研机构积极参与国际标准的研制，建立与国际标准化组织、主流开源项目的对标机制，加快国际标准的国内转化。五是开展网络标准相关专利等知识产权的研究，加强知识产权的布局和保护，提高网络标准专利的知识普及。

三、打造工业互联网标杆网络

以基础电信企业和相关科研机构为主体，加快建设面向商用和面向试验的工业互联网企业外网标杆网络。地方工业和信息化主管部门、通信管理部门组织和支持重点行业、典型企业打造工业互联网企业内网标杆网络。

(四)建设企业外网标杆网络

一是充分利用科研机构既有和正在建设的各类试验网络网络资源,构建面向试验的标杆网络,开展工业互联网网络及应用的研究、试验、验证和试点示范。二是鼓励和支持基础电信企业推进网络技术研究和基础设施建设,开展IPv6网络改造,打造面向实际应用的标杆网络,支撑成熟可商用的工业互联网应用。三是打造支撑企业上云时企业网络与云之间的网络接入典型解决方案,形成企业上云“最后一公里”的网络模板。四是支持工业互联网应用从试验平面向实用平面的安全平滑迁移。

(五)打造企业内网标杆网络

一是支持企业建设基于TSN、工业PON等关键网络技术的工业互联网企业内网标杆网络,形成不同网络技术在企业内网部署的参考模板。二是支持企业针对典型行业需求和不同企业规模,建设垂直行业企业内网标杆网络,树立汽车、航空航天、石油化工、机械制造等重点行业的工业互联网企业内网络样板。

四、推动工业互联网网络改造与应用

发挥产业联盟和各行业协会的平台纽带作用,地方工业和信息化主管部门、通信管理部门积极组织协调推动工业企业网络化改造和网络应用创新。

(六)推进传统企业网络化改造

一是支持企业开展针对既有生产设备与系统的网络化二次开发,推动“接口开放、机器上网”,扩大网络覆盖范围和终端连接数量。二是加快企业内网络的IPv6改造进程,不断优化企业内网络架构,提升网络服务能力。三是支持企业参照标杆网络开展企业网络建设和改造,将生产性网络的改造纳入中小企业扶持政策范畴。四是支持高性能、高灵活、高安全隔离的新型企业专线应用,推进企业内外网络互联互通,协调推进基础电信企业与能源、交通、工业制造等重点垂直行业的网络与业务对接,打通企业内外网络之间的信息通道。

(七)开展工业互联网网络应用创新

一是充分发挥企业、高校、科研院所、产业联盟作用,开展基于IPv6、标识解析等网络技术的应用创新,繁荣工业互联网网络上的应用生态。二是开展工业互联网网络应用示范,培育新业态与新模式。三是鼓励企业依托工业互联网网络环境,改造传统生产流程、优化组织模式,提升生产效率,促进产业升级。

五、构建工业互联网标识解析体系

工业和信息化部推动建立工业互联网标识解析管理机制,地方通信管理部门与工业和信息化主管部门加强工作协同，依托相关行业协会、骨干工业企业、信息化服务提供商、基础电信企业、标识研究机构及高等院校加快建设各级服务节点。

（八）建立标识解析管理机制

针对标识注册服务规范和标识解析节点运行要求，制定工业互联网标识解析管理办法，建设一批面向重点行业或区域的二级服务节点运营机构，建立国际根节点、国家顶级节点、二级及以下其他服务节点的建设和运营的统筹协调机制。

（九）建设各级标识解析节点

一是建设和运营国家顶级节点，提供顶级域解析服务，与国内外各主要标识解析系统实现互联互通，形成备案、监测等公共服务能力。二是选择汽车、机械制造、新材料、能源化工、生物医药、高端装备等领域，建设和运营一批标识解析二级节点。

六、拓展工业互联网标识解析应用

地方工业和信息化主管部门、通信管理部门组织和推动典型工业企业、信息化服务提供商、基础电信企业、标识研究机构和高等院校等开展工业互联网标识解析应用创新，加强标识技术产品研发。

（十）推动标识解析集成创新应用

一是加快工业互联网标识解析集成创新，开展基于标识解析服务的关键产品追溯、供应链管理、智能产品全生命周期管理等创新应用，形成一批有较强影响力的工业互联网标识解析先导应用模式。二是建立标识解析服务提供商名录，实现标识解析服务资源池和标识解析应用需求池对接，打通供需对接渠道。

（十一）提升标识解析技术产业能力

一是打造标识解析创新开源社区，汇聚科研机构和企业等的研发资源，加强前沿技术领域共创共享，推进标识解析核心软硬件产品。二是结合区域性产业特色与资源优势，围绕标识解析产业上下游的关键技术、核心装置、系统软件、集成应用等环节，打造一批具有竞争力的龙头企业，形成聚集基础研究、技术研发、服务支持、应用推广、产业化、教育培训、投融资等各环节的产业生态。

七、创建网络发展环境

以工业互联网产业联盟为依托，加快建设工业互联网网络创新公共服务平台；地方工业和信息化主管部门、通信管理部门组织开展面向先进技术和重点行业的工业互联网网络技术与应用测试床建设。

(十二)建设网络创新公共服务平台

一是依托工业互联网产业联盟,组织各方力量,建设创新领先、开放共享的工业互联网网络创新公共服务平台,实现对工业互联网网络技术创新、标准研制、测试认证、应用示范、产业促进、人才培育、国际合作等方面的全方位支撑。二是强化公共服务平台和产业联盟对中小企业的支持力度,为中小企业与产业链各方合作提供便利条件。三是加强对工业互联网网络和标识解析等核心技术、运营机制、应用模式的培训,组织开展工业互联网网络创新大赛,加快工业互联网网络人才队伍建设。

(十三)建设网络技术与应用测试床

一是支持企业、科研机构、高校,针对5G、窄带物联网(NB-IoT)、软件定义网络(SDN)、网络虚拟化(NFV)、TSN、边缘计算等新型网络技术,联合建设10个以上网络技术测试床,开展基础通用关键技术、标准、设备、解决方案的研制研发、试验测试等工作。二是支持企业、科研机构、高校合作,在汽车、航空航天、石油化工、机械制造等重点行业,建设10个以上垂直行业网络化改造和标识解析应用测试床。

八、规范网络发展秩序

工业和信息化部加强工业互联网网络建设与应用相关的网络地址、频谱资源的规划和管理,建立工业互联网网络发展监测评估机制。地方工业和信息化主管部门、通信管理部门指导企业落实网络安全要求,统计报送地方工业互联网网络发展情况;支持工业互联网产业联盟等第三方机构积极开展工业互联网网络发展宣传推广工作。

(十四)加强网络资源管理和安全保障

一是推动在工业互联网领域落实IPv6地址编码规划方案,建立工业互联网IPv6地址申请、分配、使用、备案管理体制。二是加强频率资源管理和统筹,研究制定工业互联网频率使用指南,做好5G系统实验的基站与卫星地球站干扰协调、电台执照许可工作,依法做好工业互联网专用频率的干扰保护。三是指导相关企业在进行网络化改造的同时落实网络安全标准相关要求,提升标识解析顶级节点,二级节点的安全防护能力。四是进行工业互联网设备进网管理制度研究,组织开展联网设备检测。

(十五)加强网络发展监测和宣传推广

一是探索建立工业互联网网络运行监测体系,逐步开展工业互联网外网和企业内网发展情况的动态监测,定期发布工业互联网网络发展报告。二是组织编制工业互联网网络建设与改造优秀案例,通过组织大型峰会、高峰论坛、现场会、成果发布会、巡讲团等形式,加强对工业互联网网络、标识解析领域相关成果和典型经验的推广,提升产业和企业对工业互联网网络的认知。

19部门联合发布《关于发展数字经济稳定并扩大就业的指导意见》

发改就业〔2018〕1363号

各省、自治区、直辖市发展改革委、教育厅(委)、科技厅(委)、工业和信息化(中小企业)主管部门、公安厅(局)、财政厅(局)、人力资源社会保障厅(局)、自然资源主管部门、农业(农牧、农村经济)厅(局、委)、商务主管部门、税务局、工商行政管理局(市场监督管理部门)、统计局、知识产权局、总工会、工商联,中国人民银行上海总部、各分行、营业管理部、省会(首府)城市中心支行,银监局、证监局、保监局、国家统计局各调查总队:

随着新一轮科技革命和产业变革孕育兴起,互联网、大数据、云计算、人工智能等数字技术日新月异,以数据资源为重要生产要素、以全要素数字化转型为重要推动力的数字经济蓬勃发展,数字经济领域就业加速增长,新就业形态不断涌现。但同时,数字人才供给缺口大、适应劳动者流动性和就业方式多样化的就业服务及用工管理制度有待完善等问题仍较突出。当前和今后一段时期,要深入贯彻落实党中央、国务院的决策部署,抢抓发展机遇,大力发展数字经济稳定并扩大就业,促进经济转型升级和就业提质扩面互促共进。为此,提出如下意见。

一、总体要求

(一)指导思想

全面贯彻落实党的十九大精神,以习近平新时代中国特色社会主义思想为指导,紧紧围绕统筹推进"五位一体"总体布局和协调推进"四个全面"战略布局,牢固树立和贯彻落实创新、协调、绿色、开放、共享的发展理念,坚持就业优先战略和积极就业政策,以大力发展数字经济促进就业为主线,以同步推进产业结构和劳动者技能数字化转型为重点,加快形成适应数字经济发展的就业政策体系,大力提升数字化、网络化、智能化就业创业服务能力,不断拓展就业创业新空间,着力实现更高质量和更充分就业,为保障和改善民生、全面建成小康社会、建设社会主义现代化强国提供强大支撑。

(二)基本原则

——坚持市场主导、政府引导。既要健全机制,加快消除制度性、体制性障碍,充分发挥市场决定性作用,又要加强政策支持,强化公共服务,更好地发挥政府作用,努力营造发展数字经济促进就业的良好环境。

——坚持就业优先、协调发展。要坚持就业优先战略和积极就业政策,把促进充分就业作为经济社会发展优先目标、放在更加突出位置,前瞻性地加强数字人才培养培训,优化人力资本服务,引导更多劳动者有序向数字经济领域转岗就业,在数字经济发展壮大中实现更高质量和更充分就业。

——坚持盘活存量、创造增量。坚持以供给侧结构性改革为主线，既要着眼于数字经济发展趋势，加快传统经济数字化转型步伐，盘活存量就业岗位，又要整合资源、优化环境，大力发展互联网、物联网、大数据、云计算、人工智能等新兴产业，不断催生数字化生产新业态新模式，提高新成长劳动力数字技能水平，创造更多新兴就业机会。

——坚持包容创新、共建共享。既要加快完善包容创新的政策体系，营造适度宽松的发展环境，又要制定差异化动态化监管政策，创新就业创业服务方式，加快形成适应和引领发展数字经济促进就业的政策环境，使广大劳动者共建共享数字经济发展成果。

(三) 主要目标

到2025年，伴随数字经济不断壮大，国民数字素养达到发达国家平均水平，数字人才规模稳步扩大，数字经济领域成为吸纳就业的重要渠道。适应数字经济领域就业要求的法律制度框架基本完善，数字化公共就业创业服务能力大幅提升，人力资源市场配置效率明显提高，就业规模不断扩大，就业质量持续改善。

二、加快培育数字经济新兴就业机会

(四) 推动数字产业发展壮大，拓展就业新空间

抓住数字经济发展机遇，深入推进创新驱动发展战略，加快数字基础设施建设，着力发展壮大互联网、物联网、大数据、云计算、人工智能等信息技术产业，做大做强平台企业，在带动经济转型提质过程中创造更多更高质量的新兴就业创业增长点。鼓励数据资源高效利用、开放共享，进一步扩大和升级信息消费，促进电子商务、共享经济等新业态蓬勃发展，培育更多新就业形态，吸纳更多就业。**(工业和信息化部、发展改革委牵头，科技部、商务部按职责分工负责)**

(五) 促进传统产业数字化转型，带动更多劳动者转岗提质就业

推动互联网、大数据、人工智能和实体经济深度融合，培育新增长点、形成新动能。深入推进数字技术与制造业融通发展，建立健全工业互联网基础设施体系，大力发展核心工业软件，推动传统制造业加快数字化转型，在提升国际竞争力、拓展产业链条中带动更多劳动力转岗就业。加速传统服务业数字化、网络化转型，提升精准服务、高效服务、智能服务能力，带动更多数字经济领域就业创业。充分应用物联网、大数据等新一代信息技术，促进农业生产、经营、管理、服务数字化，大力发展智慧农业，推进农业全产业链延伸和升级，促进农村一二三产业融合发展，加快乡村振兴步伐，切实提升新农民新主体数字技能。**(工业和信息化部、发展改革委、科技部、人力资源社会保障部、农业农村部、商务部按职责分工负责)**

(六) 激发数字经济创新创业活力，厚植就业增长沃土

加大融资政策支持力度，切实落实支持新产业新业态发展、促进大众创业万众创新用地意见，支持互联网龙头企业、各类开发区建设开放平台，建设一批数字产业承接能力强的返乡创业示范基地，营造富有活力的数字经济创新创业环境。进一步深化新三板改革，稳步扩大创新创业公司债试

点规模，支持私募股权和创业投资基金投资数字经济领域，增强资本市场支持数字经济创新创业能力。积极引进掌握先进数字技术知识的外国高层次人才，培育推动数字经济创新发展的国际化专家团队。**（发展改革委、自然资源部、人力资源社会保障部、工业和信息化部、科技部、商务部、财政部、教育部、人民银行、证监会按职责分工负责）**

三、持续提升劳动者数字技能

（七）强化数字人才教育

深化教育改革，建立健全高等院校、中等职业学校学科专业动态调整机制，加快推进面向数字经济的新工科建设，积极发展数字领域新兴专业，促进计算机科学、数据分析与其他专业学科间的交叉融合，扩大互联网、物联网、大数据、云计算、人工智能等数字人才培养规模。进一步扩大和落实高校专业设置自主权，鼓励高校根据经济社会发展需要和自身办学能力，加大数字领域相关专业人才培养。加强数字人才教育师资力量培养培训，推动实现基础教育、职业教育、高等教育普遍开展数字知识和技能教育，逐步建立健全多层次、多类型数字人才培养体系。加大职业教育数字化资源共建共享力度，加快建设适应数字经济发展的职业教育相关专业教学标准体系，进一步优化中等职业学校信息化相关专业设置。**（教育部牵头，发展改革委、人力资源社会保障部按职责分工负责）**

（八）加强数字技能培训

大规模开展职业技能培训，创新培训方式，探索职业培训包模式。实施国家职业资格目录，做好有关人才资格认证工作。面向新成长劳动力、失业人员等群体，加大大数据分析、软件编程、工业软件、数据安全等数字技能培训规模。引导企业用好用活教育培训经费，加强数字技能在职培训。进一步整合资源，突出重点，打造一批功能突出、资源共享的区域性数字技能公共实训基地。创新公共实训基地运营管理模式，全面提升数字技能实训能力。**（人力资源社会保障部牵头，发展改革委按职责分工负责）**

（九）建设终身学习数字化平台体系

大力发展覆盖职业生涯全过程的数字化终身教育，开发一批大规模在线开放课程平台，推动教育培训机构和部分企业共建在线模块化网络课程，强化课程认证，方便劳动者随时随地利用碎片化时间学习。完善网络平台教学管理系统，开展自适应学习实践项目，构建能动学习的良好环境。**（教育部、人力资源社会保障部按职责分工负责）**

（十）创新人才培养培训方式

加强教育与培训信息化基础设施和数字教育资源建设，提升教育、培训机构网络运行能力，促进教育、培训数据资源共享。开发全网络学习培训方案，实现从课程设计、课程开发、教学过程到教学评估全流程网络化。大力发展“互联网＋”教学和技能培训，积极采用移动技术、互联网、虚拟现实与增强现实、人机互动等数字化教学培训手段，推广微课程、线上线下混合式教学、在线直播等新型教学培训模式。**（教育部、人力资源社会保障部按职责分工负责）**

(十一)吸引社会力量参与数字人才培养培训

深化产教融合、校企合作,探索校企联合培养新模式,推进普通本科高校、职业院校(含技工院校)与科研机构、行业企业协同育人,及时将数字领域先进成果和实用技术转化为教学内容。支持行业企业特别是大型企业举办或参与举办职业院校,支持数字经济大型骨干企业与科研院所共建人才培养基地。加大政府购买服务力度,充分发挥企业、行业协会、培训机构的积极作用,建立多方协同的职业培训规范管理制度和协调发展机制,提升数字人才培养培训能力。**(教育部、发展改革委、人力资源社会保障部按职责分工负责)**

四、大力推进就业创业服务数字化转型

(十二)加快推动公共就业创业服务数字化转型

深入实施"互联网+"公共就业创业服务,加强全国公共就业信息服务平台建设,强化移动端应用,打造集政策解读、业务办理咨询于一体的智能服务体系,充分利用大数据技术,提升精准服务能力,提供全方位公共就业服务。**(人力资源社会保障部牵头负责)**

(十三)鼓励发展数字化人力资源市场服务机构

持续推进和深化商事制度改革,放宽市场准入条件,大力发展"互联网+"人力资源服务业和基于数字技术的人力资源服务新机构、新业态,加快线下业务向线上转移,线上业务向精准匹配、智能服务转型。引导和鼓励人力资源服务企业加强数字化管理服务系统研发,提升数字化服务水平。**(人力资源社会保障部牵头,市场监管总局、科技部按职责分工负责)**

(十四)做大做强数字经济创新创业服务孵化平台

支持建设一批数字经济创新创业孵化机构。完善以众创空间、孵化器为核心,创业企业、科研机构、金融机构、中介服务机构、资本市场和其他创业资源有机结合的创新创业服务网络。积极推进供应链创新与应用,支持构建以企业为主导,产学研用合作的供应链创新网络,建设跨界交叉领域的创新服务平台。鼓励行业龙头企业、国家级开发区围绕做大做强主业、延伸产业链条,开放企业技术链、供应链、物流链、渠道链,整合培训、金融等相关服务,打造集孵化器和加速器于一体的创客空间。鼓励高校、科研机构发挥技术优势,建设数字经济创新创业服务平台,盘活优质技术资源,服务数字经济创业企业发展。**(科技部、发展改革委、人力资源社会保障部、人民银行、工业和信息化部、商务部、教育部按职责分工负责)**

五、不断完善政策法律体系

(十五)不断完善新就业形态劳动用工

按照审慎包容监管、增强劳动力市场灵活性的要求,推动完善劳动法律法规,及时完善新就业

形态下的劳动用工政策，切实维护劳动者合法权益。**（人力资源社会保障部牵头，全国工商联、全国总工会按职责分工负责）**

（十六）继续完善适应新就业形态的社会保险参保缴费政策和管理服务机制

全面实施全民参保计划，推动将依托互联网平台实现灵活就业人员纳入社会保障覆盖范围。积极发挥失业保险保生活、防失业、促就业功能作用，拓宽失业保险覆盖范围。适应数字经济新就业形态发展要求，创新社会保险经办服务管理模式，推进“网上社保”，建立全国统一的社会保险公共服务平台。**（人力资源社会保障部牵头负责）**

（十七）加快健全激励机制

支持引导薪酬分配政策向数字技能等高层次人才倾斜，向关键岗位急需紧缺人才倾斜，探索实行项目工资、协议工资和年薪制等灵活多样的薪酬分配方式。加快新就业形态薪酬制度改革，不断完善兼职、一人多岗等灵活就业人员按次提成、计件取酬等工资制度。研究完善适应数字经济特点的税收征管制度。发挥企业主体作用，完善数字人才在人才落户、招聘录用、岗位聘任、职务职级晋升、职称评定、学习进修、休假体检等方面的政策，破除妨碍劳动力、人才社会性流动的体制机制弊端，全面做好数字人才激励工作。**（发展改革委、人力资源社会保障部、税务总局、公安部按职责分工负责）**

六、着力健全保障措施

（十八）加强示范引领

支持有条件的地方积极开展发展数字经济促进就业改革示范和探索创新，形成可复制可推广的好经验好做法。**（发展改革委牵头，教育部、科技部、工业和信息化部、人力资源社会保障部、商务部按职责分工负责）**

（十九）注重市场驱动

支持市场资源设立发展数字经济促进就业产业基金，着力培育数字经济市场主体，建立健全数字经济企业融资信息平台，完善融资风险分担机制，在依法合规基础上，开发更多适合数字经济企业的融资工具，更好地满足数字经济企业投融资需求。**（发展改革委、科技部、工业和信息化部、人民银行、银保监会按职责分工负责）**

（二十）优化发展环境

全面实施市场准入负面清单制度，及时优化完善数字经济管理事项，形成公平透明稳定可预期的制度安排，激发发展数字经济促进就业市场活力。建立健全信息保护、数据交易和共享等方面的相关制度，规范交易行为。发挥行业领军企业示范引领作用，完善企业守信联合激励机制和失信联合惩戒机制，增加企业失信成本，促进数字经济领域就业健康稳定发展。**（发展改革委、商务部、工**

业和信息化部、市场监管总局、知识产权局、人民银行按职责分工负责)

(二十一)强化风险应对

统筹发展和安全,提高就业形势感知、科学决策和风险预警能力,稳妥做好风险防控应对。建立健全部门、科研机构、互联网人力资源服务企业联动分析机制,充分利用云计算、大数据等数字技术,推动数字化、信息化监测统计平台建设。探索构建适应数字经济融合业务的国民经济行业分类标准,加强数字经济新产业、新业态、新商业模式和新就业形态统计监测。**(发展改革委、人力资源社会保障部、统计局、工业和信息化部按职责分工负责)**

各地区、各有关部门要强化落实责任,按照本意见要求,结合自身实际,明确目标任务和责任分工,确保各项工作任务落到实处。

国家发展改革委
教育部
科技部
工业和信息化部
公安部
财政部
人力资源社会保障部
自然资源部
农业农村部
商务部
人民银行
税务总局
市场监管总局
国家统计局
银保监会
证监会
知识产权局
全国总工会
全国工商联
2018年9月18日

工业和信息化部发布《车联网（智能网联汽车）产业发展行动计划》

工信部科〔2018〕283号

各省、自治区、直辖市及计划单列市、新疆生产建设兵团工业和信息化主管部门，各省、自治区、直辖市通信管理局，各相关单位：

为加快车联网（智能网联汽车）产业发展，大力培育新增长点、形成新动能，我部制定了《车联网（智能网联汽车）产业发展行动计划》。现印发给你们，请结合实际认真贯彻落实。

工业和信息化部

2018年12月25日

车联网（智能网联汽车）产业发展行动计划

车联网（智能网联汽车）产业是汽车、电子、信息通信、道路交通运输等行业深度融合的新型产业形态。发展车联网产业，有利于提升汽车网联化、智能化水平，实现自动驾驶，发展智能交通，促进信息消费，对我国推进供给侧结构性改革、推动制造强国和网络强国建设、实现高质量发展具有重要意义。当前，我国车联网产业进入快车道，技术创新日益活跃，新型应用蓬勃发展，产业规模不断扩大，但也存在关键核心技术有待突破、产业生态亟待完善以及政策法规需要健全等问题。为进一步促进产业持续健康发展，制定本行动计划。

一、总体要求

（一）指导思想

以习近平新时代中国特色社会主义思想为指导，全面贯彻党的十九大和十九届二中、三中全会精神，坚持新发展理念，坚持推进高质量发展，以网络通信技术、电子信息技术和汽车制造技术融合发展为主线，充分发挥我国网络通信产业的技术优势、电子信息产业的市场优势和汽车产业的规模优势，优化政策环境，加强跨行业合作，突破关键技术，夯实产业基础，推动形成深度融合、创新活跃、安全可信、竞争力强的车联网产业新生态。

（二）基本原则

系统部署、统筹推进。加强顶层设计，完善部门协同和部省联动，做好战略部署和分阶段实施。统筹推动关键技术研发、标准规范制定、测试示范推广和基础设施建设，构建产业健康发展的环境和基础。

创新、应用驱动。推动跨行业协同创新，充分调动各方力量，加强产学研合作，突破技术瓶颈，不断提升创新能力。夯实产业基础，培育创新应用，提升用户规模，加快形成产业创新发展新生态。

优势互补、开放合作。推动产业合作、平台互通、系统互联,构建优势互补、融合发展的产业新格局。加强国际交流与合作,共同推动汽车产业升级和应用模式的转换。

强化管理、保障安全。明确主体责任,健全管理制度,强化防护机制,构建确保人身安全的管理体系。

(三) 行动目标

到 2020 年,实现车联网(智能网联汽车)产业跨行业融合取得突破,具备高级别自动驾驶功能的智能网联汽车实现特定场景规模应用,车联网综合应用体系基本构建,用户渗透率大幅提高,智能道路基础设施水平明显提升,适应产业发展的政策法规、标准规范和安全保障体系初步建立,开放融合、创新发展的产业生态基本形成,满足人民群众多样化、个性化、不断升级的消费需求。

——关键技术。构建能够支撑有条件自动驾驶(L3 级)及以上的智能网联汽车技术体系,形成安全可信的软硬件集成与应用能力。智能网联汽车计算基础平台、平台线控、智能驱动等核心技术有所突破,L3 级集成技术水平大幅提升。实现基于第四代移动通信技术设计的车联网无线通信技术(LTE - V2X)产业化与商用部署,加快基于第五代移动通信技术设计的车联网无线通信技术(5G - V2X)等关键技术研发及部分场景下的商业化应用,构建通信和计算相结合的车联网体系架构。

——标准体系。完成车联网(智能网联汽车)关键标准制定,大幅增加标准有效供给,健全产业标准体系。提升综合测试验证能力,完善测试评价体系,构建场景数据库,形成测试规范统一和数据共享,形成一批区域性、有特色、先导性的示范应用。

——基础设施。实现 LTE - V2X 在部分高速公路和城市主要道路的覆盖,开展 5G - V2X 示范应用,建设窄带物联网(NB - IoT)网络,构建车路协同环境,提升车用高精度时空服务的规模化应用水平,为车联网、自动驾驶等新技术应用提供必要条件。

——应用服务。车联网用户渗透率达到 30%以上,新车驾驶辅助系统(L2)搭载率达到 30%以上,联网车载信息服务终端的新车装配率达到 60%以上,构建涵盖信息服务、安全与能效应用等的综合应用体系。

——安全保障。产业安全管理体系初步形成,安全管理制度与安全防护机制落地实施,安全技术及产品研发取得阶段性成果,安全技术支撑手段建设初见成效,安全保障和服务能力逐步完善。

2020 年后,通过持续努力,推动车联网产业实现跨越发展,技术创新、标准体系、基础设施、应用服务和安全保障体系全面建成,高级别自动驾驶功能的智能网联汽车和 5G - V2X 逐步实现规模化商业应用,“人—车—路—云”实现高度协同,人民群众日益增长的美好生活需求得到更好满足。

二、突破关键技术,推动产业化发展

(一) 加快智能网联汽车关键核心技术攻关

充分利用各种创新资源,加快智能网联汽车关键零部件及系统开发应用,重点突破智能网联汽车复杂环境感知、新型电子电气架构、车辆平台线控等核心技术。加快车载视觉系统、激光/毫米波雷达、多域控制器、惯性导航等感知器件的联合开发和成果转化。加快推动智能车载终端、车规级芯片等关键零部件的研发，促进新一代人工智能、高精度定位及动态地图等技术在智能网联汽车上的产业化应用。加快推动高性能车辆智能驱动、线控制动、线控转向、电子稳定系统的开发和产业化，实现对车辆的精确、协调和可靠控制。

（二）推动构建智能网联汽车决策控制平台

衔接国家科技重大专项成果，通过联合攻关、合作开发等方式，加快搭建中国标准智能网联汽车场景数据库，完善适合深度学习的软件开发环境，开发软硬件协同计算与通信融合的车载操作系统，加速开发适用于智能网联汽车的硬件接口单元、存储管理单元和 V2X 通信单元，加快形成适合中国道路状况的 L3 级以上智能网联汽车计算基础平台架构设计，满足对车辆动力底盘和车身电子部件的安全、快速、有效控制要求。

（三）强化无线通信技术研发和产业化

大力支持 LTE－V2X、5G－V2X 等无线通信关键技术研发与产业化。加快推动多接入边缘计算、网络功能虚拟化、5G 网络切片等技术在产业中的应用，构建通信和计算相结合的体系架构，提升多接入边缘计算敏捷性，实现更多业务创新。加快 V2X 计算平台的部署及产品研发，分步构建中心-区域-边缘-终端的多级分布式 V2X 计算平台体系，满足 V2X 业务需求。

三、完善标准体系，推动测试验证与示范应用

（一）健全标准体系

充分发挥标准体系在车联网产业生态中的基础、引导和规范作用，加快推进实施《国家车联网产业标准体系建设指南》，根据产业发展需要适时更新和补充完善。加快制定与完善基础通用类、技术类、测试评价类、服务规范类和安全认证类标准，增加标准有效供给。鼓励同步推进关键技术的国际标准化，以标准引领技术发展和水平提升。

加快智能网联汽车基础通用、先进驾驶辅助系统（ADAS）、自动驾驶、信息安全、网联功能等相关标准的制修订，以测试场景为切入点、以整车功能评价为目标，系统开展自动驾驶测试评价相关标准规范的研究与制定。开展 5G－V2X 技术研发与标准制定，推进多接入边缘计算与 LTE－V2X 技术的融合创新和标准研究。加强与智慧城市建设等相关基础设施标准之间的衔接，加快基站设备、路侧单元和车载终端设备的技术要求与测试方法研究制定。推动制定车联网服务平台、交通管控信息服务平台之间的端到端互联互通标准。构建电动汽车、充电桩和平台间的互联互通与数据交互标准。推进车联网无线通信安全、车联网平台及应用安全、数据安全和用户个人信息保护的相关标准研究制定。

（二）加快频率和业务许可论证

发布车联网（智能网联汽车）直连通信使用 5905—5925 MHz 频段管理规定。结合技术和产业发展情况及相关单位的频率申请，适时发放频率使用许可。推动 5G－V2X 相关频率需求研究。

加强对 LTE－V2X 基础设施运营资质和车联网业务资质的研究。

(三) 推动测试验证

构建智能网联汽车测试评价体系,完善单项技术、整车产品的测试方法和测试规范,全面提升测试验证能力。加强测试示范区能力建设,推进测试规范统一和数据库共享。推动建设中国道路交通场景库,为产品开发测试、安全性评估与功能评价提供基础支撑。扩大智能网联汽车公共道路测试范围,探索进行高速公路测试试点。

完善车载终端、路侧单元等在不同电磁环境下技术测试验证,构建车联网云平台测试验证体系,提升相关测试验证能力。研究车联网电磁环境保护要求,完善车用无线通信设备进网许可相关管理办法。推动仿真测试、道路试验测试等技术发展,形成面向实验室、封闭道路、半封闭道路和开放道路的综合试验验证能力。

(四) 促进示范应用

加强与公安部、交通运输部等部门及地方政府的协同合作,鼓励产业链各方参与,开展半开放区域和公开道路等测试验证,保障车载终端、路侧单元与云平台间通信的可靠性、兼容性和安全性,逐步完成端到端的技术验证和互联互通测试。在机场、港口、快速公交车道和产业园区开展自动驾驶通勤出行、智能物流配送、智能环卫等场景的示范应用。推进上海、北京—河北、重庆、无锡、杭州、武汉、长春、广州和长沙等区域性示范应用,支持北京冬奥会和雄安新区开展车联网应用。构建车联网先导区,不断提升交通智能化管理水平和居民出行服务体验。

四、合作共建,推动完善车联网产业基础设施

(一) 完善通信网络设施

推动 LTE 网络的改造和升级,满足车联网的大规模应用。提升 LTE－V2X 网络在主要高速公路和部分城市主要道路的覆盖水平,完善路侧单元的数据接入规范,提高路侧单元与道路基础设施、智能管控设施的融合接入能力,推动 LTE－V2X 网络升级与路侧单元部署的有机结合。在重点地区、重点路段建立 5G－V2X 示范应用网络,提供超低时延、超高可靠、超大带宽的无线通信服务。分阶段、分区域推进道路基础设施、交通标志标识的数字化改造和新建,在桥梁、隧道等道路关键节点加快部署窄带物联网(NB－IoT)等网络。

(二) 推动大数据及云平台建设与管理

促进各类车联网平台的互联互通,推动智能网联汽车、道路基础设施、通信基站、车联网平台和应用服务等信息交互与数据共享,构建数据使用和维护的市场化机制,保障车辆安全有效地运行。鼓励构建跨行业、跨部门的综合大数据及云平台,支撑车联网应用的规模发展和持续创新。

(三) 构建智能道路基础设施

促进网络通信技术、人工智能技术与道路交通基础设施的深度融合,为车联网、自动驾驶等新

技术应用提供必要条件。面向典型场景和热点区域部署边缘计算能力，构建低时延、大带宽、高算力的车路协同环境。支持北斗卫星导航系统和差分基站等设施建设，提升车用高精度时空服务的规模化应用水平，满足车辆的高精度定位导航需求。在部分高速公路和部分城市主要道路，支持构建集感知、通信、计算等能力为一体的智能基础设施环境。

五、发展综合应用，推动提升市场渗透率

（一）扩大车联网用户规模

鼓励电信运营商推出优惠资费等激励措施，大力发展车联网用户。支持汽车企业前装联网车载信息服务终端，提升驾驶辅助系统新车搭载率。支持公交车、大货车、出租车、网约车等相关运营车辆提高联网率。

（二）发展综合信息服务

培育面向乘用车的智慧出行、道路救援、数据服务等创新应用，完善面向多种营运车辆的综合信息服务和远程监测系统，推进面向公安交通管理、商业运输车辆调度和道路运输监管等领域的交通服务，发展共享汽车等新业态。创新商业模式，推动车联网产业与智慧旅游和智慧商务等融合发展。

（三）拓展电动汽车联网应用

发展电动汽车实时在线监测系统和大数据分析能力，实现充电预警、优化充换电调度、提升充换电效率等目标。支持加强对电动汽车电池等核心部件的监测，鼓励开展退役电池甄别、分级和梯次利用。拓展电动汽车的联网应用，推动电动汽车、充电桩、充电服务平台、动力电池溯源系统、在线监测平台等的互联互通和数据交互，实现对电动汽车全生命周期的安全管理，提高电动汽车安全水平。

（四）推进交通安全与能效技术应用

推动基于LTE－V2X、5G－V2X等技术的“人—车—路—云”协同交互，积极开展交通安全与能效应用。在相关技术、产品和商业化运行条件成熟的情况下，推广交通事件预警、事故报警、交通管控等车路交互信息服务的规模应用，推动基于“车车/车人”通信的事故预警和协同控制技术的应用，提升交通安全与拥堵主动调控能力。推动车路通信技术在车辆和道路交通基础设施中的应用，提升交通安全水平。推广不同路况的行驶策略指引、高速公路货车编队行驶等应用，提高交通效率。

（五）打造汽车全生命周期服务

建立基于网络的汽车设计、制造、服务一体化体系，构建智能网联汽车数据管理体系。通过车联网实现对车辆运行数据的采集、分析与运用，形成多样化的应用服务和系统管理，为车辆安全运

行提供保障。推动车辆精准化的营销推广、定制化的保养服务、个性化的保险套餐、透明化的维修服务和差异化的用车体验,实现基于大数据平台的个性化汽车服务的规模应用。利用车联网技术提升车辆回收和循环利用水平。

六、技管结合,推动完善安全保障体系

(一)健全安全管理体系

以产品和系统的运行安全、网络安全、数据安全为重点,明确相关主体责任,定期开展安全监督检查。完善车联网网络和数据安全的事件通报、应急处置、责任认定等安全管理工作。

(二)提升安全防护能力

重点突破产业的功能安全、网络安全和数据安全的核心技术研发,支持安全防护、漏洞挖掘、入侵检测和态势感知等系列安全产品研发。督促企业强化网络安全防护和数据安全防护,构建智能网联汽车、无线通信网络、车联网数据和网络的全要素安全检测评估体系,开展安全能力评估。

(三)推动安全技术手段建设

增强产业安全技术支撑能力,着力提升隐患排查、风险发现和应急处置水平,打造监测预警、威胁分析、风险评估、试验验证和数据安全等安全平台。推动企业加大安全投入,创新安全运维与咨询等服务模式,提升行业安全保障服务能力。

七、保障措施

(一)加强组织领导

充分发挥国家制造强国建设领导小组车联网产业发展专委会的作用,加强统筹推进,强化部门合作,解决关键问题,营造有利于车联网产业发展的良好环境。加强部省合作,发挥区域资源优势,共同推动示范应用和产业化,培育一批领军企业,构建产业集聚区。加强产业跟踪研究、总结评估和督促指导,确保重点工作有序推进。

(二)加大政策支持力度

发挥财政资金的引导作用,鼓励地方政府加大投入,完善协同机制,加大对关键技术研发、示范应用与产业化应用的支持力度。鼓励地方政府通过多种方式支持产业发展,探索制定智能网联汽车分时租赁优惠政策。加强产融合作,引导信贷投放,吸引风险投资等各类社会资本参与车联网产业发展。

(三)构建产业生态体系

加快建设智能网联汽车制造业创新中心,搭建产学研用联合的协同创新和成果转化平台。积

极发挥产业联盟等的统筹协调作用，促进产业链上下游以及与相关行业之间的有效融合，构建技术创新和产业生态体系。鼓励新型商业模式，积极培育创新应用，建设创新创业创优服务平台，促进形成新业务、新市场和新生态。

（四）优化产业发展环境

推动制定有利于产业创新的政策法规，适时修订制约产业发展的制度规章，为大规模测试示范和商业化应用提供政策和制度保障。加快构建智能网联汽车测试评价体系，建立健全智能网联汽车生产准入管理制度。利用世界智能网联汽车大会等平台，促进技术交流和产业合作。坚持包容审慎的原则，加强对产品和应用的事中事后监管，强化知识产权保护与有效利用，健全信用管理机制。

（五）健全人才培养体系

高度重视人才队伍建设对产业发展的作用，培养和引进相结合，有计划、多渠道引进高端人才和青年人才，培育高水平的创新创业团队，加快形成具有国际领先水平的专家队伍。推动学科建设和专业布局，促进构建有利于产业融合的交叉学科和专业，推动建设跨学科的培训体系。

（六）推进国际及港澳台交流合作

利用中欧、中俄、中德、中美、中法、中日、中韩以及海峡两岸有关产业对话机制或活动平台，加强务实合作与交流，推动与世界先进技术和产业链对接，实现高起点与可持续发展。积极参与相关国际标准的制定和协调，重点加强共性技术、测试评价以及频率规划等方面的交流与合作。鼓励全球领先企业在中国设立生产基地和研发机构，支持国内企业积极开拓海外市场，构建开放发展、合作共赢的产业格局。

工业和信息化部发布《关于加快推进虚拟现实产业发展的指导意见》

工信部电子〔2018〕276号

各省、自治区、直辖市及计划单列市、新疆生产建设兵团工业和信息化主管部门,有关行业组织,有关单位:

虚拟现实(含增强现实、混合现实,简称VR)融合应用了多媒体、传感器、新型显示、互联网和人工智能等多领域技术,能够拓展人类感知能力,改变产品形态和服务模式,给经济、科技、文化、军事、生活等领域带来深刻影响。全球虚拟现实产业正从起步培育期向快速发展期迈进,我国面临同步参与国际技术产业创新的难得机遇,但也存在关键技术和高端产品供给不足、内容与服务较为匮乏、创新支撑体系不健全、应用生态不完善等问题。为加快我国虚拟现实产业发展,推动虚拟现实应用创新,培育信息产业新增长点和新动能,现提出以下意见:

一、总体要求

(一) 指导思想

以习近平新时代中国特色社会主义思想为指导,全面贯彻党的十九大精神,把握虚拟现实等新一代信息技术孕育发展机遇,坚持市场主导、应用牵引、创新驱动、协同发展,以加强技术产品研发、丰富内容服务供给为抓手,以优化发展环境、建立标准规范、强化公共服务为支撑,提升产业创新发展能力,推动新技术、新产品、新业态、新模式在各领域广泛应用,推动我国信息产业高质量发展,为我国经济社会发展提供新动能。

(二) 发展目标

到2020年,我国虚拟现实产业链条基本健全,在经济社会重要行业领域的应用得到深化,建设若干个产业技术创新中心,核心关键技术创新取得显著突破,打造一批可复制、可推广、成效显著的典型示范应用和行业应用解决方案,创建一批特色突出的虚拟现实产业创新基地,初步形成技术、产品、服务、应用协同推进的发展格局。

到2025年,我国虚拟现实产业整体实力进入全球前列,掌握虚拟现实关键核心专利和标准,形成若干具有较强国际竞争力的虚拟现实骨干企业,创新能力显著增强,应用服务供给水平大幅提升,产业综合发展实力实现跃升,虚拟现实应用能力显著提升,推动经济社会各领域发展质量和效益显著提高。

二、重点任务

(一)突破关键核心技术

加强产学研用协同合作,推动虚拟现实相关基础理论、共性技术和应用技术研究。坚持整机带动、系统牵引,围绕虚拟现实建模、显示、传感、交互等重点环节,加强动态环境建模、实时三维图形生成、多元数据处理、实时动作捕捉、实时定位跟踪、快速渲染处理等关键技术攻关,加快虚拟现实视觉图形处理器(GPU)、物理运算处理器(PPU)、高性能传感处理器、新型近眼显示器件等的研发和产业化。

——近眼显示技术。实现 30PPD(每度像素数)单眼角分辨率、100Hz 以上刷新率、毫秒级响应时间的新型显示器件及配套驱动芯片的规模量产。发展适人性光学系统,解决因辐合调节冲突、画面质量过低等引发的眩晕感。加速硅基有机发光二极管(OLEDoS)、微发光二极管(MicroLED)、光场显示等微显示技术的产业化储备,推动近眼显示向高分辨率、低时延、低功耗、广视角、可变景深、轻薄小型化等方向发展。

——感知交互技术。加快六轴及以上 GHz 惯性传感器、3D 摄像头等的研发与产业化。发展鲁棒性强、毫米级精度的自内向外(inside-out)追踪定位设备及动作捕捉设备。加快浸入式声场、语音交互、眼球追踪、触觉反馈、表情识别、脑电交互等技术的创新研发,优化传感融合算法,推动感知交互向高精度、自然化、移动化、多通道、低功耗等方向发展。

——渲染处理技术。发展基于视觉特性、头动交互的渲染优化算法,加快高性能 GPU 配套时延优化算法的研发与产业化。突破新一代图形接口、渲染专用硬加速芯片、云端渲染、光场渲染、视网膜渲染等关键技术,推动渲染处理技术向高画质、低时延、低功耗方向发展。

——内容制作技术。发展全视角 12K 分辨率、60 帧/秒帧率、高动态范围(HDR)、多摄像机同步与单独曝光、无线实时预览等影像捕捉技术,重点突破高质量全景三维实时拼接算法,实现开发引擎、软件、外设与头显平台间的通用性和一致性。

(二)丰富产品有效供给

面向信息消费升级需求和行业领域应用需求,加快虚拟现实整机设备、感知交互设备、内容采集制作设备、开发工具软件、行业解决方案、分发平台的研发及产业化,丰富虚拟现实产品的有效供给。

——整机设备。发展低成本、高性能、符合人眼生理特性的主机式、手机式、一体机式、车载式、洞穴式、隐形眼镜式等形态的虚拟现实整机设备。研发面向制造、教育、文化、健康、商贸等重点行业领域及特定应用场景的虚拟现实行业终端设备。

——感知交互设备。研发自内向外(inside-out)追踪定位装置、高性能 3D 摄像头以及高精度交互手柄、数据手套、眼球追踪装置、数据衣、力反馈设备、脑机接口等感知交互设备。

——内容采集制作设备。加快动作捕捉、全景相机、浸入式声场采集设备、三维扫描仪等内容采集制作设备的研发和产业化,满足电影、电视、网络媒体、自媒体等不同应用层级内容制作需求。

——开发工具软件。发展虚拟现实整机操作系统、三维开发引擎、内容制作软件,以及感知交互、渲染处理等开发工具软件,提升虚拟现实软硬件产品系统集成与融合创新能力。

——行业解决方案。发展面向重点行业领域典型应用的虚拟研发设计、虚拟装配制造、虚拟检测维修、虚拟培训、虚拟货品展示等集成解决方案。

——分发平台。发展端云协同的虚拟现实网络分发和应用服务聚合平台(CloudVR),推动建立高效、安全的虚拟现实内容与应用支付平台及分发渠道。

(三)推进重点行业应用

引导和支持“VR+”发展,推动虚拟现实技术产品在制造、教育、文化、健康、商贸等行业领域的应用,创新融合发展路径,培育新模式、新业态,拓展虚拟现实应用空间。

——VR+制造。推进虚拟现实技术在制造业研发设计、检测维护、操作培训、流程管理、营销展示等环节的应用,提升制造企业辅助设计能力和制造服务化水平。推进虚拟现实技术与制造业数据采集与分析系统的融合,实现生产现场数据的可视化管理,提高制造执行、过程控制的精确化程度,推动协同制造、远程协作等新型制造模式发展。构建工业大数据、工业互联网和虚拟现实相结合的智能服务平台,提升制造业融合创新能力。面向汽车、钢铁、高端装备制造等重点行业,推进虚拟现实技术在数字化车间和智能车间的应用。

——VR+教育。推进虚拟现实技术在高等教育、职业教育等领域和物理、化学、生物、地理等实验性、演示性课程中的应用,构建虚拟教室、虚拟实验室等教育教学环境,发展虚拟备课、虚拟授课、虚拟考试等教育教学新方法,促进以学习者为中心的个性化学习,推动教、学模式转型。打造虚拟实训基地,持续丰富培训内容,提高专业技能训练水平,满足各领域专业技术人才培训需求。促进虚拟现实教育资源开发,实现规模化示范应用,推动科普、培训、教学、科研的融合发展。

——VR+文化。在文化、旅游和文物保护等领域,丰富融合虚拟现实体验的内容供应,推动现有数字内容向虚拟现实内容的移植,满足人民群众文化消费升级需求。发展虚拟现实影视作品和直播内容,鼓励视频平台打造虚拟现实专区,提供虚拟现实视频点播、演唱会、体育赛事、新闻事件直播等服务。打造虚拟电影院、虚拟音乐厅,提供多感官体验模式,提升用户体验。建设虚拟现实主题乐园、虚拟现实行业体验馆等,创新文化传播方式。推动虚拟现实在文物古迹复原、文物和艺术品展示、雕塑和立体绘画等文化艺术领域应用,创新艺术创作和表现形式。

——VR+健康。加快虚拟现实技术在医疗教学训练与模拟演练、手术规划与导航等环节的应用,推动提高医疗服务智能化水平。推动虚拟现实技术在心理辅导、康复护理等环节的应用,探索虚拟现实技术对现有诊疗手段的补充完善,发展虚拟现实居家养老、在线诊疗、虚拟探视服务,提高远程医疗水平。

——VR+商贸。顺应电子商务、家装设计、商业展示等领域场景式购物趋势,发展和应用专业化虚拟现实展示系统,提供个性化、定制化的地产、家居、家电、室内装修和服饰等虚拟设计、体验与交易平台,发展虚拟现实购物系统,创新商业推广和购物体验模式。

(四)建设公共服务平台

依托行业龙头企业、行业组织和金融机构等其他第三方机构,面向虚拟现实产业发展需要,建设和运营产业公共服务平台,提供技术攻关、资金支持、成果转化、测试推广、信息交流、创新孵化等服务,推动构建集规模化创新、投资、孵化和经营为一体的虚拟现实生态系统,优化产业发展环境。

——共性技术创新服务。围绕虚拟现实产业技术创新需求，以基础研究和共性关键技术研发支撑为重点，集聚骨干企业、知名高校院所及虚拟现实领域专业实验室、研究院、研发中心、技术中心、工程中心等创新机构资源，共同推进虚拟现实共性技术创新。指导和帮助企业、专业机构申报国内、国际专利，及时形成知识产权。探索建立虚拟现实科技成果转化和激励机制，推动跨行业、跨部门、跨地域的成果转化。

——创新创业孵化服务。整合创新创业要素资源，提供开放式、低成本、便利化的全要素综合服务，推动虚拟现实创新资源共建共享，提供虚拟现实研发资源。支持各类企业孵化器、众创空间等载体面向虚拟现实领域打造专业化、全流程覆盖的创新创业服务体系，为初创企业和创新团队提供创业辅导、创新资金、辅助技术、法律帮扶、教育培训等服务。

——行业交流对接服务。集聚行业组织和第三方机构服务资源，建立虚拟现实产业信息交流与合作对接公共服务体系，提供虚拟现实产业咨询培训、项目对接、应用促进、技术交易、成果转化、知识产权、会展商务、融资租赁、人力资源、行业研究等服务，促进产业信息共享，推动产业生态发展。

（五）构建标准规范体系

发挥标准对产业的引导支撑作用，建立产学研用协同机制，健全虚拟现实标准和评价体系。加强标准体系顶层设计，着力做好基础性、公益性、关键性技术和产品的国家/行业标准制修订工作，有效支撑和服务产业发展。着力推动标准国际化工作，加快我国国际标准化进程。

——建立标准规范体系。研究确定虚拟现实综合标准化顶层设计，构建虚拟现实领域标准化体系，提出标准化路径和时间表。鼓励发展具有引领促进作用的团体标准，完善团体标准转化机制，形成政府主导制定的标准与市场自主制定的标准协同发展、协调配套的新型标准体系机制。积极引导和支持国内企业、科研机构、高等院校参与国际标准制定。

——加快重点标准研制。加大基础类、安全类、应用类等标准制定力度，规范接口数据、程序接口、互联互通等标准，推进不同产品和应用系统间互换互认。制定符合人体视觉、听觉习惯和满足生理、心理健康要求的虚拟现实产品安全和健康等标准，提高虚拟现实产品基本安全保障能力。完善制定根据儿童、青少年、成人、特殊人群等不同受众人群划分的内容分级标准体系。

——开展检测认证工作。研究建立虚拟现实产品检验检测与评估机制，构建涵盖虚拟现实技术、产品、服务等方面的测试评估体系，支持第三方机构开展虚拟现实重点标准宣贯和产品质量评估测试工作。组织开展对市场主流虚拟现实产品的标准符合性测试，发布质量分析报告。

（六）增强安全保障能力

强化虚拟现实系统平台安全防护能力建设。研究针对虚拟现实的攻击监测及防御技术，推动针对虚拟现实重点产品的安全风险监测预警能力建设，加强安全威胁信息共享，及时发布虚拟现实安全漏洞风险和预警信息，推动政府、行业、企业间的虚拟现实安全信息共享和协同联动。

加强虚拟现实领域重要数据和个人信息保护。落实数据安全和用户个人信息保护规定等政策文件要求，针对虚拟现实产业技术及产品特点，指导企业规范对用户个人信息的收集、存储、使用和销毁等行为，提升企业在开展虚拟现实业务过程中对用户个人信息的保护水平。

三、推进措施

(一)加大政策支持力度

紧密结合国家相关产业政策,利用现有渠道,创新支持方式,重点支持虚拟现实技术研发和产业化。加强对产业发展情况的跟踪监测和发展形势研判。鼓励金融机构开展符合虚拟现实产业特点的融资业务和信用保险业务,进一步拓宽产业融资渠道。

(二)发挥地方政府作用

加强对地方工作的指导协调,引导地方结合实际出台配套政策和具体落实措施,支持地方建设产业发展公共服务平台,开展地区间交流合作。各地要加大投入力度,集中力量突破关键核心技术,丰富产品供给,在民生、公益项目中积极选用虚拟现实产品和解决方案。

(三)推进示范应用推广

鼓励重点地区、重点行业企业,瞄准特色应用需求,加快虚拟现实应用技术和行业解决方案应用。支持地方、企业组织实施虚拟现实应用项目,探索形成可推广、可复制的应用模式和商业模式,及时总结优秀案例和发展经验向全国推广。

(四)建设产业发展基地

支持有条件的地方建设虚拟现实产业发展基地,引导虚拟现实企业向基地集聚。组织开展虚拟现实产业特色基地认定工作,引导差异化的建设方向。统筹布局虚拟现实产业载体、创新中心建设,形成网络化、协同化发展促进体系。

(五)加强产业品牌打造

加大对优秀虚拟现实企业、产品、服务、平台、应用案例的总结宣传力度,提高我国虚拟现实品牌的知名度。加强对优秀产业发展基地、行业组织的推广,激发各界推动产业发展的积极性。

(六)加强专业人才培养

依托国家重大人才工程,实施优秀人才引进计划,加快引进一批高端、复合型虚拟现实人才。依照产业发展需求进行课程体系设置改革试点。鼓励高校和企业创新合作模式,共建实训基地,积极开展互动式人才培养。健全虚拟现实人才使用、评价和激励措施,推动完善从研发、转化、生产到管理的人才生态结构。

(七)促进行业组织发展

支持产业联盟、研究机构等行业组织的创新发展,打造产业发展促进平台,在技术攻关、标准制定、人才对接、应用推广、投资促进、品牌宣传和国际合作等方面发挥组织协同作用。支持行业组织开展虚拟现实相关创新促进活动、展示体验活动以及应用推进活动。

(八) 推动国际交流合作

加强虚拟现实领域国际交流合作，推进技术、人才、资金等资源互动，提升全球资源聚合能力，加快提升研发创新能力。支持虚拟现实企业加大海外市场拓展力度，建立以专业化、市场化为导向的海外市场服务体系，提高产业国际化发展能力。

工业和信息化部

2018 年 12 月 21 日

第二章 省级政策

省政府办公厅发布《智慧江苏建设三年行动计划(2018—2020年)》

苏政办发〔2018〕70号

各市、县(市、区)人民政府,省各委办厅局,省各直属单位:

《智慧江苏建设三年行动计划(2018—2020年)》已经省人民政府同意,现印发给你们,请认真组织实施。

江苏省人民政府办公厅

2018年9月18日

(此件公开发布)

智慧江苏建设三年行动计划(2018—2020年)

为深入贯彻习近平总书记关于信息化发展的重要指示要求,全面落实《网络强国战略实施纲要》《国家信息化发展战略纲要》和《网络强省战略实施纲要》,推动实施《"十三五"智慧江苏建设发展规划》,加快推进网络强省建设,高水平建设智慧江苏,特制订本行动计划。

一、总体要求

(一)指导思想

以习近平新时代中国特色社会主义思想为指导,深入贯彻党的十九大精神,践行新发展理念,发挥信息化对经济社会发展的驱动引领作用,突出"互联网+政务""互联网+民生""互联网+先进制造业",实施"12345"行动计划,即构建一个创新发展服务体系,实施大数据应用推广和云服务提升两大计划,打造智慧江苏门户、政务服务、民生服务三类云平台群,围绕超前布局信息基础设施、深入推进智慧城市建设、加速普及智慧民生应用、加快发展数字经济等四个重点方向,实施基础设施提档升级、政务服务能力优化、智慧城市治理创新、民生服务便捷普惠、数字经济融合发展等五方面工程,着力建设更高水平、更有优势、更具活力的智慧江苏,为推动全省高质量发展走在全国前列、建设“强富美高”新江苏提供有力支撑。

（二）基本原则

政府引导、市场推动。发挥政府在顶层设计、规范标准、统筹协调等方面的引导作用，聚焦信息资源管理和信息基础设施等公共领域重点项目建设，积极引入市场机制，科学量化效能目标，形成政府、企业、社会合力推进的格局。

需求导向、创新服务。立足居民生活、企业生产和运营、政府管理和服务的实际需求，积极探索信息化条件下高效配置物质、信息和智力资源的有效途径，促进服务创新、技术创新、模式创新、业态创新等各类创新。

以人为本、惠民优先。把保障和改善民生作为智慧江苏建设的出发点和落脚点，充分应用智慧手段提供多样化、普惠化、均等化的公共服务，让百姓少跑腿、信息多跑路，使城乡居民共享智慧化建设成果。

保障安全、促进发展。牢牢把握网络安全和信息技术发展应用的辩证关系，坚持依法管理，完善制度规范，提升技术能力，形成与信息化发展相协调的网络安全保障体系。

（三）总体架构

智慧江苏建设的总体架构包括基础设施层、数据层、平台层、展现层等四个层次和标准规范体系、安全保障体系等两个体系。展现层通过整合各种渠道，为市民、企业、管理服务者、管理决策者四类服务对象提供统一的访问和交互入口；平台层通过提供跨部门、跨行业的融合性服务应用，实现管理端的有序协同和服务端的有效反馈；数据层通过建设各类数据库、统一数据交换平台，实现数据资源的标准化、规范化；基础设施层通过集约化建设和云服务方式，合理灵活地分配基础设施资源。遵循国家各项法律法规和相关行业标准，构建智慧江苏标准规范体系，形成统一的信息化标准框架和面向各重点领域的行业信息化标准规范。打造涵盖技术、设施、管理、法规的智慧江苏网络安全保障体系，提升态势感知和应急响应能力，加强重要数据资源和个人信息安全保护，强化关键信息基础设施安全可控水平。

二、主要任务

（一）构建创新发展服务体系

1. 加强组织领导

在省委网络安全和信息化委员会领导下，由省经济和信息化委会同省有关部门协调推进，各市、县（市、区）成立统筹推进智慧城市建设工作机构，协同抓好智慧江苏建设行动计划的分工落实。

2. 优化专家队伍

建立专家决策咨询机制，组织信息化和信息技术领域院士、学者、企业家等业内专家，对智慧江苏和地方智慧城市规划设计、项目立项、工程建设、推进实施等开展咨询和指导。发展第三方咨询服务机构,面向重点行业、重点领域信息化建设提供咨询服务。

3. 完善服务平台

建立健全智慧江苏建设政策法规、标准规范、统计监测、管理评估和运营保障体系。开展智慧交通、智慧健康、智慧旅游等国家标准、地方标准研制,制定发布智慧城市、智慧服务门户、重点行业智慧化等建设指南,组织智慧江苏标准和建设指南实施推广工作。

4. 建设创新中心

依托行业龙头企业,联合产业链上下游的企业、高校、科研院所,围绕智慧城市、智能制造、物联网、工业互联网、工业大数据等重点领域,面向产业共性关键技术、关键产品以及创新成果转化,组建智慧城市、特种机器人、物联网与传感器、工业互联网及工业大数据创新中心,引领行业发展。

5. 推进工程示范

围绕企业服务、便民服务、社会治理、智慧城市等方向,联合省有关部门共同建设一批跨行业、跨区域、跨部门的信息化重点工程项目,创建一批智慧江苏示范工程,形成智慧江苏行业应用解决方案。

6. 创新运营模式

加大各级财政对智慧江苏建设的投入,建立政府引导、社会投入的信息化投融资机制,探索采用公私合作关系(PPP)、服务外包等模式,通过市场化手段引导带动各类社会资本投入,提高建设运营和管理服务水平。

7. 加强评估考核

研究制定智慧城市建设标准规划和评价指标体系,对行动计划确定的重点任务和重大工程进行量化考核,并总结推广一批典型做法和成功经验。

(二) 实施大数据应用推广计划和云服务提升计划

1. 大数据应用推广计划

重点实施大数据新兴业态培育工程、信用信息系统建设工程、现代农业大数据工程、经济运行大数据工程、智慧交通大数据工程、警务大数据工程、市场监管大数据工程、人力资源社会保障大数据工程、健康医疗大数据工程、食品药品大数据工程、环境保护大数据工程、审计大数据工程和安全生产大数据工程。实施政府大数据资源共享开放工程,建设全省统一的“大平台、大数据、大系统”,加快构建省、市、县三级大数据共享交换平台。

2. 云服务提升计划

面向公共服务、社会治理等领域推进政务服务云化,建设完善政务云、医疗云、教育云、交通云、水利云、警务云、市场监管云、信用云、国土资源云等一体化云服务平台。以推动云计算创新应用为重点,建设工业云、企业云和中小企业“e 企云”。大力推进“企业上云”计划,实施工业云平台示范应用、星级“上云”企业建设、云服务体系培育、工业互联网标杆工厂建设、“互联网+先进制造”特色基地建设等工程，发展工业互联网生态体系，提升两化融合和智能制造发展水平。支持建设面向重点行业、重点地区的企业云服务平台，鼓励重点企业建立协同研发设计云服务平台，推进无锡国家云计算服务创新发展试点。

（三）打造智慧江苏门户云平台群、政务服务云平台群、民生服务云平台群

1. 智慧江苏门户云平台群

聚集省级公共服务大数据资源和各类应用，继续推进智慧江苏门户、智慧江苏 App、智慧江苏微信小程序等载体建设，支持各设区市公共服务平台和新型智慧门户建设，支持和引导社会资金加大智慧江苏平台投入，鼓励平台进一步创新市场化运作与合作模式。推动智慧江苏门户平台面向政务服务、民生服务、企业服务等领域，完善客户互动服务功能，增强智慧服务体验，持续探索和深化跨平台、跨区域、跨领域应用，加强平台与江苏政府网站群、全省政务服务“一张网”的深度融合，推进“多屏联动”，打造全景式、全覆盖的省级公共服务平台。

2. 政务服务云平台群

争创国家“互联网+政务服务”试点示范省份，建成政务服务“一网一门一端一号一码”，打造纵横全覆盖、事项全口径、内容全方位、服务全渠道、用户全参与、资源全共享、各级全衔接、跨区全支持、过程全监控、考评全实时的网上政务服务平台，实现政务服务标准化、精准化、便捷化、平台化、协同化。着力破解身份认证、数据共享、在线支付等瓶颈难题，实现身份证、驾驶证和其他证照的电子化，实现“证件上网、网上认定”。将全省政府网站打造成更加全面的政务公开平台、更加权威的政策发布解读和舆论引导平台、更加及时的回应关切和便民服务平台，着力构建以省政府门户网站为龙头、各级各地政府部门网站为支撑的全省政府网站群体系，加快建成整体联动、高效惠民的网上政府。

3. 民生服务云平台群

深化“互联网+民生服务”应用，发展基于互联网的医疗、健康、社保、教育、交通、旅游和信用等新兴服务，推动互联网向民生服务领域渗透。开展智慧江苏医疗健康云建设，打造互联网健康医疗服务规模化、集约化、集中式建设平台。启动建设智慧江苏社保云，打造省市一体、共建共享、按需分配的人社云平台。推动智慧江苏教育云建设和应用，提升教育优质资源统建共享能力。加快建设智慧江苏交通云，推动交通业务信息系统资源共享和应用协同。开展智慧江苏旅游云建设，打造“水韵江苏”旅游品牌。加强智慧江苏信用云建设和应用，打造公共信用信息政务应用和社会服务平台。

（四）超前布局信息基础设施

1. 宽带网络

加快推进网络强省建设，城镇和农村家庭宽带基本达到千兆接入能力，实现 4G 无线网络全省

城乡全覆盖。支持5G技术研发和布局,率先实施5G实验和商务服务。鼓励下一代互联网与移动互联网、窄带物联网协同应用,大力推动电信网、广电网、互联网三网融合发展。积极推进国家未来网络重大基础设施(CENI)建设工程。

2. 下一代互联网(IPv6)

加强下一代互联网新型网络体系结构与关键技术创新,完善IPv6技术标准体系。推广移动和固定网络终端的IPv6应用,实现网络全面升级。加快基础设施升级改造,优化流量调度能力。强化IPv6网络安全能力建设。

3. 窄带物联网

加快发展窄带物联网(NB-IoT)低功耗广域网技术,推进物联网感知设施规划布局,建设基于窄带物联网(NB-IoT)、软件定义网络(SDN)和视频监控网络的基础设施物联网运管平台,发展物联网开环应用。

4. 功能性信息基础设施

建成一批国际一流的区域大型数据中心,支持互联网数据中心、云计算中心、灾备中心和安全认证中心等功能性基础设施建设的统一布局和升级改造。

5. 公共基础数据库

加快数据资源归集,推进数据共享开放,建立基础信息资源动态更新机制,不断完善基础信息资源库以及重要领域信息资源库,逐步形成开放统一的公共基础数据库。

(五)深入推进智慧城市建设

1. 国土资源云

推进"时空信息云""国土资源云"等工程建设,统筹整合全省基础设施资源和空间地理数据资源、业务应用与服务体系,推动基于多规合一的"一张图"建设,推动"天地图·江苏"提档升级,实现城市规划和建设的智慧化、可视化、协同化。

2. 智慧城管

建立全面感知、智能分析、信息共享、协同作业的城市管理体系,扩大城市管理可视可控范围,强化城市公共设施精细化管控、公共安全应急预警、执法管理监督、环境卫生监测等方面的管理效能。

3. 城市大脑

支持南京、苏州等有条件地区先行探索建设"城市大脑",打造智慧城市运营中心。整合城市电子政务资源中心数据,接入通信运营商、基础设施运营商以及互联网企业等社会数据,形成城市大数据,通过对终端信息的全面感知和数据处理,构建完整的"智慧城市运行图"。

4. 智慧能源

深化智能电网建设，提高从电厂、变电站、高压输电线路直至用户终端的精细化管理和自动化运营能力。推进城市对输电、新能源、储能、用电情况的实时监测和分布式优化调度。以智能电网为中枢，促进能源网和互联网深度融合，构建智慧能源系统。探索建设多种能源优化互补的综合能源供应体系，实现能源、信息双向流动，逐步形成以电力流为核心的能源公共服务平台，全面支撑分布式电源接入、电动汽车充放电等业务。

5. 智慧水利

建立智能感知体系，全面监测水利基础信息，提升水利感知监测管理能力。完善水利信息发布制度，增强信息资源管理服务能力。建成水利云及水利展控中心，加快智慧业务应用系统建设，为水利部门实施水资源合理调配、异常事件预警预报和突发事件应急处理提供科学的决策依据。

6. 智慧住建

加大建筑信息模型（BIM）推广应用，推进传统建造模式向设计三维化、构建部品化、施工装配化、管理信息化、服务定制化转变。推动节约型城乡建设向纵深发展，提升城市规划建设与国土资源管理的预测预警、形势分析能力，打造“智慧监管”的建设管理体系。

7. 智慧财税

依托“金税三期”“金审三期”等建设成果，合并财政、税务相关经济税收数据和重点企业数据，分阶段逐步实现财税数据的升级完善。建设智慧财税云平台，实现更多税务事项的“统一入口、统一提交、分拣落实、统一反馈”。通过对财政、税务、金融、审计等数据共享交换和数据分析挖掘，为地方经济运行提供决策参考。

8. 智慧市场监管

建设和完善市场监管信息库，打造以信用为核心的新型市场监管机制，提高政府市场监管效能。加快建设全省统一的市场监管与服务大数据中心，实现精准监管和智慧服务。建设和完善国家企业信用信息公示系统（江苏）、江苏省市场监管信息平台、重要产品安全监管与追溯等专业系统，推进全省市场监管信息深化应用、部门共享和有序开放，提升事中事后监管能力，努力打造宽松平等的准入环境、公平竞争的市场环境、安全放心的消费环境，释放企业创新与市场竞争活力。

9. 智慧应急防灾

构建以省智慧应急平台为枢纽，省、市、县三级应急平台互联互通的智慧化应急指挥体系，形成覆盖全部地域、面向不同群体的气象信息发布立体网络，健全动态感知、智能监控、综合研判、指挥调度等功能，加强气象及次生灾害定时、定点、定量的精细化预报预警，提高应对自然灾害和突发公共事件的应急处置能力。

(六)加速普及智慧民生应用

1. 智慧教育

坚持以教育信息化支撑和引领教育现代化,全面实施教育信息化2.0,积极推进教育信息化发展,构建网络化、数字化、个性化、终身化的教育体系,推动形成“人人皆学、处处能学、时时可学”的学习型社会。进一步推进智慧校园和数据中心建设,提高管理决策能力和教育信息化创新水平。

2. 智慧文化

推动网络文化产业集聚发展,大力发展智慧出版、数字影视等新闻出版广播影视业,促进数字出版、移动多媒体、动漫游戏、数字音乐等文化产品供给。积极利用“互联网+”改造出版、印刷、发行等新闻出版业和电影、电视、影院等生活性服务业。支持传统媒体和新兴媒体融合发展,积极推动多媒体电视、网络电视、数字出版、手机媒体等新型业务发展。

3. 智慧人社

推进以大服务、大数据、大平台为主题的“智慧人社”建设,构建城乡网络覆盖、信息互通共享、业务应用融合的“大社保”体系。推动线上“一网通”、线下“一卡通”建设。完善就业、社会保险、劳动关系形势监测体系,建立就业创业信息服务体系,引导劳动力资源有序跨地区流动。

4. 智慧民政

结合“金民工程”等国家重点信息化项目建设,深化全省民政业务一体化应用,全面集成社会组织、救助、养老、慈善、婚姻、殡葬、未成年人保护等民政业务,实现协同联动。整合各类社会救助资源,构建覆盖城乡、信息共享、应用融通的“大救助”体系,促进精准扶贫、精准救助。

5. 智慧健康

发展“互联网+医疗健康”,推进健康医疗大数据发展与应用,构建以人为本的智慧医疗服务体系。提升卫生计生基本公共服务的信息化管理水平,探索优化就医流程、医患实时问诊互动,构建线上线下结合医疗健康等新型服务模式。提升养老信息服务平台建设水平,不断充实“互联网+养老服务业”的发展内涵,建设以居家社区服务为重点的信息支持系统。推动医疗卫生与养老服务融合发展,积极构建养老、医护、康复等相衔接的信息共享协同机制。

6. 智慧交通

加快推进现代信息技术在交通运输各领域、全过程深度融合,全面提高数据采集、管控等基础能力,努力提升客货运输信息服务能力和行业治理能力,积极构建智慧交通运输体系,推动实时监测、精准服务和精细化管理。

7. 智慧警务

构建以智慧情报、智慧侦查、智慧防控、智慧移动、智慧管理等“五大应用体系”和社会动态智能感知体系、智慧警务基础支撑体系、警务大脑智能应用体系、智慧警务安全防护体系等“四项关键支

景体验,开展智能家居应用试点。探索家居环境感知与远程控制、建筑节能与智能控制、公共区域管理与社区服务、物业管理与便民服务等方面的“智慧生活”综合应用。

(七)加快发展数字经济

1. 数字产业化

加快物联网、云计算、大数据、人工智能等新一代信息技术的研发应用和融合创新,在软件和信息服务、集成电路、智能硬件、工业控制、智能终端等关键领域实现重点突破。加快推进无锡国家传感网创新示范区建设,开展汽车电子标识、智能交通等一批重点物联网示范应用,打造无锡物联网产业核心区。积极发展云计算产品、服务和解决方案,促进云计算产业发展和服务能力提升。打造数据获取、数据存储、数据处理与分析、数据应用的大数据技术产业链,建设一批特色鲜明的大数据产业园。不断创新人工智能产业新技术、新产品、新服务,推动产业规模和总体竞争力处于国内第一方阵,成为全国人工智能产业创新发展的引领区和应用示范的先行区。

2. 产业数字化

以信息技术与制造业深度融合为突出抓手,着力突破智能制造关键核心技术和装备,促进信息技术向设计、生产、市场等环节渗透,鼓励生产方式向精细、柔性、智能转变,推动产品高端化、智能化发展,成为具有国际影响力、国内领先的智能制造先行示范区。积极培育平台经济、分享经济、创意经济、智能经济等新经济形态,催生各类新技术、新产业、新业态、新模式。积极发展电子商务,扩大和升级信息消费。加快服务业网络化发展和智能化升级。打造一批具有国际或区域影响力的互联网交易中心,培育一批特色鲜明、竞争力强的互联网品牌企业,建设一批功能完备、配套完善的互联网经济集聚区。打造一批智慧园区和创新型园区,积极深化苏州工业园区开放创新综合试验,推动南京江北新区、中韩盐城产业园、连云港中哈物流园区等平台载体建设。推动南京未来网络小镇、无锡鸿山物联网小镇、新加坡·南京生态科技岛等一批小城镇智慧化发展。加快智慧农业建设步伐,积极运用现代信息技术改造提升农业,发展生态优、村庄美、产业特、农民富、集体强、乡风好的江苏特色田园乡村。

三、重点工程

(一)基础设施提档升级

1. 宽带网络升级工程

大力实施“光网城市”“光网乡村”工程,深入推进“企企通”工程建设。在南京国家级互联网骨干直联点基础上加大带宽扩容力度,加快互联网国际通信专用通道建设,打造面向区域级骨干网络互联的区域交换中心、信息交互中心。支持南京、苏州等下一代互联网示范城市建设,打造第五代移动通信产业化基地。加快国家广电骨干网江苏核心枢纽以及江苏地面数字电视覆盖网建设,全面推进“高清江苏”“4K江苏”。

2. 窄带物联网建设工程

加大窄带物联网(NB－IoT)网络部署力度,提供良好的网络覆盖和服务质量,全面增强NB－IoT接入支撑能力。推动规模化商用落地,加强NB－IoT在公共服务领域、个人生活领域的推广应用,探索与工业互联网、智能制造相结合的应用场景,鼓励在新技术、新业务中的应用。

3. 下一代互联网(IPv6)建设升级工程

按照工业和信息化部推进IPv6规模部署有关要求,统筹推进移动和固定网络的IPv6发展,实施LTE网络端到端IPv6改造、移动终端全面支持IPv6,加快骨干网、城域网和接入网等固定网络基础设施IPv6改造。推进数据中心、内容分发网络(CDN)、云服务平台及域名系统IPv6改造。加快互联网典型及创新特色应用IPv6升级,开展政府网络IPv6改造与工业互联网应用。加强IPv6网络安全防护手段和防护体系建设,支持IPv6安全技术研发、应用和融合创新。

4. 城市基础设施智能化工程

加快建设数据中心、云计算中心、灾备中心和安全认证中心等功能性信息基础设施,加强信息基础设施与市政、公路、铁路、机场等规划建设的衔接。以公安"平安城市"、升级版技防城、"雪亮工程"、"慧眼工程"的视频监控为主,结合交通、城管、环保、国土等视频监控资源,完善城市智能化基础设施。重点建设高速公路智能化运营服务支撑平台,积极发展新能源汽车服务网络。加大物联网技术在城市基础设施领域的应用力度,推动卫星通信与地面信息基础设施融合发展。加快北斗卫星导航系统建设,完善公共技术支持和运营服务平台。加快融合型家庭网关、家庭智能终端和家庭多制式传感器普及布设。

(二)政务服务能力优化

1. 基础数据资源建设工程

完善自然资源和空间地理、宏观经济、公共信用、人口法人等基础信息资源库以及健康、就业、社会保障、能源、统计、质量、国土资源、环境保护、农业、安全监管、城乡建设、企业登记、旅游、食品药品监管、公共安全、交通运输、教育科研、审计等重要领域信息资源库。

2. 政务服务网建设工程

建设省、市、县三级统一的江苏政务服务网,升级政务服务管理平台,改造部门审批业务办理系统,建立健全政务服务事项在线动态管理系统,完善全省统一的12345在线服务平台和公共资源交易平台,深化投资项目在线审批监管平台建设,完善行政权力电子监察系统。

3. 政府网站群整合工程

充分发挥省政府门户网站政务公开第一平台和政务服务总门户的作用,切实加强各级各地政府网站信息内容建设管理,并主动对接省政府门户网站。利用统一的省级政府网站技术平台加快部署各级各地政府网站,对所辖单位的政府网站,通过开设栏目、频道等形式进行整合,迁入省级政府网站技术平台。

4. 智慧江苏门户平台改造工程

在企业服务方面,整合构建涵盖企业办事、市场监管、金融服务、环保监测等各类资源的企业服务平台。在市民服务方面,持续深化智慧健康、智慧交通、智慧社区等基本公共服务应用。构建政务服务和民生服务一体化的市民服务平台,积极推广“我的南京”App模式。

5. 政府大数据共享开放工程

建成全省政府数据统一共享开放平台,形成国家、省、市三级互联互通的信息资源共享交换平台体系。引导企业、行业协会、科研机构、社会组织等主动采集并开放数据,加强政府数据与社会大数据的汇聚整合和关联分析。

(三)智慧城市治理创新

1. 时空信息云示范工程

加强多平台、多传感器和高分辨率的数据快速获取能力建设,保持基础地理信息数据和重要地理信息的持续更新。开展智慧城市时空信息云平台和高精度位置服务平台典型应用示范试点建设。依托江苏省全球导航卫星连续运行参考站综合服务系统,建设全面兼容的导航与位置服务。

2. 国土资源云示范工程

开展智慧城市国土资源云平台和高精度位置服务平台典型应用示范试点建设。建设决策支持系统,提升城市规划建设与国土资源管理的预测分析能力。部署不动产登记平台,实现业务全流程信息化。依托省全球导航卫星连续运行参考站综合服务系统,建设全面兼容的导航与位置服务平台。

3. 智慧城管建设工程

深化数字化城市管理平台建设,拓展平台功能,推广网格化管理,优化城管体制和运行机制。建设整合综合行政执法、综合指挥调度、市政环卫设施管理、城市景观照明等业务应用的省级管理平台,实现城市管理的协同化、高效化、智慧化。

4. 城市大脑示范工程

鼓励各设区市政府建设城市大脑示范工程,选取若干业务领域为切入点,整合城市各个单元的数据资源,对整个城市管理进行全局、动态分析,优化调配公共资源,提升城市管理水平。

5. 绿色能源资源利用工程

基于国土资源“一张图”,构建“天空地”三位一体的能源立体监测、监管系统。建设综合能源管理平台、重点耗能企业能耗在线监测平台、智能电网系统。发展新能源汽车服务网络。推动“互联网+”再生资源回收利用、产业废弃物资源化利用。

6. 智慧住建推进工程

构建绿色建筑公共信息服务系统、地下管线信息系统、建筑物数据库、绿色建材信息库等智能化管理平台。加快建设全省企业、人员和项目数据库和建筑市场、招投标、信用管理和工程质量安全监管一体化信息管理平台。打造省住房城乡建设智慧化管理和大数据分析平台，推进省、市、县三级住房大数据系统互联互通和信息共享共用。

7. 智慧水利建设工程

充分利用统一信息采集平台，完善水、雨、旱情信息采集点、视频监视点和工程监控点建设，进一步增加覆盖率和采集要素。建成智慧水利云服务中心，实现省、市、县、乡四级以及重点水利工程、水利网络的全覆盖。建设河湖长制管理、水利工程远程监控、水政执法及河湖采砂管理等系统，完善防汛防旱调度、水资源管理、河湖及水利工程管理、农村水利管理、水文服务和政务服务等系统，提升水利业务应用智能化水平。

8. 应急防灾一体化工程

建设全省统一的应急管理地理信息系统，加强灾情信息综合服务平台建设，构建联接各部门、贯通省、市、县三级的气象灾害应急服务体系。构建基于物联网技术的城市安全运行气象保障服务系统、气象综合探测信息系统，完善实时高效的气象信息收集分析处理系统，加快形成省、市、县三级统一协调、上下贯通、可管可控、综合覆盖的应急广播体系。

9. 智慧安监建设工程

开发安全生产信息系统和事故应急技术支撑平台，优化整合安全生产信息系统，推进省级安全生产数据中心建设。建成覆盖省、市、县三级的安全生产信息网络，推进各级安监部门信息化建设，提升安全生产监管效能。

10. 智慧审计监督工程

结合"金审工程"三期项目，构建一体化审计数据系统，建设审计大数据分析平台和审计管理平台，加强审计电子数据采集、归集，积极开展大数据审计，推广"总体分析、发现疑点、分散核实、系统研究"的数字化审计方式，不断提高审计监督能力。

（四）民生服务便捷普惠

1. 智慧教育建设工程

推进"互联网＋"教育大平台建设，探索"平台＋资源"服务模式，促进全省优质教育资源普惠共享，建设省级教育数据中心，加强智慧教育管理服务平台建设，开展教育大数据分析应用，提升教育管理信息化水平和教育服务能力。推进智慧校园、智慧课堂建设，开展网络扶智与精准扶贫，促进信息技术与教育教学的创新融合。支持党校、行政学院、干部学校、高等院校及其他办学机构开展网络教育，建设终身教育公共服务体系。

2.“互联网＋”文化建设工程

加快建设公共文化云平台，推动公共文化产品和服务供需精准对接。建设覆盖全省的新媒体城乡传播平台，加快省公共阅读服务平台建设。打造覆盖省、市、县三级的“扫黄打非”综合管理监测平台。加快全省图书馆、博物馆等文化资源的数字化，数字农家书屋实现乡村覆盖，鼓励开发推广各类满足市民需求的数字内容产品和服务。

3. 智慧人社大集中工程

构建全省统一的“二库四平台”体系架构，建立全省集中的人员、单位和社保卡基础信息库，加快推进省、市各类业务系统数据大集中，建立人社业务资源数据库。做好人力资源和社会保障城乡一体化信息系统(金保二期)的建设和维护，全面推动社会保障卡跨业务、跨地区、跨部门应用。推进“互联网＋”妇联，建设省妇女儿童云服务平台，打通零距离服务妇女儿童的“智慧通道”。

4. 智慧民政服务工程

推进“金民工程”配套建设，改造提升省民政综合业务信息平台，融入全国民政业务一体化应用，实现各项民政业务部省协同、上下联动。建设省级居民家庭经济核对大数据平台，推动跨业务、跨部门、跨层级数据核查比对与业务协同。

5. 智慧健康推进工程

加快构建统一权威的省、市、县级全民健康信息平台，实现公共卫生、医疗服务等各项业务应用系统互联互通、业务协同，基本建成全员人口、电子健康档案、电子病历三大数据库。促进和规范健康医疗大数据发展应用，推动健康相关产业发展。开展“互联网＋医疗健康”服务，发展互联网医院，推进面向基层的远程医疗服务。推行“虚拟养老院”和居家养老服务智能化建设。

6. 智慧交通建设工程

完善省、市两级交通运输综合数据中心和移动应用等基础平台。建设全面覆盖、泛在互联的智能交通感知网络，加快推广全省交通地理信息云服务平台应用。健全公众出行综合信息服务体系，加快推广掌上公交、公交智能调度系统、出租车管理与服务系统、渡船航行避碰预警导航系统。推进交通“一卡通”移动支付管理与服务平台建设。构建多式联运信息通道，推动交通物流协作。强化寄递渠道的安全监管和信息服务。

7. 智慧警务建设工程

构建智慧警务应用生态工程，提升反恐处突、侦查破案、服务民生等数据实战支撑能力。构建智慧警务技术支撑工程，按照“织密天网、建强天算、探索天智、铸牢天盾”的要求，夯实智能技术支撑体系。实施互联网网络安全态势感知工程，建设全省网络安全态势感知平台，进一步提升网络安全防护、隐患发现、应急处置能力。

8. 智慧法务提升工程

加快推进“12348”公共法律服务平台的一体融合发展，深化“7天×24小时”服务，实现实体、网络、热线平台之间的信息共享和业务协同。推进县乡村三级"智慧法务"体系建设，建设智慧型县级法律服务中心，加快乡村智能服务的一体连通。推广"互联网＋律所""互联网＋法援""互联网＋公证"等服务，积极推进"智慧调解"，让群众享受到一站式、便捷性的公共法律服务。

9. 智慧人防建设工程

贯彻军民融合理念，整合建设人民防空地下空间全生命周期管理，人民防空警报智能化管理，重要经济目标防护和人民防空行动决策等系统。构建横向联动、纵向贯通、平战结合的人民防空防护体系，满足人民群众保护自身生命财产安全的普遍性需要。

10. 食品药品安全监管体系工程

加快构建覆盖省、市、县、乡各级食品药品监管部门的统一信息网络和智能移动监管平台。建设省级食品药品监管云服务平台和食品药品质量安全追溯系统。依托现有资源建立食品药品安全风险监控监测中心，建成省级食品药品监管云数据中心，推进省级食品药品安全信用平台建设。

11. 生态环境综合监管体系工程

开发覆盖主要生态要素的资源环境承载能力动态监测系统，落实"多规合一"，统筹建设生态功能区空间信息管理平台。构建排污许可与总量管理一体化平台，完善集污染物排放监控、工况监控、视频监控、水电能使用监控、智能质控于一体的在线监控系统。建设智慧河湖管理系统，建成河湖信息共享平台、河湖管理应用系统，提高河湖智能化调度水平。建设工业集聚区、化工园区"一园一档"环境信息管理平台，搭建环境综合执法管理系统，完善环保信用评价系统，开发废弃物在线交易系统。建立环境信息数据整合交换与共享机制，构建资源环境基础硬件平台体系和数据挖掘与决策支持体系。

12. 旅游产业综合管理与服务平台建设工程

构建旅游产业信息管理与服务平台，实现旅游与交通、公安、商务等数据信息共享。整合旅游信息展示和发布平台，推进景区管理平台和多维旅游信息平台建设。构建旅游行业服务管理平台，完善智慧旅游大数据运行体系。

13. 智慧体育建设工程

建设覆盖全省的全民健身大数据管理与服务平台，推广《江苏省公共体育服务指南》网络版应用，完善省、市、县三级国民体质监测与运动指导中心网络。充分运用智能穿戴设备等物联网技术采集健身数据，为群众提供在线健身指导、健身处方等服务。推动智慧体育馆建设，培育智慧体育新产品、新服务、新业态，推动电子竞技产业发展。

（五）数字经济融合发展

1. 新兴智慧产业推进工程

研究推动工业大数据、工业云服务平台、工业互联网支撑软件等领域的关键共性技术创新。创建大数据开放共享与应用试验区。实施"数动未来"专项行动，遴选一批优秀云计算大数据应用示范项目,加快云计算、大数据领域重大标准研制和应用推广。大力推进中国软件名城建设,推动苏南、苏中、苏北软件产业园区优势互补、创新合作,实现错位发展、联动发展。推动国家传感网创新示范区建设,加快推进汽车电子标识、智能交通等一批重点物联网应用示范,打造物联网产业发展新高地。研发自主安全可控服务器、智能终端、可穿戴设备、智能汽车、智能家居设备、工业机器人等一批能够成为互联网新入口的智能硬件。加快发展人工智能软硬件产业,积极培育人工智能平台和服务型企业,建立完善人工智能产品、技术和应用协同发展机制。

2. 互联网经济培育工程

壮大网络销售服务平台,加快推进南京、无锡、徐州、常州、苏州等国家电子商务示范城市建设。提升大宗商品现货交易网络服务平台,着力在化工、纺织、冶金、建材、机械、电子等优势产业领域打造跨区域商品现货交易平台。融合发展物流专业服务平台,支持有条件的本土物流企业向专业化第三方、第四方物流服务平台转型。打造满足多样化需求的细分服务平台,聚焦信息消费、旅游消费、文化消费等新兴消费领域,培育面向百姓生活需求的细分服务平台。建设基于互联网的综合金融服务平台,鼓励金融机构借助互联网加强信用创新和模式创新。实施企业电商拓市专项行动,推动江苏优质制造业企业积极开拓国内外市场。

3. 集成电路产业发展工程

加快构建设计、制造、封装测试三业结构合理的集成电路产业体系,提高产业集聚度,推进以无锡、苏州和南京等市为中心的沿江集成电路产业带建设。推进集成电路产业高端发展,重点发展移动通信、光通信、卫星通信,加快研制下一代互联网设备,打造天地一体现代通信产业链。大力发展满足高端装备、应用电子、物联网、新能源汽车、新一代信息技术需求的核心基础元器件,突破微机电系统(MEMS)微结构加工、高密度封装等关键共性技术。

4. 智能制造示范工程

推进智能制造试点示范,加快培育智能制造模式,支持智能制造核心关键技术、智能化装备研发及产业化。推进制造业创新中心建设,打造智能制造生态体系。组织实施高端装备研制赶超工程、首台套重大装备示范应用工程,积极承担国家高档数控机床、智能制造装备等重大专项,鼓励工业机器人、增材制造(3D 打印)装备等智能制造装备创新研制。加快高端智能装备产业化,促进成套智能装备向自动化、智能化、标准化、集成化、节能化方向发展。

5. 工业互联网创新工程

制定并发布工业互联网平台建设指南,组织开展国家和省级工业互联网平台培育和认定工作,力争建成 2—3 个国内领先的跨行业跨领域工业互联网平台、10 个在国内有较大影响力的行业工业互联网平台、20 个省工业互联网示范平台。组织制定和发布工业互联网标杆工厂、星级上云企业、“互联网+先进制造业”特色基地建设标准和认定办法,重点建设 10 家工业互联网建设与应用创新中心,打造 100 家工业互联网标杆工厂,新增 10 万家企业上云,重点打造星级上云企业,在全省重点产业园区中创建 30 家“互联网+先进制造业”特色基地。组织开展工业互联网服务资源池建设,认定一批重点工业互联网平台服务商、工业互联网网络平台建设服务商、工业互联网解决方案提供商、数据采集服务商、工控安全服务商、工业互联网配套服务商,打造工业互联网服务生态体系。

6. 智慧农业建设工程

大力推进物联网技术在农业生产领域的全程应用，积极发展精准农业、智能农业，推动农业生产智能化。启动江苏农业大数据平台建设，推动数据融合、业务融合和服务融合，逐步形成覆盖全省、统筹利用、统一接入的数据共享平台，推动农业大数据挖掘应用，全面构建智慧农业生产经营服务体系。提升信息进村入户工程整省推进示范省建设水平，促进公益、便民、电子商务、培训体验四项服务不断深化。

省工信厅印发《关于进一步加快智能制造发展的意见》

苏工信装备〔2018〕161号

各设区市经信委,昆山市、泰兴市、沭阳县经信委(局):

为加快推动互联网、大数据、人工智能和实体经济深度融合,推进工业经济高质量发展,现将《关于进一步加快智能制造发展的意见》印发给你们,请结合实际认真贯彻落实。

江苏省工业和信息化厅

2018年12月21日

附件:

关于进一步加快智能制造发展的意见

"十三五"以来,全省上下大力实施智能制造发展规划,创建了一批智能制造示范车间和示范项目,攻克了一批智能制造装备和关键技术,探索形成了一批成效明显、可复制、可推广的智能制造新模式,为持续推进制造强省建设、加快产业转型升级奠定了良好基础,营造了良好氛围。为深入贯彻落实党的十九大和省委十三届四次全会精神,切实推进工业经济高质量发展,加速培育经济发展新动能,现就进一步加快智能制造发展提出如下实施意见:

一、坚持典型引路,进一步提升试点示范建设水平

(一)深入推进示范智能车间建设

进一步扩大行业覆盖面,引导企业紧扣关键工序自动化、关键岗位工业机器人替代、生产过程智能优化控制、供应链管理智能化等重点环节,积极应用智能制造新技术、新模式,深入开展车间智能化改造,提高产品质量和生产效率。到2020年,全省建成1 000家智能车间,对优秀示范智能车间创建企业分档给予奖励。

(二)加快创建智能制造示范工厂

以"设施高度互联、系统高度互通、数据高度互享、业态高度互融"为创建理念,引导企业创新应用离散型智能制造、流程型智能制造、网络协同制造、大规模个性化定制、远程运维服务等智能制造新模式,集成运用自主可控的各类智能制造装备、软件和控制系统,建设覆盖企业生产全流程、管理全方位和产品全生命周期的智能制造示范工厂。到2020年,全省试点创建50家左右省级智能制造示范工厂。对省级智能制造示范工厂试点创建项目,委托第三方机构开展诊断咨询服务,并对项目实际采购智能装备、系统、软件等智能工厂创建投入分档给予补助。

(三)积极创建智能制造示范区

引导和支持产业基础良好、产业特色明显的县域经济体加快构建智能制造生态体系,建立完善

政企及社会力量多方联动、智能制造产业链协调发展的运行机制，创建一批发展有成效、模式可推广的省级智能制造示范区。到2020年，全省试点创建10家左右省级智能制造示范区，对省级智能制造示范区内的重点企业、重点项目优先给予智能制造专项政策支持。

（四）深度参与国家各类智能制造试点示范

遴选有特色、有竞争力的项目积极申报国家智能制造综合标准化与新模式应用等专项支持。鼓励各地对列入国家智能制造试点示范的项目给予奖励，对获得国家智能制造综合标准化与新模式应用支持的项目给予资金配套。

二、加强领军服务机构建设，进一步提升智能制造专业服务水平

（五）培育壮大系统解决方案供应商

支持省内装备企业、软件企业积极向优秀智能制造系统解决方案供应商转型；支持智能制造系统解决方案供应商与产业园区、重点用户企业开展长期战略合作，面向特色行业提供专业解决方案服务；支持省外、国外优秀智能制造系统解决方案供应商在我省落户开展专业服务。到2020年，全省培育形成100家左右国内有影响力的本土化、品牌化智能制造领军服务机构。对列入省智能制造领军服务机构培育计划的企业，省工信厅会同各设区市政府工信部门实施菜单式跟踪管理，对省内供应商企业针对客户需求制定的具有自主知识产权的智能制造系统解决方案，视同为省首台套重大装备，享受省首台套重大装备相关支持政策。

（六）推进智能制造服务平台建设

支持省内重点企业牵头整合产业链资源，搭建面向特定领域的智能制造服务平台。支持省内基础条件较好的行业协会积极拓展服务领域，提升服务能力，建立面向相关行业的智能制造服务平台。支持国内外知名高校、科研院所在我省落地，建设一批专业化的公共技术服务平台。支持中国智能制造系统解决方案供应商联盟在我省成立分盟，搭建高层次的专家咨询服务平台。鼓励和支持各类平台与各级工信部门加强战略合作，为政府制定战略、规划、政策和企业发展智能制造提供专业服务。

（七）推进智能制造产融合作

围绕智能制造关键技术与核心部件突破、智能装备与系统开发、公共服务平台建设、智能化改造、示范工程建设等重点领域，鼓励各地探索建立智能制造发展基金，鼓励各类金融机构提供专业信贷支持。支持有条件的企业在境内外资本市场上市融资。鼓励融资担保公司为智能制造相关企业贷款提供担保，缓解融资难题。鼓励有条件的企业和金融机构开展智能装备租赁和融资租赁业务，建立智能装备租赁和融资租赁担保机制。

三、加强基础能力建设，进一步提升智能制造基础保障水平

(八)推进智能制造创新中心建设

围绕人工智能、智能装备、智能传感器、工业互联网等智能制造重点领域部署建设省级制造业创新中心。鼓励行业龙头企业主导，整合产业链上下游的科研院所、重点客户等资源，采取市场化运作新机制、新模式，建设跨地区、跨领域、面向行业的制造业创新中心，以应用基础研究、产业竞争前沿技术开发及成果转化为重点，为全行业智能制造提供关键共性技术服务。

(九)加强智能制造标准建设

实施标准领航工程，鼓励智能制造领域行业重点企业实施技术标准战略，制定高于国际、国家或行业标准的企业标准并形成销售。鼓励和支持省内企业积极参与智能制造国家标准体系建设，抢占智能制造领域的标准制高点。

(十)加快智能制造装备发展

围绕建立自主可控的产业体系，聚焦短板技术、装备、系统、软件，组织实施工业强基工程、高端装备研制赶超工程和关键技术攻关工程，加快攻克高端数控系统、伺服系统、精密传感及测量、智能加工等智能制造核心技术基础与关键部件，全面突破设计、工艺、试验、检测等一批关键共性环节，提升高精度复合型数控机床、工业机器人、智能传感与控制装备、智能检测与装配装备、物流成套设备、增材制造装备等高端智能装备自主研制水平。实施首台套装备示范应用工程，鼓励企业采用自主可控工业机器人。

(十一)加快工业支撑软件发展

实施"数动未来"专项行动，以大数据为核心、智能应用为方向、云计算和互联网为支撑，以工业App培育工程为重点，促进工业技术软件化，培育自主安全可控的工业软件可替代产业生态。重点发展产品设计仿真、制造执行、车间设备控制、供应链管理以及智能服务等高端工业软件，加快发展基于数据驱动的三维设计与建模软件、数值分析与可视化仿真软件、模块化设计工具等设计仿真软件，高安全高可靠的嵌入式实时工业操作系统、嵌入式组态软件等工业控制软件，以及嵌入式数据库系统与实时数据智能处理系统、数据挖掘分析平台、基于大数据的智能管理服务平台等工业大数据系统，积极推动具有自主知识产权的制造执行系统(MES)、企业资源管理软件(ERP)、供应链管理软件(SCM)、产品全生命周期管理软件(PLM)等业务管理软件应用，提升工业软件支撑能力。对"数动未来"融合创新中心及工业技术软件化创新中心给予一次性奖补，对面向特定行业、特定场景的工业App给予优先支持，对列入"腾云驾数"转型升级计划的优秀工业软件产品、面向制造业的信息技术服务、平台、解决方案以及有助于行业智能制造水平取得重要突破的项目，给予一次性奖补。

（十二）加快工业信息基础设施发展

加快推进工业互联网、物联网、5G、IPv6等新一代信息基础网络建设，进一步加深覆盖、提高带宽、降低时延、改善体验。实施工业互联网"企企通"工程，大力推进企业内外网改造升级，积极推广互联网高带宽专线接入服务。到2020年底，全省百兆及以上高带宽接入企业数量达到4.5万家。组织实施"企业上云"三年行动计划，加快建设一批面向行业发展需求、支撑作用显著的工业互联网平台，培育一批大数据分析和云应用服务商，引导和推动企业广泛应用工业互联网平台。到2020年底，全省重点建设2—3个国内领先的跨行业跨领域的工业互联网平台，10个在国内具有较大影响力的工业互联网平台，20个省级示范工业互联网平台；培育20家以上具有国内一流水平的云应用服务商。

（十三）建设专业人才队伍

推进实施"英才名匠"计划，与国内外知名高校、跨国公司、智能制造研究机构合作开展智能制造专题培训，培育一批具有全球战略眼光和智能制造理念的领军型战略企业家。面向产业发展需求，实施智能制造高技能人才培养工程，依托高技能人才公共实训基地、大型骨干企业、技工院校等，加快培养一批满足智能制造发展需求、具有实际技术操作能力的高技能人才。鼓励企业面向海内外引进高层次领军型智能制造人才，着力打造具有国际先进水平的智能制造创新团队。

四、加强资源整合，进一步提升智能制造协同发展水平

（十四）深化对外交流合作

高水平办好世界物联网博览会、世界智能制造大会，在全球范围集聚智能制造资源要素，促进省内企业单位深度参与和广泛合作。围绕智能制造技术标准、知识产权、产业应用等方面，加强与国内外智能制造政府部门和研究机构沟通交流，及时跟踪把握世界智能制造发展趋势，有计划组织企业参加汉诺威工业博览会、中国国际工业博览会。加强与国内大公司、领军企业的战略合作，面向重点领域、重点地区精准性、系统性推进智能制造，提高合作发展水平。

（十五）推动产业链协同发展

分行业组织开展各类智能制造供需对接活动，推动智能制造装备制造商、系统集成商、整体解决方案服务商与需求企业进行对接，推动省内自主可控装备、系统、软件示范应用。组织面向中小微及专精特新企业的智能制造推广活动，引导中小企业积极应用智能制造新模式提升发展竞争力。鼓励和支持有条件的地区和行业协会组织开展智能制造经验交流会、现场推进会等活动，引导和带动本地区、本行业提升智能制造水平。

（十六）建立智能制造协同推进工作机制

认真组织实施智能制造发展规划，加强与科技、财政、商务、市场监管等部门的工作沟通对接，

协调解决智能制造发展中的重大问题,促进财政专项资金对智能制造的倾斜支持。加强工信系统工作对接,把智能制造推进工作纳入工信系统目标考核体系,加强目标引导和责任考核。完善智能制造重大项目实施监管制度,落实各级工信系统监管责任,建立国家和省智能制造重大项目常态化、网络化监管机制。

省经信委印发《江苏省新一代人工智能产业发展实施意见》

苏经信科技〔2018〕329号

各设区市经信委、有关市(县)经信委(局),省经信委各处室(局),有关直属单位:

为贯彻国家《新一代人工智能发展规划》和工信部《促进新一代人工智能产业发展三年行动计划(2018—2020年)》,我委组织制订了《江苏省新一代人工智能产业发展实施意见》。现印发给你们,请结合实际认真贯彻落实。

江苏省经济和信息化委员会

2018年5月11日

江苏省新一代人工智能产业发展实施意见

为贯彻国家《新一代人工智能发展规划》(国发〔2017〕35号),落实工信部《促进新一代人工智能产业发展三年行动计划(2018—2020年)》,围绕"制造强省""网络强省"任务部署,抢抓新一代人工智能产业发展机遇,构筑先发优势,促进全省产业智能化升级,制定本实施意见。

一、产业现状

经过多年的持续创新发展,江苏已成为全国人工智能产业创新发展的重要基地,产业技术创新活跃,数字经济、共享经济加快发展,在南京、苏州、常州等地区形成了具有一定规模的人工智能产业集聚区;在语音识别、图像识别、智能机器人、智能无人机、智能传感器、智能芯片等部分领域,突破了一批关键核心技术;高端智能产品研发及应用步伐加快,人工智能技术已迅速渗透到智能制造、智慧医疗、智慧教育等领域,形成一批具有示范引领作用的典型应用场景;产业竞争力和影响力不断增强,目前全省约有360家企业开展人工智能相关业务,涉及智能机器人及相关硬件、智能传感器及芯片、智能软件及算法、人工智能平台、人工智能系统(应用)等领域,2017年全省相关业务收入达230亿元左右。

但也应看到,江苏的人工智能产业还处于起步阶段,缺少有国内影响力的龙头骨干企业,高端产品少,领军人才缺乏、自主创新能力不足等问题凸显。

二、总体要求

(一)主要思路

全面贯彻落实党的十九大精神,坚持以习近平新时代中国特色社会主义思想为指导,以推动人工智能和实体经济融合为根本任务,完善政策支撑、注重人才培养、培育龙头企业、突破关键技术、发展高端产品,构建应用牵引、跨界融合、开放共享的新一代人工智能产业体系,建立完善人工智能产品、技术和应用协同发展机制,推动人工智能产业高质量发展,成为促进产业转型升级、新旧动能转换的先导产业，为“强富美高”新江苏提供坚强支撑和强大动力。

(二) 发展目标

到2020年，人工智能产业技术创新显著，新产品新服务不断涌现，产业规模和总体竞争力处于国内第一方阵，成为全国人工智能产业创新发展的引领区和应用示范的先行区。

——产业规模不断壮大。完善人工智能产业链，提高产业整体竞争力，培育5家国内领先的龙头骨干企业，发挥龙头企业带动效应，人工智能相关产业的规模超过1 000亿元。

——产业技术显著提升。突破一批关键共性技术和核心技术，培育一批标志性战略产品，语音识别、模式识别、计算机视觉、智能传感器、神经网络芯片等重点领域的关键核心技术达到国内领先水平。

——产业支撑持续增强。着力建设10个人工智能创新平台，培育一批人工智能系统解决方案供应商，在重点领域率先开展创新应用，组织实施50个重点应用示范项目，培育20个提供深度应用场景的示范企业。

——产业集聚效应明显。汇聚全球创新资源，壮大人工智能高端人才队伍，着力打造4个国内有地位、国际有影响的人工智能产业集聚区。

三、重点任务

(一) 大力发展人工智能平台

——基础技术开发平台。重点建设满足机器学习、大数据挖掘、自主决策等智能计算需求的新型计算集群共享平台；构建智能软硬件、大数据、智能云相互协同的分析处理服务平台；发展面向群智软件、自动化验证系统的算法与技术开放平台；建设融合语音识别、图像识别、多种生物特征识别的基础身份认证平台。重点支持南京新港人工智能产业公共技术服务平台、国家超级计算无锡中心、江苏中科院智能科学技术应用研究院等一批基础技术平台发展。

——应用性支撑平台。突破跨媒体分析推理技术、大数据挖掘与机器学习技术、群体智能关键技术、混合增强智能新架构与新技术等，建设人工智能创新基础服务平台；在智能制造、机器人、智慧交通、智能语音、工业互联网、智慧医疗、智慧教育等产业领域，建设一批满足应用推广需求和市场化的功能型平台；依托南京、苏州、无锡的数据存储和超算能力，建立多类型、高质量的人工智能海量训练资源库和标准测试数据集。重点支持南京市政务数据中心(麒麟)、苏州国科数据、无锡城市云等平台发展。

——创新创业服务平台。汇聚人工智能创新创业资源，建设基于大规模互联网协作的群智服务平台、群智众创平台、科技众包平台，提供相关研发工具、检验评测、安全、标准、知识产权、创业咨询等专业化的创新创业服务，重点建设南京人工智能产业技术研究院、苏州工业大数据众智平台等一批双创服务平台。

(二) 加快发展人工智能软件产业

——理论与算法。聚焦人工智能前沿基础技术和核心算法，推动机器学习、计算机视觉、模式识别、大数据智能、跨媒体感知计算、人机混合智能、自主协同与决策等人工智能基础理论研究创新。积极推动人工智能核心算法的硬件化、系统化和平台化发展，突破小样本学习、开发动态环境学习、理解认知技术瓶颈，优化多模多义数据理解、复杂数据深度挖掘、弱监督学习、强化学习、下一代深度学习等核心算法，形成高效、精准、鲁棒、自主的算法系统构架和模型。支持南京大学、东南大学、南京理工大学等联合开展基础算法研究。

——基础软件。围绕高端软件平台化、标准化的创新升级要求，支持开展面向人工智能的操作系统、数据库、中间件、开发工具等基础软件的研发，发展工业计算机、工业云、通用型嵌入式等工业操作系统。突破移动互联网操作系统技术、工业互联网安全技术等。优先支持国产智能操作系统研发和产业化应用，鼓励开源软件平台和函数库开发，培育壮大面向人工智能应用的基础软件产业。支持瑞中数据、中兴软创、中新赛克、南京翼辉等加大基础软件业务的研发。

——应用软件。研究开发图像识别、语音识别、机器翻译、自然语言交互、知识处理、控制决策等应用软件及智能系统解决方案，加快发展以工业软件、工业互联网、工业云、工业大数据为核心的工业自主软件技术体系，大力发展基于三维图形平台设计制造软件、智能工厂工业控制软件。发展工业数据集成与标准化技术、数据治理技术，推动大数据网络传输技术、云计算网络关键技术在智能制造中运用。支持南京云问网络、南京赛特斯等围绕细分领域做强应用软件。

（三）加快发展人工智能硬件产业

——智能传感器。顺应传感器高灵敏度、高精度、高可靠性的发展趋势，重点突破视觉、触觉、位置、测距、图像感知、嵌入式算法等传感器关键核心技术，支持面向智能制造、高端智能消费的智能传感器研发和应用，大力发展新型生物、气体、液体、光学、超声波、信息等智能传感器。研究开发光敏、压电、红外辐射、金属氧化物、磁性等新型传感材料，支持基于微机电系统（MEMS）和互补金属氧化物半导体（CMOS）集成等工艺研发，进一步提升产品的一致性、可靠性、稳定性。完善新型传感器的系统和结构设计能力，推动发展器件级、晶圆级 MEMS 封装和系统级测试技术及专用制造装备和测试校验设备。重点支持南京高华科技、无锡美新半导体、常州瑞声科技、苏州敏芯科技、昆山双桥等围绕行业需求加大智能传感器研发力度。

——神经网络芯片。支持深度神经网络基础架构及学习算法研究，推进人工智能处理器芯片的自主开发，重点发展面向模型训练与智能推断的高性能、高扩展性、低功耗、高吞吐量的云端神经网络芯片和终端神经网络芯片，开发类神经网络分布计算、异构多核及可重构计算等处理器芯片，提升神经网络芯片多人工智能场景的处理效能。重点支持南京地平线、中科院自动化所南京人工智能芯片创新研究院等自主研发人工智能专用芯片。

——智能机器人。攻克智能机器人核心零部件、专用传感器，完善智能机器人硬件接口标准、软件接口协议标准以及安全使用标准，建立智能机器人标准体系和安全规则。突破机器视觉、人机交互、自主决策等关键技术，发展焊接、装配、喷涂、搬运、检测等智能工业机器人，强化智能识别、自主操作、群智开放、智能执行、深度学习等机器人研发和产业化，大力推进医疗、教育、娱乐、健康等服务机器人智能化水平。围绕高温高压复杂工艺、高危险作业场所等特点，研制推广海底操作机器人、特种作业机器人、空间机器人、巡检机器人等特种智能机器人。重点支持南京埃斯顿、南京熊猫电子装备、南京亿嘉和、苏州科沃斯、中船重工 702 所、连云港杰瑞自动化等做强做精所在细分领域的智能机器人业务。

——其他智能装备与产品。大力发展与人工智能关联的核心元器件、智能硬件和终端产品。

加快发展智能成套装备,突破智能数控系统、高精度新型传感器、关键功能部件、网络化集成系统等关键智能共性技术。支持智能无人机的研发和产业化,突破实时精准定位、动态场景感知与避让、面向复杂环境的自主飞行、群体作业等核心技术,重点支持南京拓恒无人机等无人机企业发展。鼓励发展智能网联汽车,加强智能感知、车载通讯、车载智能芯片、信息安全、车辆智能算法、多车协同等技术集成和配套,加强智能驾驶系统研发和产业化应用,重点支持南汽集团等深入研究无人驾驶相关技术。发展智能摄像头、新一代智能手机、车载智能终端等移动智能终端产品和医疗影像辅助诊断系统、视频图像身份识别系统等智能设备,鼓励开发智能手表、智能耳机、智能眼镜等可穿戴终端产品。

(四)加快发展人工智能服务型企业

——智能通用系统。引导制造业企业与互联网企业、软件服务企业、大数据企业加强合作,促进人工智能技术与制造业的融合,重点发展面向提供综合语音识别、生物验证、智能搜索、智能翻译、智能客服等通用系统的服务型企业,夯实人工智能行业应用基础。重点支持苏州思必驰、南京旷视科技等企业开发通用系统,拓展应用空间。

——智能制造系统。聚焦制造业智能升级创新需求,重点围绕流程智能制造、离散智能制造、个性化定制、在线检测、远程诊断和远程反馈控制、全生命周期管理等新型制造模式,加强关键技术装备、核心支撑软件、工业互联网、开源数据平台等系统集成应用,培育一批提供系统解决方案的企业,推动重点产业领域智能化发展。重点支持苏州博众、昆山华恒、天奇自动化、科远自动化、徐工信息等大力发展面向智能制造的系统解决方案。

——行业应用系统。围绕提升人民美好生活水平的需要,加快人工智能在经济社会、文化建设、公共服务等方面的深度应用,在健康医疗、文化、教育、环境、交通、电力、能源、商业、金融、物流、网络安全、社会治理、益民服务等行业和领域,培育一批人工智能行业应用服务企业,不断完善人工智能应用生态体系。重点支持南京运满满等面向智能物流等应用场景提供系统化的整体解决方案,支持南京与常州的国家医疗大数据示范城市项目。

四、主要措施

(一)夯实发展基础

加快物联网、北斗导航、IPv6、5G等人工智能产业发展的基础技术和信息基础设施建设,进一步提升网络整体容量和综合业务的承载能力。重点加快推进5G商用进程,分区域开展5G规模组网工作,2020年基站规模超过3 000个,省内重点区域实现5G网络连续覆盖,基于5G网络的人工智能试点应用(如车联网、增强现实、工业互联网大规模连接等)水平全国领先,同时积极参与国家6G网络的前期技术研发和储备。到2020年,总体建成"高速、移动、安全、泛在"的新一代信息基础设施。建立面向行业智能化转型需求的开放共享平台,通过开放平台功能与数据、提供开放环境与工具等方式、广泛汇聚第三方应用开发者,强化对人工智能研发应用的基础支撑。加快推动数据互联共享,建立政府数据共享交换平台,研究发布政务数据开放的负面清单,促进政务数据资源有序开放。探索在全社会建立信息资源共享目录,通过开放数据接口、制定共享目录、签订共享协议等方式，实现行业数据共享交换。积极推动人工智能领域的安全、技术、应用和测试认证等标准建设，促进人工智能产业健康发展。

（二）培育龙头企业

在语音识别、模式识别、智能机器人、高端智能传感器、生物芯片等领域，建立人工智能重点企业培育库，制定入库标准，建立动态调整机制，重点培育一批具有全球竞争力的人工智能龙头企业和“独角兽”企业。建立重点企业领导联系制度，实现“直通车”服务。聚焦重点企业，集中有限资源，在创新平台建设、智能改造、信息化建设、人才培养、品牌培育、兼并重组、模式创新及“走出去”等方面予以重点支持。加强跟踪服务，将入库企业纳入工业经济运行重点样本企业库。鼓励支持企业加强国际合作交流。

（三）提升创新能力

加强企业创新载体建设，在优势领域重点企业实现省级以上企业研发机构的全覆盖，支持企业完善创新条件、加大创新投入，不断增强企业技术创新能力和水平。强化共性技术供给，在智能传感、语音识别、智能机器人等重点细分领域布局建设若干制造业创新中心，优先支持与国际领先的高校、科研单位联合创建，为产业发展提供基础技术支撑。加强与国内知名院校、研究所深度合作，积极承接大院大所在江苏设立研发机构。加快突破多频多波束天线和高频相控阵天线、5G 高频射频材料等一批核心技术（附件 1），编制人工智能共性技术发展目录，每年安排一批人工智能产业关键技术攻关项目，着力解决一批关键技术瓶颈，培育一批重大自主创新产品。贯彻落实军民融合发展战略，建立健全军民技术资源互通共享的机制，开展军民两用的人工智能技术联合攻关，促进军民两用技术产业化。

（四）强化应用牵引

实施“人工智能＋”行动，在重点领域实施全省 5G 规模组网及试商用、工业大数据重大标准研制应用等一批行业应用示范项目（附件 2）。“人工智能＋制造”，紧扣关键工序自动化、关键岗位工业机器人替代、生产过程智能优化控制、供应链管理智能化，推动制造智能升级，在机械、电子、冶金、纺织、化工等行业每年建设一批智能车间（工厂）。“人工智能＋交通物流”，推动实施数据分析、计算机视觉等技术在城市交通状况监控、路网流量分析、货物配载服务等方面应用，提升现代交通物流水平。“人工智能＋教育”，开发基于大数据智能的在线学习教育平台，建立智能、快速、全面的教育分析系统，推动人工智能在教学、管理、资源建设等全流程应用。“人工智能＋医疗”，建立快速精准的智能医疗体系，开发人机协同的手术机器人、智能诊疗助手，研发柔性可穿戴、生物兼容的生理监测系统，实现智能影像识别、病理分型和智能多学科会诊。“人工智能＋无人驾驶”，加快研发环境智能感知、智能决策和车辆控制系统等关键技术，实现智能共享和自适应学习，提高驾驶自动化水平。“人工智能＋能源电力”，加快智能巡检机器人和智能操作机器人在电力、石油石化等行业的应用，通过智能化巡检、大数据辅助决策，降低人工操作风险，提升能源电力行业智能化水平。“人工智能＋N”，在金融、文化、社会治理、益民服务等领域，分行业实施应用示范工程，引领示范应用，促进产业发展。鼓励商业模式创新，开展典型应用案例评选和竞赛活动，引导人工智能企业开发新模式，提供新服务，发掘新的盈利点和增值业务。

(五) 强化人才支撑

贯彻落实省委《关于聚力创新深化改革打造具有国际竞争力人才发展环境的意见》,坚持引进和培养相结合、用才与留才相衔接,抢占人工智能产业人才高地。实施人工智能高层次人才计划,探索研究制定人才等级标准,按照细分行业类别、技术领域等建立国际国内高级人才库,支持省重点人工智能产业集聚区"先行先试",出台特殊人才政策,按照"特事特办"原则,吸引全球顶尖人才,给予引才企业最高1亿元配套资助。通过千人计划、双创计划、外专百人计划、333工程等,吸引一批具有国际视野的科技领军人才和创新团队。鼓励省内高校开设人工智能相关专业,提高学科建设水平,推广"人才+技术+项目+社会资本"战略合作方式,培育人工智能产业发展的中高端人才。依托示范应用项目,鼓励校企合作,引导职业学校培养产业发展急需的技能型人才,构建不同层次的人才体系。对引进的高层次人才,给予股权激励和项目资金等优惠支持,提供优质高效的生活服务,妥善帮助解决住房、医疗、子女教育等方面的问题。

(六) 注重集聚发展

按照"重点突出、优势互补、特色化发展"的原则,以扬子江城市群"中国制造2025"国家示范区为依托,打造国家级的人工智能产业试点示范集聚区。部省联合培育和建设一批人工智能高新区、集聚区、创新承载区、特色小镇、众创基地。支持南京"两中心、三片区、一示范"发展空间格局,重点发展人工智能核心芯片、智能终端、智能机器人等产业。支持苏州工业园区、苏州科技城等地区整合政策资源,创新扶持措施,加快构建在计算机视听觉、自然语言理解、新型人机交互等方面的发展优势。无锡市发挥物联网、超级计算、智慧城市、智能制造等方面的优势,加快打造全国领先的物联网技术创新核心区、产业发展集聚区和应用示范先导区。常州市突出在智能机器人、传感器等方面的优势,重点建设机器人产业园区、传感器产业园区两大主要集聚区。支持南通重点发展大数据中心、智能芯片、新一代信息通信、智能装备等产业。其他各地立足各自的基础条件和发展优势,优化土地、资金、政策等创新要素供给,推进人工智能产业特色发展。

(七) 营造发展环境

加大财税支持力度,落实好研发费用加计扣除、高新技术企业与小微企业税收优惠等现有各项优惠政策。鼓励设区市和市(县)政府对进入人工智能重点企业培育库的企业按照上年度缴税增加额给予奖励。开展人工智能相关政策和法律法规研究,推动建立覆盖人工智能产业技术、标准、应用、安全、伦理等方面的制度体系。强化人工智能领域的知识产权运用和保护,严厉惩处侵权行为。建立人工智能重要产品风险补偿保障机制。鼓励金融机构增加对人工智能产业的信贷投放,通过市场机制引导社会资本支持人工智能产业发展。充分利用"一带一路"建设机遇,鼓励重点企业和高校院所内引外联,加强人工智能科技和产业合作。

五、实施保障

（一）组织领导

建立部门协同、上下联动的推进机制，强化统筹、协调、指导和服务。落实人工智能产业发展任务，明确分工和责任单位，落实工作责任，加强督促指导，促进重点工作有序开展和目标任务实现。

（二）政策支持

加大财政资金支持力度，鼓励省级各类专项资金，优化投资结构，采取公开招标等方式，支持人工智能重大技术攻关、标志性产品示范应用等。探索设立省人工智能产业投资基金，吸收社会资本和国有资本，重点支持人工智能与实体经济融合，拓展应用场景。探索建立人工智能首批次产品应用保险补偿机制。落实好增值税抵扣、资源综合利用、小微企业等相关税收优惠支持政策。

（三）智力支持

支持龙头企业联合高校、科研院所、行业中介机构，共同组建江苏省人工智能产业创新联盟，建立"联合开发、优势互补、成果共享、风险共担"的合作机制，促进技术创新和示范应用。建立人工智能产业发展的专家咨询委员会，开展人工智能产业重大课题研究，为研究制定重大政策、组织技术攻关提供决策咨询和智力支持。

附件1:

省新一代人工智能产业重点技术

多频多波束天线和高频相控阵天线

5G高频射频材料

基于量子干线的量子密钥赋能管控平台及移动终端

大数据网络传输关键技术

高速光通信关键器件和芯片技术

超宽带矢量信号分析技术

强化学习技术

整体模式分类技术

安全机器学习技术

知识图谱半自动构建与应用技术

新型机器学习技术

基于深度学习的增强现实物体识别算法

云计算网络关键技术

复杂环境下态势"脑"技术

基于语义融合的人工大脑

全方位用户画像和深度智能认知技术

基于高性能深度学习的智能交互技术

基于深度学习的表情、语音和姿态的多模态情感识别

面向海量图像/视频大数据的弱监督和半监督物体识别与分割技术

基于多标识识别的增强现实定位算法

分布式视频分析方法和系统

行人搜索技术

生活场景机器视觉文字识别技术

语义工程

大规模、智能化、中文文本语意理解

基于自主学习的语义理解技术

机器智能问答自动生成系统

业务知识图谱自动构建系统

复杂人机交互软件技术

智能问答机器人开发

基于特定行业的语音数据库建立与挖掘及快速算法

可穿戴智能设备的高精度、高可靠性传感器

柔性微纳传感器技术

六轴单片集成惯性传感器

压力传感器设计及制备技术

微型化、高集成度传感器及智能系统封装技术

惯性传感器设计及制备技术

信息传感技术
物联网数据处理和应用技术
基于 UWB 超宽带定位芯片
基于 ARM 结构高性能、低功耗智能芯片
适合人工智能的异构、多核、可重构处理器芯片
面向智慧家庭的智能无线局域网芯片关键技术
民用无人机动力系统、飞控系统、传感器研制
意念飞行技术
虚拟现实基础技术
柔性电子皮肤技术
高性能智能机器人专用伺服电机和驱动器
高精密减速器设计制造技术
高速高性能控制器
新一代工业机器人智能化技术
智能网联汽车复杂系统体系架构
智能网联汽车信息安全技术
人机交互与共驾技术
自动驾驶测试场景库与测试评价技术
面向北斗基于 5G 的数据融合自动驾驶技术
安全可靠的智能制造全生命周期大数据管理与分析
产品智能化设计专家系统
工业应用软件技术
工控系统信息安全共性技术
安全可靠信息化适配总集及总装技术
数控成形装备基础技术
新型制造模式基础技术
人工智能训练及能力输出平台开发技术
工业智能专用芯片
工业智能专用算法的开发
工业智能微服务的开发
柔性制造协同创新公共服务云
多平台多媒体大数据社会情绪感知、认知与监控
面向社会治理的大数据技术
人工智能交通智能调度技术
智能电视操作系统技术
智能化影像诊断技术
人工智能辅助医疗诊断
人工智能辅助慢病管理

附件2：

省新一代人工智能产业应用示范工程
全省5G规模组网及试商用示范工程
工业大数据重大标准研制应用示范工程
工控系统信息安全应用示范工程
高端装备研制赶超及首台套重大装备应用示范工程
人工智能集成应用商培育工程
“数动未来”专项行动
工业APP培育工程
智能机器人应用示范工程
智能无人机应用示范工程
增材制造装备应用示范工程
智慧物流人工智能应用示范工程
船舶制造智能工厂建设应用示范工程
智能制造应用示范工程
智能网联汽车测试环境建设与示范运行工程
工业互联网平台培育工程

省经信委印发《江苏省强化大数据引领推动融合发展专项行动计划》

苏经信软件〔2018〕498号

省大数据发展办各成员单位、各设区市经信委，昆山市、泰兴市、沭阳县经信委（局）：

为深入贯彻落实十九大精神，以"制造强国、网络强国、数字中国"战略和国务院《促进大数据发展行动纲要》为统领，进一步加快大数据与经济社会发展的交汇融合，深化大数据促进实体经济发展作用，落实推进《江苏省大数据发展行动计划》（苏政发〔2016〕113号），在更高、更新起点上推动大数据产业发展，制定了《江苏省强化大数据引领推动融合发展专项行动计划》（简称"数动未来"专项行动）。现印发给你们，请结合实际，组织开展相关工作。

附件：《江苏省强化大数据引领推动融合发展专项行动计划》

江苏省大数据发展办公室
江苏省经济和信息化委员会
2018年6月22日

附件：

江苏省强化大数据引领推动融合发展专项行动计划

为贯彻落实国务院《促进大数据发展行动纲要》，深化推进《江苏省大数据发展行动计划》，加快以大数据为核心的新一代信息技术推动产业转型升级、民生服务和社会治理提质增效，增长经济社会发展新动能，由省大数据发展办和省经信委联合组织实施江苏省强化大数据引领推动融合发展专项行动计划（"数动未来"专项行动），在壮大数字经济的同时促进数字经济与实体经济深度融合发展。本专项行动计划实施期为2018—2020年。

一、行动目标

以大数据为核心、智能应用为方向、云计算和互联网为支撑，充分运用数（大数据）、智（人工智能）、云（云计算）、网（互联网）等新技术新模式，加快全省数字经济和实体经济深度融合，有效促进江苏经济和社会治理提质增效，实现高质量发展。2018年，带动1 000家企事业单位的业务与大数据深度融合，2019年带动3 000家，2020年带动5 000家，数字经济充分发展，对实体经济带动水平显著提高。

培育300家利用数智云网新技术新模式实现转型升级的骨干企业，50个融合创新中心；建设10个大数据产业园、10个数字经济与实体经济融合发展的示范区和试验区，在全省建立并推广使用数智云网技术服务等新技术标准体系。

重点围绕智能制造，促进工业技术软件化和工业大数据发展，推广应用3万个工业App；重点围绕智慧江苏建设，在民生服务、社会治理等领域形成一批大数据典型应用。实施200个融合应用示范项目,其中优选50个标杆项目,并进行宣传、复制和推广,以点带面促进全省大数据应用水平快速提升。

二、重点任务

1. 促进大数据融合应用

在省大数据发展办统筹推动下,围绕数据应用热点方向,积极推进政府数据定向开放、有序共享和安全利用,有效释放和挖掘数据价值。重点围绕提高工业企业和社会治理单位转型升级的内在动力和新技术新模式应用能力,组建百人专家服务团。分行业、分领域梳理问题、寻找痛点,明确转型升级的需求和方向。针对我省传统优势工业领域和新兴产业领域的重大产业集群[新型电力(新能源)装备、工程机械、物联网、前沿新材料、生物医药和新型医疗器械、纺织服装、集成电路、海工装备和高技术船舶、高端装备、节能环保、核心信息技术、汽车及零部件、新型显示等],提供应用数智云网新技术新模式来实现智能化生产、网络化协同、个性化定制及服务化转型的整体解决方案咨询服务;针对智慧江苏建设领域(公用事业、社会保障、公共安全、科技教育、国土资源、生态环保、商贸交通、文化旅游、健康医疗、农业农村、财税金融、工商质监、新闻广电、检验检疫、海关统计、司法保密等),提供应用数智云网新技术新模式来提升政务民生服务效能、实现社会治理创新的专业咨询服务。

2. 培育融合创新骨干企业

实施江苏省规划布局内重点软件和互联网企业培育工程,大力培育数智云网领域的骨干企业,加大对互联网独角兽企业的宣传和支持力度(比照首次入围软件百强和互联网百强企业奖励方式);实施推动软件企业转型升级计划("腾云驾数"转型升级计划),优选转型升级成效显著的软件企业在数智云网领域形成的优质平台、产品、服务和解决方案,编制"腾云驾数"企业、平台、产品、服务目录和解决方案案例集,多渠道多方位宣传推广,定期组织开展骨干企业与需方市场、创新资源精准对接的各项交流活动。

3. 提高融合创新核心能力

积极鼓励政、产、学、研、用等相关领域单位联合共建"数动未来"融合创新中心,推动数智云网新技术新模式集成创新,整合创新资源,开展前瞻性、先导性、关键共性技术研究,加快推动基础软件、工业软件、安全软件等关键产品的研发和应用,加快大数据服务产品的创新。建设工业技术软件化创新中心,鼓励骨干企业结合自身基础和需求,加快构筑自动控制与感知技术、工业软件等制造业新基础,实施工业App培育工程,支持软件企业、工业企业、科研院所等开展合作,在重点行业领域逐步培育3万个面向特定行业、特定场景的工业App。

4. 完善数智云网标准体系

成立江苏省软件和信息技术服务标准化技术委员会,设立数智云网等方向的标准工作组或分技术委员会,大力推进相关标准研制与应用推广。完善江苏省软件和信息技术服务标准公共服务平台功能,积极开展标准培训宣贯、标准预研需求对接,标准立项草案收集以及首席标准官制度推广等各项标准化建设公共服务，积极鼓励企业开展国家和省相关标准的符合性第三方评估，提高我省产业标准研制应用的话语权和竞争力。

5. 强化数智云网载体建设

建设省级大数据产业园，结合南京、苏州、无锡、南通、盐城等地大数据发展特点和基础条件，明确不同主攻方向，实现大数据产业载体的合理布局、联动发展。发展江苏省软件和信息服务产业特色园，针对云计算、人工智能、区块链、新一代信息安全等新技术领域，引导各软件产业园和互联网产业园、众创园进行差异化定位、特色化发展。打造数智云网融合应用的示范区，积极推进工业大数据和工业技术软件化发展，结合各地工业发展特点建设省级工业大数据应用示范区和工业技术软件化示范平台；建设省级大数据开放共享与应用试验区，推动形成政府和社会数据开放共享格局。

6. 拓展数智云网应用市场

持续开展大数据应用示范评选，围绕社会经济发展、产业转型升级、社会治理和民生服务领域大数据应用创新，遴选一批优秀大数据应用示范项目，大力推动场景式应用试点。面向积极应用数智云网新技术新模式进行业务升级的中小企业发放"数动未来"升级券，面向积极应用数智云网新技术新模式进行创新提升的社会治理单位发放"数动未来"创新券，鼓励使用升级券、创新券来购买"腾云驾数"目录中的平台、产品和服务。

7. 丰富数智云网人才队伍

充分发挥江苏软件产业人才发展基金会、省软件产业人才培训基地、省互联网产业人才培训基地等人才服务组织作用，开设江苏软件和信息服务公益学堂、数智云网新技术大讲堂，及时更新技术骨干的知识结构。积极鼓励各市引进软件和互联网双创团队，每年省级专项支持双创团队单个项目资金不少于300万元。充分发挥"i创杯"互联网创新创业大赛、"中国软件杯"大学生软件设计大赛作用，招引数智云网高端创新人才，开展"爱英之旅"江苏骨干软件互联网企业全国校园行活动，招引数智云网紧缺型技术人才。针对不同行业应用需求，每年选送相关应用单位负责人和技术骨干100人，加入数智云网创新能力提升的相关培养计划。

三、推进措施

1. 加强统筹组织

省大数据发展办、省经信委负责统筹、协调、推动本专项行动实施。各单位根据责任分工细化任务分解表，加强沟通联络，共同分析问题、破解难题，形成合力共同推动，确保各项工作目标和重点任务顺畅推进、取得实效。

2. 加大资金投入

加大对专项行动支持的财政资金投入力度，充分利用现有资金渠道，创新投入方式，发挥好财政资金的引导、放大效应，通过以奖代补等方式，大力支持融合标杆项目和融合平台建设。鼓励和引导社会投资力量加大向数智云网新技术新模式方向的投资力度,有效降低企业投融资成本。

3. 促进行业交流

支持鼓励省软件行业协会、大数据联盟等行业组织健康发展,充分发挥行业组织作用,开展数智云网技术交流、调查研究、创新资源和市场拓展对接、政策标准宣贯,以及与其他行业组织深度合作等各项促进新技术新模式广泛应用、促进数字经济与实体经济深度融合的行业活动。

4. 强化落实督查

各地各有关部门要将本专项行动列入年度大数据工作计划,加强对各项工作任务的分类落实、动态跟踪和监督检查,省大数据发展办将对工作有力、实效突出的单位进行通报表彰。做好专项行动宣传报道,重点宣传工作成效、典型案例、先进企业或单位,营造应用引领、创新驱动、协同推进的良好氛围。

《江苏省强化大数据引领推动融合发展专项行动计划》(2018年—2020年)任务分解表

重点任务	主要内容	时序进度	责任单位
提升大数据应用能力	组建专家服务团:省大数据发展办成员单位、各市经信委初选和推荐专家,省经信委审核确定专家服务团人员名单。	2018年完成	省大数据发展办成员单位,省、市经信委
	“数动未来”江苏行活动:省大数据发展办成员单位于每年一季度提交咨询需求单位名单和咨询需求内容,省经信委汇总需求情况,与各成员单位共同商议制订江苏行年度计划,各市经信委配合执行。	每年开展	省大数据发展办成员单位,省、市经信委
培育数智云网骨干企业	省规划布局内重点软件和互联网企业培育工程:各市经信委初选推荐,省经信委审核确定入选企业并落实激励措施。	2019年完成	省、市经信委
	“腾云驾数”软件企业转型升级计划:各市经信委初选推荐优质企业、产品、服务、解决方案,省大数据发展办成员单位推荐需求对接单位和优秀案例,省大数据发展办审核确定优秀企业、产品、服务目录和解决方案案例集,开展宣传推广对接活动。	每年开展	省大数据发展办成员单位,省、市经信委
拓展数智云网应用市场	遴选优秀大数据应用示范项目	每年开展	省大数据发展办成员单位
	组织评定示范项目,予以政策激励和宣传推广,并发放相应的升级券和创新券	每年开展	省大数据发展办、省经信委
强化数智云网载体建设	大数据产业园、软件和信息服务产业特色园、数智云网融合应用示范区建设:各市经信委组织推荐,省经信委指导标准化载体建设。	每年开展	省、市经信委
	大数据开放共享与应用试验区建设:各市经信委组织推荐,省大数据发展办指导标准化载体建设。	每年开展	省大数据发展办成员单位

重点任务	主要内容	时序进度	责任单位
提高数智云网创新水平	"数动未来"融合创新中心建设	每年开展	省、市经信委
	工业技术软件化示范平台建设(工业 App 培育工程)	每年开展	省、市经信委
完善数智云网标准体系	成立江苏省软件和信息技术服务标准化技术委员会	2018 年上半年完成	省、市经信委
	推进数智云网相关标准研制	每年开展	省、市经信委,省大数据发展办成员单位
	开展数智云网相关标准应用推广	每年开展	省、市经信委,省大数据发展办成员单位
丰富数智云网人才队伍	开展各类数智云网人才引进、培养促进工作	每年开展	省、市经信委,省大数据发展办成员单位

第六部分

2018年产业大事记

省政府召开全省经济和信息化工作会议

1月19日，全省经济和信息化工作会议在南京召开。会议学习贯彻党的十九大精神，以习近平新时代中国特色社会主义思想为指导，落实全国工业和信息化工作会议和省委十三届三次全会部署，总结2017年工作和近五年成绩，分析研判新形势新要求，部署2018年重点工作。省政府副秘书长王志忠宣读了马秋林副省长批示并讲话。省经信委党组书记、主任谢志成作题为“全面贯彻党的十九大精神，奋力开创制造强省建设新局面”的讲话并作大会总结。省经信委党组副书记、副主任戴跃强主持会议。会议充分肯定了2017年全省经信工作和近五年成绩。会议认为，面对错综复杂的国内外经济形势，全系统认真贯彻中央和省委省政府决策部署，坚持稳中求进工作总基调，扎实推进制造强省建设，统筹做好稳增长、促改革、调结构、深融合、惠民生、保安全各项工作，顺利完成各项目标任务，为制造强省建设奠定了坚实的基础。会议明确了2018年全省经济和信息化工作总体思路、目标任务。强调要重点抓好八个方面：一是坚持创新驱动发展，实施“中国制造2025”国家级示范区创建工程、制造业创新中心建设工程、重大技术攻关工程、先进制造业集群培育工程、工业强基工程和军民产业融合工程，打造先进制造业基地；二是深化供给侧结构性改革，发展壮大新兴产业，改造提升传统产业，化解无效低端过剩产能，提升质量品牌，推动产业结构升级；三是创新两化深度融合，实施智能制造工程，加快智慧江苏建设，发展工业互联网，培育工业互联网云平台，推动“企业上云”，发展大数据产业，加快5G网络等基础设施建设，抢占产业竞争制高点；四是狠抓节能降耗，实施绿色制造工程，探索节能环保服务新模式，推动形成绿色发展方式；五是坚持分类培育，推动骨干企业做强做大、中小企业做精做专、“独角兽”企业快速成长，提升企业竞争实力；六是落实稳增长举措，做好行业数据统计和运行分析，强化项目跟踪服务推进，提高专项资金使用效益，降低企业成本，加强要素保障和安全生产，促进工业平稳运行；七是不断深化改革优化服务，营造良好发展环境；八是落实全面从严治党要求，为制造强省建设提供坚强保障。南京、徐州、泰州经信部门和苏州市吴江区政府作交流发言。省经信委领导班子成员，各设区市、县(市)和部分区经信部门主要负责人，部分行业协会主要负责人，省经信委相关处室和直属单位主要负责人参加会议。

中软国际“解放号”总部项目落户南京

1月29日，南京市人民政府与中软国际签署战略合作协议，中软国际“解放号”总部项目落户软件谷。省委常委、南京市委书记张敬华，中软国际董事局主席、首席执行官陈宇红出席签约仪式。作为中软国际打造的专注于软件开发领域的IT服务互联网众包平台，“解放号”寓意“解放IT生产力”，旨在促进软件开发降本增效。目前平台已有30万名工程师、3万家企业及近4 000家服务商入驻，累计发包金额超13亿元。根据协议，双方将在互联网+软件交易服务平台发展、智慧城市建设等领域开展战略合作，共同推动软件产业发展。

省政府与腾讯签署战略合作协议

1月31日，江苏省人民政府与腾讯公司签署战略合作协议。省委书记娄勤俭会见腾讯公司董事会主席兼首席执行官马化腾一行，省长吴政隆出席签约活动。根据协议，双方将进一步推动云计算和大数据发展、智慧城市服务体系建设、“互联网+”等9大方面、30个具体项目的合作落地，包括共建“双创小镇”，推动云计算和大数据在警务、交通、金融监管、城市管理等领域的应用，利用腾讯乘车码、腾讯觅影、微信医保支付等领先的互联网服务助力江苏智慧交通、智慧医疗等领域的建设等。

我省8项目入围工信部2018年工业互联网App优秀解决方案名单

2月11日,经地方(行业)推荐、案例评审和企业现场答辩,工信部正式发布2018年工业互联网App优秀解决方案名单,全国共有89个项目入选。经省工信厅推荐,我省共有8个项目入围,分别为常州霍思金信息技术有限公司冷轧工艺优化DELAB四维仿真工业互联网App应用解决方案(常州霍思金信息技术有限公司)、海宝i-MES智能制造系统解决方案工业互联网App优秀解决方案(江苏海宝软件股份有限公司)、金思维生产管控工业互联网App应用解决方案(江苏金思维软件有限公司)、基于苏畅工业互联网平台的设备故障预测与健康管理工业互联网App应用解决方案(朗坤智慧科技股份有限公司)、科远PDS200智能预警系统应用解决方案(南京科远自动化集团股份有限公司)、南瑞信通科技/电力通信调运检移动运维平台工业互联网App应用解决方案(南京南瑞信息通信科技有限公司)、基于擎天绿色低碳工业互联网的企业碳资产管理工业互联网App应用解决方案(南京擎天科技有限公司)、同元系统设计与仿真验证平台MWorks工业App互联网App应用解决方案(苏州同元软控信息技术有限公司)。

南京大学成立人工智能学院

3月5日,南京大学发文成立人工智能学院,为国内首家成立人工智能学院的C9高校。南京大学计算机科学与技术系主任周志华教授兼任南京大学人工智能学院院长。南京大学校长吕建表示,南京大学人工智能学院将致力于建设一流的人工智能基础研究基地和人才培养基地,打造人工智能学科高峰,探索人工智能内涵式发展新道路,形成基础研究、人才培养、产业创新协同发展态势。

江苏省2017年度互联网十大新锐人物与创新力产品评选结果揭晓

4月3日,由江苏省经济和信息化委员会主办,创客公社承办,中国(南京)软件谷特别支持,各市经信主管部门、软件行业协会、各省级互联网产业园、互联网众创园、软件园协办的江苏省2017年度互联网十大新锐人物与创新力产品评选在南京落下帷幕。会上发布了江苏省2017年度互联网十大新锐人物与创新力产品。江苏满运软件科技有限公司创始人兼CEO张晖、南京甄视智能科技有限公司创始人兼CEO杨帆、福佑卡车创始人兼CEO单丹丹、天聚地合(苏州)数据股份有限公司CEO左磊、南京恒一文化传播有限公司创始人兼CEO田云鹏、江苏通付盾科技有限公司创始人兼董事长汪德嘉、万帮新能源投资集团有限公司董事长兼总裁邵丹薇、苏州叠纸网络科技股份有限公司创始人姚润昊、江苏银承网络科技股份有限公司董事长曹石金、江苏车置宝信息科技股份有限公司董事长兼CEO黄乐获评江苏省2017年度互联网十大新锐人物;Xrea工业互联网平台(江苏徐工信息技术股份有限公司)、美篇(南京蓝鲸人网络科技有限公司)、Nibiru增强现实系统(南京睿悦信息技术有限公司)、"功夫豆"共享打印平台(南京功夫豆信息科技有限公司)、海渡学院App(江苏哈工海渡工业机器人有限公司)、BeyondContainer容器云产品解决方案(苏州博纳讯动软件有限公司)、基于RFID的室分管控物联网系统(南京华苏科技有限公司)、千米电商云系统(江苏千米网络科技股份有限公司)、云问智能问答交互机器人系统(南京云问网络技术有限公司)、智伴1S(无锡智伴物联网有限公司)获评江苏省2017年度互联网十大创新力产品。

满帮集团获软银等19亿美元融资

4月23日，满帮集团官方宣布完成19亿美元(约120亿元)融资，最新估值超过60亿美元(约400亿元)。本轮融资由软银愿景基金(SVF)领投，光速中国、红杉资本等多家前期投资人及中网投、谷歌资本等10家新机构跟投，为迄今为止全球智慧物流领域最大的一笔融资。本次融资将助力满帮巩固在车货匹配领域的绝对优势，加速全球顶尖人才招募和人工智能战略的推进。

海尔集团无锡物联生态网基地项目签约

5月10日，总投资约50亿元的海尔集团无锡物联生态网基地项目在无锡签约。省委书记、省人大常委会主任娄勤俭签约前会见海尔集团董事局主席、首席执行官张瑞敏一行。根据协议，海尔集团与无锡市将围绕物联网创新基地、海尔衣联产业应用示范基地及海尔智慧供应链基地、海尔物联网社区三大板块的建设，共同打造以服装产业升级改造为切入点的高端工业互联网、智能制造集聚区和智慧生活、创新创业示范区。

亿嘉和在上交所主板上市

6月12日，亿嘉和科技股份有限公司正式挂牌上海证券交易所A股主板，股票简称亿嘉和，股票代码603666。亿嘉和成立于1999年，总部坐落于中国(南京)软件谷，公司致力于行业智能机器人的研发、制造和推广应用，拥有一系列智能机器人技术和产品，可为各行业客户提供多样化的智能产品、智能服务和系统解决方案。

南京理工大学成立人工智能学院和人工智能研究院

7月2日，南京理工大学宣布成立人工智能学院和人工智能研究院。据悉，南理工人工智能学院将作为学校科教融合、产教融合协同育人创新试点，探索“人工智能+军民融合”的复合人才培养模式；人工智能研究院拟围绕智能机器人、智能交通、大数据驱动机器学习、脑机协同等领域，与行业领军企业深入协同创新，引进汇聚校内外优秀人才队伍，积极承接国家重大科研项目，开展原始创新和集成创新，提升南理工在人工智能领域的学术影响力和服务国家战略的能力。

南京航空航天大学成立人工智能学院

7月2日，南京航空航天大学人工智能学院暨人工智能研究院成立仪式在南航将军路校区举行。成立仪式上，南京航空航天大学校长聂宏表示，在人工智能方面，南航具有较强的研究积累，特别是在模式识别、机器学习等方向取得了较为显著的成果，为该校建立人工智能学院和研究院打下了良好基础。

江苏7企上榜2018年中国互联网企业100强单

7月27日，中国互联网协会、工业和信息化部信息中心在京联合发布2018年中国互联网企业100强榜单。阿里、深圳、百度、京东、网易、新浪、搜狐、美团点评、三六零、小米分列榜单前十位。江苏共有7家单位上榜，分别为江苏苏宁控股集团有限公司(第19位)、同程旅游集团(第43位)、苏州蜗牛数字科技股份有限公司(第68位)、无锡艾德无线广告有限公司(第73位)、无锡华云数据技术服务有限公司(第75位)、南京途牛科技有限公司(第78位)、无锡市不锈钢电子交易中心有限公司(第94位)。

江苏省大数据和新一代软件产业发展推进会在宁召开

8月26日,由省经信委主办的江苏省大数据和新一代软件产业发展推进会在南京召开。会上,省经信委、省大数据发展办联合发布《江苏省强化大数据引领推动融合发展专项行动计划》,提出以大数据为核心、智能应用为方向、云计算和互联网为支撑,充分运用数(大数据)、智(人工智能)、云(云计算)、网(互联网)等新技术新模式,加快全省数字经济和实体经济深度融合。

省经信委公布2018年“腾云驾数”优秀软件企业、优秀融合创新案例及优选产品、平台、服务和解决方案

8月29日,经相关单位推荐、企业自愿申报、专家评审、公示等程序,省信息化领导小组大数据发展办公室、省经信委正式公布100家“腾云驾数”优秀软件企业和50项“腾云驾数”优秀融合创新发展案例,并于9月正式公布125项“腾云驾数”优选产品、平台、服务和解决方案。本次评选旨在培育融合创新骨干企业,促进江苏省软件企业向以大数据为核心的新技术新模式转型升级。

第七届“中国软件杯”大学生软件设计大赛总决赛在宁举办

8月30日,由工信部、教育部和江苏省政府共同主办,中国电子信息产业发展研究院、省经信委、省教育厅、教育部高等学校计算机类专业教学指导委员会共同承办的第七届“中国软件杯”大学生软件设计大赛总决赛在南京举行。本届大赛以“智时代,‘数’人才,链世界”为主题,与第十四届中国(南京)软件产品与信息服务交易博览会同期举办,不仅发动更多软件骨干企业参与出题,赛题更是紧扣热点技术应用,更加贴近行业发展需求,使产学互动成果进一步加强。据统计,大赛共吸引来自全国各大高校的4 127支队伍(含本科赛队3 124支、高职赛队1 003支)、近1.5万名师生报名参赛,参赛队伍数量再创新高。经过激烈比拼,100支赛队脱颖而出,在南京总决赛现场进行最终角逐。经过为期三天的比赛,共评出特等奖队伍1支、一等奖队伍15支、二等奖队伍82支、最佳表现奖队伍10支、最佳创新奖队伍10支;最佳指导老师16名、最佳学校组织奖58所、最佳地方组织奖15个、企业突出贡献奖11家、产教融合创新奖8家。其中,特等奖由南京航空航天大学“Perceptron”团队获得,其获奖项目是“基于人工智能及机器视觉的安全帽提取及分析”。该项目考虑到工地上工人相对于监控摄像头的位置有远有近,基于深度学习技术,采用今年最新的深度神经网络YOLOv3,通过细节改进提升了神经网络对远处小目标的辨别能力。为有效连接技术、产业与资本,为参赛的优秀团队提供资本对接及科学专业的创新创业指导,大赛组委会还举办了针对优秀参赛团队的“创业投融资对接会”,邀请知名资本投资机构为参赛师生提供创业咨询和投资孵化服务。南京航空航天大学“WD看门狗”、重庆邮电大学“泥石流”、江苏联合职业技术学院“The-GYM”、南京邮电大学“红鲤鱼”、武汉大学“SST”、四川信息职业技术学院“星云”、武汉大学“ici此地队”等12支优胜团队参加了对接会,现场展示创业项目。

第十四届中国(南京)国际软件产品和信息服务交易博览会在宁举办

8月31日—9月3日,第十四届中国(南京)国际软件产品和信息服务交易博览会在宁举办。本届软博会以“数字世界、智领未来”为主题,展览展示内容突出高端化和前瞻性,致力于引领产业发展趋势,总展示面积达11万平方米,来自20多个国家和地区的1 000多家企业踊跃参展,61家

软件和 IT 企业发布了最新产品；超过 12 万名观众参与展会，其中专业观众、企业用户超过 80%；86 个重大项目签约落户，涉及人工智能、互联网、智能制造、物联网、大数据等领域，总投资金额达 348 亿元，创历届新高。软博会期间，组委会评选的十大创新产品同时揭晓，本土企业苏宁易购推出了两秒极速识别、4 秒极速付款的苏宁无人店；江苏哈工海渡工业机器人有限公司推出国内首款工业机器人学习软件；南京华捷艾米公司发布国内首款应用视觉体感交互和 MR 技术的 3D 体感摄像头。

2018 世界物联网博览会在无锡举办

9 月 15 日—18 日，由工信部、科技部、江苏省政府共同主办的 2018 世界物联网博览会在无锡召开，来自近 20 个国家和地区的 500 多家单位参加展览展示，其中世界 500 强企业 30 多家。博览会围绕物联网通信、智能制造、智慧生活、智慧城市等领域，通过主题展会、高峰论坛、成果发布、创新大赛等形式，集中展示物联网前沿技术、产品方案、商业模式和应用示范，吸引了一大批国内外院士、知名专家学者、物联网领域领军人才以及众多企业家和企业高管。

南京邮电大学成立人工智能学院

9 月 20 日，南京邮电大学人工智能学院正式挂牌，这是继南京大学、南京航空航天大学、南京理工大学之后，南京高校成立的第 4 个人工智能学院。据悉，此次南邮人工智能学院首开的专业是智能科学与技术。课程设置方面，除传统的自动化专业课程外，还增加了智能感知、智能传输、智能决策和控制等方面的课程。

2018 世界智能制造大会在宁召开

10 月 11 日　13 日，由江苏省政府、工信部、中国工程院、中国科协共同主办的 2018 世界智能制造大会在南京国际博览中心举行。本次大会分为智领全球高峰会、智领全球发布会、智领全球嘉年华和智领全球博览会四大部分。会议期间，共有来自德国、法国、美国、日本、瑞典、奥地利、希腊、英国、新加坡等 10 余个国家的院士、专家、机构代表、产业界领袖等近 200 名重要嘉宾参与，吸引了 1 953 家企业参会参展，专业观展观众近 10 万人。与会嘉宾围绕"赋能升级、智造未来"主题碰撞思想，分享智慧，建言献策，共谋未来。会议期间，还集中发布了一批权威性、重量级、热点性内容，包括《国家智能制造标准体系建设指南（2018 年版）》《2017—2018 中国智能制造发展年度报告》、世界智能制造十大科技进展和中国智能制造十大科技进展、智能制造产业地图、智能制造新模式最佳探索、《区块链——工业 4.0 新架构平台》白皮书等。

江苏 8 企上榜 2018 年（第 17 届）中国软件业务收入前百家企业名单

11 月 7 日，工信部公布 2018 年（第 17 届）中国软件业务收入前百家企业名单。本届软件百家企业入围门槛为软件业务年收入 16.2 亿元，比上届提高 1.7 亿元，增长 11.9%；2017 年共完成软件业务收入 7 712 亿元，比上届增长 16.5%。华为技术有限公司连续 17 年蝉联软件百家企业之首，中兴通讯股份有限公司、海尔集团公司分别列第二、三名。江苏共有 8 家企业入选，分别为南京南瑞集团公司（第 7 位）、熊猫电子集团有限公司（第 20 位）、江苏省通信服务有限公司（第 30 位）、国电南京自动化股份有限公司（第 37 位）、中兴软创科技股份有限公司（第 50 位）、江苏金智集团有限公司（第 62 位）、江苏润和科技投资集团有限公司（第 70 位）、南京联创科技集团股份有限公司

(第85位)。

省政府与浪潮集团签署战略合作协议

11月13日,江苏省人民政府与浪潮集团在南京签署战略合作协议。省长吴政隆出席签约仪式并与浪潮集团董事长孙丕恕共商合作发展事宜。根据协议,浪潮集团将在江苏建设华东区域运营总部及科技产业园区、研发中心,建设浪潮(苏州)高端装备智能制造产业基地、浪潮无锡天元大数据产业基地、浪潮江苏云计算中心平台,依托浪潮工业互联网国家级平台助力我省工业互联网平台发展,积极参与江苏新型智慧城市建设。

江苏省5G产业联盟成立大会在宁召开

为加快推动江苏省5G网络建设和产业发展,11月22日,江苏省工业和信息化厅组织召开江苏省5G产业联盟成立大会。省工信厅厅长谢志成出席会议并讲话。省工信厅副厅长胡学同、省移动公司总经理周毅、省电信公司副总经理陈国忠、省铁塔公司副总经理戴海兵等省电信企业负责人及各联盟理事单位负责人参加会议。周毅当选为联盟首届理事长。据悉,江苏省5G产业联盟是在省工信厅指导下,由江苏移动、电信、联通、铁塔公司,中通服咨询设计院、东南大学和南京埃斯顿等35家企业、科研院所联合发起成立,旨在加速推进我省5G网络建设、应用发展和产业创新,促进联盟成员间的信息共享,形成优势互补,推动5G产业核心技术、关键设备、行业应用及产业人才的培育与健康发展。

省经信委公布第十六届江苏省优秀软件产品奖(金慧奖)

12月3日,省经信委公布了第十六届江苏省优秀软件产品奖(金慧奖),全省共有20项产品获此殊荣。江苏省金慧奖是省政府2001年为鼓励软件产业发展而设立的,目的是提高软件产品质量和市场占有率,创更多的知名品牌,促进全省软件产业的快速发展,迄今评选了16届,累计397项产品获奖。从地区分布来看,本届20个获奖产品分布地区较广,分布在5个城市,南京市11项,无锡市4项,苏州市3项,扬州市2项,连云港市1项产品入选。

江苏6项目上榜2018年工业互联网试点示范项目

12月17日,经企业自主申报、地方推荐、专家评审、现场核查和网上公示,工信部正式公布72个2018年工业互联网试点示范项目名单,我省共有6个项目上榜,分别为:基于蜂窝物联网的智能工厂示范项目(中国移动通信集团江苏有限公司)、基于Xrea工业互联网平台的标识解析技术集成应用(江苏徐工信息技术股份有限公司)、工业互联网标识解析公共服务系统示范项目(南京优速网络科技有限公司)、红豆—纺织服装工业互联网平台(红豆集团有限公司)、中天科技线缆行业工业互联网平台(江苏中天科技股份有限公司)、基于紫光工业互联网平台的数字孪生制造模式试点示范[紫光云引擎科技(苏州)有限公司]。此次试点示范项目评选,旨在通过试点先行、示范引领,总结推广可复制的经验、做法,推进工业互联网发展。

附　录

附录A　2018年江苏省通过评估的软件企业一览表

序号	评估号	企业名称
1	苏RQ-2018-A0001	南京企越信息科技有限公司
2	苏RQ-2018-A0002	南京天行者智能科技有限公司
3	苏RQ-2018-A0003	南京艾宝软件有限公司
4	苏RQ-2018-A0004	江苏慧建网络科技有限公司
5	苏RQ-2018-A0005	南京莱芃软件技术有限公司
6	苏RQ-2018-A0006	南京安链数据科技有限公司
7	苏RQ-2018-A0007	南京鸿策信息技术有限公司
8	苏RQ-2018-A0008	南京正兴源科技有限公司
9	苏RQ-2018-A0009	南京瑞讯慧智软件技术有限公司
10	苏RQ-2018-A0010	江苏瑞易源电力技术有限公司
11	苏RQ-2018-A0011	南京唯晶信息科技有限公司
12	苏RQ-2018-A0012	江苏索迩软件技术有限公司
13	苏RQ-2018-A0013	南京益高信息科技有限公司
14	苏RQ-2018-A0014	南京衍构科技有限公司
15	苏RQ-2018-A0015	南京真格邦软件有限公司
16	苏RQ-2018-A0016	南京聚诺软件有限公司
17	苏RQ-2018-A0017	南京思优普信息科技有限公司
18	苏RQ-2018-A0018	南京新高智联信息技术有限公司
19	苏RQ-2018-A0019	南京协泰信息科技有限公司
20	苏RQ-2018-A0020	江苏旗骏信息系统有限公司
21	苏RQ-2018-A0021	南京融海信息科技有限公司
22	苏RQ-2018-A0022	南京鑫森信息技术有限公司
23	苏RQ-2018-A0023	江苏斑马软件技术有限公司
24	苏RQ-2018-A0024	南京海逸测控技术有限公司
25	苏RQ-2018-A0025	南京思拜休通信技术有限公司
26	苏RQ-2018-A0026	南京策问信息技术有限公司

续 表

序号	评估号	企业名称
27	苏 RQ - 2018 - A0027	南京松勤网络科技有限公司
28	苏 RQ - 2018 - A0028	南京虎牙信息科技有限公司
29	苏 RQ - 2018 - A0029	南京实德信息技术有限公司
30	苏 RQ - 2018 - A0030	南京汉火科技有限公司
31	苏 RQ - 2018 - A0031	南京瑞祺信息技术有限公司
32	苏 RQ - 2018 - A0032	南京云灿信息科技有限公司
33	苏 RQ - 2018 - A0033	南京宁融信网络科技有限公司
34	苏 RQ - 2018 - A0034	南京享乐便捷电子科技有限公司
35	苏 RQ - 2018 - A0035	南京隆远电气技术有限公司
36	苏 RQ - 2018 - A0036	南京控驰科技有限公司
37	苏 RQ - 2018 - A0037	南京鼎商数位科技有限公司
38	苏 RQ - 2018 - A0038	江苏金鹿角网络科技有限公司
39	苏 RQ - 2018 - A0039	南京萨芳纳软件科技有限公司
40	苏 RQ - 2018 - A0040	南京谦易泰达信息技术有限公司
41	苏 RQ - 2018 - A0041	江苏天弘颢宇信息技术有限公司
42	苏 RQ - 2018 - A0042	南京旭诺信息技术有限公司
43	苏 RQ - 2018 - A0043	江苏多飞网络科技有限公司
44	苏 RQ - 2018 - A0044	江苏新思维信息系统工程有限公司
45	苏 RQ - 2018 - A0045	南京畅远信息科技有限公司
46	苏 RQ - 2018 - A0046	南京惟蕴软件有限公司
47	苏 RQ - 2018 - A0047	南京百可兴自动化科技有限公司
48	苏 RQ - 2018 - A0048	江苏鑫源融信软件科技有限公司
49	苏 RQ - 2018 - A0049	南京云磁电子科技有限公司
50	苏 RQ - 2018 - A0050	南京铁信科技股份有限公司
51	苏 RQ - 2018 - A0051	南京奥看信息科技有限公司
52	苏 RQ - 2018 - A0052	南京彬盛智能科技有限公司
53	苏 RQ - 2018 - A0053	捕视者(江苏)有限公司
54	苏 RQ - 2018 - A0054	南京基石数据技术有限责任公司
55	苏 RQ - 2018 - A0055	南京新蜂数字科技有限公司
56	苏 RQ - 2018 - A0056	微医美南京信息技术股份有限公司

续　表

序号	评估号	企业名称
57	苏 RQ - 2018 - A0057	南京元光数码科技有限公司
58	苏 RQ - 2018 - A0058	南京览众软件科技有限公司
59	苏 RQ - 2018 - A0059	南京释加软件科技有限公司
60	苏 RQ - 2018 - A0060	南京兰林智慧建筑科技有限公司
61	苏 RQ - 2018 - A0061	南京鹏云网络科技有限公司
62	苏 RQ - 2018 - A0062	南京霍格教育科技有限公司
63	苏 RQ - 2018 - A0063	南京戎致胄铠安防科技有限公司
64	苏 RQ - 2018 - A0064	南京绿枫智能科技有限公司
65	苏 RQ - 2018 - A0065	南京杰恩信息科技有限公司
66	苏 RQ - 2018 - A0066	南京前沿电力科技有限公司
67	苏 RQ - 2018 - A0067	鑫海智桥信息技术(南京)有限公司
68	苏 RQ - 2018 - A0068	南京梦德软件科技有限公司
69	苏 RQ - 2018 - A0069	南京度房网络科技有限公司
70	苏 RQ - 2018 - A0070	南京凯普瑞信息科技有限公司
71	苏 RQ - 2018 - A0071	南京牧舟软件有限公司
72	苏 RQ - 2018 - A0072	南京云岸信息科技有限公司
73	苏 RQ - 2018 - A0073	南京好运美成电子科技有限公司
74	苏 RQ - 2018 - A0074	南京华捷艾米软件科技有限公司
75	苏 RQ - 2018 - A0075	南京移软通信科技有限公司
76	苏 RQ - 2018 - A0076	南京昊亦源信息科技有限公司
77	苏 RQ - 2018 - A0077	南京欣可软件技术有限公司
78	苏 RQ - 2018 - A0078	南京云略软件科技有限公司
79	苏 RQ - 2018 - A0079	南京金回首信息科技有限公司
80	苏 RQ - 2018 - A0080	南京微梦想电子科技有限公司
81	苏 RQ - 2018 - A0081	南京天数信息科技有限公司
82	苏 RQ - 2018 - A0082	江苏长治信息技术有限公司
83	苏 RQ - 2018 - A0083	南京世昉信息科技有限公司
84	苏 RQ - 2018 - A0084	南京麦斯特软件有限公司
85	苏 RQ - 2018 - A0085	南京明远信息技术有限公司
86	苏 RQ - 2018 - A0086	江苏颐东信息技术有限公司

续 表

序号	评估号	企业名称
87	苏 RQ-2018-A0087	江苏汇道信息科技有限公司
88	苏 RQ-2018-A0088	南京鹏德软件开发有限公司
89	苏 RQ-2018-A0089	南京鑫业诚智能科技有限公司
90	苏 RQ-2018-A0090	南京眼湖信息科技有限公司
91	苏 RQ-2018-A0091	南京汇智互娱网络科技有限公司
92	苏 RQ-2018-A0092	南京掌巢信息技术有限公司
93	苏 RQ-2018-A0093	南京矽乐信息技术有限公司
94	苏 RQ-2018-A0094	南京好用信息科技有限公司
95	苏 RQ-2018-A0095	南京匹卓信息科技有限公司
96	苏 RQ-2018-A0096	南京聚广信息科技有限公司
97	苏 RQ-2018-A0097	南京巴乌克智能科技有限公司
98	苏 RQ-2018-A0098	江苏亿云博通智能科技有限公司
99	苏 RQ-2018-A0099	南京中宜通信技术有限公司
100	苏 RQ-2018-A0100	江苏云深智能化系统有限公司
101	苏 RQ-2018-A0101	江苏达科云数据科技有限公司
102	苏 RQ-2018-A0102	南京柏跃软件有限公司
103	苏 RQ-2018-A0103	江苏安防科技有限公司
104	苏 RQ-2018-A0104	南京睿晖数据技术有限公司
105	苏 RQ-2018-A0105	江苏方寸图信息技术有限公司
106	苏 RQ-2018-A0106	南京慧尔视防务科技有限公司
107	苏 RQ-2018-A0107	江苏飚众教育科技有限公司
108	苏 RQ-2018-A0108	南京信讯通软件科技有限公司
109	苏 RQ-2018-A0109	南京快包软件科技有限公司
110	苏 RQ-2018-A0110	南京腾陇飞天电子科技有限公司
111	苏 RQ-2018-A0111	南京宁医信息科技有限公司
112	苏 RQ-2018-A0112	江苏德劭信息科技有限公司
113	苏 RQ-2018-A0113	南京盟联信息科技股份有限公司
114	苏 RQ-2018-A0114	南京恒点信息技术有限公司
115	苏 RQ-2018-A0115	南京亿康软件科技有限公司
116	苏 RQ-2018-A0116	南京常友软件技术有限公司

续 表

序号	评估号	企业名称
117	苏RQ-2018-A0117	南京美妈康宝健康管理有限公司
118	苏RQ-2018-A0118	南京嘟米信息科技有限公司
119	苏RQ-2018-A0119	江苏普达思信息科技有限公司
120	苏RQ-2018-A0120	南京无上信息科技有限公司
121	苏RQ-2018-A0121	南京源梦电子商务有限公司
122	苏RQ-2018-A0122	健康网(江苏)科技有限公司
123	苏RQ-2018-A0123	南京墨逸文化创作有限公司
124	苏RQ-2018-A0124	南京科思倍信息科技有限公司
125	苏RQ-2018-A0125	南京慧识永创信息技术有限公司
126	苏RQ-2018-A0126	南京路特软件有限公司
127	苏RQ-2018-A0127	南京朗熙环保科技有限公司
128	苏RQ-2018-A0128	南京满厚网络科技有限公司
129	苏RQ-2018-A0129	南京中海达海洋信息科技有限公司
130	苏RQ-2018-A0130	南京夏娃金融信息服务有限公司
131	苏RQ-2018-A0131	南京海普水文科技有限公司
132	苏RQ-2018-A0132	南京东林信息科技有限公司
133	苏RQ-2018-A0133	南京米来信息技术有限公司
134	苏RQ-2018-A0134	江苏知途教育科技有限公司
135	苏RQ-2018-A0135	南京润国网络科技有限公司
136	苏RQ-2018-A0136	南京烽火天地通信科技有限公司
137	苏RQ-2018-A0137	诚派科技南京有限公司
138	苏RQ-2018-A0138	江苏易安联网络技术有限公司
139	苏RQ-2018-A0139	南京瞳乐信息科技有限公司
140	苏RQ-2018-A0140	南京贝桥信息科技有限公司
141	苏RQ-2018-A0141	江苏友开软件技术服务有限公司
142	苏RQ-2018-A0142	南京素问道自动化科技有限公司
143	苏RQ-2018-A0143	南京翼辉信息技术有限公司
144	苏RQ-2018-A0144	南京强龙网络科技有限公司
145	苏RQ-2018-A0145	南京华乘电气科技有限公司
146	苏RQ-2018-A0146	南京蓝鲸人网络科技有限公司

续 表

序号	评估号	企业名称
147	苏RQ-2018-A0147	江苏五城共聚网络科技有限公司
148	苏RQ-2018-A0148	南京涌亿思信息技术有限公司
149	苏RQ-2018-A0149	江苏易地宝网络科技有限公司
150	苏RQ-2018-A0150	南京华域云脑信息科技有限公司
151	苏RQ-2018-A0151	南京海比信息技术有限公司
152	苏RQ-2018-A0152	依睿迪亚(南京)智能科技有限公司
153	苏RQ-2018-A0153	南京宝志软件技术有限公司
154	苏RQ-2018-A0154	南京聪图信息技术有限公司
155	苏RQ-2018-A0155	江苏杉尔顿信息科技有限公司
156	苏RQ-2018-A0156	南京我做网络科技有限公司
157	苏RQ-2018-A0157	南京推推兔信息科技有限公司
158	苏RQ-2018-A0158	南京宁软科技发展有限公司
159	苏RQ-2018-A0159	南京融翼信息技术有限公司
160	苏RQ-2018-A0160	南京观复医疗科技有限公司
161	苏RQ-2018-A0161	江苏弗士宝医教科技有限公司
162	苏RQ-2018-A0162	南京硕基信息科技有限公司
163	苏RQ-2018-A0163	南京云思创智信息科技有限公司
164	苏RQ-2018-A0164	南京卡仕福汽车技术有限公司
165	苏RQ-2018-A0165	南京汇百智软件科技有限公司
166	苏RQ-2018-A0166	南京瓦图信息技术有限公司
167	苏RQ-2018-A0167	南京轩恩软件开发有限公司
168	苏RQ-2018-A0168	南京君弋软件技术有限公司
169	苏RQ-2018-A0169	南京慧尔视智能科技有限公司
170	苏RQ-2018-A0170	南京萌宝睿贝教育科技有限公司
171	苏RQ-2018-A0171	南京大目信息科技有限公司
172	苏RQ-2018-A0172	南京鼎岩信息科技有限公司
173	苏RQ-2018-A0173	南京纶纬交通科技咨询有限公司
174	苏RQ-2018-A0174	帛丝云商江苏科技有限公司
175	苏RQ-2018-A0175	南京全设智能科技有限公司
176	苏RQ-2018-A0176	南京汇银迅信息技术有限公司

续 表

序号	评估号	企业名称
177	苏 RQ-2018-A0177	江苏岳创信息科技有限公司
178	苏 RQ-2018-A0178	南京鸣珂软件技术有限公司
179	苏 RQ-2018-A0179	南京维罡电子设备有限公司
180	苏 RQ-2018-A0180	南京绿耀节能科技有限公司
181	苏 RQ-2018-A0181	南京观为智慧软件科技有限公司
182	苏 RQ-2018-A0182	南京鑫蓝优图信息技术有限公司
183	苏 RQ-2018-A0183	南京引申力信息技术有限公司
184	苏 RQ-2018-A0184	南京农家宝贝网络科技有限公司
185	苏 RQ-2018-A0185	南京博凡信息技术有限公司
186	苏 RQ-2018-A0186	南京信达发信息技术有限公司
187	苏 RQ-2018-A0187	南京中目网络科技有限公司
188	苏 RQ-2018-A0188	南京云设智能科技有限公司
189	苏 RQ-2018-A0189	南京灵衍信息科技有限公司
190	苏 RQ-2018-A0190	南京走马信息技术有限公司
191	苏 RQ-2018-A0191	南京喵星人文化发展有限公司
192	苏 RQ-2018-A0192	南京喵小萌文化发展有限公司
193	苏 RQ-2018-A0193	南京民联仪器制造有限公司
194	苏 RQ-2018-A0194	南京宁信瑞和数字科技有限公司
195	苏 RQ-2018-A0195	南京帅尔明亨电子科技有限公司
196	苏 RQ-2018-A0196	大亘集团南京信息系统有限公司
197	苏 RQ-2018-A0197	南京佑友软件技术有限公司
198	苏 RQ-2018-A0198	江苏庞景节能科技有限公司
199	苏 RQ-2018-A0199	南京仁德电子产品研发有限公司
200	苏 RQ-2018-A0200	南京东方金信数据服务有限公司
201	苏 RQ-2018-A0201	江苏宗汇益盛信息技术有限公司
202	苏 RQ-2018-A0202	南京莱克贝尔信息技术有限公司
203	苏 RQ-2018-A0203	江苏同达科技有限责任公司
204	苏 RQ-2018-A0204	南京伟立绚信息科技有限公司
205	苏 RQ-2018-A0205	南京新慧团信息科技有限公司
206	苏 RQ-2018-A0206	南京梦为马网络科技有限公司

续 表

序号	评估号	企业名称
207	苏 RQ-2018-A0207	南京仰格信息科技有限公司
208	苏 RQ-2018-A0208	南京本源数据科技有限公司
209	苏 RQ-2018-A0209	南京北路软件技术有限公司
210	苏 RQ-2018-A0210	南京秦之邦科技有限公司
211	苏 RQ-2018-A0211	南京国信气象科技有限公司
212	苏 RQ-2018-A0212	南京景米信息科技有限公司
213	苏 RQ-2018-A0213	南京骏腾信息技术有限公司
214	苏 RQ-2018-A0214	南京币鑫数据科技有限公司
215	苏 RQ-2018-A0215	南京石鼓文信息技术有限公司
216	苏 RQ-2018-A0216	南京越秀信息技术有限公司
217	苏 RQ-2018-A0217	江苏全创电子科技有限公司
218	苏 RQ-2018-A0218	南京瑞沃软件有限公司
219	苏 RQ-2018-A0219	南京宝登智能科技有限公司
220	苏 RQ-2018-A0220	南京纽扣网络科技有限公司
221	苏 RQ-2018-A0221	江苏零浩网络科技有限公司
222	苏 RQ-2018-A0222	南京大峡谷信息科技有限公司
223	苏 RQ-2018-A0223	南京讯汇科技发展有限公司
224	苏 RQ-2018-A0224	江苏红网技术股份有限公司
225	苏 RQ-2018-A0225	南京有梦想网络科技有限公司
226	苏 RQ-2018-A0226	南京圣鼎信息科技有限公司
227	苏 RQ-2018-A0227	南京佑川网络技术有限公司
228	苏 RQ-2018-A0228	南京浮空岛信息技术有限公司
229	苏 RQ-2018-A0229	南京理控物联技术有限公司
230	苏 RQ-2018-A0230	南京昊发电力科技有限公司
231	苏 RQ-2018-A0231	南京爱唯光石信息技术有限公司
232	苏 RQ-2018-A0232	南京宜兮宁软件科技有限公司
233	苏 RQ-2018-A0233	江苏方向家科技股份有限公司
234	苏 RQ-2018-A0234	南京拾柴信息科技有限公司
235	苏 RQ-2018-A0235	南京协和电子科技有限公司
236	苏 RQ-2018-A0236	南京百氪汇信息网络有限公司

续 表

序号	评估号	企业名称
237	苏 RQ - 2018 - A0237	南京莫邪网络科技有限公司
238	苏 RQ - 2018 - A0238	中邮建技术有限公司
239	苏 RQ - 2018 - A0239	国网诺博特南京机器人科技有限公司
240	苏 RQ - 2018 - A0240	南京贝湾教育科技有限公司
241	苏 RQ - 2018 - A0241	南京知某数信息科技有限公司
242	苏 RQ - 2018 - A0242	南京春米信息科技股份有限公司
243	苏 RQ - 2018 - A0243	南京哲彦信息技术有限公司
244	苏 RQ - 2018 - A0244	江苏网云腾景科技有限公司
245	苏 RQ - 2018 - A0245	南京领创信息科技有限公司
246	苏 RQ - 2018 - A0246	南京阿达尔电子科技有限公司
247	苏 RQ - 2018 - A0247	南京水动力信息科技有限公司
248	苏 RQ - 2018 - A0248	南京祖母绿智能科技有限公司
249	苏 RQ - 2018 - A0249	南京中业佳信软件科技有限公司
250	苏 RQ - 2018 - A0250	南京舜智软件科技有限责任公司
251	苏 RQ - 2018 - A0251	南京泓众电子科技有限公司
252	苏 RQ - 2018 - A0252	南京伯恩世纪信息科技有限公司
253	苏 RQ - 2018 - A0253	南京中设航空科技发展有限公司
254	苏 RQ - 2018 - A0254	南京千鱼信息技术有限公司
255	苏 RQ - 2018 - A0255	江苏矽岸信息技术有限公司
256	苏 RQ - 2018 - A0256	南京紫城工程设计有限公司
257	苏 RQ - 2018 - A0257	江苏融成嘉益信息科技有限公司
258	苏 RQ - 2018 - A0258	南京嘉益仕信息技术有限公司
259	苏 RQ - 2018 - A0259	南京粒聚智能科技有限公司
260	苏 RQ - 2018 - A0260	南京节点软件科技有限公司
261	苏 RQ - 2018 - A0261	南京峘峰科技有限公司
262	苏 RQ - 2018 - A0262	南京建崇信息科技有限公司
263	苏 RQ - 2018 - A0263	南京腾宣威软件科技有限公司
264	苏 RQ - 2018 - A0264	南京众控智能科技有限公司
265	苏 RQ - 2018 - A0265	南京奥敦信息科技有限公司
266	苏 RQ - 2018 - A0266	南京蒽凯网络科技有限公司

续 表

序号	评估号	企业名称
267	苏 RQ - 2018 - A0267	南京魔鱼互动智能科技有限公司
268	苏 RQ - 2018 - A0268	中软国际科技服务南京有限公司
269	苏 RQ - 2018 - A0269	江苏邦宁科技有限公司
270	苏 RQ - 2018 - A0270	江苏天润嘉信息技术有限公司
271	苏 RQ - 2018 - A0271	江苏宗汇益盛企业管理咨询有限公司
272	苏 RQ - 2018 - A0272	南京典易信息科技有限公司
273	苏 RQ - 2018 - A0273	南京微云信息科技有限公司
274	苏 RQ - 2018 - A0274	南京普亚信息技术有限公司
275	苏 RQ - 2018 - A0275	南京红笺信息技术有限公司
276	苏 RQ - 2018 - A0276	南京驿欧软件有限公司
277	苏 RQ - 2018 - A0277	南京广真信息科技有限公司
278	苏 RQ - 2018 - A0278	南京凯略能源科技有限公司
279	苏 RQ - 2018 - A0279	江苏品安软件科技有限公司
280	苏 RQ - 2018 - A0280	南京能智电子科技有限公司
281	苏 RQ - 2018 - A0281	江苏盈达信息技术有限公司
282	苏 RQ - 2018 - A0282	南京哈卢信息科技有限公司
283	苏 RQ - 2018 - A0283	南京变色龙电子商务有限公司
284	苏 RQ - 2018 - A0284	南京焦点领动云计算技术有限公司
285	苏 RQ - 2018 - A0285	南京卓翔信息科技有限公司
286	苏 RQ - 2018 - A0286	南京裕后网络科技有限公司
287	苏 RQ - 2018 - A0287	江苏众享金联科技有限公司
288	苏 RQ - 2018 - A0288	南京德尔通电子科技有限公司
289	苏 RQ - 2018 - A0289	南京长城智慧医疗科技有限公司
290	苏 RQ - 2018 - A0290	南京诚达运动控制系统有限公司
291	苏 RQ - 2018 - A0291	南京红松信息技术有限公司
292	苏 RQ - 2018 - A0292	玖壹叁陆零医学科技南京有限公司
293	苏 RQ - 2018 - A0293	南京珥仁科技有限公司
294	苏 RQ - 2018 - A0294	南京绿萝智能科技有限公司
295	苏 RQ - 2018 - A0295	烽火云科技有限公司
296	苏 RQ - 2018 - A0296	南京壹证通信息科技有限公司

续 表

序号	评估号	企业名称
297	苏 RQ-2018-A0297	南京华脉软件技术有限公司
298	苏 RQ-2018-A0298	南京卓胜光电科技有限公司
299	苏 RQ-2018-A0299	江苏云友信息技术服务有限公司
300	苏 RQ-2018-A0300	南京客至软件有限公司
301	苏 RQ-2018-A0301	南京群耀智远信息科技有限公司
302	苏 RQ-2018-A0302	南京琅迪思信息技术有限公司
303	苏 RQ-2018-A0303	南京联舜科技有限公司
304	苏 RQ-2018-A0304	江苏融贸通互联网科技有限公司
305	苏 RQ-2018-A0305	南京林恩通信科技有限公司
306	苏 RQ-2018-A0306	南京恒歌零一信息科技有限公司
307	苏 RQ-2018-A0307	南京厚建云计算有限公司
308	苏 RQ-2018-A0308	南京云计趟信息技术有限公司
309	苏 RQ-2018-A0309	南京迪普思数据科技有限公司
310	苏 RQ-2018-A0310	南京东源磐能能源科技股份有限公司
311	苏 RQ-2018-A0311	南京阅软信息技术有限公司
312	苏 RQ-2018-A0312	东软集团南京有限公司
313	苏 RQ-2018-A0313	江苏承思铭软件技术有限公司
314	苏 RQ-2018-A0314	南京乐酷网络科技有限公司
315	苏 RQ-2018-A0315	南京乾创电子科技有限公司
316	苏 RQ-2018-A0316	南京达道电子科技有限公司
317	苏 RQ-2018-A0317	南京灯虎网络科技有限公司
318	苏 RQ-2018-A0318	南京读动信息科技有限公司
319	苏 RQ-2018-A0319	南京火华信息科技有限公司
320	苏 RQ-2018-A0320	南京思想机器信息科技有限公司
321	苏 RQ-2018-A0321	江苏交学网络技术有限公司
322	苏 RQ-2018-A0322	南京魔盒信息科技有限公司
323	苏 RQ-2018-A0323	江苏福泰软件科技有限公司
324	苏 RQ-2018-A0324	南京优育信息科技有限公司
325	苏 RQ-2018-A0325	南京锐意泰克汽车科技有限公司
326	苏 RQ-2018-A0326	南京治宇天承科技有限公司

续 表

序号	评估号	企业名称
327	苏 RQ-2018-A0327	南京佛罗米信息科技有限公司
328	苏 RQ-2018-A0328	南京瑞松信息科技有限公司
329	苏 RQ-2018-A0329	南京逸杰软件科技有限公司
330	苏 RQ-2018-A0330	南京世纪龙软件科技有限公司
331	苏 RQ-2018-A0331	南京芝麻信息科技有限公司
332	苏 RQ-2018-A0332	南京悠阔电气科技有限公司
333	苏 RQ-2018-A0333	南京维思凯软件科技有限责任公司
334	苏 RQ-2018-A0334	南京帕博信息科技有限公司
335	苏 RQ-2018-A0335	南京金绿汇成信息科技有限公司
336	苏 RQ-2018-A0336	南京行者易智能交通科技有限公司
337	苏 RQ-2018-A0337	南京谷峰智能技术有限公司
338	苏 RQ-2018-A0338	南京氪信信息技术有限公司
339	苏 RQ-2018-A0339	南京数帆信息科技有限公司
340	苏 RQ-2018-A0340	南京小安信息科技有限公司
341	苏 RQ-2018-A0341	南京弘丞聚合信息技术有限公司
342	苏 RQ-2018-A0342	南京高泰科技有限公司
343	苏 RQ-2018-A0343	南京枫准软件科技有限公司
344	苏 RQ-2018-A0344	江苏古卓科技有限公司
345	苏 RQ-2018-A0345	南京凯瑞得信息科技有限公司
346	苏 RQ-2018-A0346	南京奥联新能源有限公司
347	苏 RQ-2018-A0347	南京鼎山信息科技有限公司
348	苏 RQ-2018-A0348	南京麦杰软件有限公司
349	苏 RQ-2018-A0349	南京睿璟节能技术有限公司
350	苏 RQ-2018-A0350	南京博象信息科技有限公司
351	苏 RQ-2018-A0351	南京魔迅信息科技有限公司
352	苏 RQ-2018-A0352	南京强军网络科技有限公司
353	苏 RQ-2018-A0353	南京商维宝科技有限公司
354	苏 RQ-2018-A0354	南京硅基智能科技有限公司
355	苏 RQ-2018-A0355	南京拓步智能科技有限公司
356	苏 RQ-2018-A0356	江苏睿越竞智信息技术有限公司

续 表

序号	评估号	企业名称
357	苏 RQ - 2018 - A0357	江苏南高智能装备创新中心有限公司
358	苏 RQ - 2018 - A0358	南京搜猫数据技术有限公司
359	苏 RQ - 2018 - A0359	南京博科新力信息科技有限公司
360	苏 RQ - 2018 - A0360	南京柯基数据科技有限公司
361	苏 RQ - 2018 - A0361	南京环届信息科技有限公司
362	苏 RQ - 2018 - A0362	江苏久普信息科技有限公司
363	苏 RQ - 2018 - A0363	江苏谷德运维信息技术有限公司
364	苏 RQ - 2018 - A0364	南京睿观信息科技有限公司
365	苏 RQ - 2018 - A0365	南京英纳医疗科技有限公司
366	苏 RQ - 2018 - A0366	南京新中安物联技术股份有限公司
367	苏 RQ - 2018 - A0367	南京思辨信息科技有限公司
368	苏 RQ - 2018 - A0368	南京米思游信息技术有限公司
369	苏 RQ - 2018 - A0369	南京智慧交通信息有限公司
370	苏 RQ - 2018 - A0370	南京云宇软件有限公司
371	苏 RQ - 2018 - A0371	南京仙谷信息技术有限公司
372	苏 RQ - 2018 - A0372	南京喜千寻信息技术有限公司
373	苏 RQ - 2018 - A0373	南京普维康生物科技有限公司
374	苏 RQ - 2018 - A0374	南京迅之蜂智能科技有限公司
375	苏 RQ - 2018 - A0375	南京知常容信息技术有限公司
376	苏 RQ - 2018 - A0376	南京施罗德网络科技有限公司
377	苏 RQ - 2018 - A0377	江苏啸峰环保科技股份有限公司
378	苏 RQ - 2018 - A0378	贝才禾兑网络科技南京有限公司
379	苏 RQ - 2018 - A0379	江苏飞耀电力科技有限公司
380	苏 RQ - 2018 - A0380	南京产融信信息技术有限公司
381	苏 RQ - 2018 - A0381	南京聚格环境科技有限公司
382	苏 RQ - 2018 - A0382	南京格智信息科技有限公司
383	苏 RQ - 2018 - A0383	江苏凤凰数字传媒有限公司
384	苏 RQ - 2018 - A0384	南京易毕肯软件科技有限公司
385	苏 RQ - 2018 - A0385	南京汉图信息技术有限公司
386	苏 RQ - 2018 - A0386	南京兄游信息科技有限公司

续 表

序号	评估号	企业名称
387	苏 RQ - 2018 - A0387	江苏一道云科技发展有限公司
388	苏 RQ - 2018 - A0388	南京湘杰信用服务有限公司
389	苏 RQ - 2018 - A0389	江苏正瑞信息科技有限公司
390	苏 RQ - 2018 - A0390	南京金麦地电子设备有限公司
391	苏 RQ - 2018 - A0391	南京光之斑斓信息科技有限公司
392	苏 RQ - 2018 - A0392	南京范特西信息技术有限公司
393	苏 RQ - 2018 - A0393	南京上婧信息技术有限公司
394	苏 RQ - 2018 - A0394	南京阿尔法莱瑞通信技术有限公司
395	苏 RQ - 2018 - A0395	南京野阳信息技术有限公司
396	苏 RQ - 2018 - A0396	江苏中润四方科技有限公司
397	苏 RQ - 2018 - A0397	南京众智维信息科技有限公司
398	苏 RQ - 2018 - A0398	江苏快鹿赛格车圣导航科技有限公司
399	苏 RQ - 2018 - A0399	江苏博融信息技术有限公司
400	苏 RQ - 2018 - A0400	江苏南大苏富特医疗科技有限公司
401	苏 RQ - 2018 - A0401	江苏中财数据科技有限公司
402	苏 RQ - 2018 - A0402	南京贝特威信息技术有限公司
403	苏 RQ - 2018 - A0403	行知技术有限公司
404	苏 RQ - 2018 - A0404	南京四维星软件有限公司
405	苏 RQ - 2018 - A0405	南京特雷西能源科技有限公司
406	苏 RQ - 2018 - A0406	南京中云图空间信息技术有限公司
407	苏 RQ - 2018 - A0407	南京慧图信息科技有限公司
408	苏 RQ - 2018 - A0408	南京悠捷信息科技有限公司
409	苏 RQ - 2018 - A0409	南京飞鲨信息技术有限公司
410	苏 RQ - 2018 - A0410	江苏健拓网络科技有限公司
411	苏 RQ - 2018 - A0411	南京方一测控科技有限公司
412	苏 RQ - 2018 - A0412	南京畅表信息科技有限公司
413	苏 RQ - 2018 - A0413	全景声科技南京有限公司
414	苏 RQ - 2018 - A0414	江苏若博机器人科技有限公司
415	苏 RQ - 2018 - A0415	南京正道软件科技有限公司
416	苏 RQ - 2018 - A0416	南京南米信息技术有限责任公司

续 表

序号	评估号	企业名称
417	苏 RQ - 2018 - A0417	江苏苏网信息科技有限公司
418	苏 RQ - 2018 - A0418	南京聚星尘数据科技有限公司
419	苏 RQ - 2018 - A0419	南京九洲会计咨询有限公司
420	苏 RQ - 2018 - A0420	南京耀多信息技术有限公司
421	苏 RQ - 2018 - A0421	南京深际通科技有限公司
422	苏 RQ - 2018 - A0422	南京北星极网络科技有限公司
423	苏 RQ - 2018 - A0423	南京汇龙科技有限公司
424	苏 RQ - 2018 - A0424	南京昌亚智能科技有限公司
425	苏 RQ - 2018 - A0425	江苏杰若创信息科技有限公司
426	苏 RQ - 2018 - A0426	南京海铂康信息科技有限公司
427	苏 RQ - 2018 - A0427	南京能控系统工程有限公司
428	苏 RQ - 2018 - A0428	南京朗拓信息科技有限公司
429	苏 RQ - 2018 - A0429	南京猎搜信息技术有限公司
430	苏 RQ - 2018 - A0430	南京华亚圣软件开发有限公司
431	苏 RQ - 2018 - A0431	中科曙光南京研究院有限公司
432	苏 RQ - 2018 - A0432	南京途酷信息科技有限公司
433	苏 RQ - 2018 - A0433	江苏弘智信息科技有限公司
434	苏 RQ - 2018 - A0434	南京旭品信息科技有限公司
435	苏 RQ - 2018 - A0435	南京中泾数据系统有限公司
436	苏 RQ - 2018 - A0436	南京安控易创计算机科技有限公司
437	苏 RQ - 2018 - A0437	江苏苏鹰信息科技有限公司
438	苏 RQ - 2018 - A0438	南京聪明狗网络技术有限公司
439	苏 RQ - 2018 - A0439	南京悦好教育科技有限公司
440	苏 RQ - 2018 - A0440	江苏宝和数据股份有限公司
441	苏 RQ - 2018 - A0441	南京网趋迪信息技术有限公司
442	苏 RQ - 2018 - A0442	南京深度信息科技有限公司
443	苏 RQ - 2018 - A0443	南京运享通信息科技有限公司
444	苏 RQ - 2018 - A0444	南京易视旦网络技术有限公司
445	苏 RQ - 2018 - A0445	南京康帕斯导航科技有限公司
446	苏 RQ - 2018 - A0446	南京苏杰软件科技有限公司

续 表

序号	评估号	企业名称
447	苏 RQ - 2018 - A0447	南京海启信息技术有限公司
448	苏 RQ - 2018 - A0448	南京伯索网络科技有限公司
449	苏 RQ - 2018 - A0449	南京务本信息科技有限责任公司
450	苏 RQ - 2018 - A0450	南京全茂软件有限公司
451	苏 RQ - 2018 - A0451	南京三宝链式数据技术有限公司
452	苏 RQ - 2018 - A0452	南京智耀网络科技有限公司
453	苏 RQ - 2018 - A0453	南京乾能信息工程有限公司
454	苏 RQ - 2018 - A0454	南京异构科技有限公司
455	苏 RQ - 2018 - A0455	南京红辣椒网络科技有限公司
456	苏 RQ - 2018 - A0456	南京从玉互动网络科技有限公司
457	苏 RQ - 2018 - A0457	南京中创盎赛软件科技有限公司
458	苏 RQ - 2018 - A0458	南京百米需供应链管理有限公司
459	苏 RQ - 2018 - A0459	南京简智达信息科技有限公司
460	苏 RQ - 2018 - A0460	南京微蒲云网络科技有限公司
461	苏 RQ - 2018 - A0461	南京科佰瑞信息技术有限公司
462	苏 RQ - 2018 - A0462	南京墨博云舟信息科技有限公司
463	苏 RQ - 2018 - A0463	江苏优闼数据科技有限公司
464	苏 RQ - 2018 - A0464	南京冠邦网络技术有限责任公司
465	苏 RQ - 2018 - A0465	江苏米特物联网科技有限公司
466	苏 RQ - 2018 - A0466	南京直觉科技有限公司
467	苏 RQ - 2018 - A0467	南京弗雷恩德物联网科技有限公司
468	苏 RQ - 2018 - A0468	南京东泽信息技术有限公司
469	苏 RQ - 2018 - A0469	南京爱服优软件科技有限公司
470	苏 RQ - 2018 - A0470	南京光辉互动网络科技股份有限公司
471	苏 RQ - 2018 - A0471	南京维哈拉信息技术有限公司
472	苏 RQ - 2018 - A0472	南京淮塔信息科技有限公司
473	苏 RQ - 2018 - A0473	南京中遥资环信息科技有限公司
474	苏 RQ - 2018 - A0474	南京云镭动力信息技术有限公司
475	苏 RQ - 2018 - A0475	南京易行通信息科技有限公司
476	苏 RQ - 2018 - A0476	南京中高知识产权股份有限公司

续 表

序号	评估号	企业名称
477	苏 RQ-2018-A0477	江苏快页信息技术有限公司
478	苏 RQ-2018-A0478	江苏金农股份有限公司
479	苏 RQ-2018-A0479	南京中科创达软件科技有限公司
480	苏 RQ-2018-A0480	南京人生果信息科技有限公司
481	苏 RQ-2018-A0481	南京博鼎资讯科技有限公司
482	苏 RQ-2018-A0482	江苏九澍机电科技有限公司
483	苏 RQ-2018-A0483	江苏友上科技实业有限公司
484	苏 RQ-2018-A0484	南京酵素数据科技有限公司
485	苏 RQ-2018-A0485	南京亚自科技有限公司
486	苏 RQ-2018-B0001	无锡捷维软件科技有限公司
487	苏 RQ-2018-B0002	中科怡海智能系统有限公司
488	苏 RQ-2018-B0003	无锡森孚软件有限公司
489	苏 RQ-2018-B0004	无锡睿途自控科技有限公司
490	苏 RQ-2018-B0005	无锡睿思凯科技股份有限公司
491	苏 RQ-2018-B0006	无锡鸿廷科技有限公司
492	苏 RQ-2018-B0007	无锡上能绿电科技有限公司
493	苏 RQ-2018-B0008	无锡沪泰云科技有限公司
494	苏 RQ-2018-B0009	无锡昌鼎电子有限公司
495	苏 RQ-2018-B0010	无锡三人行信息科技有限公司
496	苏 RQ-2018-B0011	无锡轻舟智能科技有限公司
497	苏 RQ-2018-B0012	因为科技无锡股份有限公司
498	苏 RQ-2018-B0013	无锡开云信息技术有限公司
499	苏 RQ-2018-B0014	无锡申晨科技有限公司
500	苏 RQ-2018-B0015	无锡匠鼎科技有限公司
501	苏 RQ-2018-B0016	无锡井通网络科技有限公司
502	苏 RQ-2018-B0017	江苏微盛网络科技有限公司
503	苏 RQ-2018-B0018	无锡四维交互数字科技有限公司
504	苏 RQ-2018-B0019	江阴市龙江软件科技有限公司
505	苏 RQ-2018-B0020	无锡斑目信息技术有限公司
506	苏 RQ-2018-B0021	江苏利得智能监测科技有限公司

续 表

序号	评估号	企业名称
507	苏 RQ - 2018 - B0022	无锡晶安智慧科技有限公司
508	苏 RQ - 2018 - B0023	无锡市冠捷节能科技有限公司
509	苏 RQ - 2018 - B0024	江苏优胜信息技术有限公司
510	苏 RQ - 2018 - B0025	无锡长永网络科技有限公司
511	苏 RQ - 2018 - B0026	江苏紫清信息科技有限公司
512	苏 RQ - 2018 - B0027	无锡驰枫信息技术有限公司
513	苏 RQ - 2018 - B0028	无锡企明星科技有限公司
514	苏 RQ - 2018 - B0029	无锡冠航软件科技有限公司
515	苏 RQ - 2018 - B0030	速波机器人无锡有限公司
516	苏 RQ - 2018 - B0031	江苏海推数据科技有限公司
517	苏 RQ - 2018 - B0032	无锡睿控物联网科技有限公司
518	苏 RQ - 2018 - B0033	无锡智逸芯科技有限公司
519	苏 RQ - 2018 - B0034	江苏雅索信息科技有限公司
520	苏 RQ - 2018 - B0035	无锡柠檬科技服务有限公司
521	苏 RQ - 2018 - B0036	无锡金易云信息技术有限公司
522	苏 RQ - 2018 - B0037	无锡云惠软件有限公司
523	苏 RQ - 2018 - B0038	江苏硕科信息技术有限公司
524	苏 RQ - 2018 - B0039	江苏志德华通信息技术有限公司
525	苏 RQ - 2018 - B0040	无锡鹰智科技有限公司
526	苏 RQ - 2018 - B0041	无锡火球普惠信息科技有限公司
527	苏 RQ - 2018 - B0042	中城智慧科技有限公司
528	苏 RQ - 2018 - B0043	无锡中略科技有限公司
529	苏 RQ - 2018 - B0044	泛亚信息技术江苏有限公司
530	苏 RQ - 2018 - B0045	无锡医迈德科技有限公司
531	苏 RQ - 2018 - B0046	无锡睿勤科技有限公司
532	苏 RQ - 2018 - B0047	无锡智图汇联科技有限公司
533	苏 RQ - 2018 - B0048	江苏恒为信息科技有限公司
534	苏 RQ - 2018 - B0049	无锡宝宝在线科技有限公司
535	苏 RQ - 2018 - B0050	江苏中安联科信息技术有限公司
536	苏 RQ - 2018 - B0051	无锡新格信息科技有限公司

续 表

序号	评估号	企业名称
537	苏 RQ-2018-B0052	好人好信科技有限公司
538	苏 RQ-2018-B0053	无锡金卫信网络工程有限公司
539	苏 RQ-2018-B0054	无锡新致华桑电子有限公司
540	苏 RQ-2018-B0055	江苏仁烁科技有限公司
541	苏 RQ-2018-B0056	无锡酷瑞特信息技术有限公司
542	苏 RQ-2018-B0057	江苏艾思博信息技术有限公司
543	苏 RQ-2018-C0001	徐州巴拉拉网络科技有限公司
544	苏 RQ-2018-C0002	徐州斯塬农科网络科技有限公司
545	苏 RQ-2018-C0003	徐州金联瑞星软件科技股份有限公司
546	苏 RQ-2018-C0004	江苏才子网络科技有限公司
547	苏 RQ-2018-C0005	江苏闪信信息科技有限公司
548	苏 RQ-2018-C0006	徐州龙聚信息科技有限公司
549	苏 RQ-2018-C0007	江苏中天吉奥信息技术股份有限公司
550	苏 RQ-2018-C0008	江苏华飞电子科技有限公司
551	苏 RQ-2018-C0009	徐州赛森电子自动化技术有限公司
552	苏 RQ-2018-C0010	江苏野马软件科技有限公司
553	苏 RQ-2018-D0001	江苏子谦网络科技有限公司
554	苏 RQ-2018-D0002	常州天正信息科技有限公司
555	苏 RQ-2018-D0003	江苏奇镜智能科技有限公司
556	苏 RQ-2018-D0004	常州新途软件有限公司
557	苏 RQ-2018-D0005	常州万美软件技术有限公司
558	苏 RQ-2018-D0006	常州何如自控技术有限公司
559	苏 RQ-2018-D0007	常州智控信息科技有限公司
560	苏 RQ-2018-D0008	常州能辉自动化科技有限公司
561	苏 RQ-2018-D0009	常州燕润能源科技有限公司
562	苏 RQ-2018-D0010	常州智友软件技术开发有限公司
563	苏 RQ-2018-D0011	江苏莱特北斗信息科技有限公司
564	苏 RQ-2018-D0012	常州景春网络科技有限公司
565	苏 RQ-2018-D0013	常州昊云工控科技有限公司
566	苏 RQ-2018-D0014	江苏时光信息科技有限公司

续 表

序号	评估号	企业名称
567	苏RQ-2018-D0015	江苏序多多信息技术有限公司
568	苏RQ-2018-D0016	常州尚易信息科技有限公司
569	苏RQ-2018-D0017	常州市中环互联网信息技术有限公司
570	苏RQ-2018-D0018	常州科翔物联技术有限公司
571	苏RQ-2018-D0019	常州华捷软件有限公司
572	苏RQ-2018-D0020	常州博洋软件有限公司
573	苏RQ-2018-D0021	常州慈养林信息技术有限公司
574	苏RQ-2018-D0022	常州和仕达通信技术有限公司
575	苏RQ-2018-D0023	常州特能达智能科技有限公司
576	苏RQ-2018-D0024	江苏雷威智能科技有限公司
577	苏RQ-2018-D0025	江苏振邦医用智能装备有限公司
578	苏RQ-2018-D0026	常州柯勒华电子科技有限公司
579	苏RQ-2018-D0027	常州安莱尔信息技术有限公司
580	苏RQ-2018-D0028	常州银杉信息技术有限公司
581	苏RQ-2018-D0029	魔咖智能科技(常州)有限公司
582	苏RQ-2018-D0030	常州市启杰信息科技有限公司
583	苏RQ-2018-D0031	常州思瑞科信息科技有限公司
584	苏RQ-2018-D0032	常州吉佳网络科技有限公司
585	苏RQ-2018-D0033	常州永佳软件技术有限公司
586	苏RQ-2018-D0034	江苏盛辉软件科技有限公司
587	苏RQ-2018-D0035	常州东南教育科技有限公司
588	苏RQ-2018-D0036	江苏耐力信息技术有限公司
589	苏RQ-2018-D0037	江苏易交易信息科技有限公司
590	苏RQ-2018-D0038	常州欣华天泰安全信息系统工程有限公司
591	苏RQ-2018-D0039	常州制邦信息科技有限公司
592	苏RQ-2018-D0040	泰信利美信息科技(常州)有限公司
593	苏RQ-2018-E0001	创智汇(苏州)电子商务有限公司
594	苏RQ-2018-E0002	苏州华源教育信息科技有限公司
595	苏RQ-2018-E0003	苏州星梦恒教育科技有限公司
596	苏RQ-2018-E0004	艾信智慧医疗科技发展(苏州)有限公司

续 表

序号	评估号	企业名称
597	苏 RQ - 2018 - E0005	苏州星诺奇信息科技有限公司
598	苏 RQ - 2018 - E0006	苏州热血网络科技有限公司
599	苏 RQ - 2018 - E0007	苏州佩林网络科技有限公司
600	苏 RQ - 2018 - E0008	江苏明岱信息科技有限公司
601	苏 RQ - 2018 - E0009	苏州乐动时代网络科技有限公司
602	苏 RQ - 2018 - E0010	苏州首拓信息科技有限公司
603	苏 RQ - 2018 - E0011	苏州至赛信息科技有限公司
604	苏 RQ - 2018 - E0012	苏州数言信息技术有限公司
605	苏 RQ - 2018 - E0013	江苏智沃信息技术有限公司
606	苏 RQ - 2018 - E0014	苏州杰韦弗信息科技有限公司
607	苏 RQ - 2018 - E0015	昆山诺瑞思信息技术有限公司
608	苏 RQ - 2018 - E0016	苏州畅捷通信息技术有限公司
609	苏 RQ - 2018 - E0017	苏州万格鑫信息科技有限公司
610	苏 RQ - 2018 - E0018	苏州智芯控联信息科技有限公司
611	苏 RQ - 2018 - E0019	苏州众方微科软件有限公司
612	苏 RQ - 2018 - E0020	苏州德瑞芬诺环境科技有限公司
613	苏 RQ - 2018 - E0021	苏州逸景智能科技有限公司
614	苏 RQ - 2018 - E0022	江苏迈恩信息科技有限公司
615	苏 RQ - 2018 - E0023	江苏智蓝信息科技有限公司
616	苏 RQ - 2018 - E0024	苏州恒赛特自动化科技有限公司
617	苏 RQ - 2018 - E0025	江苏火米互动科技有限公司
618	苏 RQ - 2018 - E0026	苏州佳楠智能科技有限公司
619	苏 RQ - 2018 - E0027	苏州药尚网医药技术有限公司
620	苏 RQ - 2018 - E0028	苏州思得普信息科技有限公司
621	苏 RQ - 2018 - E0029	苏州德姆斯信息技术有限公司
622	苏 RQ - 2018 - E0030	苏州冷王网络科技有限公司
623	苏 RQ - 2018 - E0031	苏州仰邦软件科技有限公司
624	苏 RQ - 2018 - E0032	苏州威兹泰克软件科技有限公司
625	苏 RQ - 2018 - E0033	三立方数字技术(苏州)有限公司
626	苏 RQ - 2018 - E0034	苏州胜纳软件科技有限公司

续 表

序号	评估号	企业名称
627	苏 RQ - 2018 - E0035	昆山希睿诺自动化科技有限公司
628	苏 RQ - 2018 - E0036	怀金智能科技(苏州)有限公司
629	苏 RQ - 2018 - E0037	苏州国云数据科技有限公司
630	苏 RQ - 2018 - E0038	安迈信息科技(苏州)有限公司
631	苏 RQ - 2018 - E0039	苏州快维科技股份有限公司
632	苏 RQ - 2018 - E0040	苏州跨境电子商务有限公司
633	苏 RQ - 2018 - E0041	苏州梓川信息科技有限公司
634	苏 RQ - 2018 - E0042	苏州沃耀数据科技有限公司
635	苏 RQ - 2018 - E0043	苏州城方信息技术有限公司
636	苏 RQ - 2018 - E0044	苏州苏大信息科技有限公司
637	苏 RQ - 2018 - E0045	苏州耕耘无忧物联科技有限公司
638	苏 RQ - 2018 - E0046	苏州傲君信息技术有限公司
639	苏 RQ - 2018 - E0047	苏州易学信息科技有限公司
640	苏 RQ - 2018 - E0048	佑硕企业管理(苏州)有限公司
641	苏 RQ - 2018 - E0049	江苏百达智慧网络科技有限公司
642	苏 RQ - 2018 - E0050	苏州宝维网络有限公司
643	苏 RQ - 2018 - E0051	苏州万氢环保科技有限公司
644	苏 RQ - 2018 - E0052	苏州风行网络科技有限公司
645	苏 RQ - 2018 - E0053	苏州帝博信息技术有限公司
646	苏 RQ - 2018 - E0054	苏州华米信息技术有限公司
647	苏 RQ - 2018 - E0055	昆山市晶华信息科技有限公司
648	苏 RQ - 2018 - E0056	昆山睿力得软件技术有限公司
649	苏 RQ - 2018 - E0057	苏州优链特信息科技有限公司
650	苏 RQ - 2018 - E0058	中科天地互联网科技(苏州)有限公司
651	苏 RQ - 2018 - E0059	苏州云龙软件有限责任公司
652	苏 RQ - 2018 - E0060	江苏斯酷信息科技有限公司
653	苏 RQ - 2018 - E0061	青团子(苏州)信息科技有限公司
654	苏 RQ - 2018 - E0062	苏州鑫三强通信信息有限公司
655	苏 RQ - 2018 - E0063	威仔软件科技(苏州)有限公司
656	苏 RQ - 2018 - E0064	苏州智奇胜软件科技有限公司

续　表

序号	评估号	企业名称
657	苏RQ-2018-E0065	苏州澳托迈迪软件有限公司
658	苏RQ-2018-E0066	苏州德启智能科技有限公司
659	苏RQ-2018-E0067	苏州优速软件研发有限公司
660	苏RQ-2018-E0068	苏州世纪飞越网络信息有限公司
661	苏RQ-2018-E0069	苏州派尔网络科技有限公司
662	苏RQ-2018-E0070	金数信息科技(苏州)有限公司
663	苏RQ-2018-E0071	苏州精智达智能装备技术有限公司
664	苏RQ-2018-E0072	苏州跃沂信息技术有限公司
665	苏RQ-2018-E0073	苏州乐麟无线信息科技有限公司
666	苏RQ-2018-E0074	苏州亭云智能科技有限公司
667	苏RQ-2018-E0075	苏州金螳螂怡和科技有限公司
668	苏RQ-2018-E0076	苏州丹诚信息科技有限公司
669	苏RQ-2018-E0077	苏州微佰特信息科技有限公司
670	苏RQ-2018-E0078	昆山品冠企业管理有限公司
671	苏RQ-2018-E0079	江苏爱科赛尔云数据科技有限公司
672	苏RQ-2018-E0080	苏州源点数据科技有限公司
673	苏RQ-2018-E0081	苏州谋时软件科技有限公司
674	苏RQ-2018-E0082	苏州奇英信息科技有限公司
675	苏RQ-2018-E0083	三石量子(苏州)信息科技有限公司
676	苏RQ-2018-E0084	苏州昇德智能科技有限公司
677	苏RQ-2018-E0085	苏州中触科工精密科技有限公司
678	苏RQ-2018-E0086	苏州紫焰网络科技有限公司
679	苏RQ-2018-E0087	苏州峰之鼎信息科技有限公司
680	苏RQ-2018-E0088	苏州优它科技有限公司
681	苏RQ-2018-E0089	苏州智工云信息科技有限公司
682	苏RQ-2018-E0090	苏州慧工云信息科技有限公司
683	苏RQ-2018-E0091	苏州智在云数据科技有限公司
684	苏RQ-2018-E0092	苏州蘑菇云网络科技有限公司
685	苏RQ-2018-E0093	苏州驭云信息技术服务有限公司
686	苏RQ-2018-E0094	苏州商旅网通科技有限公司

续 表

序号	评估号	企业名称
687	苏 RQ - 2018 - E0095	苏州瑞小云信息科技有限公司
688	苏 RQ - 2018 - E0096	苏州番茄互娱信息科技有限公司
689	苏 RQ - 2018 - E0097	苏州闻道网络科技股份有限公司
690	苏 RQ - 2018 - E0098	江苏鲲鹏智能科技有限公司
691	苏 RQ - 2018 - E0099	苏州龙盈软件开发有限公司
692	苏 RQ - 2018 - E0100	苏州卡塔姆机器人科技有限公司
693	苏 RQ - 2018 - E0101	山石网科通信技术有限公司
694	苏 RQ - 2018 - E0102	苏州宇慧软件科技有限公司
695	苏 RQ - 2018 - E0103	中商溯源(苏州)软件科技有限公司
696	苏 RQ - 2018 - E0104	六度云计算有限公司
697	苏 RQ - 2018 - E0105	苏州梦图数码科技股份有限公司
698	苏 RQ - 2018 - E0106	苏州众言网络科技股份有限公司
699	苏 RQ - 2018 - E0107	易容智能科技(苏州)有限公司
700	苏 RQ - 2018 - E0108	苏州云码信息科技有限公司
701	苏 RQ - 2018 - E0109	苏州正业玖坤信息技术有限公司
702	苏 RQ - 2018 - E0110	苏州晓齐信息科技有限公司
703	苏 RQ - 2018 - E0111	慧博云通(江苏)软件技术有限公司
704	苏 RQ - 2018 - E0112	苏州盖恩茨电子科技有限公司
705	苏 RQ - 2018 - E0113	江苏普信达智能交通有限公司
706	苏 RQ - 2018 - E0114	苏州伟卓奥科三维科技有限公司
707	苏 RQ - 2018 - E0115	江苏爱察信息技术有限公司
708	苏 RQ - 2018 - E0116	苏州智东信息技术有限公司
709	苏 RQ - 2018 - E0117	江苏通付盾科技有限公司
710	苏 RQ - 2018 - E0118	苏州必捷网络有限公司
711	苏 RQ - 2018 - E0119	苏州埃捷思特软件技术有限公司
712	苏 RQ - 2018 - E0120	苏州友友互动网络科技有限公司
713	苏 RQ - 2018 - E0121	苏州梦嘉信息技术有限公司
714	苏 RQ - 2018 - E0122	苏州蓝蜘蛛智能科技有限公司
715	苏 RQ - 2018 - E0123	苏州会信捷信息科技有限公司
716	苏 RQ - 2018 - E0124	昆山乌云网络科技有限公司

续 表

序号	评估号	企业名称
717	苏 RQ - 2018 - E0125	苏州谷芽信息科技有限公司
718	苏 RQ - 2018 - E0126	苏州洪昇新能源科技有限公司
719	苏 RQ - 2018 - E0127	苏州儒苏信息科技有限公司
720	苏 RQ - 2018 - E0128	苏州图灵网络科技有限公司
721	苏 RQ - 2018 - E0129	苏州上善知源汽车电子有限公司
722	苏 RQ - 2018 - E0130	苏州炫网信息科技有限公司
723	苏 RQ - 2018 - E0131	苏州有飞通信有限公司
724	苏 RQ - 2018 - E0132	苏州久道信息科技有限公司
725	苏 RQ - 2018 - E0133	派衍信息科技(苏州)有限公司
726	苏 RQ - 2018 - E0134	车巴达(苏州)网络科技有限公司
727	苏 RQ - 2018 - E0135	苏州中交数云信息科技有限公司
728	苏 RQ - 2018 - E0136	江苏穗云软件科技有限公司
729	苏 RQ - 2018 - E0137	张家港工领信息科技有限公司
730	苏 RQ - 2018 - E0138	张家港安星网络科技有限公司
731	苏 RQ - 2018 - E0139	昆山铭世特信息技术有限公司
732	苏 RQ - 2018 - E0140	昆山安诚机器人有限公司
733	苏 RQ - 2018 - E0141	苏州华元世纪科技发展有限公司
734	苏 RQ - 2018 - E0142	苏州鸿讯软件技术有限公司
735	苏 RQ - 2018 - E0143	苏州凌智大数据信息服务有限公司
736	苏 RQ - 2018 - E0144	苏州不木网络科技有限公司
737	苏 RQ - 2018 - E0145	苏州睿存信息科技有限公司
738	苏 RQ - 2018 - E0146	苏州锦佰安信息技术有限公司
739	苏 RQ - 2018 - E0147	苏州玖柒互动科技有限公司
740	苏 RQ - 2018 - E0148	诺富通(苏州)电子技术有限公司
741	苏 RQ - 2018 - E0149	苏州艾拓琪光电有限公司
742	苏 RQ - 2018 - E0150	苏州迪芬德物联网科技有限公司
743	苏 RQ - 2018 - E0151	苏州乐维电子有限公司
744	苏 RQ - 2018 - E0152	苏州苍峰信息科技有限公司
745	苏 RQ - 2018 - E0153	昆山砆霆智能科技有限公司
746	苏 RQ - 2018 - E0154	昆山迈尔斯信息科技有限公司

续 表

序号	评估号	企业名称
747	苏RQ-2018-E0155	苏州提点信息科技有限公司
748	苏RQ-2018-E0156	苏州统购信息科技有限公司
749	苏RQ-2018-E0157	苏州池袋信息科技有限公司
750	苏RQ-2018-E0158	苏州灵趣信息科技有限公司
751	苏RQ-2018-E0159	苏州热拍信息技术有限公司
752	苏RQ-2018-E0160	苏州朗动网络科技有限公司
753	苏RQ-2018-E0161	苏州瑞昭丰电子科技有限公司
754	苏RQ-2018-E0162	苏州闪速推网络科技有限公司
755	苏RQ-2018-E0163	苏州德中创恒软件科技有限公司
756	苏RQ-2018-E0164	企汇购信息技术(苏州)有限公司
757	苏RQ-2018-E0165	张家港鼎力科技有限公司
758	苏RQ-2018-E0166	张家港全智电子科技有限公司
759	苏RQ-2018-E0167	江苏国安物联网工程技术有限公司
760	苏RQ-2018-E0168	昆山大诚若谷医疗科技有限公司
761	苏RQ-2018-E0169	昆山语汐网络科技有限公司
762	苏RQ-2018-E0170	克洛索软件科技(苏州)有限公司
763	苏RQ-2018-E0171	苏州富怡通智能科技有限公司
764	苏RQ-2018-E0172	江苏中服焦点信息科技有限公司
765	苏RQ-2018-E0173	钱江软件科技(昆山)有限公司
766	苏RQ-2018-E0174	江苏数慧信息科技有限公司
767	苏RQ-2018-E0175	苏州好的信息科技有限公司
768	苏RQ-2018-E0176	苏州汇视信息技术有限公司
769	苏RQ-2018-E0177	苏州博瑞凯德信息技术有限公司
770	苏RQ-2018-E0178	苏州龙游山海网络科技有限公司
771	苏RQ-2018-E0179	苏州神运机器人有限公司
772	苏RQ-2018-E0180	苏州视拓系统集成有限公司
773	苏RQ-2018-E0181	苏州路特工智能科技有限公司
774	苏RQ-2018-E0182	苏州罗盘网络科技股份有限公司
775	苏RQ-2018-E0183	苏州惟信易量智能科技有限公司
776	苏RQ-2018-E0184	杰信软件科技(苏州)有限公司

续 表

序号	评估号	企业名称
777	苏 RQ-2018-E0185	北理慧动(常熟)车辆科技有限公司
778	苏 RQ-2018-E0186	苏州国科康成医疗科技有限公司
779	苏 RQ-2018-E0187	苏州百傲信息技术有限公司
780	苏 RQ-2018-E0188	苏州网禾科技服务有限公司
781	苏 RQ-2018-E0189	苏州天宫信息技术有限公司
782	苏 RQ-2018-E0190	苏州寻道者软件科技有限公司
783	苏 RQ-2018-E0191	苏州麦卡软件有限公司
784	苏 RQ-2018-E0192	苏州黑雁信息科技有限公司
785	苏 RQ-2018-E0193	苏州立昆网络科技有限公司
786	苏 RQ-2018-E0194	苏州巴米特信息科技有限公司
787	苏 RQ-2018-E0195	苏州英瀚时信息科技有限公司
788	苏 RQ-2018-E0196	苏州超娱互动网络科技有限公司
789	苏 RQ-2018-E0197	中科知图教育科技(苏州)有限公司
790	苏 RQ-2018-E0198	江苏木润水利科技有限公司
791	苏 RQ-2018-E0199	掌心网络科技(苏州)有限公司
792	苏 RQ-2018-E0200	苏州玩蜂软件科技有限公司
793	苏 RQ-2018-E0201	苏州欢视聚游网络科技有限公司
794	苏 RQ-2018-E0202	苏州沃易思互联网科技有限公司
795	苏 RQ-2018-E0203	江苏云天翼付数据信息技术服务有限公司
796	苏 RQ-2018-E0204	时空色彩(苏州)信息科技股份有限公司
797	苏 RQ-2018-E0205	苏州麦嘉尔信息技术有限公司
798	苏 RQ-2018-E0206	苏州谦德益科技研发有限公司
799	苏 RQ-2018-E0207	苏州齐顺信息科技股份有限公司
800	苏 RQ-2018-E0208	苏州市中地行信息技术有限公司
801	苏 RQ-2018-E0209	苏州亿通在线网络科技有限公司
802	苏 RQ-2018-E0210	苏州钜立智能系统有限公司
803	苏 RQ-2018-E0211	苏州锶创达智能科技有限公司
804	苏 RQ-2018-E0212	苏州微金信息科技有限公司
805	苏 RQ-2018-E0213	江苏晟迹文化创意发展有限公司
806	苏 RQ-2018-E0214	苏州众人创信息科技有限公司

续 表

序号	评估号	企业名称
807	苏 RQ-2018-E0215	苏州中科天启遥感科技有限公司
808	苏 RQ-2018-E0216	苏州传思法特信息科技有限公司
809	苏 RQ-2018-E0217	苏州云工场信息技术有限公司
810	苏 RQ-2018-E0218	江苏图博地理信息科技有限公司
811	苏 RQ-2018-E0219	苏州唯盼智能科技有限公司
812	苏 RQ-2018-E0220	智慧芽信息科技(苏州)有限公司
813	苏 RQ-2018-E0221	苏州夏丰自控工程有限公司
814	苏 RQ-2018-E0222	苏州灵指堂信息科技有限公司
815	苏 RQ-2018-E0223	苏州微维大数据有限公司
816	苏 RQ-2018-E0224	澹泊科技(苏州)有限公司
817	苏 RQ-2018-E0225	苏州威尔部落文化传媒有限公司
818	苏 RQ-2018-E0226	昆山金鑫新能源股份有限公司
819	苏 RQ-2018-E0227	昆山绘微软件开发有限公司
820	苏 RQ-2018-E0228	苏州兆乘四海通科技有限公司
821	苏 RQ-2018-F0001	江苏易蓝德信息科技有限公司
822	苏 RQ-2018-F0002	江苏濠汉信息技术有限公司
823	苏 RQ-2018-F0003	江苏星网自动化技术有限公司
824	苏 RQ-2018-F0004	江苏金软软件技术有限公司
825	苏 RQ-2018-F0005	南通奥乐电子有限公司
826	苏 RQ-2018-F0006	南通中良智能技术有限公司
827	苏 RQ-2018-F0007	南通云洲软件科技有限公司
828	苏 RQ-2018-F0008	南通联发信息科技有限公司
829	苏 RQ-2018-F0009	江苏中智系统集成工程有限公司
830	苏 RQ-2018-F0010	江苏天泽环保科技有限公司
831	苏 RQ-2018-F0011	江苏麦壳信息科技有限公司
832	苏 RQ-2018-F0012	南通感创电子科技有限公司
833	苏 RQ-2018-F0013	江苏筑升土木工程科技有限公司
834	苏 RQ-2018-F0014	上海博镣信息技术服务如皋有限公司
835	苏 RQ-2018-F0015	江苏盛瑞网络科技有限公司
836	苏 RQ-2018-F0016	南通深思软件科技有限公司

续　表

序号	评估号	企业名称
837	苏 RQ - 2018 - F0017	南通旗云科技有限公司
838	苏 RQ - 2018 - F0018	江苏银信融通信息科技有限公司
839	苏 RQ - 2018 - F0019	江苏筑云软件有限公司
840	苏 RQ - 2018 - G0001	连云港三众软件科技有限公司
841	苏 RQ - 2018 - H0001	江苏中州科技有限公司
842	苏 RQ - 2018 - H0002	淮安乘风科技有限公司
843	苏 RQ - 2018 - H0003	淮安爱月科技有限公司
844	苏 RQ - 2018 - H0004	江苏物合智联科技有限公司
845	苏 RQ - 2018 - H0005	江苏正诚文化产业有限公司
846	苏 RQ - 2018 - H0006	淮安智盈网络科技有限公司
847	苏 RQ - 2018 - H0007	淮安瀚唐信息技术有限公司
848	苏 RQ - 2018 - H0008	江苏理想信息科技有限公司
849	苏 RQ - 2018 - H0009	江苏房窝窝信息技术有限公司
850	苏 RQ - 2018 - H0010	江苏极光网络技术有限公司
851	苏 RQ - 2018 - J0001	江苏火星科技有限公司
852	苏 RQ - 2018 - J0002	江苏昊扬微电子有限公司
853	苏 RQ - 2018 - J0003	盐城优易数据有限公司
854	苏 RQ - 2018 - J0004	江苏中软智能系统有限公司
855	苏 RQ - 2018 - K0001	扬州微络智能科技有限公司
856	苏 RQ - 2018 - K0002	江苏金丰机电有限公司
857	苏 RQ - 2018 - K0003	扬州汇健信息产业有限公司
858	苏 RQ - 2018 - K0004	江苏大苍数据科技有限公司
859	苏 RQ - 2018 - K0005	江苏领坤生物科技有限公司
860	苏 RQ - 2018 - K0006	扬州远梦科讯有限公司
861	苏 RQ - 2018 - K0007	凌动信息科技扬州有限公司
862	苏 RQ - 2018 - K0008	江苏珩图智能科技有限公司
863	苏 RQ - 2018 - K0009	阿尼信息技术股份有限公司
864	苏 RQ - 2018 - K0010	江苏智绿充电科技有限公司
865	苏 RQ - 2018 - K0011	扬州油软网络科技有限公司
866	苏 RQ - 2018 - K0012	江苏极鼎网络科技有限公司

续 表

序号	评估号	企业名称
867	苏RQ-2018-K0013	扬州盛世云信息科技有限公司
868	苏RQ-2018-K0014	扬州清研软件科技有限公司
869	苏RQ-2018-K0015	扬州顺欣软件开发有限公司
870	苏RQ-2018-K0016	扬州中舟网络科技有限公司
871	苏RQ-2018-K0017	江苏迅电畅达电源科技有限公司
872	苏RQ-2018-K0018	江苏伏特照明集团有限公司
873	苏RQ-2018-K0019	江苏烨华交通器材有限公司
874	苏RQ-2018-K0020	扬州辉盛网络科技有限公司
875	苏RQ-2018-K0021	扬州新科华软件科技有限公司
876	苏RQ-2018-K0022	扬州宇轩智能科技有限公司
877	苏RQ-2018-K0023	扬州繁荣信息科技有限公司
878	苏RQ-2018-K0024	扬州正扬电力科技有限公司
879	苏RQ-2018-K0025	江苏维小保信息技术有限公司
880	苏RQ-2018-K0026	江苏律动信息技术有限公司
881	苏RQ-2018-K0027	星慧照明工程集团有限公司
882	苏RQ-2018-K0028	扬州华卓软件科技有限公司
883	苏RQ-2018-K0029	扬州恒向智能科技有限公司
884	苏RQ-2018-K0030	扬州云诚科技有限公司
885	苏RQ-2018-K0031	江苏茗鹤信息技术有限公司
886	苏RQ-2018-K0032	扬州爱加信息技术有限公司
887	苏RQ-2018-K0033	江苏惠天生物科技有限公司
888	苏RQ-2018-K0034	江苏安盾信息科技有限公司
889	苏RQ-2018-K0035	扬州中易科技有限公司
890	苏RQ-2018-K0036	宝应县王牌自动化软件科技有限公司
891	苏RQ-2018-K0037	江苏盈极通信科技有限公司
892	苏RQ-2018-K0038	扬州冠华信息技术有限公司
893	苏RQ-2018-K0039	扬州广聚信息科技有限公司
894	苏RQ-2018-K0040	江苏扬东智能科技有限公司
895	苏RQ-2018-K0041	扬州略扬科技有限公司
896	苏RQ-2018-K0042	扬州同略科技发展有限公司

续 表

序号	评估号	企业名称
897	苏RQ-2018-K0043	扬州耀华信息科技有限公司
898	苏RQ-2018-K0044	江苏艺迪交通工程有限公司
899	苏RQ-2018-K0045	扬州慧扬信息科技有限公司
900	苏RQ-2018-K0046	江苏爱斯凯电气有限公司
901	苏RQ-2018-K0047	仪征市新华网络科技有限公司
902	苏RQ-2018-K0048	仪征市东联软件开发有限公司
903	苏RQ-2018-K0049	仪征龙本软件科技有限公司
904	苏RQ-2018-K0050	扬州华智软件开发有限公司
905	苏RQ-2018-K0051	仪征荣定软件科技有限公司
906	苏RQ-2018-K0052	扬州尖塔信息科技有限公司
907	苏RQ-2018-K0053	江苏歪梨信息科技有限公司
908	苏RQ-2018-K0054	江苏秀觅网络科技有限公司
909	苏RQ-2018-K0055	仪征市星光信息科技有限公司
910	苏RQ-2018-K0056	扬州市金运环宇激光设备有限公司
911	苏RQ-2018-K0057	扬州友畅信息技术有限公司
912	苏RQ-2018-K0058	江苏加利德铁路电子设备有限公司
913	苏RQ-2018-K0059	江苏永电太阳能照明有限公司
914	苏RQ-2018-K0060	扬州宝丰信息科技有限公司
915	苏RQ-2018-K0061	扬州维汉信息技术有限公司
916	苏RQ-2018-L0001	江苏翰诺信息科技发展有限公司
917	苏RQ-2018-L0002	镇江苏仪德科技有限公司
918	苏RQ-2018-L0003	镇江赛唯思智能科技有限公司
919	苏RQ-2018-L0004	江苏宏瑞通信科技股份有限公司
920	苏RQ-2018-L0005	江苏威凡自动化有限公司
921	苏RQ-2018-L0006	镇江启迪数字天下科技有限公司
922	苏RQ-2018-L0007	镇江睿泰教育科技有限公司
923	苏RQ-2018-L0008	江苏科海智能系统有限公司
924	苏RQ-2018-L0009	镇江信成泰软件技术有限公司
925	苏RQ-2018-L0010	江苏创智云智能科技有限公司
926	苏RQ-2018-L0011	江苏冬云云计算股份有限公司

续 表

序号	评估号	企业名称
927	苏 RQ-2018-L0012	江苏普菲克电气科技有限公司
928	苏 RQ-2018-L0013	镇江雅迅软件有限责任公司
929	苏 RQ-2018-L0014	江苏两融智能制造技术有限公司
930	苏 RQ-2018-L0015	丹阳爱普瑞特汽车电子技术有限公司
931	苏 RQ-2018-L0016	江苏卓顿电子科技有限公司
932	苏 RQ-2018-L0017	镇江千凡网络科技有限公司
933	苏 RQ-2018-L0018	江苏天和信息技术有限公司
934	苏 RQ-2018-L0019	丹阳精锐软件有限公司
935	苏 RQ-2018-L0020	江苏卓岸电源科技有限公司
936	苏 RQ-2018-L0021	江苏迈思普诺智能制造有限公司
937	苏 RQ-2018-M0001	江苏高峰智能科技有限公司
938	苏 RQ-2018-M0002	江苏众禾信息技术有限公司
939	苏 RQ-2018-M0003	江苏北斗天汇物联网科技有限公司
940	苏 RQ-2018-M0004	无畏警用装备有限公司
941	苏 RQ-2018-M0005	江苏泰盈科技有限公司
942	苏 RQ-2018-M0006	江苏伟斯动科技有限公司
943	苏 RQ-2018-N0001	江苏友创信息技术有限公司

附录 B　江苏省 ITSS 获证企业名单(截至 2018 年年底)

序号	单位名称	所在地
通用要求		
1	国网电力科学研究院	南京
2	江苏普蓝陵信息系统监理咨询有限公司	南京
3	苏州市软件评测中心有限公司	苏州
4	江阴市大数据中心	无锡
5	江苏省人民医院	南京
二级		
1	江苏东大金智信息系统有限公司	南京
2	亚信科技(南京)有限公司	南京
3	南京南瑞集团公司	南京
4	江苏达科信息科技有限公司	南京
5	江苏国泰新点软件有限公司	苏州
6	江苏蓝深远望科技股份有限公司	无锡
7	江苏苏源高科技有限公司	南京
8	江苏振邦智慧城市信息系统有限公司	常州
9	江苏航天大为科技股份有限公司	无锡
10	南京东大智能化系统有限公司	南京
11	江苏金智教育信息股份有限公司	南京
12	江苏淮工深蓝信息技术有限公司	淮安
13	江苏晓山信息产业股份有限公司	无锡
14	中博信息技术研究院有限公司	南京
15	江苏开拓信息与系统有限公司	无锡
16	多伦科技股份有限公司	南京
17	南京恒天伟智能技术有限公司	南京
18	南京南瑞继保工程技术有限公司	南京
19	中邮建技术有限公司	南京

续 表

序号	单位名称	所在地
20	南京保旺达科技有限公司	南京
21	中兴智能交通股份有限公司	无锡
22	中科怡海高新技术发展江苏股份公司	无锡
23	江苏世轩科技股份有限公司	常州
24	中移(苏州)软件技术有限公司	苏州
25	中移(苏州)软件技术有限公司	苏州
26	南京莱斯信息技术股份有限公司	南京
27	江苏瑞中数据股份有限公司	南京
28	江苏谷德信息科技有限公司	南京
29	南京擎天科技有限公司	南京
30	江苏星网软件有限公司	南京
31	南京南大智慧城市规划设计股份有限公司	南京
32	中通服咨询设计研究院有限公司	南京
33	江苏鸿信系统集成有限公司	南京
34	南京熊猫信息产业有限公司	南京
35	江苏移动信息系统集成有限公司	南京
36	苏州神州数码捷通科技有限公司	苏州
37	钛能科技股份有限公司	南京
38	南京南瑞信息通信科技有限公司	南京
39	南京欣网互联网络科技有限公司	南京
40	南京广播电视系统集成有限公司	南京
41	江苏鼎驰电子科技有限公司	徐州
42	江苏南工科技集团有限公司	南京
43	中移(苏州)软件技术有限公司	苏州
三级		
1	江苏意源科技有限公司	无锡
2	江苏同步信息技术有限公司	常州
3	江苏中科新瑞科技股份有限公司	无锡
4	苏州新希望信息技术有限公司	苏州
5	江苏迪达科技有限公司	淮安

续 表

序号	单位名称	所在地
6	大唐融合通信技术无锡有限公司	无锡
7	南京天溯自动化控制系统有限公司	南京
8	南京深业智能化系统工程有限公司	南京
9	江苏科大汇峰科技有限公司	镇江
10	镇江市新创计算机系统集成有限公司	镇江
11	江苏曼荼罗软件股份有限公司	无锡
12	江苏怡通数码科技有限公司	镇江
13	苏州天华信息科技股份有限公司	苏州
14	扬州万方电子技术有限责任公司	扬州
15	苏州工业园区和信计算机系统工程有限公司	苏州
16	江苏海晨信息系统工程有限公司	扬州
17	江苏神州数码国信信息技术有限公司	苏州
18	江苏巨鸿信息技术有限公司	南京
19	无锡大禹科技有限公司	无锡
20	苏州华启智能科技有限公司	苏州
21	凯美瑞德(苏州)信息科技股份有限公司	苏州
22	苏州金螳螂怡和科技有限公司	苏州
23	苏州微缔软件股份有限公司	苏州
24	江苏风云科技服务有限公司	苏州
25	扬州莱斯信息技术有限公司	扬州
26	南京畅想信息技术有限公司	南京
27	江苏鼎集智能科技股份有限公司	扬州
28	苏州智能交通信息科技股份有限公司	苏州
29	江苏智慧港城投资发展有限公司	苏州
30	江苏易图地理信息科技股份有限公司	扬州
31	江苏瀚远科技股份有限公司	苏州
32	江苏新弈软件有限公司	苏州
33	江苏天创科技有限公司	苏州
34	苏州格尔斯计算机信息技术有限公司	苏州
35	苏州智合健医疗科技有限公司	苏州

续 表

序号	单位名称	所在地
36	南京华苏科技有限公司	南京
37	江苏依迪科技发展有限公司	南京
38	南京信同诚信息技术有限公司	南京
39	南京中铁信息工程有限公司	南京
40	江苏科茂信息技术有限公司	镇江
41	江苏欧索软件有限公司	苏州
42	江苏黄金屋教育发展股份有限公司	苏州
43	苏州迈科网络安全技术股份有限公司	苏州
44	南京安元科技有限公司	南京
45	南京蓝泰交通设施有限责任公司	南京
46	南京拓控信息科技股份有限公司	南京
47	江苏虚拟软件园股份有限公司	南京
48	江苏鼎峰信息技术有限公司	镇江
49	扬州新大通信息网络技术有限公司	扬州
50	昆山华东信息科技有限公司	苏州
51	江苏赛融科技股份有限公司	苏州
52	江苏云学堂网络科技有限公司	苏州
53	江阴市互讯通信信息技术有限公司	无锡
54	江苏网进科技股份有限公司	苏州
55	江苏金中天计算机网络有限公司	南京
56	江苏建铁信息技术有限公司	南京
57	中国电子科技集团公司第二十八研究所	南京
58	南京中新赛克科技有限责任公司	南京
59	江苏盖睿健康科技有限公司	苏州
60	苏州蓝恩信息科技有限公司	苏州
61	太仓市信息港发展有限公司	苏州
62	江苏星月测绘科技股份有限公司	盐城
63	大汉软件股份有限公司	南京
64	苏州云政网络科技有限公司	苏州
65	苏州博远容天信息科技股份有限公司	苏州

续　表

序号	单位名称	所在地
66	江苏泰得科技股份有限公司	无锡
67	江苏天长环保科技有限公司	无锡
68	江苏创新睿智科技有限公司	扬州
69	中云智盟系统集成江苏有限公司	徐州
70	江苏科海智能系统有限公司	镇江
71	苏州洞察云信息技术有限公司	苏州
72	江苏神彩科技股份有限公司	苏州
73	江苏诚通网络科技有限公司	常州
74	江苏达科云数据科技有限公司	南京
75	江苏瑞孚特物联网科技有限公司	无锡
76	江苏智途科技股份有限公司	扬州
77	江苏鹏为软件有限公司	南京
78	苏州申浪信息科技有限公司	苏州
79	苏州云联智慧信息技术应用有限公司	苏州
80	无锡智慧城市建设发展有限公司	无锡
81	苏州科大国创信息技术有限公司	苏州
82	江苏未至科技股份有限公司	苏州
83	江苏博融信息技术有限公司	南京
84	江苏天网计算机技术有限公司	南京
85	江苏中威科技软件系统有限公司	南通
86	苏州麦迪斯顿医疗科技股份有限公司	苏州
87	苏州市环亚数据技术有限公司	苏州
88	苏州亿通在线网络科技有限公司	苏州
89	江苏中盈高科智能信息股份有限公司	常州
90	中傲智能科技(苏州)有限公司	苏州
91	江苏赛立科技有限公司	南京
92	南京展航科技有限公司	南京
93	江苏中铭慧业科技有限公司	无锡
94	江苏友上科技实业有限公司	南京
95	江苏博智软件科技股份有限公司	南京

续 表

序号	单位名称	所在地
96	江苏京玉信息技术有限公司	无锡
97	江苏中科惠软信息技术有限公司	无锡
98	无锡辰云科技股份有限公司	无锡
99	苏州市伏泰信息科技股份有限公司	苏州
100	南京易司拓电力科技股份有限公司	南京
101	江苏三棱智慧物联发展股份有限公司	南京
102	无锡智泉科技有限公司	无锡
103	江苏省建设信息中心	南京
104	南京欣网通信科技股份有限公司	南京
105	江苏亚寰软件股份有限公司	南京
106	江苏晟晖信息科技有限公司	南通
107	朗高工程有限公司	南京
108	扬州市奥特瑞汽车电子科技有限公司	扬州
109	江苏微锐超算科技有限公司	无锡
110	江苏银狐信息技术有限公司	苏州
111	常州市科创电子有限公司	常州
112	南京南大尚诚软件科技有限公司	南京
113	苏州城方信息技术有限公司	苏州
114	江苏中科智能系统有限公司	苏州
115	南京易安联网络技术有限公司	南京
116	江苏中科西北星信息科技有限公司	无锡
117	苏州汉特士视觉科技有限公司	苏州
118	江苏金恒信息科技股份有限公司	南京
119	阔地教育科技有限公司	苏州
120	南京同科科技发展有限公司	南京
121	无锡中鼎集成技术有限公司	无锡
122	浩钦科技无锡有限公司	无锡
123	南京南大四维科技发展有限公司	南京
124	苏州博纳讯动软件有限公司	苏州
125	苏州华元世纪科技发展有限公司	苏州

续 表

序号	单位名称	所在地
126	苏州嘉展科技有限公司	苏州
127	江苏巨楷科技发展有限公司	南京
128	南京扬子信息技术有限责任公司	南京
129	中船重工奥蓝托无锡软件技术有限公司	无锡
130	南京共美科技有限公司	南京
131	江苏长宏邮电设备实业有限公司	无锡
132	江苏云坤信息科技有限公司	苏州
133	苏州盛景信息科技股份有限公司	苏州
134	苏州网信信息科技股份有限公司	苏州
135	江苏中景信息技术有限公司	苏州
136	苏州易信安工业技术有限公司	苏州
137	苏州梦想人软件科技有限公司	苏州
138	无锡安真通科技有限公司	无锡
139	江苏恒创软件有限公司	苏州
140	江苏亿友慧云软件股份有限公司	苏州
141	江苏南大先腾信息产业股份有限公司	南京
142	江苏四象软件有限公司	扬州
143	无锡路通视信网络股份有限公司	无锡
144	南京海泰医疗信息系统有限公司	南京
145	江苏明程信息技术有限公司	无锡
146	无锡优服普联信息科技有限公司	无锡
147	江苏中智软创信息技术有限公司	无锡
148	无锡市陶都巨龙软件有限责任公司	无锡
149	江苏欣网视讯软件技术有限公司	南京
150	苏州盖雅信息技术有限公司	苏州
151	无锡锐泰节能系统科学有限公司	无锡
152	航天信息江苏有限公司	南京
四级		
1	江苏达实久信数字医疗科技有限公司	常州
2	江苏圣彤软件有限公司	南京

续　表

序号	单位名称	所在地
3	江苏达科云数据科技有限公司	南京
4	南京协成楼宇系统工程有限公司	南京
5	苏州苏艺永丽建设发展有限公司	苏州
6	万国数据服务有限公司	苏州
7	江苏网域科技有限公司	镇江
8	江苏联盟信息工程有限公司	镇江